# EXTRAIT DU CATALOGUE

DE

# JULES RENOUARD et Cie.

**LIBRAIRES-ÉDITEURS**

ET LIBRAIRES-COMMISSIONNAIRES POUR L'ETRANGER,

RUE DE TOURNON, N. 6, A PARIS.

## AVRIL 1842.

## DICTIONNAIRE
# GÉOGRAPHIQUE ET STATISTIQUE,

RÉDIGÉ SUR UN PLAN ENTIÈREMENT NOUVEAU,

PAR M. ADRIEN GUIBERT.

1 volume grand in-8, d'environ 1600 pages imprimées à trois colonnes,
**Publié en 12 LIVRAISONS de 128 à 144 pages à 1 fr. 50.**
à la publication de la 12e livraison le prix de l'ouvrage complet sera porté à 20 fr.
Les 2 premières livraisons sont en vente. La 3e paraîtra en Mai.

L'usage de défigurer, en les altérant, les noms propres et les noms de lieux en particulier, a été longtemps général, surtout en France. Les auteurs auraient craint d'effaroucher le public en appelant les choses par leurs véritables noms. Aujourd'hui l'étude des idiomes étrangers commence à se répandre, les relations de toute espèce se multiplient entre les diverses parties du globe, et on a compris qu'il était ridicule d'appeler barbare ce qui n'est qu'étranger.

L'auteur du livre que nous publions a adopté en principe, pour tous les articles de lieux des pays de l'Europe et des parties du monde où se sont introduits les idiomes de l'Europe, de les placer suivant l'ordre que leur assigne le nom que portent ces lieux dans la langue même du pays auquel ils appartiennent. Pour les faire reconnaître, l'auteur fait suivre ce nom des altérations qu'il a subies dans les langues les plus répandues; puis ces altérations se retrouvent à leur ordre alphabétique avec un simple renvoi au nom réel. M. Guibert a complètement abandonné la marche suivie par ses devanciers. Il a pensé que ce que l'on veut le plus étudier dans un traité de géographie, c'est l'importance d'un lieu sous le rapport politique, d'une ville comme siège de population agglomérée, comme centre de vie, d'un fleuve comme moyen de communication et d'irrigation, d'un espace quelconque enfin, comme emplacement de production naturelle, agricole ou industrielle, ou comme théâtre d'une population. Attachant une importance particulière à la géographie, il s'est efforcé de donner un tableau aussi complet que possible des États et de leur organisation.

Une dénomination administrative n'étant pas une expression de la langue usuelle, mais un mot technique, ne peut avoir de véritable équivalent dans une autre langue; une traduction aura toujours le double inconvénient de rendre le nom méconnaissable pour celui qui le connaissait, et de donner une idée fausse à celui qui ne le connaît pas. M. Guibert a donc conservé aux administrations officielles les noms qu'elles portent dans les pays où elles existent.

Pour rendre les comparaisons plus faciles il a converti, tout en les conservant elles-mêmes, les monnaies et les mesures étrangères en monnaies et mesures françaises, qui servent ainsi d'unité première; toutes les distances et les superficies sont données en mesures métriques. Pour la France enfin, les relais de poste, les centres de distribution des lettres et les étapes militaires, ont été indiqués avec soin.

# GRAND DICTIONNAIRE
# ITALIEN-FRANÇAIS
## ET FRANÇAIS-ITALIEN,
Rédigé sur un plan entièrement nouveau

## PAR J.-PH. BARBERI,
### CONTINUÉ ET TERMINÉ PAR MM. BASTI ET CÉRATI.

2 très gros volumes in-4°, d'environ 2500 pages à trois colonnes.
Broché 45 fr. — Cart. 50 fr. — Relié 55 fr. — *Chaque vol. se vend séparément.*

Ce Dictionnaire comprend tous les mots consacrés par l'Académie Française, ainsi que les mots où locutions qui, adoptés déjà par plusieurs lexicographes estimés, sont présumés, avoir acquis le droit de figurer bientôt dans le Dictionnaire de l'Académie. La prononciation des mots est indiquée entre des parenthèses ; vient ensuite : leur étymologie tirée des langues anciennes ou étrangères; le sens et l'emploi des mots expliqués d'une manière concise et appuyés par des exemples propres à constater les diverses acceptions des termes, soit dans les sens primitifs, soit au figuré. Ces exemples sont accompagnés de leur traduction. — Un grand nombre de termes techniques empruntés au vocabulaire des Sciences et Arts. — La solution des difficultés grammaticales. — Le pluriel des substantifs et les divers temps des verbes toutes les fois qu'ils ont une forme irrégulière. — Enfin le genre des substantifs qui n'est pas toujours le même dans les deux langues, et qui n'est point indiqué dans les autres dictionnaires italiens.

On distribue *gratis* à la Librairie Jules Renouard et C<sup>ie</sup>, un parallèle entre le Dictionnaire d'ALBERTI et le Grand Dictionnaire de BARBERI; cette comparaison établit d'une manière incontestable la supériorité de ce dernier.

# GRAND DICTIONNAIRE
# ANGLAIS-FRANÇAIS ET FRANÇAIS-ANGLAIS,
RÉDIGÉ SUR LE NOUVEAU DICTIONNAIRE DE L'ACADÉMIE FRANÇAISE, SUR CELUI DE L. DE CHAMBAUD, J. GARNER ET DESCARRIÈRE, ET SUR LES MEILLEURS DICTIONNAIRES ANGLAIS.

## PAR MM. FLEMING ET TIBBINS,

Publié en 100 livraisons de trois feuilles, grand in-4, à trois colonnes.
### 50 centimes la livraison.

Le deuxième volume français-anglais est complet. — Prix : 25 fr.

*Les 15 premières livr. du tome 2 sont en vente. — Une livr. tous les samedis.*

# DICTIONNAIRE
# ALLEMAND-FRANÇAIS ET FRANÇAIS-ALLEMAND,
## PAR
## HENSCHEL.

OUVRAGE ADOPTÉ PAR LE CONSEIL ROYAL DE L'UNIVERSITÉ.
### 2 forts vol. grand in-8°, de 2600 pages.

Chaque volume se vend séparément... 16 fr.

# LECTURES GRADUÉES
## POUR
## LES ENFANS DU PREMIER AGE,
### PAR L'ABBÉ GAULTIER,
### NOUVELLE ÉDITION REVUE ET ILLUSTRÉE,

2 vol. in-18 cartonnés. — Prix 3 fr.

Le Syllabaire, avec figures, en noir 40 cent., coloriées 80 cent.

Ces lectures font partie du Cours complet d'études élémentaires pour les Enfans, par l'abbé Gaultier.

Tout en conservant religieusement le texte du vénérable instituteur de l'enfance, on a inséré dans ce texte des lettres ornées et plus de deux cents vignettes, qui rendront encore plus attrayante cette lecture si instructive pour les enfans.

Ces deux volumes sont divisés en 8 cahiers, dont le premier contient le Syllabaire avec les lettres dans les différens caractères, Romain, Italique, Anglais, de Ronde, et Gothique.

Les cours publics de l'abbé Gaultier sont continués par ses élèves réunis, *rue des Saints-Pères, n. 14*, tous les samedis à midi.

# COURS
# D'ÉTUDES ÉLÉMENTAIRES POUR LES ENFANS
## PAR L'ABBÉ GAULTIER,
revu et corrigé
### PAR DE BLIGNIÈRES, DEMOYENCOURT, DUCROS (DE SIXT), ET LECLERC AINÉ, SES ÉLÈVES.

Le Cours complet, renfermé dans une boîte et pris en une seule fois, au lieu de 82 francs ne coûte que. . . . . . . . . . . **70 fr.**

| Lecture, Ecriture, Calcul, Géométrie. | fr. c. | Langue française. | fr. c. |
|---|---|---|---|
| BOITE TYPOGRAPHIQUE pour apprendre à lire aux enfans. | 5 | LEÇONS DE GRAMMAIRE en action, pour le premier et le second âge; 3 vol. in-18, cartonnés. | 4 50 |
| SYLLABAIRE et premières Lectures; 1 vol. in-18, cartonné. | 1 | LEÇONS DE GRAMMAIRE ET D'ORTHOGRAPHE; 1 vol. in-18, cart. | 1 50 |
| LECTURES GRADUÉES pour les enfans du premier âge; nouv. édit. revue et illustrée; 2 vol. in-18, cart. | 3 | EXERCICES DE GRAMMAIRE, pour servir aux Leçons de grammaire; in-18, cart. | 1 50 |
| LECTURES GRADUÉES pour les enfans du second âge; 3 vol. in-18, cart. | 4 50 | ÉLEMENS DE GRAMMAIRE, extraits des Leçons de grammaire; in-18 cartonné, avec deux tableaux. | 90 |
| PRINCIPES D'ÉCRITURE CURSIVE en 38 modèles brochés en 5 cahiers. | 2 20 | ATLAS DE GRAMMAIRE, ou Tables propres à soutenir l'attention des enfans dans l'étude de cette science; in-folio, broché. | 4 |
| — Les mêmes, collés sur carton, en étui. | 5 | | |
| *Chacun de ces cahiers peut être pris séparément.* | | | |
| ÉLEMENS D'ARITHMÉTIQUE rendus sensibles aux yeux par des jetons; 1 vol. in-12 cartonné. | 1 25 | TABLEAU GÉNÉALOGIQUE des rapports de la grammaire; 1 fr.; sur carton. | 1 25 |
| NOTIONS DE GÉOMÉTRIE PRATIQUE, avec 176 figures; in-12, broché. | 1 25 | ETIQUETTES DU JEU DE GRAMMAIRE, collées et renfermées dans un étui. | 1 50 |

— 4 —

| | fr. c. |
|---|---|
| CAHIER de 10 feuilles in-folio préparées pour l'*analyse grammaticale.* | 1 25 |

### Géographie.

| | |
|---|---|
| LEÇONS DE GÉOGRAPHIE ET DE SPHÈRE, 15ᵉ *édition, entièrement refondue* (1841); 1 gros volume in-18, cart., avec une planche. | 1 50 |
| ELÉMENS DE GÉOGRAPHIE, extraits des Leçons de géographie; 1 v. in-18, cart. | 75 |
| ATLAS DE GÉOGRAPHIE, contenant 9 cartes gravées sur acier et coloriées; in-folio, broché. | 7 50 |

N. 1. *Mappemonde.*  N. 6. *Europe cent. emblém.*
— 2. Idem emblématique.  — 7. *Asie.*
— 3. *Europe.*  — 8ᵉ *Amérique.*
— 4. Idem emblématique.  — 9. } 1. *Afrique.*
— 5. *Europe centrale.*  } 2. *Océanie.*

Chacune des 9 cartes peut être achetée séparément :
En feuille, 1 f. — Sur carton, 1 f. 25.

| | |
|---|---|
| ETIQUETTES du jeu de Géographie, une feuille. | 75 |
| — *Les mêmes*, collées sur carton et renfermées dans un étui. | 2 |

### Chronologie et Histoire.

| | |
|---|---|
| HISTOIRE Sainte et Ecclésiastique. *Nouvelle édition considérablement augmentée* (1839); 1 vol. in-18, cartonné. | 1 50 |
| HISTOIRE Ancienne; 1 vol. in-18, cart. | 1 50 |
| HISTOIRE Romaine; 1 vol. in-18, cart. | 1 50 |
| HISTOIRE Moderne; 1 vol. in-18, cart. | 1 50 |
| HISTOIRE de France; 1 vol. in-18 cart. | 1 50 |
| MÉDAILLONS des Rois de France, en étui. | 2 50 |

### Art de penser et d'écrire.

| | |
|---|---|
| MÉTHODE POUR ANALYSER LA PENSÉE et pour faire des abrégés; 1 vol. in-18, cart. | 2 |
| EXERCICES sur la construction logique des phrases et des périodes françaises, 1 vol. in-18, cart. | 1 50 |
| CONSTRUCTION ET ANALYSE graduées des phrases et des périodes françaises, en tableaux; in-fol. broché. | 2 |
| MÉTHODE pour exercer les jeunes gens sur la Composition française; 2 vol. in-12, brochés. | 3 |

| | fr. c. |
|---|---|
| CAHIER de 10 feuilles in-folio préparées pour l'*Analyse de la pensée.* | 1 25 |

### Langue latine.

| | |
|---|---|
| MÉTHODE pour entendre la langue latine sans connaître les règles de la composition; 1 vol. in-18, cart. | 1 50 |
| PHRASES LATINES graduées; in-18, cart. | 1 25 |
| PÉRIODES LATINES graduées; in-18, cart. | 1 50 |
| CONSTRUCTION ET ANALYSE graduées des phrases et des périodes latines, en tableaux; in-fol. cart. | 4 |
| APPLICATION de cette méthode aux premiers livres des Odes d'Horace; in-folio, broché. | 2 |

### Langue italienne, Versification, etc.

| | |
|---|---|
| MÉTHODE pour entendre et parler la langue italienne; 1 vol. in-12, broché. | 1 50 |
| TRAITÉ DE LA MESURE DES VERS FRANÇAIS; 1 vol. in-12, br. | 1 50 |
| JEU DES FABLES; sujets choisis de La Fontaine; 1 vol. in-18, cart. | 1 25 |
| TRAITS caractéristiques d'une mauvaise éducation, ou Principes de la politesse; 1 vol. in-18, cart. | 1 25 |
| SAC contenant cent jetons de couleur, pour les différens exercices du cours. | 1 80 |
| ARDOISE réglée, porte-crayons et crayons pour servir aux leçons d'écriture et de calcul, etc. | 1 25 |
| A rational and moral game, or a method to accustom young people to reflect on the most essential truths of morality, etc., translated from the french. *Londres;* in-8, avec un tableau gravé. | 4 |

### Petit Cours de l'abbé Gaultier, 3 vol.

| | |
|---|---|
| SYLLABAIRE et premières lectures; 1 vol. in-18, cart. | 1 |
| ELÉMENS DE GRAMMAIRE FRANÇAISE, extraits des *Leçons de grammaire*; 1 vol. in-18, cart. | 90 |
| ELÉMENS DE GÉOGRAPHIE, extraits des *Leçons de géographie;* 1 vol. in-18, cart. | 75 |

### Ouvrages faisant suite au cours d'études de l'abbé Gaultier.

| | |
|---|---|
| ELÉMENS DE MUSIQUE propres à faciliter aux enfans la connaissance des notes, des mesures et des tons, au moyen de la méthode de l'abbé Gaultier; 1 vol. in-18, cart. | 1 25 |
| CAHIER de 13 tableaux de musique. | 2 |
| — de 26 planches. | 3 75 |
| MÉTHODE pour apprendre à calculer facilement, d'après Lancaster; 2ᵉ édition, in-12, broché. | 80 |
| LEÇONS D'ARITHMÉTIQUE, d'après la méthode analytique de l'abbé Gaultier, par *Ducros de Sixt*, l'un de ses élèves; troisième édition, 1 vol. in-18, cart. | 2 50 |
| LEÇONS DE GÉOGRAPHIE ANCIENNE par un élève de l'abbé Gaultier; 2ᵉ édit., 1 vol. in-18, cart. | 1 50 |
| ATLAS DE GÉOGRAPHIE ANCIENNE, 10 cartes in-folio. | 10 |

| | |
|---|---|
| — Le même, sans les 5 cartes muettes. | 6 |
| LEÇONS DE MYTHOLOGIE, par A. Deville et Leclerc jeune, élèves de l'abbé Gaultier, 2ᵉ *édition*, in-18, avec 78 gr. cart. | 2 |
| EXPOSÉ ANALYTIQUE des méthodes de l'abbé Gaultier, par L. de Jussien; 1 vol. in-8, br. | 3 |
| GUIDE DES PARENS ET DES MAÎTRES qui enseignent d'après les méthodes de l'abbé Gaultier, par L. de Jussien; 1 vol. in-12 avec des tableaux, br. | 2 50 |
| HISTOIRE de France, par M. *Colart*, élève de l'abbé Gaultier, 2ᵉ *édition*, in-8, obl. fig. | 22 50 |
| TABLEAUX HISTORIQUES, *par le même :* Histoire sainte, romaine et ancienne, chacun. | 6 |
| L'histoire de France. | 5 |

# LA SCIENCE POPULAIRE
# DE CLAUDIUS,
## SIMPLES DISCOURS SUR TOUTES CHOSES.

*Ouvrage dont plusieurs volumes ont été couronnés par la Société pour l'Instruction élémentaire.*
### 36 volumes in-24, avec figures.
*Chaque volume se vend séparément.*

Ces 36 volumes unis entre eux par une même tendance de sentiment et de pensée, forment une véritable encyclopédie, comprenant 15 vol. de *Sciences*, 6 d'*Histoire naturelle*, 7 de *Voyages* et 8 d'*Histoire*.

Le choix des sujets atteste que l'auteur, acceptant toutes les difficultés de sa tâche, n'a pas reculé devant la diversité des études que ces sujets représentent. Cette variété seule est une preuve suffisante du courage avec lequel l'auteur s'est voué à cette utile entreprise, et de la souplesse d'intelligence qu'il y a apportée. Le meilleur garant que l'on puisse donner au public de l'uniformité de vues et de rédaction qui lient entre eux tous ces petits livres et les fait solidaires l'un de l'autre, c'est de lui apprendre qu'ils sont tous dus à la même plume.

La *Société pour l'Instruction élémentaire* avait, en 1838, accordé à l'auteur de la *Science populaire*, une de ses premières médailles, en le nommant : « un philantrope dont le talent ne reste pas en arrière de ses conceptions de progrès ; » elle lui a encore, dans sa séance du 16 juin 1839, décerné une nouvelle médaille pour les publications qui venaient d'être faites alors.

Ces petits volumes in-24, imprimés avec soin, ornés de gravures ou de planches, se vendent séparément à un prix modique qui les met à la portée de tous.

### SIMPLES DISCOURS DE CLAUDIUS

| | | | |
|---|---|---|---|
| Sur le poids de la masse de l'air ; avec 17 fig. | » 75 | Histoire de l'Electricité, part. 2e Galvanisme, fig. | 1 |
| De la composition de l'air, avec 3 fig. | » 60 | Voyage de Marco-Polo, dans le 13e siècle. | 1 |
| Vie et Voyages de Christophe Colomb ; avec une mappemonde. | 1 . | Composition de l'eau, avec figures. | » 60 |
| Sur la manière de lire et d'écrire l'Histoire. | » 60 | Sur les Aérostats. | » 60 |
| Histoire de l'Electricité, part. 1re, t. 1er av. 12 fig. | 1 | Sur la lampe de sûreté, avec figures. | » 60 |
| Histoire de l'Electricité, partie 1re, t. 2e, avec 6 figures. | 1 . | Sur l'éclairage au gaz, avec fig. | » 60 |
| | | Sur la structure du corps humain, avec pl. | 1 2 |
| Voyage à Tombouctou, intérieur de l'Afrique. | » 75 | Sur le voyage de La Pérouse autour du monde. | 1 . |
| Histoire de la Bible dans les temps modernes. | 1 | Sur les Cristaux, avec figures. | 1 » |
| Les Espagnols en Amérique. | » 75 | Sur les Mémoires de Joinville. | » 75 |
| Histoire de la Terre. | » 60 | Sur les maladies mentales. | » 80 |
| Histoire des Francs, de Grégoire de Tours. | » 75 | Sur l'Aimant. | » 7 |
| Sur la Botanique, avec un tableau. | » 75 | Sur les villes de Pompéi et d'Herculanum, av. pl. | 1 . |
| Sur la vie de Franklin. | | Sur la chaleur, avec fig. | 1 |
| Premiers voyages autour du monde, voyages de Magellan et de Drake, avec une carte. | 1 » | Electricité, 3e part. Electro-magnétisme, fig. | 1 |
| Expédition du cap. Ross dans les mers arctiques. | 1 20 | Sur la Lumière, 1re part., avec fig. | » 75 |
| Sur l'hygiène. | » 60 | Sur la Lumière, 2e part., avec fig. | » 75 |
| Sur une lecture de la Bible. | » 75 | Sur l'Obélisque de Louqsor. | |
| Chemins de fer et Voitures à vapeur, avec fig. et planches gravées. | 1 » | LA COLLECTION DES 36 VOLUMES, renfermée dans un livre-boîte élégant. | 30 fr. |
| | | *La Science du Bonhomme Richard*, édition Claudius gratis. | |

---

# LECTURE GRADUÉE,
### OUVRAGE, DANS LEQUEL LES DIFFICULTÉS DE LA LECTURE SONT SIMPLIFIÉES ET PRÉSENTÉES GRADUELLEMENT.
*Dédiée aux Mères,*
## PAR A. BONIFACE.
Troisième édition illustrée, 2 vol. in-8°. . . . 3 fr.

# GUIDE
## DES AMATEURS DE PEINTURE,
### OU
### HISTOIRE ET PROCÈS-VERBAUX,
DES AUTEURS, DES COLLECTIONS GÉNÉRALES ET PARTICULIÈRES, DES MAGASINS, ET DES VENTES,

### PAR M. GAULT DE S.-GERMAIN.

ÉCOLE ITALIENNE ET ESPAGNOLE.

1 vol. in-8°. — Prix : 7 fr.

---

## GUIDE DES AMATEURS DE TABLEAUX,
### POUR LES ÉCOLES ALLEMANDE, FLAMANDE ET HOLLANDAISE,
### PAR M. GAULT DE SAINT-GERMAIN,
NOUVELLE ÉDITION (1841). — 2 vol. in-8°. — Prix : 14 fr.

Contenant : 1° Les noms de tous les artistes appartenant aux écoles; 2° La liste de leurs productions; 3° L'indication du type de leur manière de faire; 4° La nomenclature des ventes dans laquelle leurs ouvrages ont paru, le prix auquel ils ont été vendus, etc., etc.

« Ces deux traités, dus à la haute érudition de M. GAULT DE SAINT-GERMAIN, le doyen de nos connaisseurs en peintures, sont indispensables à l'éducation artistique de ceux qui désirent acquérir des notions positives sur le mérite et la valeur des maîtres; ils sont aussi le manuel obligé de ceux qui vendent, achètent ou apprécient d'anciens tableaux; car l'auteur y a indiqué les types et les signes distinctifs auxquels on reconnaît les maîtres, comme aussi les valeurs réelles et les prix de ventes publiques, quelquefois si différens des évaluations fictives dans lesquelles se complaisent grand nombre d'amateurs ». (*Journal des Débats du 3 février 1841.*)

---

# HISTOIRE
## DE L'ART MODERNE EN ALLEMAGNE,
### PAR M. LE C<sup>TE</sup> A. RACZYNSKI.

3 volumes in-4° avec 3 atlas in-folio. . . . 300 fr.

*Chaque volume se vend séparément :*

Tome I : Dusseldorf et pays du Rhin; Excursion à Paris. 80 gravures sur bois, etc. 1 vol. in-4°, papier vélin, et Atlas de 11 gravures sur cuivre. Prix 100 fr.—Avec les gravures de l'Atlas sur papier de Chine. . . . . . . . . . . . . . . . . . . . . . 120 fr.
Tome II. Munich, Stuttgard, Nuremberg, Augsbourg, Ratisbonne, Carlsruhe, Prague, Vienne; Excursion en Italie. 1 vol. in-4°, 91 gravures sur bois, avec Atlas de 13 gravures et lithographies. Prix : 120 fr.— Avec l'Atlas sur papier de chine. . 150 fr.
Tome III. Berlin, Dresde, Hambourg, Mecklembourg, Weimar, Halberstadt, Göttingue. — Excursions en Hollande, Belgique, Angleterre, Suisse, Pologne, Russie, Suède, Danemarck, États-Unis. 47 gravures dans le texte ; Atlas de 14 gravures et lithographies. Prix 80 fr.— Sur papier de Chine. . . . . . . . . . . . 100 fr.

Ainsi ce grand ouvrage, fruit de tant de recherches et de talent, bien que consacré principalement à l'Art Moderne de l'Allemagne, embrasse l'ensemble de l'Art Moderne dans toute l'Europe.

# ABRÉGÉ DE GÉOGRAPHIE,

Rédigé sur un nouveau plan d'après les derniers traités de paix et les découvertes les plus récentes, précédé d'un examen raisonné de l'état actuel des connaissances géographiques et des difficultés qu'offre la description de la terre; d'un aperçu sur la géographie astronomique, physique et politique; des définitions les plus importantes; d'observations critiques sur la population actuelle du globe; de la classification de ses habitans d'après les langues, les religions et la civilisation, etc., suivi d'une Table alphabétique contenant 25,000 mots et pouvant tenir lieu de **Dictionnaire géographique**, ouvrage destiné à la jeunesse, comme à tous ceux qui s'occupent de politique et de recherches historiques et statistiques.

## PAR ADRIEN BALBI.
*OUVRAGE ADOPTÉ PAR L'UNIVERSITÉ.*

**TROISIÈME ÉDITION**, revue et considérablement augmentée par l'auteur, et ornée de **24 CARTES ET PLANS**, gravés par les plus habiles artistes.
1 volume grand in-8 de 1500 pages à deux colonnes,

Prix : broché 21 fr.;—cartonné à l'anglaise, 23 fr. 50;—relié en veau, 27 fr.

La Géographie de Balbi, qui a obtenu en France un si éclatant succès, n'a pas été moins bien accueillie dans les pays étrangers. Deux éditions rapidement épuisées, des traductions publiées dans toutes les langues, prouvent assez que cet ouvrage occupe désormais le premier rang parmi les livres les plus complets et les plus usuels sur la matière. Cette troisième édition dans laquelle l'auteur a introduit des modifications importantes, qui en font pour certaines parties un livre nouveau, ne laisse rien à désirer sous le rapport de l'exécution.

---

**ILLUSTRATIONS GÉOGRAPHIQUES ET TOPOGRAPHIQUES**,
Ou Recueil des 24 *Cartes* et *Plans* de la Géographie de Balbi,
1 vol. in-8, cartonné.—Prix : 7 fr.

---

# LE GLOBE,
## ATLAS CLASSIQUE UNIVERSEL
### DE GÉOGRAPHIE ANCIENNE ET MODERNE.

Dressé par M. **A. H. DUFOUR**, et revu par M. **JOMARD**, membre de l'Institut, avec une statistique jointe à chaque carte, et rédigée d'après la Géographie de M. A. **BALBI**. 1 volume in-4, composé de 42 cartes gravées sur acier, et coloriées.

Prix : cartonné à l'anglaise, **15 fr.**—*Le même*, grand in-4. papier vélin, cart. 25 fr.

*Liste des 42 cartes qui composent l'Atlas.*

*Géographie moderne.*
1. Uranographie.—Configuration et accidens physiques du globe.
2. Mappemonde.
3. Planisphère.
4. Europe.
5. Iles Britanniques.
6. Suède.—Danemark.
7. Russie.
8. Pologne.
9. Prusse.—Confédération germanique.
10. Autriche.
11. Hollande.—Belgique.
12. France par provinces.
13-14. France par départ.
15. Suisse.
16. Espagne.—Portugal.
17. Italie.
18. Turquie.
19. Grèce.
20. Asie.
21. Turquie d'Asie.
22. Perse.—Kaboul, etc.
23. Inde.
24. Chine.—Japon.
25. Afrique.
26. Marok.—Alger.—Tunis.—Tripoli.
27. Égypte.—Nubie.—Abyssinie.
28. Amérique du Nord.
29. États-Unis.
30. Antilles.
31. Amérique du Nord.
32. Brésil.
33. Océanie.

*Géographie ancienne.*
1. Égypte.—Palestine, etc., etc.
2. Monde connu des anc.
3. Grèce et ses colonies.
4. Italie.
5. Gaule.
6. Empire sous Constantin.
7. Europe après l'invasion des barbares.
8. Europe sous Charlemagne.
9. Europe en 1789.

Partie Moderne seule (33 Cartes). 12 f. | Chaque Carte coloriée en feuille. 40 c.
Partie Ancienne seule (9 Cartes). 4 f. | Id. Id. sur carton. 65 c.

*Cet ouvrage est adopté par le Conseil royal de l'instruction publique.*

Malgré sa supériorité, notre Atlas n'est pas d'un prix plus élevé que les ouvrages de ce genre les plus médiocres. La matière y est plus abondante que dans la plupart des atlas élémentaires, mais elle est disposée avec assez d'habileté pour que les cartes soient claires et d'un usage facile. | Chaque carte contient un **Tableau statistique**, indiquant les états et capitales, les superficies, les populations, les classifications des peuples d'après leurs religions, leurs langues; les souverains régnans, les revenus et dettes, les armées etc., etc.

# RÉPERTOIRE
## DES
## PLANTES UTILES ET DES PLANTES VÉNÉNEUSES DU GLOBE,
### PAR E. A. DUCHESNE.

Un fort vol. in-8, imprimé à deux colonnes, sur papier collé avec figures gravées sur bois. Prix broché 12 fr. cartonné, 13 fr. 50 c.

L'un des noms d'une plante, ou d'un de ses produits, étant donné, trouver sans difficulté sa famille, sa synonymie et tous ses usages ; tel est le problème intéressant que M. le docteur Duchesne a heureusement et complétement résolu.

L'ouvrage que nous annonçons est de première utilité pour l'économie domestique, pour l'étude des sciences et des arts, et pour toutes les professions qui mettent à contribution les riches produits du règne végétal.

---

## ATLAS DU RÉPERTOIRE
### DES PLANTES UTILES ET VÉNÉNEUSES DU GLOBE,

*Contenant* 128 *planches lithographiées et une table de renvoi.*

1 vol. in-8. cartonné. — Prix : 18 fr.

Cet atlas était depuis longtemps réclamé comme complément du *Répertoire*.

Le *Répertoire* et l'*Atlas* ensemble, cartonnés : 30 fr.

---

## ATLAS HISTORIQUE ET CHRONOLOGIQUE
# DES LITTÉRATURES
### Anciennes et Modernes,

DES SCIENCES ET DES BEAUX-ARTS, d'après la méthode et sur le plan de l'Atlas de A. Lesage (comte de Las Cases), et propre à former le complément de cet ouvrage.

### PAR A. JARRY DE MANCY,

vol. gr. in-folio, composé de 26 tableaux coloriés, relié à dos de maroquin. 40 fr.
— Le même, broché . . . . 34 fr. — En feuilles.. . . . . . . . 32 fr.

*Liste des 26 tableaux qui composent l'Atlas et qui se vendent séparément* 1 f. 50 c.

1. Mappemonde des Langues, ou tableau général des langues anciennes et modernes. (Introd. de l'ouvrage).
2. Langues et Littérat. orientales anciennes, et modernes.
3. Littérature grecque profane, depuis son origine jusqu'à la prise de Constantinople par les Turcs en 1453.
4. Littérature romaine ou latine, depuis son origine jusqu'à la destruction de l'emp. romain d'Occid. en 479.
5. Littérature ecclésiastique depuis son origine jusqu'à saint Thomas d'Aquin.
6. Mappemonde des Littératures, ou Tableau de chronologie compar. des littér. modern., langues européennes.
7. Littérature Française aux XVe et XVIe siècles.
8. Littérature Française pendant le siècle de Louis XIV.
9. Littérature Française pendant le siècle de Louis XV.
9 bis. Littérature Française depuis 1789.
10. Académie Française et Académie des Inscriptions et Belles-Lettres depuis leur fondation.
11. Littérature Italienne.
12. Littérature Espagnole, en Europe et en Amérique.
13. Littérature Portugaise et Brésilienne.
14. Littérature Allemande.
15. Littérature Anglaise.
16. Littérature Danoise, Suédoise, des Pays-Bas.
16 bis. Littérature Russe, et Littérature Polon.
17. Histoire de la Philosophie et du Droit.
18. Histoire des Sciences mathématiques.
19 et 20. Histoire des Sciences physiques. — Bibliographie des Sciences.
21. Histoire de la Géographie depuis les temps les plus reculés.
22. Histoire des Arts du Dessin.
23. Histoire de la Musique depuis les temps les plus reculés.
24. Histoire de l'Académie royale des Beaux-Arts. (Institut de France.)
25. Tableau complémentaire.

# CORRESPONDANCE INÉDITE DE HENRI IV

ROI DE FRANCE ET DE NAVARRE,

## AVEC MAURICE-LE-SAVANT,

LANDGRAVE DE HESSE;

ACCOMPAGNÉE DE NOTES ET ÉCLAIRCISSEMENS HISTORIQUES

PAR M. DE ROMMEL,

Directeur des archives de l'État, à Cassel.

Un volume grand in-8. — Prix : 10 francs.

*Le même*, grand-raisin vélin collé, très fort. — Prix : 12 fr.

---

## DE L'ABOLITION
## DE L'ESCLAVAGE ANCIEN EN OCCIDENT,

Ou examen des causes principales qui ont concouru à l'extinction de l'esclavage ancien dans l'Europe occidentale, et de l'époque à laquelle ce grand fait historique a été définitivement accompli ;

PAR M. EDOUARD BIOT.

Ouvrage couronné par l'Académie des sciences morales et politiques ; 1 volume in-8°. Prix 7 fr. 50.

---

## ANNALES DE L'IMPRIMERIE DES ESTIENNE,

Ou Histoire de la famille des Estienne et de ses éditions ; par Ant.-Augustin Renouard. 2 vol. in-8. . . . . . . . . . . . 13 fr.

### ANNALES DE L'IMPRIMERIE DES ALDE,

Ou Histoire des trois Manuce et de leurs éditions ; *par le même*. 3ᵉ édit. 1 vol. in-8° (2 colonnes). . . . . . . . . . . . . 15 fr.

---

## PETITE BIBLIOTHÈQUE
## MORALE ET PHILOSOPHIQUE,

12 volumes in-18, élégamment cartonnés. — Prix : 15 fr.

Elle contient : Franklin, *Mémoires et Mélanges* ; 4 vol. — Descartes, *Méthode* ; 1 vol. — Buffon et Massillon, *Morceaux choisis* ; 2 vol. — Le baron de Gérando, *Du perfectionnement moral*, et *le Visiteur du pauvre* ; 3 vol. — Droz, *Philosophie morale* et *Art d'être heureux* ; 2 vol.

Ces ouvrages, achetés séparément, brochés, coûteraient 36 fr.

# PROMENADES D'UN ARTISTE.

| BORDS DU RHIN. | NORD DE L'ITALIE. |
|---|---|
| Belgique. — Hollande. | Tyrol. — Suisse. |
| 1 vol. grand in-8, papier vélin, avec 26 gravures anglaises. | 1 vol. grand in-8, papier vélin, avec 26 gravures anglaises. |

*Chaque volume se vend :*

| | | | |
|---|---|---|---|
| Broché. | 16 fr. | sujets, arabesques et étuis. | 30 fr. |
| Cartonné. | 18 | En moire, id. | 30 |
| — à l'anglaise | 19 | En maroquin. | 35 |
| En demi-reliure. | 21 | — Fig. pap. de Chine et étui. | 40 |
| Très riche cartonnage avec | | Velours. | 45 |

*Le volume* NORD DE L'ITALIE, *se vend seul séparément.*

Le texte laisse reconnaître, sous le voile de l'anonyme, un de nos plus spirituels écrivains; les planches sont gravées sur acier, à Londres, par des artistes célèbres, l'ouvrage est exécuté avec un grand luxe typographique; les reliures sont remarquables par un goût recherché, et par leur magnificence.— Nous ajouterons seulement que nos prix ne sont pas la moitié de ce qu'on paie à Londres pour ces keepsakes élégans dont le goût est aujourd'hui si à la mode.

# ANTIQUITÉS DE LA NUBIE

## MONUMENS INÉDITS DES BORDS DU NIL,

Situés entre la première et la seconde cataractes, dessinés et mesurés par **M. GAU**, architecte, 1 vol. grand in-folio avec 63 planches et vignettes dont 8 coloriées. **120 fr.**
— En papier vélin. **240 fr.**

Ce grand ouvrage, fruit de longues recherches, se compose de 64 planches représentant l'ensemble ou les principaux détails des monumens que l'auteur a rencontrés en Nubie, de 14 feuilles d'inscriptions et de 13 vues choisies pour donner l'idée de l'aspect général du pays. Quelques-unes des planches d'architecture sont coloriées et reproduisent fidèlement les peintures des monumens nubiens.

Le texte contient : une Introduction, une Relation du voyage de M. Gau, une Explication des inscriptions, par M. Letronne, et un Commentaire par Niebuhr. Cet ouvrage destiné à servir d'introduction ou de complément au grand travail de la Commission d'Egypte, a été exécuté avec le même soin. La gravure des planches a été confiée aux mêmes artistes.

# ITINÉRAIRE DESCRIPTIF
## DE LA FRANCE.

Ou Géographie complète, historique et pittoresque de ce royaume, par ordre de routes, divisé en huit régions correspondant aux quatre points cardinaux et aux quatre points intermédiaires, environ 30 vol. in-8, accompagnés chacun d'une carte routière, et qui tous se vendent séparément.

### PAR VAYSSE DE VILLIERS
Ancien Inspecteur des Postes, membre de plusieurs Académies.

| | | | |
|---|---|---|---|
| De Paris à Lyon; 1 vol. avec 1 carte. | 4 » | De Périgueux (route de Bordeaux) aux deux Bagnères, à Barège, et autres eaux des Pyrénées, et communications; 1re partie, 1 vol. avec 1 carte. | 5 » |
| De Lyon à Turin; 1 vol. avec 1 carte. | 3 25 | | |
| De Turin à Florence; 1 vol. avec 1 carte. | 3 75 | | |
| De Florence à Rome, Naples; 1 vol. avec deux cartes. | 5 50 | —Dito—2e partie; 1 vol. | 4 50 |
| De Lyon à Marseille; 1 vol. avec 1 carte. | 3 75 | De Paris en Espagne, par les Pyrénées-Orientales; 1 v. avec 1 carte. | 5 » |
| De Marseille à Gênes, Turin; 1 vol. avec 1 carte. | 3 75 | | |
| De Paris à Dijon, Genève; 1 vol. avec 1 carte. | 4 » | De Paris à Bordeaux; 1 vol. avec 1 carte. | 5 » |
| De Genève à Milan, par le Simplon; 1 vol. avec une carte. | 4 50 | De Bordeaux à Bayonne; 1 vol. avec 1 carte. | 3 50 |
| De Moulins (route de Lyon) à Beaucaire; 1 vol. avec 1 carte. | 5 » | — aux Sables, La Rochelle, Rochefort; de Nantes à Bordeaux. | 4 » |
| D'Orléans (route de Bordeaux) à Toulouse, et communications, 1re partie 1 vol. avec 1 carte. | 5 » | De Paris à Nantes; 1 vol. avec 1 carte. | 6 » |
| | | — à Rennes; 1 vol. avec 1 carte. | 5 » |
| —Dito—2e partie; 1 vol. | 4 50 | — à Rouen, au Havre, Honfleur, Fécamp | |
| | | — à Dieppe; 1 vol. avec 1 carte. | |

# DE LA BIENFAISANCE PUBLIQUE
## PAR M. LE B<sup>on</sup> DE GÉRANDO,

Pair de France, membre de l'Institut, membre du Conseil général des hospices de Paris, etc.

4 volumes in-8. — Prix : 30 francs.

---

## DES PROGRÈS DE L'INDUSTRIE
### CONSIDÉRÉS DANS LEURS RAPPORTS AVEC LA MORTALITÉ DES CLASSES OUVRIÈRES.
#### PAR M. LE B<sup>on</sup> DE GÉRANDO.

*Mémoire couronné par la société industrielle de Mulhouse.* 1 vol. in-8. — Prix 2 fr.

---

# TABLEAU
## DE L'ÉTAT PHYSIQUE ET MORAL
# DES OUVRIERS
### EMPLOYÉS
### DANS LES MANUFACTURES DE COTON, DE LAINE ET DE SOIE.
## PAR M. LE D<sup>R</sup> VILLERMÉ,

Membre de l'Académie des Sciences morales et politiques, etc.

**OUVRAGE ENTREPRIS PAR ORDRE DE CETTE ACADÉMIE.**

2 volumes in-8. — Prix : . . . . 15 fr.

Les grands industriels, les chefs de manufacture, les hommes politiques, les économistes et tous ceux qui s'occupent du bien-être des masses et des individus, ou qui ont intérêt à connaître leur véritable position, devront lire les détails et les résumés consciencieux que renferme cet important ouvrage.

Une *table alphabétique* raisonnée placée à la fin du second volume, comprend toutes les indications de *noms* de *lieux* et de *faits* et rend ainsi les recherches faciles.

---

## DU PAUPÉRISME ET DE LA CHARITÉ LÉGALE,
### Lettre adressée à MM. les Préfets du Royaume,
#### PAR M. CH. DE RÉMUSAT,
##### Ministre de l'intérieur.

Brochure in-18. — Prix : 60 cent.

---

## DE L'INDUSTRIE MANUFACTURIÈRE
### EN FRANCE,
#### PAR M. MICHEL CHEVALIER.

Brochure in-18. — Prix : . . . 40 cent.

# TRAITÉ
# DES DROITS D'AUTEURS,
## DANS LA LITTÉRATURE,
## LES SCIENCES ET LES BEAUX-ARTS,

**PAR M. A. CH. RENOUARD,**

Conseiller à la Cour de Cassation, Membre de la Chambre des Députés, auteur du *Traité des Brevets d'Invention*, etc.

2 volumes in-8. — Prix: 15 fr.

Le premier volume comprend : l'histoire du droit des auteurs, l'état de la législation française et étrangère et les textes de tous les décrets, lois et ordonnances qui s'y rattachent, enfin la théorie philosophique de ce droit.

Le second volume contient l'exposé complet de la jurisprudence et traite de tous les cas qui peuvent se présenter dans l'exercice des droits accordés par la loi aux auteurs. Il est terminé par l'analyse raisonnée de la discussion qui a eu lieu récemment à la chambre des Pairs et le projet de loi qu'elle a adopté.

Cet ouvrage renferme ainsi tout ce qui a été dit en théorie, en législation et en jurisprudence sur l'important sujet que M. Ch. Renouard était, plus que tout autre, appelé à bien traiter.

---

## TRAITÉ DES BREVETS D'INVENTION,

**PAR M. A. CH. RENOUARD.** — Prix : 7 francs.

---

## LA
# TAXE EN MATIÈRE CIVILE,

### CONTENANT:

1° LES TABLEAUX DE CHAQUE PROCÉDURE, SUIVANT L'ORDRE DU CODE, AVEC L'INDICATION DES DÉBOURSÉS, ET ÉMOLUMENS DE TOUS LES ACTES POUR PARIS ET POUR LES DÉPARTEMENS ;

2° LES LOIS, DÉCRETS, ET ORDONNANCES SUR LES FRAIS ET DÉPENS, LES DROITS DE GREFFE, LES DROITS D'HYPOTHÈQUE, ETC., ETC.

### SUIVIS DE NOTES ET D'OBSERVATIONS,

**PAR M. N. CARRÉ,**

ANCIEN AVOCAT A LA COUR ROYALE DE PARIS, PRÉSIDENT DU TRIBUNAL DE PREMIÈRE INSTANCE DE TOURS.

...... *Suum cuique*..

Un fort volume grand in-8, imprimé sur papier grand raisin *collé*.

Avec un grand nombre de *tableaux*, ou *modèles d'états de frais* pour toute procédure,

Et une **TABLE ALPHABÉTIQUE** raisonnée.

Prix broché : 9 francs. — 11 francs par la poste.

# LE DROIT CIVIL FRANÇAIS,

## SUIVANT L'ORDRE DU CODE,

### PAR TOULLIER,

Continué et terminé par J. B. DUVERGIER.

Articles 1 à 1581 par TOULLIER, *cinquième édition*, nouveau tirage de 1839.
15 volumes in-8. . . . . 134 fr.

*On peut acheter séparément :*

Tomes IX à XIV chacun 10 fr. — Tome XV, table générale et alphabétique. . . 6 fr
Cette table peut également servir pour les cinq éditions de l'ouvrage de Toullier.
Articles 1582 et suivans, continuation par M. J. B. DUVERGIER. 8 volumes
in-8 plus 1 volume detable. . . . . . . . . . . . . 86 f.
Les cinq premiers volumes de la continuation, tomes XVI à XX contenant les titres de
la *vente*, de l'*échange*, du *louage* et des *sociétés* sont en vente. — Le tome XXI est sous
presse. — Prix de chaque volume. 10 fr.

Dans la *Gazette des Tribunaux* du 13 juin, M. Delangle, bâtonnier de l'ordre des avocats, a rendu toute justice au mérite de M. Duvergier et au succès de la tâche difficile qu'il a entreprise: « Personne, dit-il, n'était plus propre que M. Duvergier à mettre la dernière main à l'œuvre de Toullier; personne ne pouvait mieux en garder l'unité et en conserver l'harmonie. » Cette opinion est partagée par tous ceux qui ont lu les publications de M. Duvergier.

---

# ESPRIT DE LA JURISPRUDENCE

## SUR LE CODE CIVIL.

### PAR M. FOÜET DE CONFLANS,

Avocat à la Cour royale de Paris.

### SUR LES SUCCESSIONS.

Grand in-8 de 728 pages. — Prix, broché . . . 9 fr.

---

# LE PROCÈS LAFARGE

## EXAMINÉ D'APRÈS LA LÉGISLATION CRIMINELLE DE PRUSSE,

### PAR MM. J.-D.-H. TEMME ET G.-A. NOERNER,

Conseillers à la cour criminelle à Berlin.

1 vol. in-8. — Prix. . . . . . . 5 fr.

## PUBLICATIONS DE LA SOCIÉTÉ DE L'HISTOIRE DE FRANCE.

L'Ystoire de li Normant, et la Chronique de Robert Viscart, par Aimé, moine du Mont Cassin. 1 vol. grand in-8°. . . . 9 fr.
Histoire ecclésiastique des Francs, par Grégoire de Tours, texte et traduction en regard. 4 vol. grand in-8°. . . . . . 36
—Le même texte français seul, 2 vol. in-8°. . . . . . . . . 18
—Le même texte latin seul, 2 vol. in-8°. . . . . . . . . . 18
Lettres du Cardinal Mazarin à la reine. 1 vol. grand in-8°. . . 9
Mémoires de Pierre de Fénin. 1 vol. grand in-8° . . . . . . 9
La conqueste de Constantinoble, par Villehardouin. 1 vol. grand in-8°, avec carte. . . . . . . . . . . . . . . . . . 9
Orderici Vitalis Historia Ecclesiastica. T. 1 et 2, grand in-8°. 18
Correspondance de l'Empereur Maximilien avec Marguerite sa fille, 2 vol. gr. in-8 . . . . . . . . . . . . . . . . . . . 18
Histoire des Ducs de Normandie et des Rois d'Angleterre, suivie du Roman de Ham, 1 vol. gr. in-8 . . . . . . . . . . . 9
Mémoires de Philippe de Commynes, nouvelle édition revue sur les manuscrits de la bibliothèque royale, tome 1er, grand in-8°. . 9
OEuvres complètes d'Eginhard, réunies pour la première fois et traduites en français avec notes, variantes et table générale, texte et traduction en regard, tome 1er, grand in-8°. . . . . . . . 9
Lettres de Margueritte d'Angoulème, sœur de François Ier, reine de Navarre. 1 vol grand in-8. . . . . . . . . . . . 9
Mémoire du comte de Coligny-Saligny, 1 vol. grand in-8. . . 9
Procès de condamnation et réhabilitation de Jeanne d'Arc. Tome 1, grand in-8. . . . . . . . . . . . . . . . . . . 9
Annuaires de la Société, pour les années 1837, 1838, 1839, 1840, 1841 et 1842. Chacun. . . . . . . . . . . . . . . . . 2

# LE CONSULAT ET L'EMPIRE,

OU

## HISTOIRE DE LA FRANCE ET DE NAPOLÉON BONAPARTE,

DE 1799 A 1815,

### PAR LE C<sup>TE</sup> A. C. THIBAUDEAU,

Membre de la Convention et de l'ancien Conseil d'Etat.

Edition illustrée ; 10 volumes in-8, ornés de 50 portraits, prix broché. . . 50 fr.

Cet ouvrage, qui contient une multitude de faits importans et nouveaux, racontés par un témoin éclairé, que ses fonctions publiques ont mis à même de tout voir, a été recherché comme la suite naturelle du bel ouvrage de M. Thiers sur la révolution française ; en effet, la révolution de 1789 est le point de départ de l'auteur ; c'est d'après les principes de cette grande transformation, auxquels il est resté fidèle, qu'il forme ses jugemens sur les choses et les hommes : c'est sous leur constante inspiration qu'il a écrit l'histoire du Consulat et de l'Empire.

HISTOIRE CRITIQUE

# DU RATIONALISME EN ALLEMAGNE

*Depuis son Origine jusqu'à nos jours,*

PAR AMAND SAINTES.

1 vol. in-8. . . . . 7 fr. 50

# HISTOIRE
## DU RÈGNE DE LOUIS XVI,
PENDANT LES ANNÉES OU L'ON POUVAIT PRÉVENIR OU DIRIGER

### la Révolution Française,

PAR M. DROZ,

Membre de l'Académie française, de l'Académie des sciences morales et politiques, etc.

OUVRAGE ADOPTÉ PAR L'UNIVERSITÉ.

2 volumes in-8. — Prix : 15 francs.

---

# HISTOIRE POLITIQUE
## DE L'ANNÉE 1841,
AVEC UN PLAN DES ENVIRONS DE PARIS ET DES FORTIFICATIONS,

PAR SERRE.

1 vol. in-8. — Prix 5 fr.

---

# HISTOIRE
## DE LA CONQUÊTE DE LA LOMBARDIE PAR CHARLEMAGNE
ET DES CAUSES QUI ONT TRANSFORMÉ, DANS LA HAUTE ITALIE,
LA DOMINATION FRANÇAISE EN DOMINATION GERMANIQUE
SOUS OTHON-LE-GRAND,

PAR T. DE PARTOUNEAUX.

2 vol. in-8. — Prix 15 fr.

---

# MÉMORIAL DE GOUVERNEUR MORRIS,

Homme d'État américain, Ministre plénipotentiaire des États-Unis en France, de 1792 à 1794.

Suivi d'extraits de sa correspondance et de ses papiers, contenant des détails nouveaux sur la Révolution française, la Révolution d'Amérique et l'Histoire politique des États-Unis.

Traduit de l'anglais de JARED SPARKES, avec annotations,

PAR AUGUSTIN GANDAIS.

2 vol. in-8. — Prix 15 fr.

# HISTOIRE
### DES
# SCIENCES MATHÉMATIQUES
## EN ITALIE,
DEPUIS LA RENAISSANCE DES LETTRES JUSQU'A LA FIN DU XVII<sup>e</sup> SIÈCLE

## PAR M. G. LIBRI,
Membre de l'Institut.

L'ouvrage complet formera 6 volumes in-8°.
Les tomes I, II, III, IV, sont en vente. Prix. . . . . 32 fr.
Les tomes III et IV se vendent ensemble. . 16 fr.
*Les deux derniers volumes, tomes V et VI, sont sous presse.*

---

# VOYAGES EN CORSE,
## A L'ILE D'ELBE ET EN SARDAIGNE,
## PAR M. VALERY,
Bibliothécaire du Roi aux palais de Versailles et de Trianon, auteur des Voyages historiques, littéraires et artistiques en Italie, etc.

2 volumes in-8. ——————— Prix. . . . . . 15 fr.

---

# L'ITALIE CONFORTABLE
## MANUEL DU TOURISTE,
### PAR M. VALERY.
1 beau volume in-12 avec table analytique. . 4 fr.

---

# ITALY AND ITS COMFORTS
## MANUAL OF TOURISTS,
### BY VALERY.
1 vol. in-12 avec carte routière, cartonné. . . 6 fr.

---

**BUFFON.**—MORCEAUX CHOISIS, ou Recueil de ce que ses écrits offrent de plus parfait sous le rapport du style et de l'éloquence; 1 vol. in-18, avec 55 gravures. Cartonné. . . . . . . . 1 50

**MASSILLON.**—MORCEAUX CHOISIS, ou Recueil, etc.
1 vol. in-18, cartonné. . . 1 50

**DESCARTES.**—MÉTHODE pour bien conduire sa raison et chercher la vérité dans les sciences. *Nouvelle édition*, précédée d'une notice par M. Michelot, et ornée d'un portrait de Descartes; 1 vol. in-18. 2 fr.

**DESCARTES.**—MÉDITATIONS METAPHYSIQUES, *Nouvelle édition*, ornée d'un portrait. . . . . . . 2 50

*Ces ouvrages sont adoptés pour l'enseignement dans les Collèges.*

---

PARIS. Imprimé chez Paul Renouard, rue Garancière, n. 5.

# MÉMOIRES ET LETTRES

### DE

# MARGUERITE DE VALOIS.

# A PARIS,

## DE L'IMPRIMERIE DE CRAPELET,

RUE DE VAUGIRARD, Nº 9.

M. DCCC. XLII.

# MÉMOIRES ET LETTRES

DE

# MARGUERITE DE VALOIS.

NOUVELLE ÉDITION,

REVUE SUR LES MANUSCRITS DES BIBLIOTHÈQUES DU ROI ET DE L'ARSENAL.

ET PUBLIÉE

## PAR M. F. GUESSARD,

ANCIEN ÉLÈVE DE L'ÉCOLE DES CHARTES.

A PARIS,

CHEZ JULES RENOUARD ET C$^{\text{IE}}$,

LIBRAIRES DE LA SOCIÉTÉ DE L'HISTOIRE DE FRANCE,

RUE DE TOURNON, N° 6.

M. DCCC. XLII.

EXTRAIT DU RÈGLEMENT.

Art. 14. Le Conseil désigne les ouvrages à publier, et choisit les personnes les plus capables d'en préparer et d'en suivre la publication.

Il nomme, pour chaque ouvrage à publier, un Commissaire responsable, chargé d'en surveiller l'exécution.

Le nom de l'Éditeur sera placé à la tête de chaque volume.

Aucun volume ne pourra paraître sous le nom de la Société sans l'autorisation du Conseil, et s'il n'est accompagné d'une déclaration du Commissaire responsable, portant que le travail lui a paru mériter d'être publié.

---

*Le Commissaire responsable soussigné déclare que l'édition des* Mémoires et Lettres de Marguerite de Valois, *préparée par M. F.* Guessard, *lui a paru digne d'être publiée par la* Société de l'Histoire de France.

Fait à Paris, le 1ᵉʳ mai 1842.

*Signé* Ch. LENORMANT.

*Certifié,*

Le Secrétaire de la Société de l'Histoire de France,

J. DESNOYERS.

# PRÉFACE DE L'ÉDITEUR.

Ce volume renferme :

1°. Les Mémoires de Marguerite de Valois;

2°. Un Mémoire justificatif, composé par elle, pour Henri de Bourbon, roi de Navarre;

3°. Un choix de Lettres.

C'est tout ce que j'ai pu ou cru devoir recueillir des œuvres de la fille de Henri II et de Catherine de Médicis, de la sœur de Charles IX et de Henri III, de la femme de Henri-le-Grand.

Je ne pense pas, comme le premier éditeur des *Mémoires*, que « ce livre est un de ceux qui n'ont « point besoin de l'industrie d'autruy pour se « rendre recommandables, et que son titre est un « charme si puissant qu'il faut estre merveilleuse- « ment stupide pour n'estre point attiré à la lecture « de l'ouvrage qui en est suitte »[1]. Je ne dirai pas non plus, avec Brantôme, que les Lettres de la reine Marguerite « sont les plus belles, les mieux « couchées, soit pour estre graves que pour estre « familières; qu'il faut que tous grands escrivains « du passé et de nostre temps se cachent et ne pro- « duisent les leurs, quand les siennes comparois- « tront, qui ne sont que chansons auprès des

---

[1] Les *Mémoires de la royne Marguerite*, à Paris, par Charles Chappellain, rue de la Bûcherie, à l'image Saincte-Barbe, in-8°, 1628. — Préface de l'Éditeur.

« siennes, et qu'il n'y a nul qui, les voyant, ne se « mocque du pauvre Cicéron avec les siennes fa- « milières »[1]. Il y aurait, à professer de pareilles opinions, des inconvénients de plus d'un genre, mais un entre autres, un grave et sérieux, qui serait de courir le risque de s'aliéner les nombreux partisans de ce *pauvre Cicéron*. C'est à quoi ne voudrait s'exposer pour rien au monde ni la Société de l'Histoire de France en général, ni, en particulier, le membre obscur auquel a été confié le soin de cette édition.

Brantôme ajoute, toujours à propos des Lettres de Marguerite, que « qui en pourroit faire un re- « cueil, et d'elle et de ses discours, ce seroient au- « tant d'escoles et d'apprentissages pour tout le « monde »[2]. Je prendrai encore la liberté de ne pas m'associer à ses illusions sur ce point; et, si intéressé que je sois à faire accepter à la lettre le passage que je rapporte ici, je me crois en conscience obligé d'en atténuer la portée. Je me borne donc à dire qu'une édition des *Mémoires de Marguerite de Valois*, accompagnée d'un choix de ses Lettres, peut être regardée, sinon comme une source d'enseignements pour tout le monde, au moins comme une chose utile. L'opinion de Brantôme ainsi revue, corrigée et considérablement diminuée, je n'en puis plus rien rabattre, et cela par deux raisons.

---

[1] *Femmes illustres*, Discours v$^e$.
[2] *Id. ibid.*

D'abord, en ce qui concerne l'auteur dont je publie les œuvres, je me sens à son égard cette prédilection d'éditeur qui va trop souvent jusqu'à la faiblesse pour jamais souffrir l'injustice : je conçois qu'on puisse raisonnablement douter de sa vertu; je ne comprendrais pas qu'on mît en question son esprit et son mérite littéraire, et, heureusement pour Marguerite et pour moi, je ne suis pas le seul de mon avis. Il y a ici l'autorité de la chose jugée ; il y a des témoignages bien autrement graves et bien moins suspects que celui de Brantôme, et entre autres ces paroles d'un prince de l'Église : « *Margherita era donna di spirto grande, ed in suo libro di memorie, distese con fioritissimo stilo, ch' uscì dopo las ua morte in istampa, viene raccontato da lei medesima a pieno il successo di quel ch' ella trattò in Fiandra a favor del fratello.* » C'est ainsi que s'exprime le cardinal Bentivoglio dans son *Histoire des guerres de Flandres*, et les plus violents détracteurs de Marguerite ne l'ont jamais contredit sur ce point. Il est permis assurément de ne pas découvrir dans les écrits de cette belle Reine un intérêt aussi attachant que Pellisson, qui dit avoir lu ses Mémoires deux fois d'un bout à l'autre en une seule nuit[1]; mais, pendant le jour, et sans nuire à son sommeil, on y trouvera, j'imagine, plus d'un genre de mérite et d'attrait, pour peu que l'on s'intéresse à l'histoire de la politique, de la littérature et des mœurs du XVI$^e$ siècle.

[1] *Hist. de l'Acad. franç.*, p. 308. Paris, 1672, in-12.

Si le nombre des éditions prouve quelque chose en faveur d'un ouvrage, c'est un argument de plus que je puis invoquer, au moins pour les Mémoires, qui forment la partie importante de cette publication.

Toutefois, un tel argument pourrait être mal pris, et suggérer à quelque esprit difficile cette question indiscrète : Si les *Mémoires de Marguerite de Valois* ont été tant de fois édités, pourquoi une nouvelle édition? La réponse à cet interrogateur est précisément la seconde des deux raisons dont je parlais tout à l'heure; c'est la conviction où je suis, et où chacun serait à ma place, que cette édition est de beaucoup supérieure à toutes celles qui l'ont précédée. Je l'affirme, sauf à le prouver dans un instant et au risque de blesser les âmes délicates par un semblant d'outrecuidance. Nécessité pénible, mais nécessité; car faute d'y obéir, la question posée ci-dessus reste entière.

Je dois donc vous faire savoir, ami lecteur, d'abord que ce volume contient des écrits inédits de Marguerite de Valois, c'est-à-dire trente-six Lettres; ensuite, que les éditeurs des Mémoires, mes devanciers, me font l'effet de s'être transmis le même texte les uns aux autres, comme un bien de famille, et que même les successeurs n'ont pas toujours respecté l'héritage qu'ils recueillaient. Joignez à cette circonstance les erreurs typographiques, et vous comprendrez comment la dernière édition, loin d'être meil-

## PRÉFACE DE L'ÉDITEUR.

leure que la première, m'a paru infiniment moins correcte et moins pure. Or, les éditions récentes étant toujours plus communes que les anciennes, on avait, dans ces derniers temps, toutes les chances possibles pour mettre la main sur le plus mauvais texte des Mémoires de la reine Marguerite. Le seul remède au mal, c'était de recourir aux manuscrits, et c'est ce qui a été fait. Quant aux Lettres, inédites ou non, elles ont été, à très-peu d'exceptions près, transcrites sur les autographes, conservés à la Bibliothèque royale, lesquels, par parenthèse, accusent assez souvent l'éditeur qui en a publié un certain nombre, il y a quelques années, dans la *Revue rétrospective*. Je ne parle pas ici de mes soins, de mes peines, toutes choses qui ne sont pas susceptibles de vérification, et qui, d'ailleurs, *ne font rien à l'affaire*. J'indique sommairement les raisons qui me font croire au mérite relatif de cette édition, et sur lesquelles repose la prétention obligée que j'ai exprimée plus haut. Chacun pourra en vérifier la justesse, au moyen des indications et des détails suivants, qui sont relatifs à chacune des parties de cette publication.

### I. Mémoires.

Comme je l'ai dit, il existe un assez grand nombre d'éditions des *Mémoires de la reine Marguerite*. Depuis 1628, date de l'édition originale, et réimprimés, soit dans les Pays-Bas, soit en France, isolément, avec d'autres ouvrages, ou dans les collections. « Nous devons ces beaux « Mémoires, dit Colomiès, à Auger de Mauléon, « sieur de Granier, qui, pour s'établir à Paris, « s'associa avec un libraire nommé Chapelain, « et, depuis, avec un autre, nommé Bouillerot; « et comme il avoit été curieux de bons manu- « scrits, il en publioit de temps en temps quel- « ques uns. Outre ces Mémoires, nous lui devons « aussi ceux de M. de Villeroy, les Lettres du car- « dinal d'Ossat, celles de M. de Foix, archevêque « de Toulouse, et le traité du père Mariana, tou- « chant la réformation du gouvernement des jé- « suites, traduit en françois [1]. » C'est ce même éditeur qui ne craint pas d'affirmer qu'il faut être *merveilleusement stupide* pour ne pas se plaire à la lecture de son auteur, après quoi il ajoute : « Que Rome vante tant qu'il lui plaira les Com- « mentaires de son premier empereur, la France « a maintenant les Mémoires d'une grande Roine, « qui ne leur cèdent en rien. Voilà un éloge bien « grand, mais très-véritable pourtant, et duquel « tu ne me dédiras pas, lecteur, si tu n'es proc- « cupé de cette impertinente opinion, que rien ne « peut égaler ce que l'antiquité a produit, ou si « une abominable malice ne te fait regarder avec « envie la gloire de ta patrie. »

---

[1] Colomiès, *Biblioth. choisie*. Paris, 1731, p. 233.

Il jugeait l'ouvrage si parfait, qu'il ne crut pas à propos d'y joindre la moindre note, le plus petit éclaircissement; mais en revanche, il mit en circulation une erreur grossière en avançant qu'il était adressé « à messire Charles de Vi-
« vonne, baron de la Chasteigneraye et seigneur
« de Hardelay, qui estoit chambellan du duc d'A-
« lençon. Quelques uns croyent, dit-il encore,
« que l'adresse en soit faitte à monsieur de Ran-
« dan, mais cela n'est pas si vray-semblable. » La vraisemblance n'était ni dans l'une ni dans l'autre hypothèse, comme on ne tarda pas à s'en apercevoir et à le démontrer. Voici ce qu'en dit Colomiès, le savant que je viens de citer :

« Celui à qui la reine Marguerite adresse ses
« Mémoires n'est pas messire Charles de Vivonne,
« baron de la Chasteigneraye, comme prétend
« Auger de Mauléon, sieur de Granier, qui les a
« donnés au public, mais messire Pierre de Bour-
« deille, seigneur de Brantôme, l'un des plus dignes
« hommes de son temps, qui a fait un discours sur
« la vie de la reine Marguerite, inséré dans ses
« *Femmes illustres,* où il parle assez au long de
« Pau, du voyage de la Reine en France, du ma-
« réchal de Biron, d'Agen, et de la sortie du mar-
« quis de Canillac du château d'Usson en Auver-
« gne. Si l'on se donne la peine de comparer tous
« ces endroits avec ce que dit la reine Marguerite
« dès le commencement et dans la suite de ses
« Mémoires, j'ose me persuader qu'il y aura peu

« de personnes qui n'approuvent ma conjecture.
« Il paroît en effet, par les Mémoires de cette prin-
« cesse, qu'elle y réfute indirectement quelques
« endroits du discours de M. de Brantôme. Et
« plût à Dieu que nous eussions ces Mémoires un
« peu plus entiers qu'on ne les a publiés! nous y
« verrions, suivant la promesse de cette reine,
« de quelle façon elle détruit ce que dit si galam-
« ment M. de Brantôme de la sortie du marquis
« de Canillac du château d'Usson en Auvergne.
« Mais pour autoriser davantage ma conjecture, le
« lecteur remarquera que cette princesse appelle
« dans ses Mémoires madame de Dampierre tante
« de celui à qui elle parle, madame de Retz sa
« cousine, et M. d'Ardelay son brave frère. Ce
« qui convient précisément à M. de Brantôme, qui
« nomme souvent dans ses Mémoires madame de
« Dampierre sa tante, madame de Retz, dans la
« *Vie du maréchal de Biron,* sa cousine, et M. d'Ar-
« delay, au *Discours des Colonels,* son frère, qui
« fut tué, comme il dit, dans Chartres, en le dé-
« fendant très-vaillamment. Après cela, je ne dirai
« point que M. de Brantôme étoit particulièrement
« connu de cette princesse, qu'il recevoit de temps
« en temps de ses lettres, et qu'il lui a dédié par
« reconnoissance ses *Hommes illustres étrangers.*
« J'ajouterai seulement que je ne saurois m'empê-
« cher de croire que c'est ce même seigneur, dont
« veut parler cette grande Reine dans ces belles
« et magnifiques paroles : « Mon histoire seroit

« digne d'être écrite par un cavalier d'honneur,
« vrai François, né d'illustre maison, nourri des
« Rois mes père et mère, parent et familier ami
« des plus galantes et honnêtes femmes de notre
« temps, de la compagnie desquelles j'ai eu ce
« bonheur d'être. » Produisons ici, avant que de
« finir, un fragment de Mémoires de cette prin-
« cesse, qui ne se trouve point dans les imprimés,
« tiré des Commentaires de Théveneau sur les
« Préceptes de Saint-Louis à Philippe III son fils :
« La reine Marguerite, dit-il, a laissé par histoire
« de la Cour, écrite à la main, et qui est tombée
« entre les miennes, que sur toutes choses la reine
« Catherine sa mère avoit pris garde que ses en-
« fants ne fussent abreuvez des dogmes de Calvin,
« et qu'un jour elle tira des pochettes de Henri II
« les psaumes de la version de Marot, et chassa
« ceux qui étoient près de lui, et qui s'efforçoient
« de lui faire goûter le breuvage d'une nouvelle
« doctrine [1]. »

Il y a là un luxe de démonstration qui assurément n'était pas nécessaire. S'il fallait beaucoup
de bonne volonté pour tomber dans l'erreur du
premier éditeur, il n'était pas besoin de faire de
grands frais pour soupçonner sa méprise et la relever. Il suffisait d'appeler l'attention sur les premières lignes des Mémoires de Marguerite pour
convaincre l'esprit le plus sceptique qu'ils ne pou-

---

[1] *Colomesiana* ou Mélanges historiques de M. Colomiès, avec les autres œuvres, in-4°. Hambourg, 1709. Pag. 841-843.

vaient être adressés qu'au seul Brantôme. Au reste, la bévue ne doit pas être imputée tout entière au sieur de Granier; il la trouva sans doute dans l'un des manuscrits qui m'ont servi à restaurer le texte des Mémoires, et qui porte sur une feuille de garde la mention suivante, remarquable par la naïveté qui la termine :

« Cet escript est addressé à messire Charles de « Vivonne, baron de la Chastigneraye et seigneur « d'Ardelay, qui estoit chambellan du duc d'Alen- « çon. Il estoit cousin de madame de Raiz, à cause « que la mère de ladite dame estoit sa tante [1]. »

De 1628 à 1713, on réimprima plusieurs fois les Mémoires de Marguerite, mais sans amélioration apparente, jusqu'au jour où J. Godefroy en donna une nouvelle édition, enrichie de notes historiques et d'une courte Préface, où est signalée l'erreur du premier éditeur, relative à la dédicace. C'est un volume petit in-8°, imprimé à Bruxelles, chez Foppens, et qui parut à Liége, chez J.-F. Broncart. Il renferme, outre les Mémoires de Marguerite, son Éloge, par Brantôme, celui de Bussy et un Opuscule intitulé : *la Fortune de la Cour*. Cette édition est beaucoup plus soignée que les précédentes, au dire des biographes et bibliographes, et c'est probablement sur leur témoignage qu'elle se cote dans les ventes à un prix assez élevé. Toutefois, je me permettrai

---

[1] Ms. de la Bibl. Roy., coll. Dupuy, 237.

de révoquer en doute leur assertion, au moins en ce qui concerne la pureté du texte. La bonne édition de J. Godefroy renferme un certain nombre de fautes, qui ne sont pas dans les mauvaises. Mais en admettant même, ce que je nie, la supériorité relative de l'édition de J. Godefroy, j'ose affirmer que, absolument parlant, elle est détestable. Elle fourmille de fautes qui altèrent plus ou moins le sens, mais qui, dans tous les cas, détruisent la physionomie du style, et par conséquent enlèvent aux Mémoires une partie de leur principal mérite. Parmi les plus grosses et les plus plaisantes, je noterai les deux suivantes :

En 1578, Henri III, irrité contre le duc d'Alençon, qu'il soupçonnait de conspirer contre lui, alla le réveiller brusquement au milieu de la nuit, pour faire une perquisition dans sa chambre; mais auparavant, dit Marguerite, « le Roy soudain, prenant sa robe de nuict, s'en alla trouver la Royne ma mère[1] ». Au lieu de cette leçon, on trouve dans l'édition de J. Godefroy : « Le Roy....... prenant *la parole* de nuict[2]. » Ailleurs, Marguerite raconte comment, pour faire évader par une fenêtre son frère d'Alençon, elle se procura un câble, qu'on lui apporta dans une *malle de luth*[3]. Au lieu de ces mots on lit dans

---

[1] Voyez plus loin, p. 136.
[2] Édit. de Godefroy, p. 163.
[3] Voyez plus loin, p. 150.

l'édition de Godefroy *malle de lit*[1]. Voilà deux non-sens qui ont été reproduits avec religion depuis 1713, et qui se retrouvent dans l'édition toute récente de la collection publiée par MM. Michaud et Poujoulat. Il serait fastidieux de donner ici la liste des fautes de ce genre que j'ai dû faire disparaître, comme *bariques* pour *braquer,* en parlant de l'artillerie, *baillent la main* pour *baisent la main, Bavière* pour *Bagnère, le païs* pour *la paix*, etc., etc. Je n'indiquerai pas non plus les quelques additions que m'ont fournies les manuscrits : en voici une seule comme échantillon. Lisez à la page 172 la phrase suivante : « Mais cela « feut impossible estant les offenses passées trop « avant; il obtint seulement du Roy mon mary « qu'il me permettoit de voir monsieur le maré- « chal de Biron. » Cette phrase ne se trouve dans aucune édition.

Après le mal, le remède. Je donnerai ici les indications des manuscrits à l'aide desquels j'ai revu et corrigé le texte fautif des Mémoires de Marguerite. Il en existe, à ma connaissance, quatre copies que j'ai consultées : trois à la Bibliothèque royale, une à la Bibliothèque de l'Arsenal. Les trois manuscrits de la Bibliothèque royale sont conservés :

L'un, sous le n° 237 de la collection Dupuy. — Il est signé ainsi sur une des feuilles de garde :

[1] Édit. de Godefroy, p. 175.

P. DUPUY ; et à côté de la signature, on lit : donné par M. de Loménie ;

Le second, sous le n° 295 de la collection Brienne. — Il contient, outre les Mémoires, quelques Lettres de Marguerite et des pièces relatives à son histoire ;

Le troisième, sous le n° $\frac{7576}{22}$ du fonds de Colbert. — Il est incomplet et défectueux.

La copie de l'Arsenal est renfermée dans le t. v d'un Recueil intitulé : *Recueil de pièces manuscrites,* 18 vol. in-fol., p. 795 à 925.

C'est en me conformant à ces manuscrits que j'ai supprimé la division en trois livres des *Mémoires,* division tout à fait arbitraire et inutile, et qu'on ne trouve pas dans l'édition originale. Elle est, je crois, de l'invention de J. Godefroy. En revanche, j'ai ajouté, au haut des pages, les dates correspondant aux événements. J'avais espéré un moment découvrir la suite de cet ouvrage, qui s'arrête brusquement à l'année 1582; mais je n'ai pu même combler quelques lacunes indiquées par des points dans les éditions précédentes et dans les manuscrits.

## II. Mémoire justificatif.

Marguerite raconte, sous l'année 1574, comment et pourquoi les maréchaux de Montmorency et de Cossé furent emprisonnés à Vincennes, tandis que les deux gentilshommes La Mole et Coconas étaient décapités et écartelés

sur la place de Grève. Elle ajoute : « Les choses
« en vindrent à tels termes que l'on députa des
« commissaires de la cour de parlement pour ouir
« mon frère et le Roy mon mary, lequel n'ayant
« lors personne de conseil auprès de lui, me com-
« manda de dresser par escript ce qu'il auroit à
« respondre, afin que par ce qu'il diroit, il ne
« mist ny luy ny personne en peine. Dieu me fist
« la grâce de le dresser si bien qu'il en demeura
« satisfaict, et les commissaires estonnez de le
« veoir si bien préparé [1]. »

Ce document a été publié par le Laboureur, dans les additions aux *Mémoires de Castelnau*, mais on ne sait à quelle source il l'a puisé. Je n'ai donc pu en collationner le texte, qui, du reste, paraît assez pur, et je l'ai reproduit tel qu'il se trouve dans l'ouvrage précité.

### III. Lettres.

Les Lettres de Marguerite qui m'ont paru dignes de voir le jour sont réunies dans le manuscrit 217 de la collection Dupuy, ou éparses dans divers volumes de la collection Béthune ou Brienne, à la Bibliothèque royale [2]. Ce sont pour la plupart des autographes, comme je l'ai dit ci-dessus, d'une écriture difficile à déchiffrer et d'une orthographe déréglée. On pouvait cepen-

---

[1] Voyez plus loin, p. 40.
[2] On trouvera les indications de ces volumes à la suite de chaque lettre.

dant, avec du soin et quelque patience, éviter les fautes de transcription trop nombreuses dans lesquelles est tombé l'éditeur de la *Revue rétrospective* [1]. C'est à quoi j'ai visé. J'ai essayé, en outre, de donner une date à toutes les Lettres qui s'y prêtaient, et c'était le grand nombre. Seulement, j'ai mis à part, sans les dater, vingt et une Lettres, qui forment une correspondance toute particulière pour le fond et pour la forme, entre Marguerite et son amant, je veux dire l'un de ses amants, le marquis de Chanvalon. Ces dernières, toutes inédites, ont été empruntées à un manuscrit de la Bibliothèque de l'Arsenal, faisant partie d'une collection intitulée : *Recueil de Conrard.*

Il serait difficile de faire ressortir en détail et de mettre ici en relief l'intérêt de toutes ces Lettres. Elles se recommandent tantôt par le fond, tantôt par la forme, ici par des détails piquants, là par la véhémence féminine du sentiment qui les a dictées. Rarement sont-elles favorables au caractère de Marguerite. Postérieures à l'année 1582, où finissent les Mémoires, ces Lettres en sont un utile, un indispensable complément; mais elles se rapportent à l'histoire de leur auteur, plutôt qu'à l'histoire générale, et seront d'un plus grand secours au biographe qu'à l'annaliste.

[1] Voyez le tome I de la troisième série de ce recueil. Janvier-avril, 1838. Pag. 97-130; 221-248, 324-350.

Aux Mémoires et aux Lettres mon dessein avait été d'abord de joindre, s'il se pouvait, un opuscule intitulé : *la Ruelle mal assortie*. Tallemant des Réaux a dit quelques mots de Marguerite dans ses Historiettes [1], et, à propos de son talent littéraire, il fait mention de cet opuscule dont il lui attribue la composition. Rien n'indiquant qu'il eût été publié, comme l'ont remarqué les éditeurs de Tallemant, je devais le rechercher dans les collections manuscrites. J'appris d'abord qu'un amateur parisien en possédait une copie, mais ce fut sans résultat. S'il eût été question d'une simple communication, j'aurais eu quelques chances d'arriver jusqu'au précieux monument; mais il s'agissait d'impression, de publication; il s'agissait de tirer à 700 exemplaires un manuscrit peut-être unique : le succès était impossible. L'invention de Gutenberg, après avoir fait jadis le désespoir des scribes et des enlumineurs, cause encore aujourd'hui un mortel effroi à une classe intéressante de la société, celle des collecteurs, des propriétaires de manuscrits rares ou uniques. Et de fait, quand on pense au dommage qu'une presse peut causer en un jour à une collection d'amateur, on ne saurait se défendre d'un sentiment de compassion tout particulier.

Le propriétaire de *la Ruelle mal assortie* refusa net de laisser imprimer son manuscrit, d'où

---

[1] T. II, p. 87 de l'éd. in-8°.

je conclus, un peu vite peut-être, qu'il était des plus curieux. Mon devoir d'éditeur était de me mettre en quête avec une nouvelle ardeur, pour en trouver un autre exemplaire. C'est à Rouen qu'il se cachait, dans les manuscrits achetés par la ville au savant M. Leber. C'est de Rouen que j'en ai reçu une copie, laquelle m'a appris que M. Leber avait extrait la sienne d'un portefeuille de la Bibliothèque du Roi (fonds Fontanieu, t. LXXXIX, p. 39).

*La Ruelle mal assortie* est un *dialogue d'amour entre Marguerite de Valois et sa bête de somme,* dialogue piquant où Marguerite, après avoir vanté en style précieux les jouissances idéales de l'amour platonique, sans pouvoir convaincre son interlocuteur, finit en désespoir de cause, par faire très-bon marché de ses théories. La conclusion de ce petit écrit, vive et tant soit peu leste, aurait peut-être effarouché quelques lecteurs, mais surtout quelques lectrices. De là des scrupules; puis des doutes peuvent s'élever sur l'authenticité de l'ouvrage, bien qu'il y ait quelques raisons pour y croire. C'était le cas d'appliquer l'adage : *dans le doute, abstiens-toi,* et c'est le parti que j'ai pris, sans renoncer toutefois à publier à part cette espèce de confession de la reine Marguerite, ou, si mieux on l'aime, ce spirituel pamphlet de quelque amoureux éconduit.

Par ce qui précède, le lecteur a pu voir que

je me suis renfermé strictement dans mon rôle d'éditeur. Une appréciation critique des Mémoires et de la correspondance de Marguerite ; une biographie de cette princesse n'entraient pas dans mon plan, et seraient encore moins entrés dans ce volume. Un pareil travail pourrait être la matière d'un gros livre, puisque l'histoire assez sèche et assez maigre de Mongez forme un volume in-8° de 400 pages[1]. C'est d'ailleurs une tâche qui, pour être menée à bonne fin, demanderait un habile.

Deux mots encore. Il est d'usage aujourd'hui de remercier, à la fin d'une préface quelconque, tous ses parents, alliés ou amis, n'importe à quel titre. Je n'en ferai rien. Ce qui ne veut pas dire que je n'ai d'obligation à personne, que je n'ai reçu ni conseils ni assistance; mais seulement que je regarde ces sortes de remercîments comme une pauvre manière de témoigner sa reconnaissance, lorsqu'on n'a pas l'honneur de porter un nom connu, et l'avantage de parler avec quelque autorité.

---

[1] *Histoire de la reine Marguerite de Valois*, par M. A. Mongez, chanoine régulier, bibliothécaire de l'abbaye de Saint-Jacques de Provins. Paris, 1777.

# MÉMOIRES

DE

# MARGUERITE DE VALOIS.

---

JE louerois davantage vostre œuvre[1], si elle ne me louoit tant, ne voulant qu'on attribue la louange que j'en ferois plustost à la *philaftie*[2] qu'à la raison, ni que l'on pense que, comme Themistocle, j'estime celuy dire le mieux qui me loue le plus. C'est un commun vice aux femmes de se plaire aux louanges, bien que non meritées. Je blasme mon sexe en cela, et n'en voudrois tenir cette condition. Je tiens neantmoins à beaucoup de gloire qu'un si honneste homme que vous m'aye voulu peindre d'un si riche pinceau. En ce pourtraict, l'ornement du tableau surpasse de beaucoup l'excellence de la figure que vous en avez voulu rendre le subject. Si j'ay eu quelques parties de celle que m'attribuez, les ennuys les effaçant de l'exterieur, en ont aussi effacé la souvenance de ma memoire. De sorte que, me remirant en votre dis-

---

[1] *Vostre œuvre*, c'est-à-dire l'éloge de la reine Marguerite par Brantôme, auquel ces Mémoires sont adressés. (Voyez la préface qui précède.)

[2] Φιλαυτία, l'amour-propre.

cours, je ferois volontiers comme la vieille madame de Rendan, qui, ayant demeuré depuis la mort de son mary sans veoir miroir, rencontrant par fortune son visage dans le miroir d'un aultre, demanda qui estoit celle-là. Et, bien que mes amis qui me voient me veulent persuader le contraire, je tiens leur jugement pour suspect, comme ayans les yeux fascinez de trop d'affection. Je croy que quand vous viendrez à l'epreuve, vous serez en cela de mon costé, et direz, comme souvent je l'escris, par ces vers de du Bellay : c'est chercher Rome en Rome, et rien de Rome en Rome ne trouver [1].

Mais comme l'on se plaist à lire la destruction de Troye, la grandeur d'Athenes, et de telles puissantes villes, lors qu'elles florissoient, bien que les vestiges en soient si petits qu'à peine peut-on remarquer où elles ont esté; ainsy vous plaisez-vous à descrire l'excellence d'une beauté, bien qu'il n'en reste autre vestige ny tesmoingnage que voz escripts. Si vous l'aviez faict pour representer le contraste de la nature et de la fortune, plus beau subject ne pouviez-vous choisir; les deux y ayants à l'envy faict essay de l'effort de leur puissance. En celuy de la nature, en ayant esté tesmoin oculaire, vous n'y avez besoin d'instruction. Mais en celuy de la fortune, ne le pouvant descripre que par rapport,

---

[1] Voici les deux vers auxquels Marguerite fait allusion :

*Nouveau venu, qui cerche Romme en Romme,*
*Et rien de Romme en Romme n'apperçois....*
(*OEuvres françoises* de Joachim du Bellay,
fol. 384. Rouen, 1597.)

(qui est subject d'estre fait par des personnes mal informées ou mal affectées, qui ne peuvent representer le vray, ou par ignorance ou par malice), j'estime que vous recepvrez plaisir d'en avoir les Memoires de qui le peut mieux sçavoir, et de qui a plus d'interest à la verité de la description de ce subject. J'y ay aussi esté conviée par cinq ou six remarques que j'ay faites en vostre discours, où il y a de l'erreur, qui sont lors que vous parlez de Pau et de mon voiage de France; quand vous parlez de feu monsieur le mareschal de Biron[1]; quand vous parlez d'Agen, et aussi de la sortie de ce lieu[2] du marquis de Canillac[3].

Je traceray mes memoires, à qui je ne donneray plus glorieux nom, bien qu'ils meritassent celuy d'histoire, pour la verité qui y est contenue nuement et sans ornement aucun, ne m'en estimant pas capable, et n'en ayant aussi maintenant le loisir. Cette œuvre donc d'une apres disnée ira vers vous comme le petit ours, lourde masse et difforme, pour y recepvoir sa formation. C'est un chaos, duquel vous avez desjà tiré la lumiere. Il reste l'œuvre de cinq ou six aultres journées. C'est une histoire, certes, digne d'estre escrite par cavalier d'honneur, vrai françois, nay d'illustre maison, nourry des

---

[1] Armand de Gontaut, dit le *Boiteux*, baron de Biron, maréchal de France. Grand-maître de l'artillerie en 1570. Il fut tué d'un coup de fauconneau au siége d'Épernay, en 1592.

[2] *De ce lieu*, c'est-à-dire du lieu où se trouvait Marguerite lorsqu'elle écrivait ces *Mémoires*, c'est-à-dire encore du château d'Usson, et non pas d'Agen, comme la construction de la phrase semblerait l'indiquer.

[3] Jean Timoléon de Beaufort-Montboissier, marquis de Canillac.

Roys mes pere et freres, parent et familier amy des plus galantes et honnestes femmes de nostre temps, de la compagnie desquelles j'ay eu ce bon heur d'estre.

La liaison des choses precedentes avec celles des derniers temps me contrainct de commencer du temps du roy Charles, et au premier poinct où je me puisse ressouvenir y avoir eu quelque chose remarquable à ma vie par avant. Comme les geographes nous descrivant la terre, quand ils sont arrivez au dernier terme de leur cognoissance, disent : Au delà ce ne sont que deserts sablonneux, terres inhabitées, et mers non naviguées; de mesme je diray n'y avoir au delà que le vague d'une premiere enfance, où nous vivons plustost guidez par la nature, à la façon des plantes et des animaux, que comme hommes regis et gouvernez par la raison; et laisseray à ceux qui m'ont gouvernée en cet aage-là cette superflue recherche, où peut-estre, en ces enfantines actions, s'en trouveroit-il d'aussi dignes d'estre escrites, que celles de l'enfance de Themistocles et d'Alexandre, l'un s'exposant au milieu de la rue devant les pieds des chevaux d'un charretier qui ne s'estoit à sa priere voulu arrester, l'autre mesprisant l'honneur du prix de la course s'il ne le disputoit avec des Roys; desquelles pourroit estre la repartie que je feis au Roy mon pere peu devant le miserable coup [1] qui priva la France de repos, et nostre maison de bon heur.

[1] C'est le coup qui donna la mort à Henri II dans un tournoi, le 10 juillet 1559.

N'ayant lors qu'environ quatre ou cinq ans[1], et me tenant sur ses genoux pour me faire causer, il me dit que je choisisse celuy que je voulois pour mon serviteur, de monsieur le prince de Joinville, qui a depuis esté ce grand et infortuné duc de Guise, ou du marquis de Beaupreau[2], fils du prince de La Roche-sur-Yon (en l'esprit duquel la nature, pour avoir fait trop d'effort de son excellence, excita l'envie de la fortune jusques à luy estre mortelle ennemye, le privant par la mort, en son an quatorziesme, des honneurs et couronnes qui estoient justement promises à la vertu et magnanimité qui reluisoient à son aspect), tous deux aagez de six à sept ans, se jouants auprès du Roy mon pere, moy les regardant. Je luy dis que je voulois le marquis. Il me dit : « Pourquoi ? Il n'est pas si beau » (car le prince de Joinville estoit blond et blanc, et le marquis de Beaupreau avoit le teint et les cheveux bruns). Je lui dis : « Pource qu'il estoit plus sage, et que l'autre ne peut durer en patience qu'il ne fasse tousjours mal à quelqu'un, et veut tousjours estre le maistre. » Augure certain de ce que nous avons veu depuis.

[1] Marguerite avait alors sept ans accomplis et non pas cinq ans, comme elle le dit; l'auteur des *Anecdotes des Reines et Régentes de France* a cru devoir expliquer cette inexactitude : « Il est naturel, dit-il, à une belle femme qui parle d'elle, même à un certain âge, de se donner quelques années de moins : cela échappe à l'amour-propre sans qu'il s'en aperçoive. » (Dreux du Radier, *Anecdotes des Reines et Régentes de France*, t. V, p. 216, à la note.)

[2] Henri de Bourbon, mort en 1560, était fils de Charles de Bourbon, prince de La Roche-sur-Yon. Sa mère, qui était amie de Marguerite, l'accompagna, comme on le verra ci-après, dans son voyage aux eaux de Spa.

Et la resistance aussi que je feis pour conserver ma religion du temps du Sinode de Poissi [1], où toute la cour estoit infectée d'heresie, aux persuasions imperieuses de plusieurs dames et seigneurs de la cour, et mesme de mon frere d'Anjou, depuis roy de France, de qui l'enfance n'avoit peu eviter l'impression de la malheureuse huguenoterie, qui sans cesse me crioit de changer de religion, jettant souvent mes heures dans le feu, et au lieu me donnant des psalmes et prieres huguenotes, me contraingnant les porter; lesquelles, soudain que je les avois, je les baillois à madame de Curton ma gouvernante, que Dieu m'avoit fait la grace de conserver catholique, laquelle me menoit souvent chez le bonhomme, Monsieur le cardinal de Tournon, qui me conseilloit et fortifioit à souffrir toutes choses pour maintenir ma religion, et me redonnoit des heures et des chappelets au lieu de ceux que l'on m'avoit bruslées. Mon frere d'Anjou et ces autres particulieres ames qui avoient entrepris de perdre la mienne, me les retrouvant, animez de courroux m'injurioient, disants que c'estoit enfance et sottise qui me le faisoit faire; qu'il paroissoit bien que je n'avois point d'entendement; que tous ceux qui avoient de l'esprit, de quelque aage et sexe qu'ils fussent, oyants prescher la verité s'estoient retirez de l'abus de cette bigoterie; mais que je serois aussi sotte que ma gouvernante. Et mon frere d'Anjou, y adjoustant les menaces, disoit que la Royne ma mere me feroit fouetter, ce qu'il disoit de luy-mesme, car la Royne ma mere ne sçavoit

---

[1] Septembre 1561.

point l'erreur où il estoit tombé; et soudain qu'elle le sçeut, tansa fort luy et ses gouverneurs, et le faisant instruire le contraignist de reprendre la vraye, saincte et ancienne religion de nos peres, de laquelle elle ne s'estoit jamais departie. Je luy respondis à telles menaces, fondante en larmes, comme l'aage de sept à huict ans où j'estois lors y est assez tendre, qu'il me fist fouetter, et qu'il me fist tuer s'il vouloit; que je souffrirois tout ce que l'on me sçauroit faire, plustost que de me damner.

Assez d'autres responses, assez d'aultres telles marques de jugement et de resolution s'y pourroient-elles trouver : à la recherche desquelles je ne veux peiner, voulant commencer mes memoires seulement du temps que je vins à la suite de la Royne ma mere pour n'en bouger plus. Car incontinent apres le Sinode de Poissi, que les guerres commencerent, nous fusmes mon petit frere d'Alençon et moy, à cause de nostre petitesse, envoyez à Amboise, où toutes les dames de ce païs-là se retirerent avec nous, mesme vostre tante madame de Dampierre [1], qui me prist lors en amitié, qu'elle m'a continuée jusques à sa mort, et vostre cousine madame la duchesse de Raiz [2], qui sçeut en ce lieu la grace que la fortune luy avoit faicte de la deli-

[1] Jeanne de Vivonne, veuve de Claude de Clermont, baron de Dampierre. Elle était mère de la maréchale duchesse de Retz, nommée ci-dessous. Morte en 1583.

[2] Claude-Catherine de Clermont, baronne de Retz, dame de Dampierre, fille de Claude, baron de Dampierre, femme d'Albert de Gondi, duc de Retz. Elle fut mariée en premières noces à Jean, seigneur d'Annebault, baron de Retz.

vrer à la bataille de Dreux¹ d'un fascheux, son premier mary, Monsieur d'Annebaut, qui estoit indigne de posseder un subject si divin et parfait. Je parle icy du principe de l'amitié de vostre tante envers moy, non de vostre cousine, bien que depuis nous en ayons eu une si parfaicte, qu'elle dure encore et durera tousjours. Mais lors l'aage ancien de vostre tante et mon enfantine jeunesse avoient plus de convenance, estant le naturel des vieilles gens d'aimer les petits enfans, et de ceux qui sont en aage parfaict, comme estoit lors vostre cousine, de mespriser et haïr leur importune simplicité.

J'y demeuray jusques au commencement du grand voyage, que la Royne ma mere me feit revenir à la cour pour ne bouger plus d'aupres d'elle; duquel toutefois je ne parleray point, estant lors si jeune que je n'en ay peu conserver la souvenance qu'en gros, les particularitez s'estant esvanouies de ma memoire comme un songe. Je laisse à en discourir à ceux qui estans en aage plus meur, comme vous, se peuvent souvenir des magnificences qui furent faites par tout; mesmes à Bar le Duc, au baptesme de mon nepveu le prince de Lorraine; à Lyon, à la venue de monsieur et de madame de Savoye; à Bayonne, à l'entreveue de la royne d'Espaigne ma sœur, et de la Royne ma mere et du roy Charles mon frere² (là où je m'asseure que vous n'ou-

---

¹ Le 19 décembre 1562.

² Il n'est pas inutile d'avertir le lecteur que la parenthèse qui s'ouvre ici ne se ferme qu'à la page 10, et contient par conséquent toute la page 9 qui suit.

blierez de representer le festin superbe de la Royne ma mere en l'isle¹, avec le ballet, et la forme de la salle qu'il sembloit que la nature l'eust appropriée à cet effect; ayant cerné dans le milieu de l'isle un grand pré ou ovale de bois de haute fustaye, où la Royne ma mere disposa tout à l'entour de grandes niches, et dans chacune une table ronde à douze personnes; la table de leurs majestez seulement s'eslevoit au bout de la salle sur un haut dais de quatre degrez de gazons. Toutes ces tables servies par trouppes de diverses bergeres habillées de toille d'or et de satin, diversement selon les habits divers de toutes les provinces de France. Lesquelles bergeres, à la descente des magnifiques batteaux (sur lesquels, venant de Bayonne à cette isle, l'on fust tousjours accompagné de la musique de plusieurs dieux marins, chantans et recitans des vers autour du batteau de leurs majestez) s'estoient trouvé chaque trouppe en un pré à part, à deux costez d'une grande allée de pelouse, dressée pour aller à la susdite salle, chaque trouppe dansant à la façon de son païs : les Poitevines avec la cornemuse; les Provençales la volte avec les cimballes; les Bourguignones et Champenoises avec le petit haut-boys, le dessus de violon, et tabourins de village; les Bretonnes dansans leurs passe-pieds et branles-gais; et ainsi toutes les autres provinces. Apres le service desquelles, le festin finy, l'on veit, avec une grande trouppe de satyres musiciens, entrer ce grand rocher lumineux, mais plus

¹ L'île d'Aiguemeau, sur l'Adour.

esclairé des beautez et pierreries des nymphes qui faisoient dessus leur entrée que des artificielles lumieres; lesquelles, descendans, vindrent danser ce beau ballet, duquel la fortune envieuse ne pouvant supporter la gloire, feit orager une si grande pluye et tempeste, que la confusion de la retraicte qu'il falloit faire la nuit par batteaux, apporta le lendemain autant de bons contes pour rire, que ce magnifique appareil de festin avoit apporté de contentement), et en toutes les superbes entrées qui leur furent faictes aux villes principales de ce royaume, duquel ils visiterent toutes les provinces¹.

Au regne du magnanime roy Charles, mon frere, quelques années apres le retour du grand voyage, les huguenots ayants recommencé la guerre, le Roy et la Royne ma mere estans à Paris, un gentil-homme de mon frere d'Anjou, qui depuis a esté roy de France, arriva de sa part pour les advertir qu'il avoit reduict l'armée des huguenots à telle extremité, qu'il esperoit qu'ils seroient contraints de venir dans peu de jours à la bataille, et qu'il les supplioit avant cela qu'il eust cet honneur de les voir pour leur rendre compte de sa charge, afin que si la fortune, envieuse de sa gloire,

---

¹ Dans cette fête, le dauphin d'Auvergne, depuis duc de Montpensier, présenta à Marguerite une médaille allégorique représentant un nid de trois petits oiseaux auxquels leur mère donnait la becquée : un Amour portait ce nid de la main droite et un arc de la gauche; la devise était *æquus amor;* c'était une allusion à l'amour de Catherine pour ses trois enfants : Charles IX, le duc d'Anjou et Marguerite, qui assistaient à la fête. Le duc d'Alençon était resté à Vincennes. (HILARION DE COSTE, *Éloges des Dames illustres*, t. II, p. 309.)

qu'en si jeune aage il avoit acquise, vouloit en cette desirée journée, apres avoir fait un bon service au Roy et à sa religion et à cet estat, joindre le triomphe de sa victoire à celuy de ses funerailles, il partist de ce monde avec moins de regret, les ayant laissez tous deux satisfaicts en la charge qu'ils luy avoient faict l'honneur de luy commettre; de quoy il s'estimeroit plus glorieux que de deux trophées qu'il avoit acquis par ses deux premieres victoires. Si ces paroles toucherent au cœur d'une si bonne mere, qui ne vivoit que pour ses enfans, abandonnant à toute heure sa vie pour conserver la leur et leur estat, et qui sur tout cherissoit cestuy-là, vous le pouvez juger.

Soudain elle se resolut de partir avec le Roy, le menant avec elle, et des femmes la petite trouppe accoustumée, madame de Raiz, madame de Sauve [1] et moy. Estant portée des aisles du desir et de l'affection maternelle, elle feit le chemin de Paris à Tours en trois jours et demy; qui ne fust sans incommodité, et beaucoup d'accidents dignes de risée, pour y estre le pauvre monsieur le cardinal de Bourbon, qui ne l'abandonnoit jamais, qui toutefois n'estoit de taille, d'humeur, ny de complexion pour telles courvées.

Arrivant au Plessis lez Tours, mon frere d'Anjou s'y trouva avec les principaux chefs de son armée, qui estoient la fleur des princes et seigneurs de France, en la presence desquels il feit une harangue au Roy, pour luy rendre raison de tout le maniement de sa charge depuis

---

[1] Charlotte de Beaune, fille de Jacques, baron de Samblançay, femme de Simon de Fizes, baron de Sauves.

qu'il estoit party de la cour, faicte avec tant d'art et d'eloquence, et dicte avec tant de grace, qu'il se feit admirer de tous les assistans; et d'autant plus que sa grande jeunesse relevoit et faisoit davantage paroistre la prudence de ses paroles, plus convenables à une barbe grise et à un vieux cappitaine, qu'à une adolescence de seize ans [1], à laquelle les lauriers de deux batailles gaignées luy ceignoient desjà le front [2]; et que la beauté, qui rend toutes actions agreables, florissoit tellement en luy, qu'il sembloit qu'elle feit à l'envy avec sa bonne fortune laquelle des deux le rendroit plus glorieux.

Ce qu'en ressentoit ma mere, qui l'aimoit unicquement, ne se peut representer par paroles, non plus que le deuil du pere d'Iphigenie; et à toute autre qu'à elle, de l'ame de laquelle la prudence ne desempara jamais, l'on eust aisement congneu le transport qu'une si excessive joye luy causoit. Mais elle, moderant ses actions comme elle vouloit, monstrant apertement que le discret ne faict rien qu'il ne vueille faire, sans s'amuser à publier sa joye, et pousser les louanges dehors qu'une action si belle d'un fils si parfaict et chery meritoit, elle prinst seulement les poincts de sa harangue qui concernoient les faicts de

[1] Il ne faut pas prendre à la lettre cette façon de parler : le duc d'Anjou avait alors dix-huit ans.

[2] Quelles sont ces deux batailles ? Castelnau, et après lui plusieurs historiens, placent l'entrevue de Tours entre la bataille de Jarnac et celle de Montcontour. Cette dernière ne peut donc être comptée. Peut-être faut-il joindre à la victoire de Jarnac le combat de La Roche-Abeille, qui précéda en effet l'entrevue.

la guerre, pour en faire deliberer aux princes et seigneurs là presens, et y prendre une bonne resolution, et pourvoir aux choses necessaires pour la continuation de cette guerre. A la disposition de quoy il fust necessaire de passer quelques jours en ce lieu; un desquels, la Royne ma mere se promenant dans le parc avec quelques princes, mon frere d'Anjou me pria que nous nous promenassions en une allée à part, où estant il me parla ainsi : « Ma sœur, la nourriture que nous avons prise ensemble ne nous oblige moins à nous aimer que la proximité. Aussi avez-vous peu cognoistre qu'entre tous ceux que nous sommes de freres, j'ay tousjours eu plus d'inclination de vous vouloir du bien qu'à toute autre; et ay recogneu aussi que vostre naturel vous portoit à me rendre mesme amitié. Nous avons esté jusques icy naturellement guidez à cela sans aucun dessein, et sans que telle union nous apportast aucune utilité que le seul plaisir que nous avions de converser ensemble. Cela a esté bon pour nostre enfance; mais à cette heure il n'est plus temps de vivre en enfance. Vous voyez les belles et grandes charges où Dieu m'a appelé, et où la Royne nostre bonne mere m'a eslevé. Vous debvez croire que vous estant la chose du monde que j'aime et cheris le plus, que je n'auray jamais grandeurs ny biens à quoy vous ne participiez. Je vous recognois assez d'esprit et de jugement pour me pouvoir beaucoup servir auprès de la Royne ma mere, pour me maintenir en la fortune où je suis. Or mon principal appuy est d'estre conservé en sa bonne grace. Je crains que l'absence m'y nuise; et toutesfois la guerre et la charge que j'ay me contraignent d'en estre presque tousjours esloingné. Cependant le Roy mon frere est tousjours aupres d'elle, la flatte, et luy complaist en tout. Je crains qu'à la longue cela ne m'apporte prejudice, et que le Roy mon frere devenant grand, estant courageux comme il est, ne s'amuse tousjours à la chasse, mais devenant ambitieux, vueille changer celle des bestes à celle des hommes, m'ostant la charge de lieutenant de Roy qu'il m'a donnée pour aller luy-mesme aux armées; ce qui me seroit une ruine et desplaisir si grand, qu'avant que recepvoir une telle cheute j'eslirois plustost une cruelle mort. En cette apprehension, songeant les moyens d'y remedier, je trouve qu'il m'est necessaire d'avoir quelques personnes tres-fidelles qui tiennent mon party aupres de la Royne ma mere. Je n'en cognois point de si propre comme vous, que je tiens comme un second moy-mesme. Vous avez toutes les parties qui s'y peuvent desirer, l'esprit, le jugement, et la fidelité. Pourveu que me vouliez tant obliger que d'y apporter de la subjection (vous forçant d'estre tousjours à son lever, à son cabinet, et à son coucher, et bref tout le jour) cela la conviera de se communiquer à vous; avec ce que je luy tesmoigneray vostre capacité, et la consolation et service qu'elle en recepvra, et la supplieray de ne plus vivre avec vous comme un enfant, mais de s'en servir en mon absence comme de moy. Ce que je m'asseure qu'elle fera. Perdez cette timidité; parlez-luy avec asseurance comme vous faites à moy, et croyez qu'elle vous aura agréable. Ce vous sera un grand heur et honheur d'estre aimée d'elle. Vous ferez beaucoup pour vous et pour moy; je tiendray de vous, apres Dieu, la conservation de ma bonne fortune. »

Ce langage me fust fort nouveau, pour avoir jusques alors vescu sans dessein, ne pensant qu'à danser ou aller à la chasse, n'ayant mesme la curiosité de m'habiller ny de paroistre belle, pour n'estre encore en l'aage de telle ambition, et avoir esté nourrie avec telle crainte auprès de la Royne ma mere, que non seulement je ne luy osois parler, mais quand elle me regardoit je transissois, de peur d'avoir faict chose qui luy despleust. Peu s'en fallut que je ne luy respondisse comme Moïse à Dieu, en la vision du buisson : « Que suis-je moy ? Envoye celuy que tu doibs envoyer. » Toutesfois trouvant en moy ce que je ne pensois qui y fust, des puissances excitées par l'objet de ses paroles, qui par avant m'estoient incogneues, bien que née avec assez de courage en moi, revenue de ce premier estonnement, ces paroles me pleurent, et me sembloit à l'instant que j'estois transformée, et que j'estois devenue quelque chose de plus que je n'avois esté jusques alors. Je commençay à prendre confiance de moy-mesme, et luy dis : « Mon frere, si Dieu me donne la capacité et l'hardiesse de parler à la Royne ma mere, comme j'ay la volonté de vous servir en ce que desirez de moy, ne doubtez point que vous n'en retiriez l'utilité et le contentement que vous vous en estes proposé. Pour la subjection, je la luy rendray telle, que vous cognoistrez que je prefere vostre bien à tous les plaisirs du monde. Vous avez raison de vous asseurer de moy;

car rien au monde ne vous honnore et aime tant que moy. Faictes-en estat, et qu'estant aupres de la Royne ma mere vous y serez vous-mesmes, et que je n'y seray que pour vous. »

Je proferay ces paroles trop mieux du cœur que de la bouche, ainsi que les effects le tesmoingnerent; car estant partis de là, la Royne ma mere m'appella à son cabinet, et me dit : « Vostre frere m'a dit les discours que vous aviez eus ensemble : il ne vous tient pour enfant; aussi ne le veux-je plus faire, et me sera un grand plaisir de vous parler comme à vostre frere. Rendez-vous subjecte aupres de moy, et ne craingnez point de me parler librement, car je le veux ainsy. » Ces paroles firent ressentir à mon ame ce qu'elle n'avoit jamais ressenti, un contentement si desmesuré, qu'il me sembloit que tous les plaisirs que j'avois eus jusques alors n'estoient que l'ombre de ce bien, regardant au passé d'un œil desdaigneux, les exercices de mon enfance, la danse, la chasse, et les compagnies de mon aage, les mesprisant comme choses trop folles et trop vaines. J'obeis à cet agreable commandement, ne manquant un seul jour d'estre des premieres à son lever, et des dernieres à son coucher. Elle me faisoit cet honneur de me parler quelquefois deux ou trois heures, et Dieu me faisoit cette grace qu'elle restoit si satisfaicte de moy, qu'elle ne s'en pouvoit assez louer à ses femmes. Je luy parlois tousjours de mon frere, et le tenois luy adverty de tout ce qui se passoit avec tant de fidelité que je ne respirois autre chose que sa volonté.

Je feus en cette heureuse condition quelque temps auprez de la Royne ma mere, durant lequel la bataille de Moncontour se bailla ¹; avec la nouvelle de laquelle mon frere d'Anjou, qui ne tendoit qu'à estre tousjours pres de la Royne ma mere, luy manda qu'il s'en alloit assieger Saint-Jean-d'Angely ², et que la presence du Roy et d'elle seroit necessaire en ce siege-là. Elle, plus desireuse que luy de le veoir, se resoult soudain de partir, ne menant avec elle que la trouppe ordinaire, de laquelle j'estois, et y allois d'une joye extremement grande, sans prevoir le malheur que la fortune m'y avoit preparé. Trop jeune que j'estois, et sans experience, je n'avois à suspecte cette prosperité; et pensant le bien duquel je jouissois permanent, sans me doubter d'aucun changement, j'en faisois estat asseuré; mais l'envieuse fortune, qui ne put supporter la durée d'une si heureuse condition, me preparoit autant d'ennuy à cette arrivée, que je m'y promettois de plaisir, par la fidelité de laquelle je pensois avoir obligé mon frere.

Mais depuis qu'il estoit party, il avoit proche de luy le Guast ³, duquel il estoit tellement possedé, qu'il ne voyoit que par ses yeux, et ne parloit que par sa bouche. Ce mauvais homme, né pour mal faire, soudain fascinant son esprit, le remplit de mille tyranniques maximes : qu'il ne falloit aimer ni fier qu'à soy-mesme; qu'il ne falloit joindre personne à sa for-

---

¹ Le 3 octobre 1569.
² Cette ville se rendit le 2 décembre 1569.
³ Louis de Berenger, seigneur Du Gua, gentilhomme dauphinois.

tune, non pas mesme ny frere ny sœur, et autres tels beaux preceptes machiavelistes; lesquels imprimant en son esprit, et resolvant les praticquer, soudain que nous fusmes arrivez, apres les premieres salutations, ma mere se mit à se louer de moy, et luy dire combien fidellement je l'avois servy aupres d'elle. Il luy respondit froidement qu'il estoit bien aise qu'il luy eust bien reussi, l'en ayant suppliée; mais que la prudence ne permettoit pas que l'on se pust servir de mesmes expedients en tout temps; que qui estoit necessaire à une certaine heure, pourroit estre nuisible à une autre. Elle luy demanda pourquoy il disoit cela; sur ce sujet, luy, voyant le temps de l'invention qu'il avoit fabriquée pour me ruiner, luy dit que je devenois belle, et que monsieur de Guise me vouloit rechercher, et que ses oncles aspiroient à me le faire espouser; que si je venois à y avoir de l'affection, qu'il seroit à craindre que je luy descouvrisse tout ce qu'elle me diroit; qu'elle sçavoit l'ambition de cette maison-là, et combien elle avoit tousjours traversé la nostre; pour cette occasion, il seroit bon qu'elle ne me parlast plus d'affaires, et que peu à peu elle se retirast de se familiariser avec moy.

Des le soir mesme, je recognus le changement que ce pernicieux conseil avoit faict en elle; et voyant qu'elle craingnoit de me parler devant mon frere, m'ayant commandé trois ou quatre fois, cependant qu'elle parloit à luy, de m'aller coucher, j'attendois qu'il fust sorty de sa chambre; puis, m'approchant d'elle, je la suppliay de me dire si, par ignorance, j'avois esté si malheureuse d'avoir faict chose qui lui eust despleu. Elle me le voulust du commencement dissimuler; enfin elle me dist : « Ma fille, vostre frere est sage; il ne faut pas que luy en sçachiez mauvais gré de ce que je vous diray, qui ne tend qu'à bien. » Et me fist tout ce discours, me commandant que je ne luy parlasse plus devant mon frere. Ces paroles me feurent autant de poinctes dans le cœur, que les premieres, lors qu'elle me receut en sa bonne grace, m'avoient esté de joye. Je n'obmis rien à luy representer de mon innocence; que c'estoit chose de quoy je n'avois jamais ouy parler; et quand il auroit ce dessein, il ne m'en parleroit jamais que soudain je ne l'en advertisse aussitost; mais je n'advançay rien; l'impression des paroles de mon frere luy avoit tellement occupé l'esprit, qu'il n'y avoit plus lieu pour aucune raison ny verité. Voyant cela, je luy dis que je ressentois moins le mal de la perte de mon bonheur, que n'avois senty le bien de son acquisition; que mon frere me l'ostoit comme il me l'avoit donné : (car il me l'avoit faict avoir sans merite, m'advouant lors que je n'en estois pas digne) et qu'il m'en privoit aussi sans l'avoir merité, sur un subject imaginaire qui n'avoit nul estre qu'en la fantaisie[1]; que je la sup-

---

[1] La méfiance du duc d'Anjou n'était pas aussi déraisonnable que Marguerite voudrait le faire croire. Son amour pour le duc de Guise et les suites de cet amour sont des faits notoires, établis non-seulement par le témoignage des pamphlétaires, mais encore par celui de tous les historiens sérieux, du président de Thou, de Mat-

pliois de croire que je conserverois immortelle la souvenance du tort que mon frere me faisoit. Elle s'en courrouça, me commandant de ne luy en montrer nulle apparence.

Depuis ce jour-là, elle alla tousjours me diminuant sa faveur, faisant de son fils son idole, le voulant contenter en cela et en tout ce qu'il desiroit d'elle. Cet ennuy me pressant le cœur et possedant toutes les facultez de mon ame, rendant mon corps plus propre à recepvoir la contagion du mauvais air qui estoit lors en l'armée, je tombay à quelques jours de là extremement malade d'une grande fiebvre continue et du pourpre, maladie qui couroit lors, et qui avoit en mesme temps emporté les deux premiers medecins du Roy et de la Royne, Chappellain et Castelan[1], comme se voulant prendre aux bergers, pour avoir meilleur marché du troupeau. Aussi en eschappa-t-il fort peu de ceux qui en furent atteints. Moy estant en cette extremité, la Royne ma mere, qui en sçavoit une partie de la cause, n'obmettoit rien pour me faire secourir, prenant la peine, sans craindre le danger,

thieu, de Dupleix (qui fut attaché à la maison de Marguerite), et de Mézerai.

[1] Le président de Thou parle en ces termes de ces deux médecins : ..... *Duo viri insignes, nec magis professione quam voluntatum et studiorum consensione conjuncti, eodemque fere diu, in aula et exercitibus, contubernio usi, Joannes Capella et Honoratus Castellanus, regis reginæque archiatri, utrique præclari, et partis liberalitate principum opibus, extra quæstum, qui illam artem in plerisque deshonestat, positi..... ambo, ut conjuncti vixerant, ita in eadem domo et eadem pestilenti lue..... eodem tempore e vivis excesserunt.* (JAC. AUG. THUANI *Hist. sui temporis*, lib. XLVI.)

d'y venir à toute heure, ce qui soulageoit bien mon mal; mais la dissimulation de mon frere me l'augmentoit bien autant, qui, apres m'avoir faict une si grande trahison et rendu une telle ingratitude, ne bougeoit jour et nuict du chevet de mon lict, me servant aussi officieusement que si nous eussions esté au temps de nostre plus grande amitié. Moy, qui avois par commandement la bouche fermée, ne respondois que par souspirs à son hypocrisie, comme Burrus fist à Neron, lequel mourust par le poison que ce tyran luy avoit faict donner, luy tesmoingnant assez la principale cause de mon mal n'estre que la contagion des mauvais offices, et non celle de l'air infecté. Dieu eut pitié de moy, et me garantit de ce danger; et apres quinze jours passez, l'armée partant, l'on m'emporta dans des brancars, où tous les soirs, arrivant à la couchée, je trouvois le roy Charles, qui prenoit la peine, avec tous les honnestes gens de la cour, de porter ma lictiere jusques au chevet de mon lict.

En cet estat, je vins de Saint-Jean-d'Angely à Angers, malade du corps, mais beaucoup plus malade de l'ame, où, pour mon malheur je trouvay monsieur de Guise et ses oncles arrivez; ce qui resjouit autant mon frere, pour donner couleur à son artifice, qu'il me donna apprehension de croistre ma peine. Lors mon frere, pour mieux ourdir sa trame, venoit tous les jours à ma chambre, y menant monsieur de Guise, qu'il feignoit d'aimer fort. Et pour le luy faire penser, souvent en l'embrassant il lui disoit : « Pleust à Dieu que tu feusses mon frere! » A quoy monsieur de

Guise monstroit ne point entendre; mais moy, qui sçavois la malice, perdois patience de n'oser la luy reprocher.

Sur ce temps, il se parla pour moy du mariage du roy de Portugal [1], qui envoya des ambassadeurs pour me demander. La Royne ma mere me commanda de me parer pour les recepvoir, ce que je feis. Mais mon frere lui ayant faict accroire que je ne voulois point de ce mariage, elle m'en parla le soir, m'en demandant ma volonté, pensant bien en cela trouver un subject pour se courroucer à moy. Je luy dis que ma volonté n'avoit jamais despendu que de la sienne; que tout ce qui luy seroit agreable me le seroit aussi. Elle me dit en colere, comme l'on l'y avoit disposée, que ce que je disois, je ne l'avois point dans le cœur, et qu'elle sçavoit bien que le cardinal de Lorraine m'avoit persuadée de vouloir plustost son nepveu. Je la suppliay de venir à l'effect du mariage du roy de Portugal, lors elle verroit mon obeissance. Tous les jours on luy disoit quelque chose de nouveau sur ce subject, pour l'aigrir contre moy et me tourmenter; inventions de la bouticque du Guast. De sorte que je n'avois un jour de repos; car, d'un costé, le roy d'Espagne [2] empeschoit que mon mariage ne se fist, et de l'autre, monsieur de Guise, estant à la cour, servoit tousjours de pretexte pour fournir de subject à me faire persecuter, bien que luy, ny nul de ses parens, m'en eust jamais parlé, et qu'il y eust plus d'un an qu'il eust commencé

---

[1] Sébastien, le premier roi de Portugal qui ait pris le titre de Majesté.
[2] Philippe II.

la recherche de la princesse de Porcian¹. Mais pource que ce mariage-là traisnoit, on en rejettoit tousjours la cause sur ce qu'il aspiroit au mien. Ce que voyant, je m'advisay d'escripre à ma sœur madame de Lorraine, qui pouvoit tout en cette maison-là, pour la prier de faire que monsieur de Guise s'en allast de la cour, et qu'il espousast promptement la princesse de Porcian sa maistresse, luy representant que cette invention avoit esté faicte autant pour la ruine de monsieur de Guise et de toute sa maison, que pour la mienne. Ce qu'elle recogneust tres-bien, et vint bientost à la cour, où elle feit faire ledit mariage, me delivrant par ce moyen de cette calomnie, et faisant cognoistre à la Royne ma mere la verité de ce que je luy avois tousjours dit : ce qui ferma la bouche à tous mes ennemis, et me donna repos. Cependant le roy d'Espagne, qui ne veut que les siens s'allient hors de sa maison, rompit tout le mariage du roy de Portugal, et ne s'en parla plus².

Quelques jours apres il se parla du mariage du prince de Navarre, qui maintenant est nostre brave et magnanime Roy, et de moy. La Royne ma mere, estant un jour à table, en parla fort longtemps avec

---

¹ Catherine de Clèves, comtesse d'Eu, veuve d'Antoine de Croy, prince de Porcian, qui épousa en secondes noces Henri de Lorraine, duc de Guise.

² Le P. Hilarion de Coste avance que l'empereur Maximilien II la fit aussi demander pour son fils aîné Rodolphe, roi de Hongrie. Si le fait est vrai, on peut s'étonner que l'orgueil féminin de Marguerite l'ait passé sous silence. (*Dames illustres*, t. II, p. 293.)

monsieur de Meru¹, parce que la maison de Montmorency estoient ceux qui en avoient porté les premieres paroles. Sortant de table, il me dit qu'elle
luy avoit dit de m'en parler. Je luy dis que c'estoit
chose superflue, n'ayant volonté que la sienne; qu'à
la verité, je la supplierois d'avoir esgard combien
j'estois catholique, et qu'il me fascheroit fort d'espouser personne qui ne fust de ma religion. Apres,
la Royne, allant en son cabinet, m'appella, et me dit
que messieurs de Montmorency luy avoient proposé
ce mariage, et qu'elle en vouloit bien savoir ma volonté; à quoi je respondis n'avoir ny volonté ny eslection que la sienne; je la supplios se souvenir que
j'estois fort catholique. Au bout de quelque temps, les
propos s'en continuans tousjours, la royne de Navarre,
sa mere, vint à la cour, où le mariage fut du tout
accordé avant sa mort, à laquelle il se passa un trait
si plaisant, qu'il merite non d'estre mis en l'histoire,
mais de ne le passer soubz silence entre vous et moy.

Madame de Nevers², de qui vous congnoissiez
l'humeur, estant venue avec monsieur le cardinal de
Bourbon, madame de Guise, madame la princesse de
Condé³, ses sœurs et moy, au logis de la feue royne
de Navarre à Paris, pour nous acquicter du dernier
debvoir deu à sa dignité et à la proximité que nous luy

¹ Charles de Montmorency, fils puîné du connétable Anne. A cette
époque, il prenait le titre de la seigneurie de Méru; plus tard, il prit
celui de duc d'Amville. Il fut amiral de France.

² Henriette de Clèves, duchesse de Nivernois et de Rethelois.

³ Marie de Clèves, marquise d'Isles, première femme de Henri de
Bourbon, premier du nom, prince de Condé

avions, non avec les pompes et ceremonies de nostre religion, mais avec le petit appareil que permettoit la huguenoterie; à sçavoir, elle dans son lict ordinaire, les rideaux ouverts, sans luminaire, sans prestres, sans croix et sans eau beniste; et nous, nous tenans à cinq ou six pas de son lict avec le reste de la compagnie, la regardant seulement. Madame de Nevers, qu'en son vivant elle avoit haye plus que toutes les personnes du monde, et elle luy ayant bien rendu et de volonté et de parole, comme vous sçavez qu'elle en sçavoit bien user à ceux qu'elle hayoit, part de nostre troupe; et avec plusieurs belles, humbles et grandes reverences, s'approche de son lict, et lui prenant la main la luy baise; puis, avec une grande reverence pleine de respect, se met aupres de nous. Nous, qui sçavions leur haine, estimant cela....

Quelques mois apres ledit prince de Navarre, qui lors s'appeloit roy de Navarre, portant le dueil de la Royne sa mere, y vint accompagné de bien huict cens gentilhommes tous en dueil, qui fust receu du Roy et de toute la cour avec beaucoup d'honneur; et nos nopces se feirent peu de jours apres avec autant de triomphe et de magnificence que de nul autre de ma qualité; le roy de Navarre et sa troupe y ayans laissé et changé le dueil en habits tres-riches et beaux, et toute la cour parée comme vous sçavez, et le sçaurez trop mieux representer; moy habillée à la royalle avec la couronne et couet[1] d'hermine mouchetée, qui se

---

[1] Var. de la copie de l'Arsenal : *corcet.*

met au devant du corps, toute brillante de pierreries de la couronne, et le grand manteau bleu à quatre aulnes de queue portée par trois princesses; les eschaffaux dressez à la coustume des nopces des filles de France, depuis l'evesché jusques à Nostre-Dame, tendus et parez de drap d'or; le peuple s'estouffant en bas à regarder passer sur cet eschaffaut les nopces et toute la cour, nous vinsmes à la porte de l'eglise, où monsieur le cardinal de Bourbon y faisoit l'office ce jour-là, où nous ayant receu pour dire les paroles accoustumées en tel cas, nous passasmes sur le mesme eschaffaut jusques à la tribune qui separe la nef d'avec le chœur, où il se trouva deux degrez, l'un pour descendre audict chœur, l'autre pour sortir par la nef hors l'eglise. Le roy de Navarre s'en allant par celuy de la nef hors de l'eglise, nous.....

La fortune, qui ne laisse jamais une felicité entiere aux humains, changea bien-tost cet heureux estat de nopces et triomphe en un tout contraire, par cette blessure de l'admiral, qui offença tellement tous ceux de la religion, que cela les mist en un dernier desespoir. De sorte que l'aisné Pardaillan [1] et quelques autres des chefs des huguenots en parlerent si haut à la Royne ma mere, qu'ils luy firent penser qu'ils avoient quelque mauvaise intention. Par l'advis de monsieur de Guise et de mon frere le roy de Pologne, qui depuis a esté roy de France, il feust pris resolution de les prevenir; conseil de quoy le roy Charles ne fust nullement, le-

---

[1] Hector de Pardaillan, baron de Gondrin et de Montespan, fils d'Antoine de Pardaillan, aussi baron de Gondrin et de Montespan.

quel affectionnoit fort monsieur l'admiral, monsieur de La Rochefoucault, Teligny [1], La Noue, et quelques autres des chefs de la religion, desquels il se pensoit servir en Flandre. Et, à ce que je luy ay depuis ouy dire à luy-mesme, il y eust beaucoup de peine à l'y faire consentir; et sans ce qu'on luy fit entendre qu'il y alloit de sa vie et de son estat, il ne l'eust jamais fait. Et ayant sceu l'attentat que Maurevert [2] avoit faict à monsieur l'admiral du coup de pistolet qu'il luy avoit

---

[1] Charles, seigneur de Téligny, qui fut tué à la Saint-Barthélemy. Il avait épousé Louise de Coligny, fille de l'amiral, laquelle se remaria, en 1583, à Guillaume de Nassau, prince d'Orange.

[2] Lestoile en parle en ces termes : « Maurevert, jeune gentilhomme briois, cest insigne et tant renommé assassin, qui, en l'an 1569, avoit à Niort, tué proditoirement d'un coup de pistolé le seingneur de Moui, son maistre, et en l'an 1592 (*sic*) tiré le coup de harquebouze à l'amiral de Chastillon, pour récompense desquels services il estoit pourveu de deux bonnes abbaies.... » (*Journal de Henri III*, 1576; éd. de MM. Champollion.) — La date de 1592, qu'on lit ici, est une faute d'impression, comme il est facile de le voir. Voici du reste sur Maurevert une note parfaitement exacte, dont nous voulons laisser tout l'honneur au citoyen La Chabeaussière :

« L'assassin de Mouy se nommait Louvier, et était seigneur de Mau-
« revert et non *Maureveil*, comme l'ont écrit quelques historiens,
« encore moins *Moureveil*. Maurevert est en Brie....

« Ce Louvier avait été page dans la maison du duc de Lorraine, et
« avait été destitué par le gouverneur, ce qui l'avait contraint de pas-
« ser dans les troupes espagnoles; ensuite il s'était insinué chez les
« Guise. » (Extrait d'une lettre écrite des Madelonnettes, le 16 ventôse de l'an II° de la république, par le citoyen La Chabeaussière au citoyen Grégoire, député de la Convention.) — Pour s'expliquer l'origine singulière de cette note, il faut savoir que Charles IX voulut récompenser l'assassin de Mouy en lui faisant donner le collier de son ordre, et que la lettre autographe écrite dans ce but par le Roi au

tiré par une fenestre, d'où le pensant tuer il resta seulement blessé à l'espaule, le roy Charles se doubtant bien que ledict Maurevert avoit fait ce coup à la suscitation de monsieur de Guise, pour la vengeance de la mort de feu monsieur de Guise, son pere, que ledit admiral avoit fait tuer de mesme façon par Poltrot, il en fust en si grande colere contre monsieur de Guise, qu'il jura qu'il en feroit justice. Et si monsieur de Guise ne se fust tenu caché tout ce jour-là, le Roy l'eust faict prendre. Et la Royne ma mere ne se trouva jamais plus empeschée qu'à faire entendre audit roy Charles que cela avoit esté faict pour le bien de son estat, à cause de ce que j'ay dit cy-dessus de l'affection qu'il avoit à monsieur l'admiral, à La Noue et à Teligny, desquels il goustoit l'esprit et valeur, estant prince si genereux qu'il ne s'affectionnoit qu'à ceux en qu'il recongnoissoit telles qualitez. Et bien qu'ils eussent esté tres-pernicieux à son estat, les regnards avoient sçeu si bien feindre qu'ils avoient gaingné le cœur de ce brave prince, pour l'esperance de se rendre utiles à l'accroissement de son estat, et en luy proposant de belles et glorieuses entreprises en Flandre, seul attraict de cette ame grande et royalle. De sorte que, bien que la Royne ma

---

duc d'Alençon, fut, pendant la Révolution, l'objet d'une délibération de la Convention, qui en ordonna l'insertion au *Moniteur*, et le dépôt aux manuscrits de la Bibliothèque Nationale. (Voyez, sur ce fait, les quatre pièces si curieuses que MM. Champollion ont publiées dans les additions au *Journal de Henri III* par LESTOILE, p. 308.) — Maurevert mourut en 1583, à la suite d'un engagement entre lui et le fils du seigneur de Mouy, Charles-Louis de Vaudray, qui périt aussi dans cette lutte en cherchant à venger la mort de son père.

mere luy representast en cet accident que l'assassinat
que l'admiral avoit faict faire à monsieur de Guise [1],
rendoit excusable son fils, si n'ayant peu avoir
justice, il en avoit voulu prendre mesme vengeance;
qu'aussi l'assassinat qu'avoit faict ledit admiral de
Charry, maistre de camp de la garde du Roy, personne si valeureuse, et qui l'avoit si fidellement assistée
durant sa regence et la puerilité dudict roy Charles, le
rendroit bien digne de tel traittement; bien que telles
parolles peussent bien faire juger au roy Charles que la
vengeance de la mort dudict Charry n'estoit pas sortie
du cœur de la Royne ma mere, son ame passionnée de
douleur de la perte des personnes qui, comme j'ai dict,
il pensoit luy estre un jour utiles, offusqua tellement
son jugement, qu'il ne peust moderer ny changer ce
passionné desir d'en faire justice, et commanda tousjours qu'on cherchast monsieur de Guise, que l'on le
prist, qu'il ne vouloit point qu'un tel acte demeurast
impuny.

Enfin comme Pardaillan descouvrist par ses menaces au soupper de la Royne ma mere la mauvaise
intention des huguenots, et que la Royne vist que cet
accident avoit mis les affaires en tels termes, que si l'on
ne prevenoit leur dessein la nuict mesme ils attente-
roient contre le Roy et elle, elle prist resolution de faire
ouvertement entendre audit roy Charles la verité de
tout et le danger où il estoit, par monsieur le mareschal de Raiz, de qui elle sçavoit qu'il le prendroit

---

[1] Voyez les *Mémoires de Castelnau*, t. I, p. 388, et t. II, p. 307;
éd. de Le Laboureur.

mieux que de tout autre, comme celuy qui luy estoit plus confident et plus favorisé de luy. Lequel le vint trouver en son cabinet le soir, sur les neuf ou dix heures, et luy dit que comme son serviteur tres-fidelle il ne luy pouvoit celer le danger où il estoit, s'il continuoit en la resolution qu'il avoit de faire justice de monsieur de Guise, pour ce qu'il falloit qu'il sçeust que le coup de l'admiral n'avoit point esté fait par monsieur de Guise seul, mais que mon frere le roy de Pologne, depuis roy de France, et la Royne ma mere avoient esté de la partie; qu'il sçavoit l'extreme desplaisir que la Royne ma mere receust à l'assassinat de Charry, comme elle en avoit tres-grande raison, ayant lors peu de tels serviteurs qui ne deppendissent que d'elle, estant, comme il sçavoit, du temps de sa puerilité, toute la France partie, les catholiques pour monsieur de Guise, et les huguenots pour le prince de Condé, tendans et les uns et les autres à luy oster sa couronne, qui ne luy avoit esté conservée, apres Dieu, que par la prudence et vigilance de la Royne sa mere, qui en cette extremité ne s'estoit trouvée plus fidellement assistée que dudict Charry; que des-lors il sçavoit qu'elle avoit juré se venger dudict assassinat; qu'aussi voyoit-il que ledict admiral ne seroit jamais que tres-pernicieux en cet estat, et que, quelque apparence qu'il fist de luy avoir de l'affection et de vouloir servir Sa Majesté en Flandre, qu'il n'avoit aultre dessein que de troubler la France; que son dessein d'elle n'avoit esté en cet effect que d'oster cette peste de ce royaume, l'admiral seul; mais que le malheur avoit voulu que Maurevert avoit failly son coup, et que les huguenots en estoient entrez en tel desespoir, que ne s'en prenant pas seulement à monsieur de Guise, mais à la Royne sa mere et au roy de Pologne son frere, ils croyoient aussi que le roy Charles mesme en fust consentant, et avoient resolu de recourir aux armes la nuict mesme. De sorte qu'il voyoit Sa Majesté en un tres-grand danger, fust ou des catholiques, à cause de monsieur de Guise, ou des huguenots, pour les raisons susdites.

Le roy Charles, qui estoit tres-prudent, et qui avoit esté toujours tres-obeissant à la Royne ma mere, et prince tres-catholique, voyant aussi de quoy il y alloit, prist soudain resolution de se joindre à la Royne sa mere, et se conformer à sa volonté, et guarentir sa personne des huguenots par les catholiques; non sans toutefois extreme regret de ne pouvoir sauver Teligny, La Noue, et monsieur de La Rochefoucault. Et lors allant trouver la Royne sa mere, envoya querir monsieur de Guise et tous les autres princes et cappitaines catholiques, où fust pris resolution [1] de faire, la nuict mesme, le massacre de la saint Barthelemy. Et mettant soudain la main à l'œuvre, toutes les chaisnes tendues, le tocsin sonnant, chacun courut sus en son quartier, selon l'ordre donné, tant à l'admiral qu'à tous les huguenots. Monsieur de Guise donna au logis de l'admiral, à la chambre duquel Besme, gentilhomme allemand, estant monté, apres l'avoir dagué le jetta par les fenestres à son maistre monsieur de Guise.

[1] Il est permis de douter qu'une pareille résolution ait été prise et exécutée d'une manière aussi instantanée.

Pour moy, l'on ne me disoit rien de tout cecy. Je voyois tout le monde en action ; les huguenots desesperez de cette blesseure ; messieurs de Guise craingnans qu'on n'en voulust faire justice, se suschetans tous à l'oreille. Les huguenots me tenoient suspecte parce que j'estois catholique, et les catholiques parce que j'avois espousé le roy de Navarre, qui estoit huguenot. De sorte que personne ne m'en disoit rien, jusques au soir qu'estant au coucher de la Royne ma mere, assise sur un coffre aupres de ma sœur de Lorraine, que je voyois fort triste, la Royne ma mere parlant à quelques-uns m'apperceut, et me dit que je m'en allasse coucher. Comme je lui faisois la reverence, ma sœur me prend par le bras, et m'arreste en se prenant fort à pleurer, et me dict : « Mon Dieu, ma sœur, n'y allez pas. » Ce qui m'effraya extremement. La Royne ma mere s'en apperceut, et appella ma sœur, et s'en courrouça fort à elle, luy deffendant de me rien dire. Ma sœur luy dit qu'il n'y avoit point d'apparence de m'envoyer sacrifier comme cela, et que sans doubte s'ils descouvroient quelque chose, ils se vengeroient sur moy. La Royne ma mere respond, que s'il plaisoit à Dieu, je n'aurois point de mal ; mais quoy que ce fust, il falloit que j'allasse, de peur de leur faire soupçonner quelque chose qui empeschast l'effect.

Je voyois bien qu'ils se contestoient et n'entendois pas leurs paroles. Elle me commanda encore rudement que je m'en allasse coucher. Ma sœur fondant en larmes me dit bon soir, sans m'oser dire aultre chose ; et moy je m'en vois toute transie, esperdue, sans me pouvoir imaginer ce que j'avois à craindre. Soudain que je fus en mon cabinet, je me mets à prier Dieu qu'il luy plust me prendre en sa protection, et qu'il me gardast, sans savoir de quoy ni de qui. Sur cela le Roy mon mary qui s'estoit mis au lict, me mande que je m'en allasse coucher; ce que je feis, et trouvay son lict entourré de trente ou quarante huguenots que je ne cognoissois point encore, car il y avoit fort peu de jours que j'estois mariée. Toute la nuict ils ne firent que parler de l'accident qui estoit advenu à monsieur l'admiral, se resolvants, des qu'il seroit jour, de demander justice au Roy de monsieur de Guise, et que si on ne la leur faisoit, qu'ils se la feroient eux-mesmes. Moy j'avois tousjours dans le cœur les larmes de ma sœur, et ne pouvois dormir pour l'apprehension en quoy elle m'avoit mise sans sçavoir de quoy. La nuict se passa de cette façon sans fermer l'œil. Au poinct du jour, le Roy mon mary dict qu'il vouloit aller jouer à la paulme attendant que le roy Charles seroit esveillé, se resolvant soudain de luy demander justice. Il sort de ma chambre, et tous ses gentils-hommes aussy. Moy voyant qu'il estoit jour, estimant que le danger que ma sœur m'avoit dict fust passé, vaincue du sommeil, je dis à ma nourrice qu'elle fermast la porte pour pouvoir dormir à mon aise.

Une heure apres, comme j'estois plus endormie, voicy un homme frappant des pieds et des mains à la porte, criant : « Navarre ! Navarre ! » Ma nourrice pensant que ce fust le Roy mon mary, court vistement à la porte et lui ouvre. Ce fust un gentil-homme nommé monsieur de Léran¹, qui avoit un coup d'espée dans le coude et un coup de hallebarde dans le bras, et estoit encores poursuivy de quatre archers, qui entrerent tous apres luy en ma chambre. Luy se voulant guarantir se jetta sur mon lict. Moy sentant cet homme qui me tenoit, je me jette à la ruelle, et luy apres moy, me tenant tousjours au travers du corps. Je ne cognoissois point cet homme, et ne sçavois s'il venoit là pour m'offenser, ou si les archers en vouloient à luy ou à moy. Nous cryons tous deux, et estions aussi effrayez l'un que l'aultre. Enfin Dieu voulust que monsieur de Nançay², cappitaine des gardes y vinst, qui me trouvant en cet estat-là, encores qu'il y eust de la compassion, ne se peust tenir de rire; et se courrouçant fort aux archers de cette indiscretion, il les fist sortir, et me donna la vie de ce pauvre homme qui me tenoit, lequel je feis coucher et penser dans mon cabinet jusques à tant qu'il fust du tout guary. Et changeant de chemise, parce qu'il m'avoit toute couverte de sang, monsieur de Nançay me conta ce qui se passoit, et m'asseura que le Roy mon mary estoit

¹ Brantôme le nomme Lerac. La copie de la Bibliothèque de l'Arsenal porte seule Leran. On lit dans Mongez (*Histoire de Marguerite de Valois*, p. 104) qu'il se nommait Teyran, et était gentilhomme de l'écurie du roi de France. — C'est probablement Gabriel de Levis, vicomte de Léran.

² Gaspard de la Chastre, seigneur de Nançay, aïeul d'Edme, marquis de la Chastre, qui a laissé des *Mémoires*. Il était capitaine des gardes depuis 1568. Il s'était distingué aux batailles de Dreux, de Saint-Denis, de Jarnac, de Moncontour, etc. Mort en 1576, des suites d'une blessure reçue à la bataille de Dreux.

dans la chambre du Roy, et qu'il n'auroit point de mal. Me faisant jetter un manteau de nuict sur moy, il m'emmena dans la chambre de ma sœur madame de Lorraine[1], où j'arrivay plus morte que vive, où entrant dans l'antichambre, de laquelle les portes estoient toutes ouvertes, un gentil-homme nommé Bourse, se sauvant des archers qui le poursuivoient, fust percé d'un coup de hallebarde à trois pas de moy. Je tombay de l'aultre costé presque esvanouie entre les bras de monsieur de Nançay, et pensois que ce coup nous eust percez tous deux. Et estant quelque peu remise, j'entray en la petite chambre où couchoit ma sœur. Comme j'estois là, monsieur de Miossans, premier gentil-homme du Roy mon mary[2], et Armagnac, son premier vallet de chambre, m'y vindrent trouver pour me prier de leur sauver la vie. Je m'allay jetter à genoux devant le Roy[3] et la Royne ma mere pour les leur demander; ce qu'enfin ils m'accorderent.

Cinq ou six jours après, ceux qui avoient commencé cette partie, cognoissans qu'ils avoient failly à leur prin-

[1] Claude de France, femme de Charles, duc de Lorraine.

[2] Henri d'Albret, baron de Miossans, de Coaraze, etc.

[3] Brantôme a sans doute confondu cette démarche avec celle qu'il attribue à la reine de Navarre, en faveur de son époux. Il avance, dans l'éloge de Marguerite, « qu'elle se jeta à genoux devant le roy « Charles son frère, pour lui demander la vie de son mary et sei- « gneur; le roy Charles le lui accorda assez difficilement, encore « qu'elle fust sa bonne sœur. » — Marguerite, comme on le voit, n'a fait aucune mention de cette circonstance. Faut-il croire, avec un de ses biographes, que ce fut dans la crainte de choquer la délicatesse de Henri IV, et de paraître lui reprocher ce service? Quoi qu'on en

cipal dessein, n'en voulant point tant aux huguenots qu'aux princes du sang, portoient impatiemment que le Roy mon mary et le prince de Condé fussent demeurez. Et congnoissant qu'estant mon mary, que nul ne voudroit attenter contre luy, ils ourdissent une autre trame. Ils vont persuader à la Royne ma mere qu'il me falloit desmarier. En cette resolution estant allée un jour de feste à son lever, que nous debvions faire noz Pasques, elle me prend à serment de luy dire verité, et me demande si le Roy mon mary estoit homme, me disant que si cela n'estoit, elle auroit moyen de me desmarier. Je la suppliay de croyre que je ne me cognoissois pas en ce qu'elle me demandoit (aussi pouvois-je dire lors à la verité comme cette Romaine, à qui son mary se courrouçant de ce qu'elle ne l'avoit adverty qu'il avoit l'haleine mauvaise, luy respondit qu'elle croyoit que tous les hommes l'eussent semblable, ne s'estant jamais approchée d'aultre homme que de luy); mais quoy que ce fust, puis qu'elle m'y avoit mise, j'y voulois demeurer; me doutant bien que ce qu'on vouloit m'en separer estoit pour luy faire un mauvais tour......

Nous accompagnasmes le roy de Pologne jusques à

---

pense, on ne saurait admettre l'assertion de ceux qui prétendent que la reine de Navarre sauva son époux, en le cachant sous son vertugadin. Il n'était permis qu'à un poëte de dire :

> Fameux vertugadin d'une charmante Reine,
> Tu défends un honneur qui se défend sans peine ;
> Mais ta gloire est plus grande en un plus noble emploi,
> Tu sauves un héros en recélant mon Roi.

Blamont¹, lequel, quelques mois avant que de partir de France, s'essaya par tous moyens de me faire oublier les mauvais offices de son ingratitude, et de remettre nostre premiere amitié en la mesme perfection qu'elle avoit esté à nos premiers ans, m'y voulant obliger par serment et promesses en me disant à Dieu. Sa sortie de France, et la maladie du roy Charles, qui commença presque en mesme temps, esveilla les esprits des deux partis de ce royaume, faisans divers projects sur cet estat. Les huguenots ayans à la mort de l'admiral faict obliger, par escript signé, le Roy mon mary et mon frere d'Alençon à la vengeance de cette mort (ayant gaingné avant la saint Barthelemy mondit frere soubs esperance de l'establir en Flandre), leur persuadant, comme le Roy et la Royne ma mere reviendroient en France, de se desrober passant en Champaigne, pour se joindre à certaines trouppes qui les debvoient venir prendre là, monsieur de Miossans, gentilhomme catholique, qui estoit aupres du Roy mon mary, lequel m'avoit de l'obligation de la vie, ayant advis de cette entreprise, qui estoit pernicieuse au Roy son maistre, m'en advertit pour empescher ce mauvais effet qui eust apporté tant de maux à eux et à cet estat. Soudain j'allay trouver le Roy et la Royne ma mere, et leur dis que j'avois chose à leur communicquer qui leur importoit fort, et que je ne la leur dirois jamais qu'il ne leur pleust me promettre que cela ne porteroit aucun prejudice à ceux que je leur nommerois, et

¹ Bourg de Lorraine, actuellement département de la Meurthe.

qu'ils y remedieroient sans faire semblant de rien sçavoir. Lors je leur dis que mon frere et le Roy mon mary s'en debvoient le lendemain aller rendre à des trouppes de huguenots qui les venoient chercher à cause de l'obligation qu'ils avoient faicte à la mort de l'admiral, qui estoit bien excusable pour leur enfance; et que je les suppliois leur pardonner, et, sans leur en monstrer nulle apparence, les empescher de s'en aller; ce qu'ils m'accorderent, et fust l'affaire conduite par telle prudence, que sans qu'ils peussent sçavoir d'où leur venoit cet empeschement, ils n'eurent jamais moien d'eschapper.

Cela estant passé, nous arrivasmes à Saint Germain, où nous fismes un grand sejour à cause de la maladie du Roy; durant lequel temps, mon frere d'Alençon employoit toutes sortes de recherches et moyens pour se rendre agreable à moy, afin que je luy vouasse amitié, comme j'avois faict au roy Charles. Car jusques alors, pource qu'il avoit tousjours esté nourry hors de la cour, nous ne nous estions pas gueres veus, et n'avions pas grande familiarité. Enfin m'y voyant conviée par tant de submissions et de subjections et d'affection qu'il me tesmoingnoit, je me resolus de l'aimer, et embrasser ce qui luy concerneroit; mais toutesfois avec telle condition, que ce seroit sans prejudice de ce que je devois au roy Charles, mon bon frere, que j'honnorois sur toutes choses. Il me continua cette bienveillance, me l'ayant tesmoingnée jusques à la fin.

Durant ce temps, la maladie du roy Charles augmentant tousjours, les huguenots ne cessoient jamais de rechercher des nouvelletez, pretendans encor de retirer mon frere le duc d'Alençon et le Roy mon mary de la cour, ce qui ne vint à ma cognoissance comme la premiere fois. Mais toutesfois Dieu permit que La Mole le descouvrit à la Royne ma mere, si pres de l'effect, que les trouppes des huguenots devoient arriver ce jour-là aupres de Saint Germain. Nous fusmes contraints de partir à deux heures apres la minuict, et mettre le roy Charles dans une lictiere pour gaigner Paris; la Royne ma mere mettant dans son chariot mon frere et le Roy mon mary, qui cette fois là ne furent traictez si doucement que l'autre; car le Roy s'en alla au boys de Vincennes, d'où il ne leur permit plus de sortir. Et le temps augmentant tousjours l'aigreur de ce mal, produisoit tousjours nouveaux advis au Roy pour accroistre la mesfiance et mescontentement qu'il avoit d'eux; en quoy les artifices de ceux qui avoient tousjours desiré la ruine de nostre maison luy aidoient, que je croy, beaucoup.

Ces mesfiances passerent si avant que messieurs les mareschaulx de Montmorancy et de Cossé en furent retenus prisonniers au boys de Vincennes, et La Mole et le comte de Coconas en patirent de leur vie[1]. Les

---

[1] « Dès la fin du mois d'avril (1574).... Conconas, gentilhomme piémontois, et La Molle, gentilhomme provençal, avoient été décapités et mis en quatre quartiers en la place de Grève, et les seigneurs mareschaux de Monmorancy et Cossey, dès le quatriesme jour de may, mis prisonniers en la Bastille et arrestés soubs seure garde. » (Lestoile, *Journal de Henri III*, juin 1574.) — Voyez l'histoire de leur

choses en vindrent à tels termes que l'on deputa des commissaires de la cour de parlement pour ouïr mon frere et le Roy mon mary, lequel n'ayant lors personne de conseil aupres de luy, me commanda de dresser par escript ce qu'il auroit à respondre, afin que par ce qu'il diroit il ne mist ny luy ny personne en peine. Dieu me fist la grace de le dresser si bien qu'il en demeura satisfaict, et les commissaires estonnez de le veoir si bien preparé [1]. Et voyant que, par la mort de La Mole et du comte de Coconas, ils se trouvoient chargez en sorte que l'on craignoit de leur vie, je me resolus (encor que je fusse si bien aupres du roy Charles qu'il n'aimoit rien au monde tant que moy), pour leur sauver la vie, de perdre ma fortune; ayant deliberé, comme je sortois et entrois librement en coche sans que les gardes regardassent dedans, ny que l'on fit oster le masque à mes femmes, d'en desguiser l'un d'eux en femme, et le sortir dans ma coche. Et pource qu'ils ne pouvoient tous deux ensemble à cause qu'ils estoient trop esclairez des gardes, et qu'il suffisoit qu'il y en eust un dehors pour asseurer la vie de l'autre, jamais ils ne se peurent accorder lequel c'est qui sortiroit, chacun voulant estre celuy-là, et nul ne voulant demeurer; de

conjuration dans les additions aux *Mémoires de Castelnau*, t. II, p. 376, éd. de Le Laboureur.

[1] Ce document nous a été conservé; il a été publié par Le Laboureur dans les additions aux *Mémoires de Castelnau*, t. II, p. 390 et suiv., et réimprimé par Mongez, *Hist. de Marguerite de Valois*. — Nous le donnons à la suite des *Mémoires*; c'est une œuvre de Marguerite, qui devait trouver place dans cette édition.

sorte que ce dessein ne se peust executer. Mais Dieu y remedia par un moyen bien miserable pour moy; car il me priva du roy Charles, tout l'appuy et support de ma vie, un frere duquel je n'avois receu que bien, et qui en toutes les persecutions que mon frere d'Anjou me fist à Angers m'avoit tousjours assistée, et advertie, et conseillée. Bref je perdois en luy tout ce que je pouvois perdre.

Apres ce desastre, malheur pour la France et pour moy, nous allasmes à Lyon au devant du roy de Pologne, lequel possedé encore par le Guast, rendist de mesmes causes mesmes effects, et croyant aux advis de ce pernicieux esprit, qu'il avoit laissé en France pour maintenir son party, conceut extreme jalousie contre mon frere d'Alençon, ayant pour suspecte et portant impatiemment l'union de luy et du Roy mon mary, estimant que j'en fusse le lien et le seul moyen qui maintenoit leur amitié, et que les plus propres expedients pour les divorcer estoient d'un costé, de me brouiller et mettre en mauvais mesnage avec le Roy mon mary, et d'autre, de faire que madame de Sauve, qu'ils servoient tous deux, les mesnageroit tous deux de telle façon qu'ils entrassent en extreme jalousie l'un de l'autre. Cet abominable dessein, source et origine de tant d'ennuys, de traverses et de maux, que mon frere et moy avons depuis soufferts, fust poursuivy avec autant d'animosité, de ruses et d'artifice qu'il avoit esté pernicieusement inventé.

Quelques-uns tiennent que Dieu a en particuliere protection les grands, et qu'aux esprits où il reluit quelque excellence non commune, il leur donne, par des bons genies, quelques secrets advertissemens des accidens qui leur sont preparez ou en bien ou en mal; comme à la Royne ma mere, que justement l'on peut mettre de ce nombre, il s'en est veu plusieurs exemples. Mesme la nuict devant la miserable course en lice, elle songea comme elle voyoit le feu Roy mon pere blessé à l'œil, comme il fust; et estant esveillée, elle le supplia plusieurs fois de ne vouloir point courir ce jour, et vouloir se contenter de voir le plaisir du tournoi, sans en vouloir estre. Mais l'inevitable destin ne permit tant de bien à ce royaume qu'il pust recevoir cet utile conseil. Elle n'a aussy jamais perdu aucun de ses enfans qu'elle n'aye veu une fort grande flamme, à laquelle soudain elle s'escrioit : « Dieu garde mes enfans! » et incontinent apres, elle entendoit la triste nouvelle qui, par ce feu, lui avoit esté augurée. En sa maladie de Metz (où, par une fievre pestilentielle et le charbon, elle fust à l'extremité), qu'elle avoit prise allant visiter les religions de femmes, comme il y en a beaucoup en cette ville-là, lesquelles avoient esté depuis peu infectées de cette contagion; de quoy elle fut garantie miraculeusement, Dieu la redonnant à cet estat, qui en avoit encor tant de besoin, par la diligence de monsieur Castelan son medecin, qui, nouveau Esculape, fit lors une signalée preuve de l'excellence de son art; elle resvant, et estant assistée, autour de son lict, du roy Charles mon frere, et de ma sœur et mon frere de Lorraine, de plusieurs de messieurs du conseil, et de force dames et princesses, qui, la tenants hors d'esperance, ne l'abandonnoient point, s'escrie, continuant ses resveries, comme si elle eust veu donner la bataille de Jarnac : « Voyez-vous comme ils fuient! Mon fils a la victoire. Hé, mon Dieu! relevez mon fils! il est par terre! Voyez, voyez, dans cette haye, le prince de Condé mort! »

Tous ceux qui estoient là croyoient qu'elle resvoit, et que, sçachant que mon frere d'Anjou estoit en terme de donner la bataille, elle n'eust que cela en teste. Mais la nuict apres, monsieur de Losses luy en apportant la nouvelle comme chose tres-desirée, en quoy il pensoit beaucoup meriter : « Vous estes fascheux, lui dit-elle, de m'avoir esveillée pour cela; je le sçavois bien : ne l'avois-je pas veu devant hyer? » Lors on recongneust que ce n'estoit point resverie de la fievre, mais un advertissement particulier que Dieu donne aux personnes illustres et rares. L'histoire nous en fournit tant d'exemples aux anciens payens, comme le fantosme de Brutus, et plusieurs autres, que je ne descriray, n'estant mon intention d'orner ces Memoires, ains seulement narrer la verité, et les advancer promptement, afin que plustost vous les receviez. De ces divins advertissemens je ne me veux estimer digne; toutesfois, pour ne me taire comme ingrate des graces que j'ay eues de Dieu, que je doibs et veux confesser toute ma vie, pour lui en rendre graces, et faire que chacun le loue aux merveilleux effects de sa puissance, bonté et misericorde, qu'il luy a pleu faire en moy, j'advoueray n'avoir jamais esté proche de quelques signalez accidens, ou sinistres ou heureux, que je n'en aye eu quelque advertissement, ou en songe ou autrement; et puis bien dire ce vers :

De mon bien ou mon mal mon esprit m'ést oracle.

Ce que j'esprouvay lors de l'arrivée du roy de Pologne, la Royne ma mere estant allée au devant de luy. Cependant qu'ils s'embrassoient et faisoient les reciproques bien-venues, bien que ce fust en un temps si chaud qu'en la presse où nous estions on s'estouffoit, il me prist un frisson si grand avec un tremblement si universel, que celuy qui m'aidoit s'en apperceut. J'eus beaucoup de peine à le cacher, quand apres avoir laissé la Royne ma mere, le Roy vint à me saluer. Cet augure me toucha au cœur; toutesfois il se passa quelques jours sans que le Roy descouvrist la haine et le mauvais dessein que le malicieux Guast luy avoit faict concevoir contre moy, par les rapports qu'il luy avoit faicts, que depuis la mort du Roy j'avois tenu le party de mon frere d'Alençon en son absence, et l'avois faict affectionner au Roy mon mary. Par quoy, espiant tousjours une occasion pour parvenir à l'intention predicte de rompre l'amitié de mon frere d'Alençon et du Roy mon mary, en nous mettant en mauvais mesnage le Roy mon mary et moy, et les brouillant tous deux sur le subject de la jalousie de leur commun amour de madame de Sauve, une apres-disnée, la Royne ma mere estant entrée en son cabinet pour faire quelques longues despeches, madame de Nevers vostre cousine, madame de Raiz aussi vostre cousine, Bourdeille [1], et Surgeres [2], me demanderent si je me voulois aller promener à la ville. Sur cela madamoiselle de Montigny [3], niepce de madame d'Usez [4], nous dit que l'abbaye de Saint Pierre estoit une fort belle religion. Nous resolusmes d'y aller. Elle nous pria qu'elle vinst avec nous, parce qu'elle y avoit

[1] Jeanne de Bourdeille, fille d'honneur de la Reine, mariée plus tard à Charles d'Ardres, vicomte de Riberac, et, en secondes noces, à Charles d'Espinay, vicomte du Restal.

[2] Hélène de Fonsèque, fille du baron de Surgères, aussi fille d'honneur de la Reine. Ces deux filles d'honneur, comme toutes celles de la reine Catherine, ne justifiaient guère leur titre, comme l'on sait. Voici un extrait d'un pamphlet satirique, publié en 1587, sous le titre de MANIFESTE DES DAMES DE LA COUR, et conservé par Lestoile (*Journal de Henri III*, 1587), qui donnera une idée de leur réputation :

« LES DAMOISELLES VICTRI, BOURDEILLE, SOURDIS, BIRAGUE, SURGÈRE, *et tout le reste des filles de la Roine mère, disent toutes d'une voix :*

« Ha, ha, ha, mon Dieu! que ferons-nous, si tu n'estens ta grande miséricorde sur nous? Nous crions donc à haute voix que tu nous veuilles pardonner tant de pecchés de la chair commis avec rois, princes, cardinaux, gentilshommes, évesques, abbés, prieurs, poètes, et toute autre sorte de gens de tous estats, mestiers, qualités et conditions; et disons avec monsieur de Villequier : Mon Dieu! miséricorde, donne-nous la grande miséricorde, et si nous ne pouvons trouver maris, nous nous rendrons aux filles repenties.

« Donné à Charcheau, au voiage de Nérac.

« *Signé* PÉRICART.

[3] Fille de Claude d'Amoncourt, seigneur de Montigny-sur-Aube, et de Charlotte de Clermont, mariée plus tard à N. Barillon, conseiller d'État. (CASTELNAU, t. I, p. 321.)

[4] Françoise de Clermont, fille d'Antoine, comte de Clermont, et de Françoise de Poitiers, et femme de Jacques de Crussol, duc d'Usez.

une tante, et que l'entrée n'y est pas libre sinon qu'avec les grandes. Elle y vinst; et comme nous montions en chariot, Liancourt, premier escuyer du Roy et Camille s'y trouverent, qui se jetterent sur les portieres du chariot, encores qu'il fust tout plein de nous six, et de madame de Curton, ma dame d'honneur, qui alloit tousjours avec moy, et de Thorigny [1]. Eux neantmoins tenant sur les portieres comme ils peurent, et gaussans, comme ils estoient d'humeur bouffonne, dirent qu'ils vouloient venir voir ces belles religieuses. La compagnie de madamoiselle de Montigny, qui ne nous estoit aucunement familiere, et d'eux deux qui estoient confidens du Roy, fust, que je croy, une providence de Dieu pour me guarantir de la calomnie que l'on me vouloit imputer.

Nous allasmes à cette religion, et mon chariot, qui estoit assez recognoissable pour estre doré, et de velours jaune garny d'argent, nous attendit à la place, entour de laquelle y avoit plusieurs gentilshommes logez. Pendant que nous estions dans Saint Pierre, le Roy ayant seulement avec luy le Roy mon mary, d'O [2], et le gros Ruffé, s'en allant voir Quelus qui estoit malade, passant par cette place et voyant mon chariot vuide, se tourne vers le Roy mon mary et luy dit : « Voyez, voila le chariot de vostre femme, et voilà le logis de Bidé, » qui estoit lors malade. (Ainsi nommoit-il aussi celuy qui a depuis servy

---

[1] Fille d'honneur de Marguerite.
[2] François d'O, seigneur de Fresnes, l'un des mignons de Henri III, qui fut surintendant des finances et gouverneur de Paris.

vostre cousine.) « Je gaige, dit-il, qu'elle y est; »
et commanda au gros Ruffé [1], instrument propre de
telle malice, pour estre amy du Guast d'y aller voir;
lequel n'y ayant trouvé personne, et ne voulant toutesfois que cette verité empeschast le dessein du Roy,
luy dit tout haut devant le Roy mon mary : « Les oiseaux y ont esté, mais ils n'y sont plus. » Cela suffit
assez pour donner subject d'entretenir jusques au logis
le Roy mon mary par tout ce qu'il pensoit luy pouvoir
donner de la jalousie, pour avoir mauvaise opinion de
moy; mais mon mary tesmoignant en cela la bonté et
l'entendement de quoy il s'est tousjours monstré accompagné, detestant en son cœur cette malice, jugea
aisement à quelle fin il le faisoit. Et le Roy se hastant
de retourner avant moy pour persuader à la Royne ma
mere cette invention, et m'en faire recepvoir un affront, j'arrivay qu'il avoit eu tout loisir de faire ce
mauvais effect, et que mesme la Royne ma mere en
avoit parlé fort estrangement devant des dames, partie
pour creance, partie pour plaire à ce fils qu'elle idolastroit. Moy revenant apres, sans sçavoir rien de tout
cecy, j'allay descendre en ma chambre avec toute la
troupe susdite qui m'avoit accompagnée à Saint Pierre.
J'y trouvay le Roy mon mary, qui soudain qu'il me vist
se prist à rire, et me dit : «Allez chez la Royne vostre
mere, que je m'asseure que vous en reviendrez bien en
colere. » Je luy demanday pourquoy, et ce qu'il y
avoit. Il me dit : « Je ne le vous diray pas, mais suffise

---

[1] Philippe de Volvire, marquis de Ruffec. (CASTELNAU, t. II, p. 768.)

à vous que je n'en crois rien, et que ce sont inventions pour nous brouiller vous et moy, pensant par ce moyen me separer de l'amitié de monsieur vostre frere. »

Voyant que je n'en pouvois tirer autre chose, je m'en vais chez la Royne ma mere. Entrant en la salle je trouvay monsieur de Guise, qui, prevoyant, n'estoit pas marry de la division qu'il voyoit arriver en nostre maison, esperant bien que du vaisseau brisé il en recueilleroit les pieces. Il me dit : « Je vous attendois icy pour vous advertir que le Roy vous a presté une dangereuse charité. » Et me fist tout le discours susdit qu'il avoit appris de d'O, qui estant lors fort amy de vostre cousine, l'avoit dit à monsieur de Guise pour nous en advertir. J'entray en la chambre de la Royne ma mere, où elle n'estoit pas. Je trouvay madame de Nemours, et toutes les autres princesses et dames, qui me dirent : « Mon Dieu, madame, la Royne vostre mere est en si grande colere contre vous; je ne vous conseille pas de vous presenter devant elle. — Non, ce dis-je, si j'avois faict ce que le Roy luy a dit; mais en estant du tout innocente, il faut que je luy parle pour l'en esclaircir. » J'entray dans son cabinet, qui n'estoit fait que d'une cloison de bois, de sorte que l'on pouvoit aisement entendre de la chambre tout ce qui s'y disoit. Soudain qu'elle me voit elle commence à jetter feu, et à dire tout ce qu'une colere oultrée et demesurée peut jetter dehors. Je luy represente la verité, et que nous estions dix à douze; et la suppliay de les enquerir, et ne croire pas celles qui m'estoient amies et familieres, mais seulement madamoiselle de Montigny qui ne me hantoit point, et Liancourt et Camille qui ne deppendoient que du Roy. Elle n'a point d'oreille pour la verité ny pour la raison; elle n'en veut point recepvoir, fust pour estre preoccupée du faulx, ou bien pour complaire à ce fils, que d'affection, de debvoir, d'esperance et de crainte elle idolastroit, et ne cesse de tanser, crier et menacer. Et luy disant que cette charité m'avoit esté prestée par le Roy, elle se met encor plus en colere, me voulant faire croyre que c'estoit un sien valet de chambre qui passant par là m'y avoit veue. Et voyant que cette couverture estoit grossiere, que je la recepvois pour telle, et restois infiniment offensée du Roy, cela la tourmentoit et aigrissoit davantage, ce qui estoit ouy de sa chambre toute pleine de gens.

Sortant de là avec le despit que l'on peut penser d'une telle offense, je trouve en ma chambre le Roy mon mary, qui me dit : « Et bien, n'avez-vous pas trouvé ce que je vous avois dit ? » Et me voyant si affligée : « Ne vous tourmentez pas de cela, dit-il; Liancourt et Camille se trouveront au coucher du Roy, qui luy diront le tort qu'il vous a faict, et m'asseure que demain la Royne vostre mere sera bien empeschée à faire les accords. » Je lui dis : « Monsieur, j'ay receu un affront trop public de cette calomnie pour pardonner à ceux qui me l'ont causé; mais toutes les injures ne me sont rien au prix du tort qu'on m'a voulu faire, me voulant procurer un si grand malheur que de me mettre mal avec vous. » Il me respondit : « Il s'y est, Dieu mercy, failly. » Je luy dis : « Ouy,

Dieu mercy et vostre bon naturel; mais de ce mal si faut-il que nous en tirions un bien. Que cecy nous serve d'advertissement à l'un et à l'aultre pour avoir l'œil ouvert à tous les artifices que le Roy pourra faire pour nous mettre mal ensemble; car il faut croyre, puis qu'il a ce dessein, qu'il ne s'arrestera pas à cettuy-cy, et ne cessera qu'il n'ayt rompu l'amitié de mon frere et de vous. » Sur cela, mon frere arriva, et les fis par nouveau serment obliger à la continuation de leur amitié. Mais quel serment peut valoir en amour?

Le lendemain matin, un banquier italien qui estoit serviteur de mon frere, pria mondict frere, le Roy mon mary et moy, et plusieurs aultres princesses et dames d'aller disner en un beau jardin qu'il avoit à la ville. Moy, ayant tousjours gardé ce respect à la Royne ma mere, tant que j'ay esté auprès d'elle fille ou mariée, de n'aller en un lieu sans luy en demander congé, je l'allay trouver en la salle, revenant de la messe, pour avoir sa permission pour aller à ce festin. Elle, me faisant un refus public, me dit que j'allasse où je voudrois, qu'elle ne s'en soucioit pas. Si cet affront fust ressenty d'un courage comme le mien, je le laisse à juger à ceux qui, comme vous, ont congneu mon humeur. Pendant que nous estions à ce festin, le Roy, qui avoit parlé à Liancourt et Camille, et à madamoiselle de Montigny, congneust l'erreur où la malice du gros Ruffé l'avoit faict tomber, et ne se trouvant moins en peine à la rabiller qu'il avoit esté prompt à la recepvoir et à la publier, venant trouver la Royne ma mere luy confessa le vray, et la pria de rabiller cela en quelque façon que je ne luy demeurasse pas ennemye; craignant fort, parce qu'il me voyoit avoir de l'entendement, que je ne m'en sçeusse plus à propos revancher qu'il ne m'avoit sçeu offenser. Revenus que nous fusmes du festin, la prophetie du Roy mon mary fust veritable. La Royne ma mere m'envoya querir en son cabinet de derriere, qui estoit proche de celuy du Roy, où elle me dit qu'elle avoit sçeu la verité de tout et que je luy avois dit vray; qu'il n'estoit rien de tout ce que le valet de chambre qui luy avoit faict ce rapport luy avoit dit; que c'estoit un mauvais homme, qu'elle le chasseroit. Et congnoissant à ma mine que je ne recepvois pas cette couverture, elle s'efforça par tous moyens de m'oster l'opinion que ce fust le Roy qui m'eust presté cette charité. Et voyant qu'elle n'y advançoit rien, le Roy entra dans le cabinet, qui m'en fist force excuses, disant qu'on le luy avoit faict accroire. Et me faisant toutes les satisfactions et demonstrations d'amitié qui se pouvoient faire.

Cela passé, apres avoir demeuré quelque temps à Lyon, nous allasmes en Avignon.[1] Le Guast n'osant plus inventer de telles impostures, et voyant que je ne lui donnois aucune prise en mes actions pour, par la jalousie, me mettre mal avec le Roy mon mary, et esbranler l'amitié de mon frere et de luy, il se servit d'une aultre voye, qui estoit de madame de Sauve, la gaingnant tellement qu'elle se gouvernoit du tout par luy, et usant de ses instructions non moins perni-

---

[1] Le mardi 16 de novembre 1574. (Lestoile, *Journal de Henri III.*)

cieuses que celles de la *Celestine*[1], en peu de temps elle rendit l'amour de mon frere et du Roy mon mary, paravant tiede et lente comme celle de personnes si jeunes, en une telle extremité (oublians toute ambition, tout devoir, et tout dessein), qu'ils n'avoient plus autre chose en l'esprit que la recherche de cette femme. Et en viennent à une si grande et vehemente jalousie l'un de l'aultre, qu'encor qu'elle fust recherchée de monsieur de Guise, du Guast, de Souvray[2] et plusieurs aultres, qui estoient tous plus aimez d'elle qu'eux, ils ne s'en soucioient pas; et ne craingnoient ces deux beaux freres que la recherche de l'un et de l'aultre. Et cette femme, pour mieux jouer son jeu, persuade au Roy mon mary que j'en estois jalouse, et que pour cette cause je tenois le party de mon frere. Nous croyons aisement ce qui nous est dit par personnes que nous aymons. Il prend cette creance, il s'esloigne de moy, et s'en cache plus que de tout aultre, ce que jusques alors il n'avoit faict; car quoi qu'il en eust eu la phantaisie, il m'en avoit tousjours parlé aussi librement qu'à une sœur, cognoissant bien que je n'en estois aucunement jalouse, ne desirant que son contentement. Moy voyant ce que j'avois le plus craint estre advenu, qui estoit l'esloingnement de sa bonne grace, pour la privation de la franchise de quoy il avoit jusques alors usé avec moy, et que la mesfiance

---

[1] Tragi-comédie espagnole, traduite en italien, et de l'italien en français. — Paris, par Nic. Cousteau. 1527, in-8° goth.

[2] Gilles de Souvré, marquis de Courtenvaux, favori de Henri III et grand-maître de la garde-robe.

qui prive de la familiarité est le principe de la haine, soit entre parens ou amis, et congnoissant d'ailleurs que si je pouvois divertir mon frere de l'affection de madame de Sauve, j'osterois le fondement de l'artifice que le Guast avoit fabriqué à nostre division et ruine susdite à l'endroit de mon frere, j'usai de tous les moyens que je peus pour l'en tirer, ce qui eust servy à tout aultre, qui n'eust eu l'ame fascinée par l'amour et la ruse de si fines personnes.

Mon frere, qui en toute chose ne croyoit rien que moy, ne peust jamais se regaigner soy-mesme pour son salut et le mien, tant forts estoient les charmes de cette Circé, aidez de ce diabolique esprit du Guast; de façon qu'au lieu de tirer profit de mes paroles, il les redisoit toutes à cette femme. Que peut-on celer à ce que l'on aime? Elle s'en animoit contre moy, et servoit avec plus d'affection au dessein du Guast, et pour s'en venger disposoit tousjours davantage le Roy mon mary à me hayr et s'estranger de moy; de sorte qu'il ne me parloit presque plus. Il revenoit de chez elle fort tard, et pour l'empescher de me veoir elle luy commandoit de se trouver au lever de la Royne, où elle estoit subjecte d'aller, et apres tout le jour il ne bougeoit plus d'avec elle. Mon frere ne rapportoit moins de soin à la rechercher, elle leur faisant accroire à tous deux qu'ils estoient unicquement aimez d'elle. Ce qui n'advançoit moins leur jalousie et leur division que ma ruine.

Nous fismes un long sejour en Avignon, et un grand tour par la Bourgongne et la Champaigne pour aller à Rheims aux nopces du Roy, et de là venir à Paris, où les choses se comporterent tousjours de cette façon. La trame du Guast alloit par ces moyens tousjours s'advançant à nostre division et ruine. Estans à Paris, mon frere approcha de luy Bussy, en faisant autant d'estime que sa valeur le meritoit. Il estoit tousjours aupres de mon frere, et par consequent avec moy, mon frere et moy estans presque tousjours ensemble, et ordonnant à tous ses serviteurs de ne m'honnorer et rechercher moins que luy. Tous les honnestes gens de sa suite accomplissoient cet agreable commandement avec tant de subjection, qu'ils ne me rendoient moins de service qu'à luy. Vostre tante voyant cela, m'a souvent dit que cette belle union de mon frere et de moy luy faisoit ressouvenir du temps de monsieur d'Orleans mon oncle et de madame de Savoye ma tante.

Le Guast, qui estoit un potiron [1] de ce temps, y donnant interpretation contraire, pense que la fortune luy offroit un beau moyen pour se haster à plus viste pas d'arriver au but de son dessein, et par le moyen de madame de Sauve s'estant introduit en la bonne grace du Roy mon mary, tasche par toute voye lui persuader que Bussy me servoit [2]. Et voyant qu'il n'y advançoit rien, estant assez adverty par ses gens, qui estoient tousjours avec moy, de mes deportemens qui ne tendoient à rien de semblable, il s'adressa au Roy, qu'il trouva plus facile à persuader, tant pour le peu de bien qu'il vouloit à mon frere et à moy, nostre amitié luy estant suspecte et odieuse, que pour la

---

[1] *Sic* dans tous les manuscrits.
[2] En quoi *le Guast* disait vrai, comme l'on sait.

haine qu'il avoit à Bussy, qui l'ayant autresfois suivy, l'avoit quicté pour se dedier à mon frere. Acquisition qui accroissoit autant la gloire de mon frere que l'envie de nos ennemys, pour n'y avoir en ce siecle-là de son sexe et de sa qualité rien de semblable en valeur, reputation, grace, et esprit. En quoy quelques-uns disoient que s'il falloit croyre la transmutation des ames, comme quelques philosophes ont tenu, que sans doubte celle de Hardelay vostre brave frere[1], animoit le corps de Bussy. Le Roy imbu de cela par le Guast, en parle à la Royne ma mere, la conviant à en parler au Roy mon mary, et taschant de la mettre aux mesmes aigreurs qu'il l'avoit mise à Lyon. Mais elle, voyant le peu d'apparence qu'il y avoit, l'en rejecta, luy disant : « Je ne sçay qui sont les brouillons qui vous mettent telles opinions en la phantaisie. Ma fille est malheureuse d'estre venue en un tel siecle. De nostre temps, nous parlions librement à tout le monde, et tous les honnestes gens qui suivoient le Roy vostre pere, monsieur le dauphin, et monsieur d'Orleans vos oncles, estoient d'ordinaire à la chambre de madame Marguerite vostre tante et de moy; personne ne le trouvoit estrange, comme aussi n'y avoit-il pas de quoy. Bussy voit ma fille devant vous, devant son mary, devant tous les gens de son mary en sa chambre, et devant tout le monde; ce n'est pas à cachette, ny à porte fermée. Bussy est personne de qualité, et le premier auprès de vostre frere. Qu'y a-

---

[1] Jean de Bourdeille, frère de Brantôme.

t-il à penser? En sçavez vous aultre chose? Par une calomnie, à Lyon, vous me luy avez faict faire un affront tres-grand, duquel je crains bien qu'elle ne s'en ressente toute sa vie[1]. » Le Roy demeurant estonné luy dit : « Madame, je n'en parle qu'apres les aultres ». Elle respondit : « Qui sont ces aultres, mon fils? ce sont gens qui vous veulent mettre mal avec tous les vostres ». Le Roy s'en estant allé, elle me raconte le tout, et me dit : « Vous estes née d'un miserable temps ». Et appellant vostre tante madame de Dampierre, elle se mit à discourir avec elle de l'honneste liberté et des plaisirs qu'ils avoient en ce temps-là, sans estre subjects comme nous à la mesdisance.

Le Guast voyant que sa mine estoit esventée, et qu'elle n'avoit pris feu de ce costé comme il desiroit, s'addresse à certains gentils-hommes qui suivoient lors le Roy mon mary, qui jusques alors avoient esté compagnons de Bussy en qualités et en charges, lesquels en particulier avoient quelque haine contre luy pour la jalousie que leur apportoit son advancement et sa gloire. Ceux-cy joingnants à cette envieuse haine un zele inconsideré au service de leur maistre, ou pour mieux dire couvrans leur envie de ce pretexte, se resolurent un soir, sortant tard du coucher de son maistre pour se retirer en son logis, de l'assassiner. Et comme les honnestes gens qui estoient aupres de mon frere avoient accoustumé de l'accompagner, ils sçavoient qu'ils ne le trouveroient avec moins de quinze ou vingt

---

[1] Voyez plus haut, p. 47.

honnestes hommes, et que bien que pour la blessure qu'il avoit au bras droict, depuis peu de jours qu'il s'estoit battu contre Saint Phale[1], il ne portast point d'espée, que sa presence seroit suffisante pour redoubler le courage à ceux qui estoient avec luy. Ce que redoubtans, et voulans faire leur entreprise asseurée, ils resolurent de l'attaquer avec deux ou trois cens hommes[2], le voile de la nuict couvrant la honte d'un tel assassinat.

Le Guast, qui commandoit au regiment des gardes, leur fournit des soldats, et se mettans en cinq ou six trouppes en la plus prochaine rue de son logis où il falloit qu'il passast, le chargent, esteignans les torches et flambeaux. Apres une salve d'arquebusades et pistoletades qui eust suffi, non à attaquer une trouppe de quinze ou vingt hommes, mais à desfaire un regiment, ils viennent aux mains avec sa trouppe, taschans tousjours dans l'obscurité de la nuict à le remarquer pour ne le faillir, et le cognoissans à une escharpe colombine où il portoit son bras droit blessé, bien à propos pour eux, qui en eussent senty la force; qui furent toutesfois bien soustenus de ceste petite trouppe d'honnestes gens qui estoient avec luy, à qui l'inopinée rencontre ny l'horreur de la nuict n'osta le cœur ny le jugement; mais faisans autant de preuve de leur valeur que de l'affection qu'ils avoient à leur amy, à

---

[1] Georges de Vaudray, seigneur de Saint-Phal. (Voyez CASTELNAU, t. II, p. 533.)

[2] Voyez le récit de ce combat dans Brantôme, *Hommes illustres*, éloge de Bussy.

force d'armes le passerent jusques à son logis, sans perdre aucun de leur trouppe, qu'un gentil-homme qui avoit esté nourry avec luy, qui ayant esté blessé par avant à un bras portoit une escharpe colombine comme luy, mais toutesfois bien differente pour n'estre enrichie comme celle de son maistre. Toutesfois en l'obscurité de la nuict, ou le transport ou l'animosité de ces assassins, qui avoient le mot de donner tous à l'escharpe colombine, fist que toute la trouppe se jetta sur ce pauvre gentil-homme, pensant que ce fust Bussy, et le laisserent pour mort en la rue.

Un gentil-homme italien qui estoit à mon frere y estant blessé de premier abord, l'effroy l'ayant pris, s'en recourt tout sanglant dans le Louvre, et jusques à la chambre de mon frere qui estoit couché, criant que l'on assassinoit Bussy. Mon frere soudain y voulust aller. De bonne fortune je n'estois point encore couchée, et estois logée si pres de mon frere, que j'ouis cet homme effroié crier par les degrez cette espouvantable nouvelle. Aussy-tost que luy soudain je cours en sa chambre pour l'empescher de sortir, et envoyay supplier la Royne ma mere d'y venir pour le retenir, voyant bien que dans toutes autres occasions il me deferoit beaucoup, mais que la juste douleur qu'il sentoit l'emportoit tellement hors de luy-mesme, que sans consideration il se fust precipité à tous dangers pour courre à la vengeance. Nous le retenons à toute peine, la Royne ma mere luy representant qu'il n'y avoit nulle apparence de sortir seul comme il estoit pendant la nuict, que l'obscurité couvre toute meschanceté ; que le Guast estoit assez meschant d'avoir faict cette partie expressement pour le faire sortir mal à propos, afin de le faire tomber en quelque accident. Au desespoir qu'il estoit, ces parolles eussent eu peu de force; mais elle y usant de son authorité l'arresta, et commanda aux portes qu'on ne le laissast sortir, prenant la peine de demeurer avec luy jusques à ce qu'il sceust la verité de tout. Bussy, que Dieu avoit guaranty miraculeusement de ce danger, ne s'estant troublé pour cet hazard, son ame n'estant pas susceptible de la peur, estant nay pour estre la terreur de ses ennemys, la gloire de son maistre, et l'esperance de ses amys, entré qu'il fust en son logis, soudain il se souvint de la peine en quoy seroit son maistre si la nouvelle de ce rencontre estoit portée jusques à luy incertainement, et craingnant que cela l'eust fait jetter dans les filets de ses ennemis, (comme sans doubte il eust faict si la Royne ma mere ne l'en eust empesché), envoya soudain un des siens qui apporta la nouvelle à mon frere de la verité de tout. Et le jour estant venu, Bussy, sans crainte de ses ennemys, revient dans le Louvre avec la façon aussi brave et aussi joyeuse que si cet attentat luy eust esté un tournois pour plaisir. Mon frere, aussi aise de le revoir que plein de despit et de vengeance, tesmoingne assez comme il ressent l'offense qui luy a esté faicte, de l'avoir voulu priver du plus brave et plus digne serviteur que prince de sa qualité eust jamais, cognoissant bien que du Guast s'attacquoit à Bussy pour ne s'oser prendre de premier abord à luy-mesme.

La Royne ma mere, la plus prudente et advisée princesse qui ait jamais esté, cognoissant de quel poids estoient tels effects, et prevoyant qu'ils pourroient enfin mettre ses deux enfans mal ensemble, conseilla mon frere que pour lever tel pretexte il fist que pour un temps Bussy s'esloingnast de la cour. A quoy mon frere consentit par la priere que je luy en feis, voyant bien que s'il demeuroit, le Guast le mettroit tousjours en jeu, et le feroit servir de couverture à son pernicieux dessein, qui estoit de maintenir mon frere et le Roy mon mary mal ensemble, comme il les y avoit mis par les artifices susdicts. Bussy qui n'avoit aultre volonté que celle de son maistre, partist accompagné de la plus brave noblesse qui fust à la cour, qui suivoit mon frere. Ce subject estant osté au Guast, et voyant que le Roy mon mary ayant eu en ce mesme temps, en une nuict, une fort grande foiblesse, en laquelle il demeura esvanouy l'espace d'une heure (qui luy venoit, comme je crois, d'excez qu'il avoit faicts avec les femmes; car je ne l'y avois jamais veu subject) en laquelle je l'avois servy et assisté comme le debvoir me le commandoit; de quoy il restoit si content de moy qu'il s'en louoit à tout le monde, disant que sans que je m'en estois apperceue, et avois soudain couru à le secourir, et appeller mes femmes et ses gens, qu'il estoit mort; qu'à ceste cause il m'en faisoit beaucoup meilleure chere, et que depuis l'amitié de luy et de mon frere commençoit à se renouer, estimant tousjours que j'en estois la cause, et que je leur estois (comme l'on voit en toutes choses naturelles, mais plus apparemment aux serpens coupez) un certain baulme naturel qui reunit et rejoinct les parties separées; poursuivant tousjours la poincte de son premier et pernicieux dessein, et recherchant de fabriquer quelque nouvelle invention pour nous rebrouiller le Roy mon mary et moy, met à la teste du Roy, qui depuis peu de jours avoit osté, par le mesme artifice du Guast, à la Royne sa sacrée princesse, tres-vertueuse et bonne, une fille qu'elle aymoit fort, et qui avoit esté nourrye avec elle, nommée Changy, qu'il debvoit faire que le Roy mon mary m'en feist de mesme, m'ostant celle que j'aymois le plus, nommée Thorigny[1], sans en amener aultre raison, sinon qu'il ne falloit point laisser à des jeunes princesses des filles en qui elles eussent si particuliere amitié.

Le Roy, persuadé de ce mauvais homme, en parle plusieurs fois à mon mary, qui luy respond qu'il sçavoit bien qu'il me feroit un cruel desplaisir; que si j'aimois Thorigny, j'en avois occasion; qu'oultre ce qu'elle avoit esté nourrie avec la royne d'Espaigne ma sœur, et avec moy depuis mon enfance, qu'elle avoit beaucoup d'entendement, et que mesme elle l'avoit fort servy en sa captivité du bois de Vincennes; qu'il seroit ingrat s'il ne s'en ressouvenoit, et qu'il avoit aultresfois veu que sa majesté en faisoit grand estat. Plusieurs fois il s'en deffendit de cette façon; mais enfin le Guast persistant tousjours à pousser le Roy,

[1] Gillone Goyon, fille de Jacques, sire de Matignon, maréchal de France, depuis mariée à Pierre de Harcourt, seigneur de Beuvron.

et jusques à luy faire dire au Roy mon mary qu'il ne l'aimeroit jamais si dans le lendemain il ne m'avoit osté Thorigny, il fust contraint à son grand regret, comme depuis il me l'a advoué, m'en prier et me le commander. Ce qui me fust si aigre, que je ne me peus empescher luy tesmoingner par mes larmes combien j'en recepvois de desplaisir, luy remonstrant que ce qui m'en affligeoit le plus n'estoit point l'esloignement de la presence d'une personne qui, depuis mon enfance, s'estoit tousjours rendue subjecte et utile aupres de moy; mais que chacun sçachant comme je l'aimois, je n'ignorois pas combien son partement si precipité porteroit de prejudice à ma reputation.

Ne pouvant recepvoir ces raisons, pour la promesse qu'il avoit faicte au Roy de me faire ce desplaisir, elle partist le jour mesme, se retirant chez un sien cousin, nommé monsieur Chastelas. Je restay si offensée de cette indignité à la suite de tant d'aultres, que ne pouvant plus resister à la juste douleur que je ressentois, qui bannissant toute prudence de moy m'abandonnoit à l'ennuy, je ne me peus plus forcer à rechercher le Roy mon mary. De sorte que le Guast et madame de Sauve d'un costé l'estrangeant de moy, et moy m'esloignant aussi, nous ne couchions plus ni ne parlions plus ensemble.

Quelques jours apres, quelques bons serviteurs du Roy mon mary luy ayans faict congnoistre l'artifice par le moyen duquel on le menoit à sa ruine, le mettant mal avec mon frere et moy, pour le separer de ceux de qui il debvoit esperer le plus d'appuy, pour apres le laisser là, et ne tenir compte de luy, comme le Roy commençoit à n'en faire pas grand estat et à le mespriser, ils le feirent parler à mon frere, qui, depuis le partement de Bussy, n'avoit pas amendé sa condition (car le Guast tousjours luy faisoit recepvoir quelques nouvelles indignitez), et cognoissant qu'ils estoient tous deux en mesme predicament à la cour, aussi desfavorisez l'un que l'autre; que le Guast seul gouvernoit le monde; qu'il falloit qu'ils mendiassent de luy ce qu'ils vouloient obtenir aupres du Roy; que s'ils demandoient quelque chose, ils estoient refusez avec mespris; que si quelqu'un se rendoit leur serviteur, il estoit aussitost ruiné, et attaqué de mille querelles que l'on luy suscitoit; ils se resolurent, voyant que leur division estoit leur ruine, de se reunir, et se retirer de la cour, pour, ayant ensemble leurs serviteurs et amis, demander au Roy une condition et un traittement digne de leur qualité; mon frere n'ayant eu jusques alors son appennage, et s'entretenant seulement de certaines pensions mal assignées, qui venoient seulement quand il plaisoit au Guast; et le Roy mon mary ne jouissant nullement de son gouvernement de Guyenne, ne luy estant permis d'y aller, ny en aucunes de ses terres.

Cette resolution estant prise entr'eux, mon frere m'en parla, me disant qu'à cette heure ils estoient bien ensemble, et qu'il desiroit que nous fussions bien le Roy mon mary et moy, et qu'il me prioit d'oublier tout ce qui s'estoit passé; que le Roy mon mary luy avoit dit qu'il en avoit un extresme regret, et qu'il cognoissoit bien que nos ennemys avoient esté plus fins que nous; mais qu'il se resolvoit de m'aimer, et de me donner plus de contentement de luy. Il me prioit aussi, de mon costé, de l'aimer, et de l'assister en ses affaires en son absence. Ayant pris resolution tous deux ensemble que mon frere partiroit le premier, se desrobant dans un carrosse comme il pourroit, et qu'à quelques jours de là le Roy mon mary, feignant d'aller à la chasse, le suivroit (regrettans beaucoup qu'ils ne me peussent emmener avec eux, toutesfois s'asseurans qu'on ne m'oseroit faire desplaisir, les sçachans dehors; aussi qu'ils feroient bientost paroistre que leur intention n'estoit point de troubler la France, mais seulement de s'establir une condition digne de leur qualité, et se mettre en seureté; car, parmy ces traverses, ils n'estoient pas sans crainte de leur vie, fust ou que veritablement ils fussent en danger, ou que ceux qui desiroient la division et ruine de nostre maison, pour s'en prevaloir, leur fissent donner des alarmes par les continuels advertissemens qu'ils en recepvoient), le soir venu, peu avant le souppper du Roy, mon frere changeant de manteau, et le mettant autour du nez, sort seulement suivy d'un des siens, qui n'estoit pas recongneu, et s'en va à pied jusques à la porte de Saint-Honoré, où il trouve Simié [1] avec le carrosse d'une dame, qu'il avoit emprunté pour cet effect, dans lequel il se mit, et va jusques à quelques maisons à un quart de lieue de Paris, où il trouva des

---

[1] Jean de Seymer, maître de la garde-robe du duc d'Alençon. (ANSELME, VII, 438.)

chevaux qui l'attendoient, sur lesquels montant, à quelques lieues de là il trouva deux ou trois cens chevaulx de ses serviteurs qui l'attendoient au rendez-vous qu'il leur avoit donné.

L'on ne s'apperçoit point de son partement que sur les neuf heures du soir. Le Roy et la Royne ma mere me demanderent pourquoy il n'avoit point souppé avec eux, et s'il estoit malade. Je leur dis que je ne l'avois point veu depuis l'apres-disnée. Ils envoyerent en sa chambre voir ce qu'il faisoit; on leur vinst dire qu'il n'y estoit pas. Ils disent qu'on le cherche par toutes les chambres des dames, où il avoit accoustumé d'aller. On cherche par le chasteau, on cherche par la ville; on ne le trouve point. A cette heure l'allarme s'eschauffe; le Roy se met en colere, se courrouce, menace, envoye querir tous les princes et seigneurs de la cour, leur commande de monter à cheval, et le luy ramener vif ou mort, disant qu'il s'en va troubler son estat pour luy faire la guerre, et qu'il luy fera congnoistre la folie qu'il faisoit de s'attaquer à un Roy si puissant que luy. Plusieurs de ces princes et seigneurs refusent cette commission, remonstrans au Roy de quelle importance elle estoit : qu'ils voudroient mettre leur vie en ce qui seroit du service du Roy, comme ils sçavoient estre de leur debvoir; mais d'aller contre monsieur son frere, *ils sçavoient bien que le Roy leur en sçauroit un jour mauvais gré*; et qu'il s'asseurast que mon frere n'entreprendroit rien qui peust desplaire à sa majesté, ny qui peust nuire à son estat; que peut-estre c'estoit un mescontentement qui l'avoit convié à s'esloigner de la cour; qu'il leur sembloit que le Roy debvoit envoyer devers luy, pour s'informer de l'occasion qui l'avoit meu à partir, avant que prendre resolution à toute rigueur comme celle-cy. Quelques aultres accepterent, et se preparerent pour monter à cheval. Ils ne peurent faire telle diligence qu'ils peussent partir plustost que sur le poinct du jour, qui fut cause qu'ils ne trouverent point mon frere, et furent contraincts de revenir pour n'estre pas en esquipage de guerre.

Le Roy, pour ce depart, ne monstra pas meilleur visage au Roy mon mary; mais, en faisant aussi peu d'estat qu'à l'accoustumée, le tenoit tousjours de mesme façon; ce qui le confirmoit en la resolution qu'il avoit prise avec mon frere; de sorte que peu de jours apres il partit, feignant d'aller à la chasse. Moy, le lendemain du departement de mon frere; les pleurs qui m'avoient accompagnée toute la nuict m'esmeurent un si grand rheume sur la moitié du visage, que j'en fus, avec une grosse fievre, arrestée dans le lict pour quelques jours, fort malade et avec beaucoup de douleurs. Durant laquelle maladie le Roy mon mary, ou qu'il fust occupé à disposer de son partement; ou qu'ayant à laisser bientost la cour, il voulust donner ce peu de temps qu'il avoit à y estre, à la seule volupté de jouir de la presence de sa maistresse madame de Sauve, ne peust avoir le loisir de me venir voir en ma chambre; et revenant pour se retirer à l'accoustumée à une ou deux heures apres minuict, couchans en deux licts comme nous faisions tousjours, je ne l'entendois point venir; et se levant avant que je fusse esveillée pour se trouver, comme j'ay dict cy-devant, au lever de madame ma mere, où madame de Sauve alloit, il ne se souvenoit point de parler à moy, comme il avoit promis à mon frere, et partit de cette façon sans me dire à Dieu.

Je ne laissay pas de demeurer soupçonnée du Roy que j'estois la seule cause de ce partement, et jettant feu contre moy, s'il n'eust esté retenu de la Royne ma mere, sa colere, je crois, luy eust faict executer contre ma vie quelque cruauté. Mais estant retenu par elle, et n'osant faire pis, soudain il dit à la Royne ma mere que, pour le moins, il me falloit bailler des gardes, pour empescher que je ne suivisse le Roy mon mary, et aussi pour engarder que personne ne communiquast avec moy, afin que je ne les advertisse de ce qui se passoit à la cour. La Royne ma mere, voulant faire toutes choses avec douceur, luy dict qu'elle le trouveroit bon ainsy (estant bien aise d'avoir peu rabattre jusques là la violence du premier mouvement de sa colere), mais qu'elle me viendroit trouver pour me disposer à ne trouver si rude ce traictement-là; que ces aigreurs ne demeureroient tousjours en ces termes; que toutes les choses du monde avoient deux faces; que cette premiere, qui estoit triste et affreuse, estant tournée, quand nous viendrions à voir la seconde, plus agreable et plus tranquille, à nouveaux evenements on prendroit nouveau conseil; que lors peut-estre on auroit besoin de se servir de moy; que comme la prudence conseilloit de vivre avec ses amys

comme debvans un jour estre ses ennemys, pour ne leur
confier rien de trop, qu'aussy l'amitié venant à se
rompre, et pouvant nuire, elle ordonnoit d'user de
ses ennemys comme pouvans estre un jour amys. Ces
remonstrances empescherent bien le Roy de me faire
à moy ce qu'il eust bien voulu; mais le Guast, luy
donnant invention de descharger ailleurs sa colere, fist
que soudain, pour me faire le plus cruel desplaisir
qui se pouvoit imaginer, il envoya des gens à la maison de Chastellas, cousin de Thorigny, pour, soubs
ombre de la prendre pour l'amener au Roy, la noyer
en une riviere qui estoit pres de là. Eux arrivez,
Chastelas les laisse librement entrer dans la maison,
ne se doubtant de rien. Eux soudain se voyans dedans
les plus forts, usans avec autant d'indiscretion que
d'imprudence de la ruineuse charge qui leur avoit
esté donnée, prennent Thorigny, la lient, l'enferment
dans une chambre, attendans de partir que leurs chevaulx eussent repeu; cependant usans à la françoise
sans se garder de rien, se gorgeans jusques au crever
de tout ce qui estoit de meilleur en cette maison,
Chastellas, qui estoit homme advisé, n'estant pas marry
qu'aux despens de son bien on peust gainguer ce temps
pour retarder le partement de sa cousine, esperant
que qui a temps a vie, et que Dieu peut-estre chan-
geroit le cœur du Roy, qui contremanderoit ces gens
icy pour ne me vouloir si aigrement offenser, et
n'osant ledict Chastellas entreprendre par aultre voye
de les empescher, bien qu'il avoit des amys assez pour
le faire.

Mais Dieu, qui a tousjours regardé mon affliction, pour me garantir du danger et desplaisir que mes ennemys me pourchassoient, plus à propos que moymesme ne l'en eusse peu requerir, quand j'eusse sçeu cette entreprise que j'ignorois, prepara un inesperé secours pour delivrer Thorigny des mains de ces scelerats, qui fut tel que, quelques valets et chambrieres s'en estans fuis, pour la crainte de ces satellites, qui battoient et frappoient là dedans comme en maison de pillage, estans à un quart de lieue de la maison, Dieu guida par là La Ferté et Avantigny[1], avec leurs trouppes, qui estoient bien deux cens chevaulx, qui s'en alloient joindre à l'armée de mon frere, et feist que La Ferté recongneust parmy cette trouppe de païsans un homme espleuré, qui estoit à Chastellas, et luy demande ce qu'il avoit, s'il y avoit là quelques gens d'armes qui leur eussent faict quelque tort. Le valet luy respond que non, et que la cause qui les rendoit ainsy tourmentez estoit l'extremité en quoy il avoit laissé son maistre, pour la prise de sa cousine. Soudain La Ferté et Avantigny se resolurent de me faire ce bon office de delivrer Thorigny, louans Dieu de leur avoir offert une si belle occasion de me pouvoir tesmoingner l'affection qu'ils m'avoient toujours eue; et hastans le pas, eux et toutes leurs trouppes, arrivent si à propos à la maison dudit Chastellas, qu'ils trouvent ces scelerats sur le poinct qu'ils vouloient mettre Thorigny sur un cheval pour l'emmener noier, en-

---

[1] Tous deux chambellans du duc d'Alençon. (*Mémoires du duc de Nevers*, t. I, p. 577 et 578. Paris, 1665.)

trent tous à cheval, l'espée au poing, dans la court, crians : « Arrestez-vous, bourreaux! si vous lui faictes mal, vous estes morts! » et commençans à les charger, eux à fuir, ils laisserent leur prisonniere aussi transportée de joye que transie de fraieur; et apres avoir rendu graces à Dieu et à eux d'un si salutaire et necessaire secours, faisant apprester le chariot de sa cousine de Chastellas, elle s'en va avec sondit cousin, accompagnée de l'escorte de ces honnestes gens, trouver mon frere qui fust tres-aise, ne me pouvant avoir aupres de luy, d'y avoir personne que j'aimasse comme elle. Elle y fust, tant que le danger dura, traictée et respectée comme si elle eust esté aupres de moy.

Pendant que le Roy faisoit cette belle despesche pour faire sacrifier Thorigny à son ire, la Royne ma mere, qui n'en sçavoit rien, m'estoit venue trouver en ma chambre que je m'habillois encore, faisant estat, bien que je fusse encor mal de mon rheume, mais plus malade en l'ame qu'au corps de l'ennuy qui me possedoit, de sortir ce jour-là de ma chambre, pour voir un peu le cours du monde sur ces nouveaux accidens, estant tousjours en peine de ce qu'on entreprendroit contre mon frere et le Roy mon mary. Elle me dit : « Ma fille, vous n'avez que faire de vous haster de vous habiller. Ne vous faschez point, je vous prie, de ce que j'ay à vous dire. Vous avez de l'entendement. Je m'asseure que ne trouverez point estrange que le Roy se sente offensé contre vostre frere et vostre mary, et que, sçachant l'amitié qui est entre vous, il croit que vous sçachiez leur partement, et est resolu de vous tenir pour ostage de leurs deportements. Il sçait combien vostre mari vous aime, et ne peut avoir un meilleur gage de luy que vous. Pour cette cause il a commandé que l'on vous mist des gardes, pour empescher que vous ne sortiez de vostre chambre. Aussy que ceux de son conseil luy ont representé que si vous estiez libre parmy nous, vous descouvririez tout ce qui se delibereroit contre vostre frere et vostre mary, et les en advertiriez. Je vous prie ne le trouver mauvais : cecy, si Dieu plaist, ne durera gueres. Ne vous faschez point aussy si je n'ose si souvent vous venir voir, car je craindrois d'en donner soubçon au Roy; mais asseurez-vous que je ne permettray point qu'il vous soit faict aucun desplaisir, et que je feray tout ce que je pourray pour mettre la paix entre vos freres. » Je luy representay combien estoit grande l'indignité qu'on me faisoit en cela. Je ne voulois pas desadvouer que mon frere m'avoit tousjours librement communiqué tous ses justes mescontentements; mais pour le Roy mon mary, depuis qu'il m'avoit osté Thorigny, nous n'avions point parlé ensemble; que mesme il ne m'avoit point veue en ma maladie, et ne m'avoit poinct dict à Dieu. Elle me respond : « Ce sont petites querelles de mary à femme; mais on sçait bien qu'avec douces lettres il vous regaignera le cœur, et que, s'il vous mande l'aller trouver, vous y irez, ce que le Roy mon fils ne veult pas. »

Elle s'en retournant, je demeure en cet estat quelques mois, sans que personne, ny mesme mes plus privez amis, m'osassent venir voir, craingnants de se ruiner. A la cour, l'adversité est tousjours seule, comme la prosperité est accompaignée; et la persecution est la coupelle des vrais et entiers amys. Le seul brave Grillon[1] est celuy qui, mesprisant toutes deffenses et toutes desfaveurs, vinst cinq ou six fois en ma chambre, estonnant tellement de crainte les cerberes que l'on avoit mis à ma porte, qu'ils n'oserent jamais le dire, ny lui refuser le passage.

Durant ce temps-là, le Roy mon mary estant arrivé en son gouvernement, et ayant joinct ses serviteurs et amys, chacun luy remonstra le tort qu'il avoit d'estre party sans me dire à Dieu, luy representant que j'avois de l'entendement pour le pouvoir servir, et qu'il falloit qu'il me regaingnast; qu'il retireroit beaucoup d'utilité de mon amitié et de ma presence lors que, les choses estant pacifiées, il me pourroit avoir aupres de luy. Il fust aisé à persuader en cela, estant esloingné de sa Circé, madame de Sauve. Ses charmes ayans perdu par l'absence leur force (ce qui luy rendoit sa raison pour recognoistre clairement les artifices de nos ennemys, et que la division qu'ils avoient trouvée entre nous ne luy procuroit moins de ruine qu'à moy), il m'escrivist une tres-honneste lettre, où il me prioit d'oublier tout ce qui s'estoit passé entre nous, et croire qu'il me vouloit aimer, et me le faire paroistre plus qu'il n'avoit jamais faict; me commandant aussy le tenir adverty de l'estat des affaires qui se passoient où j'estois, de mon estat et de celuy de

---

[1] C'est le fameux Louis de Berton de Crillon, qui *n'était pas* à la bataille d'Arques.

mon frere; car ils estoient esloignez, bien qu'unis d'intelligence, mon frere estant vers la Champaigne, et le Roy mon mary en Gascongne. Je reçeus cette lettre estant encore captive, qui m'apporta beaucoup de consolation et soulagement, et ne manquay depuis, (bien que les gardes eussent charge de ne me laisser escrire), aydée de la necessité, mere de l'invention, de luy faire souvent tenir de mes lettres.

Quelques jours apres que je fus arrestée, mon frere sçeut ma captivité, qui l'aigrist tellement, que s'il n'eust eu l'affection de sa patrie dans le cœur aultant enracinée comme il avoit de part et d'interest à cet estat, il eust faict une si cruelle guerre (comme il en avoit le moien, ayant lors une belle armée), que le peuple eust porté la peine des effects de leur prince; mais retenu pour le debvoir de cette naturelle affection, il escrivit à la Royne ma mere que si l'on me traictoit ainsy, que l'on le mettroit au dernier desespoir. Elle, craingnant de voir venir les aigreurs de cette guerre à cette extremité qu'elle n'eust le moyen de la pacifier, remonstre au Roy de quelle importance cette guerre luy estoit, et le trouve disposé à recepvoir ses raisons, son ire estant moderée par la congnoissance du peril où il se voyoit, estant attaqué en Gascongne, Dauphiné, Languedoc, Poictou, et du Roy mon mary et des huguenots, qui tenoient plusieurs belles places, et de mon frere en Champaigne, qui avoit une grosse armée, composée de la plus brave et gaillarde noblesse qui fust en France; et n'ayant peu, depuis le despart de mon frere, par prieres, commandemens ny menaces, faire monter personne à cheval contre mon frere, tous les princes et seigneurs de France redoubtants sagement de mettre le doigt entre deux pierres. Tout ce consideré, le Roy preste l'oreille aux remonstrances de la Royne ma mere, et se rend non moings desireux qu'elle de faire une paix, la priant de s'y employer et d'en trouver le moien. Elle soudain se dispose d'aller trouver mon frere, representant au Roy qu'il estoit necessaire qu'elle m'y menast; mais le Roy n'y voulut consentir, estimant que je luy servirois d'un grand ostage. Elle donc s'en va sans moy et sans m'en parler; et mon frere, voyant que je n'y estois pas, luy representa le juste mescontentement qu'il avoit, et les indignitez et mauvais traictemens qu'il avoit receus à la cour, y joignant celuy de l'injure qu'on m'avoit faicte, m'ayant retenue captive, et de la cruauté que, pour m'offenser, on avoit voulu faire à Thorigny, disant qu'il n'escouteroit nulle ouverture de paix que le tort que l'on m'avoit faict ne fust reparé, et qu'il ne me vist satisfaicte et en liberté.

La Royne ma mere voyant cette response, revinst, et representa au Roy ce que luy avoit dist mon frere; qu'il estoit necessaire, s'il vouloit une paix, qu'elle y retournast, mais que d'y aller sans moy, son voiage seroit encor inutile, et croistroit plustost le mal que de le diminuer; qu'aussy de m'y mener sans m'avoir premier contentée, que j'y nuirois plustost que d'y servir, et que mesme il seroit à craindre qu'elle eust peine à me ramener, et que je voulusse aller trouver mon mary; qu'il falloit m'oster les gardes, et trouver moyen de me faire oublier le traictement qu'on m'avoit faict : ce que le Roy trouve bon, et s'y affectionne aultant qu'elle. Soudain elle m'envoye querir, me disant qu'elle avoit tant faict qu'elle avoit disposé les choses à la voye d'une paix ; que c'estoit le bien de cet estat ; qu'elle sçavoit que mon frere et moy avions tousjours desiré qu'il se peust faire une paix si advantageuse pour mon frere, qu'il auroit occasion de rester content, et hors de la tyrannie du Guast et de tous autres tels malicieux, qui pourroient posseder le Roy ; qu'oultre tenant la main à faire un bon accord entre le Roy et mon frere, je la delivrerois d'un mortel ennuy qui la possedoit, se trouvant en tel estat, qu'elle ne pouvoit sans mortelle offense recepvoir la nouvelle de la victoire de l'un ou de l'aultre de ses fils ; qu'elle me prioit que l'injure que j'avois receue ne me fist desirer plustost la vengeance que la paix ; que le Roy en estoit marry ; qu'elle l'en avoit veu plorer ; et qu'il m'en feroit telle satisfaction que j'en resterois contente. Je luy respondis que je ne prefererois jamais mon bien particulier au bien de mes freres et de cet estat, pour le repos et contentement duquel je me voudrois sacrifier ; que je ne souhaittois rien tant qu'une bonne paix, et que j'y voudrois servir de tout mon pouvoir.

Le Roy entre sur cela en son cabinet, qui avec une infinité de belles parolles tasche à me rendre satisfaicte, me conviant à son amitié, voyant que ny mes façons ny mes paroles ne demonstroient aucun ressentiment de l'injure que j'avois receue. Ce que je faisois plus

pour le mespris de l'offense que pour sa satisfaction ;
ayant passé le temps de ma captivité au plaisir de la
lecture, où je commençay lors à me plaire ; n'ayant
cette obligation à la fortune, mais plustost à la Providence divine, qui des lors commença à me produire
un si bon remede pour le soulagement des ennuys qui
m'estoient preparez à l'advenir. Ce qui m'estoit aussi
un acheminement à la devotion, lisant en ce beau
livre universel de la nature tant de merveilles de son
Createur, que toute ame bien née, faisant de cette congnoissance une eschelle de laquelle Dieu est le dernier
et le plus hault eschelon, ravie, se dresse à l'adoration de
cette merveilleuse lumiere et splendeur de cette incomprehensible essence ; et faisant un cercle parfaict,
ne se plaist plus à aultre chose qu'à suivre cette chaisne
d'Homere, cette agreable encyclopedie, qui, partant de
Dieu mesme, retourne à Dieu mesme, principe et fin
de toutes choses. Et la tristesse contraire à la joye,
qui emporte hors de nous les pensées de nos actions,
reveille nostre ame en soy-mesme, qui rassemblant
toutes ses forces pour rejetter le mal et chercher le
bien, pense et repense sans cesse pour choisir ce souverain bien, auquel pour asseurance elle puisse trouver quelque tranquillité ; qui sont de belles dispositions pour venir à la congnoissance et amour de Dieu.
Je receus ces deux biens de la tristesse et de la solitude
à ma premiere captivité, de me plaire à l'estude, et
m'addonner à la devotion, biens que je n'eusse jamais
goustés entre les vanitez et magnificences de ma prospere fortune.

Le Roy, comme j'ay dict, ne voyant en moy nulle apparence de mescontentement, me dit que la Royne ma mere s'en alloit trouver mon frere en Champaigne pour traicter une paix, qu'il me prioit de l'accompaigner, et y apporter tous les bons offices que je pourrois ; et qu'il sçavoit que mon frere avoit plus de creance en moy qu'en tout aultre ; que de ce qui en viendroit de bien il m'en donneroit l'honneur, et m'en resteroit obligé. Je luy promis ce que je voulois faire, car je cognoissois que c'estoit le bien de mon frere et celuy de l'estat, qui estoit de m'y employer en sorte qu'il en resteroit content.

La Royne ma mere part, et moy avec elle, pour s'en aller à Sens, la conference se debvant faire en la maison d'un gentil-homme, à une lieue de là. Le lendemain nous allasmes au lieu de la conference. Mon frere s'y trouve, accompaigné de quelques-unes de ses trouppes, et des principaux seigneurs et princes catholiques et huguenots de son armée, entre lesquels estoit le duc Casimir, et le colonel Poux, qui luy avoient amené six mille reistres, par le moyen de ceux de la religion qui s'estoient joincts avec mon frere à cause du Roy mon mary. L'on traicta-là, par plusieurs jours, les conditions de la paix, y ayant plusieurs disputes sur les articles, principalement sur ceux qui concernoient ceux de la religion, ausquels on accorda des conditions plus avantageuses qu'on n'avoit envie de leur tenir, comme il parust bien depuis ; le faisant la Royne ma mere seulement pour avoir la paix, renvoyer les reistres, et retirer mon frere d'avec eux, qui n'avoit moins d'envie de se separer, pour avoir tousjours esté tres-catholique, et ne s'estre servy des huguenots que par necessité.

En cette paix, il fut donné partage à mon frere selon sa qualité, à quoy mon frere vouloit que je fusse comprise, me faisant lors establir l'assignat de mon dot en terres; et monsieur de Beauvais, qui estoit deputé pour son party, y insistoit fort pour moy. Mais la Royne ma mere me pria que je ne le permisse, et qu'elle m'asseuroit que j'aurois du Roy ce que je luy demanderois; ce qui me fist les prier de ne m'y faire comprendre, et que j'aimois mieux avoir ce que j'aurois du gré du Roy et de la Royne ma mere, estimant qu'il me seroit plus asseuré. La paix estant conclue, les asseurances prises d'une part et d'aultre, la Royne ma mere se disposant à s'en retourner, je receus lettres du Roy mon mary, par lesquelles il me faisoit paroistre qu'il avoit beaucoup de desir de me revoir, me priant, soudain que je verrois la paix faicte, de demander mon congé pour le venir trouver. J'en suppliay la Royne ma mere. Elle me rejette cela et par toutes sortes de persuasions tasche de m'en divertir, me disant que, lors qu'apres la saint Barthelemy je ne voulus recepvoir la proposition qu'elle me feist de me separer de nostre mariage, qu'elle loua lors mon intention parce qu'il s'estoit faict catholique; mais qu'à cette heure qu'il avoit quitté la religion catholique et qu'il s'estoit faict huguenot, elle ne me pouvoit permettre que j'y allasse. Et voyant que j'insistois tousjours pour avoir mon congé, elle, avec la larme à l'œil, me dit que si je ne revenois avec elle, que je la ruinerois : que le Roy croiroit qu'elle me l'auroit faict faire, et qu'elle luy avoit promis de me ramener, et qu'elle feroit que j'y demeurerois jusques à ce que mon frere y fust; qu'il y viendroit bientost, et que soudain apres elle me feroit donner mon congé.

Nous nous en retournasmes à Paris trouver le Roy, qui nous receust avec beaucoup de contentement d'avoir la paix ; mais toutesfois aggreant peu les advantageuses conditions des huguenots, se deliberant bien, soudain qu'il auroit mon frere à la cour, de trouver une invention pour rentrer en la guerre contre lesdits huguenots, pour ne les laisser jouir de ce qu'à regret et par force on leur avoit accordé seulement pour en retirer mon frere, lequel demeura un mois ou deux à venir pour donner ordre à renvoyer les reistres, et licencier le reste de son armée. Il arrive apres à la cour, avec toute la noblesse catholique qui l'avoit assisté. Le Roy le receust avec tout honneur, monstrant avoir beaucoup de contentement de le revoir ; et fist bonne chere aussi à Bussy, qui y estoit : car le Guast lors estoit mort, ayant esté tué par un jugement de Dieu [1], pen-

[1] « Le lundi dernier octobre (1575) veille de la Toussaints, sur les dix heures du soir, le capitaine Gast, gentilhomme dauphinois, favori du Roy, lequel il avoit suivi en Pologne, fust tué dans sa maison à Paris, rue Saint-Honoré, et avec lui son valet de chambre et un sien laquais, par certains hommes armés et masqués qui l'assassinèrent à coups d'espées et de dagues, sans estre congneus ne retenus. Il dit mourant que c'estoit le baron de Viteaux, qui estoit à Monsieur, qui l'avoit tué : toutefois cela ne fust point avéré, encores que la présumption en fust grande.... » (LESTOILE, *Journal de Henri III.*)

dant qu'il suoit une diette, comme aussy c'estoit un corps gasté de toutes sortes de villanies, qui fust donné à la pourriture qui des long-temps le possedoit, et son ame aux dæmons, à qui il avoit faict hommage par magie et toutes sortes de meschancetez. Ce fusil de haine et de division estant osté du monde, et le Roy n'ayant son esprit bandé qu'à la ruine des huguenots, se voulant servir de mon frere contre eux pour rendre mon frere et eux irreconciliables, et craingnant pour ceste mesme raison que j'allasse trouver le Roy mon mary, nous faisoit à l'un et à l'aultre toutes sortes de caresses et de bonne chere pour nous faire plaire à la cour. Et voyant qu'en ce mesme temps monsieur de Duras estoit arrivé de la part du Roy mon mary pour me venir querir, et que je le pressois si fort de me laisser aller, qu'il n'y avoit plus lieu de me refuser, il me dict (montrant que c'estoit l'amitié qu'il me portoit, et la congnoissance qu'il avoit de l'ornement que je donnois à la cour, qui faisoit qu'il ne pouvoit permettre que je m'en allasse que le plus tard qu'il pourroit), qu'il me vouloit conduire jusques à Poictiers, et renvoya monsieur de Duras avec cette asseurance.

Cependant il demeure quelques jours à partir de Paris, retardant à me refuser ouvertement mon congé qu'il eust toutes choses prestes pour pouvoir declarer la guerre, comme il l'avoit desseignée, aux huguenots, et par consequent au Roy mon mary. Et pour y trouver un pretexte, on faict courir le bruit que les catholiques se plaingnent des advantageuses conditions que l'on avoit accordées aux huguenots, à la paix de

Sens. Ce murmure et mescontentement des catholiques passe si avant, qu'ils viennent à se liguer à la cour, par les provinces et par les villes, s'enroollans et signans, et faisants grand bruict, tacitement du sçeu du Roy, monstrans vouloir eslire messieurs de Guise. Il ne se parle d'aultre chose à la cour depuis Paris jusques à Blois, où le Roy avoit fait convoquer les Estats; pendant l'ouverture desquels le Roy appella mon frere en son cabinet, avec la Royne ma mere et quelques-uns de messieurs de son conseil. Il lui represente de quelle importance estoit pour son estat et pour son authorité la ligue que les catholiques commençoient, mesmes s'ils venoient à se faire des chefs, et qu'ils esleussent ceux de Guise; qu'il y alloit du leur plus que de tout aultre (entendant de mon frere et de luy); que les catholiques avoient raison de se plaindre, et que son debvoir et conscience l'obligeoient à mescontenter plustost les huguenots que les catholiques; qu'il prioit et conjuroit mon frere, comme fils de France et bon catholique qu'il estoit, de le vouloir conseiller et assister en cette affaire, où il y alloit du hazard de sa couronne et de la religion catholique. Adjoustant à cela qu'il luy sembloit que pour couper chemin à cette dangereuse ligue, que luy-mesme s'en debvoit faire le chef, et pour montrer combien il avoit de zele à sa religion, et les empescher d'eslire d'autre chef, la signer le premier comme chef, et la faire signer à mon frere, et à tous les princes et seigneurs, gouverneurs, et aultres ayant charge en son royaume. Mon frere ne peust lors que luy offrir le service qu'il debvoit à sa majesté, et à la conservation de la religion catholique. Le Roy ayant pris asseurance de l'assistance de mon frere en cette occasion, qui estoit la principale fin où tendoit l'artifice de cette ligue, soudain faict appeller tous les princes et seigneurs de sa cour, se faict apporter le roolle de ladite ligue, s'y signe le premier comme chef, et y fait signer mon frere et tous les autres qui n'y avoient encor signé.

Le lendemain ils ouvrent les Estats, et ayant pris les advis de messieurs les evesques de Lyon, d'Ambrun et de Vienne, et des autres prelats qui estoient à la cour, qui luy persuaderent qu'apres le serment qu'il avoit faict à son sacre, nul serment qu'il peust faire aux heretiques ne pouvoit estre vallable, ledict serment de son sacre l'affranchissant de toutes les promesses qu'il avoit peu faire aux huguenots. Ce qu'ayant prononcé à l'ouverture des Estats, et ayant declaré la guerre aux huguenots, il renvoya Genissac le huguenot, qui depuis peu de jours estoit là de la part du Roy mon mary pour advancer mon partement, avec paroles rudes, pleines de menaces, luy disant qu'il avoit donné sa sœur à un catholique, non à un huguenot, que si le Roy mon mary avoit envie de m'avoir, qu'il se fist catholique.

Toutes sortes de preparatifs à la guerre se font, et ne se parle à la cour que de guerre; et pour rendre mon frere plus irreconciliable avec les huguenots, le Roy le faict chef d'une de ses armées. Genissac m'estant venu dire le rude congé que le Roy luy avoit donné, je m'en vais droict au cabinet de la Royne ma mere, où le Roy estoit, pour me plaindre de ce qu'il m'avoit jusques alors abusée, m'ayant tousjours empeschée d'aller trouver le Roy mon mary, et ayant feinct de partir de Paris pour me conduire à Poictiers pour faire un effect si contraire. Je luy representay que je ne m'estois pas mariée pour plaisir ny de ma volonté; que ç'avoit esté de la volonté et auctorité du roy Charles mon frere, de la Royne ma mere, et de luy; que puis qu'ils me l'avoient donné, qu'ils ne me pouvoient point empescher de courre sa fortune; que j'y voulois aller; que s'ils ne me le permettoient, je me desroberois, et y irois de quelque façon que ce fust au hazard de ma vie. Le Roy me respondit : « Il n'est plus temps, ma sœur, de m'importuner de ce congé. J'advoue ce que vous dites, que j'ay retardé exprès pour vous le refuser du tout; car depuis que le roy de Navarre s'est refaict huguenot, je n'ay jamais trouvé bon que vous y allassiez. Ce que nous en faisons la Royne ma mere et moy c'est pour vostre bien. Je veux faire la guerre au huguenots, et exterminer cette miserable religion qui nous a faict tant de mal; et que vous, qui estes catholique, et qui estes ma sœur, fussiez entre leurs mains comme ostage de moy, il n'y a point d'apparence. Et qui sçait si, pour me faire une indignité irreparable, ils voudroient se venger sur vostre vie du mal que je leur feray? Non, non, vous n'y irez point; et si vous taschez à vous desrober, comme vous dites, faictes estat que vous aurez et moy et la Royne ma mere pour cruels ennemys, et que nous vous ferons ressentir nostre inimitié autant que nous en avons de pouvoir, en quoi vous empirerez la condition de vostre mary plustost que de l'amender. »

Je me retiray avec beaucoup de desplaisir de cette cruelle sentence, et prenant advis des principaux de la cour, de mes amys et amies, ils me representent qu'il me seroit mal-seant de demeurer en une cour si ennemie du Roy mon mary, et d'où l'on luy faisoit si ouvertement la guerre; et qu'ils me conseilloient, pendant que cette guerre dureroit, de me tenir hors de la cour, mesme qu'il me seroit plus honnorable de trouver, s'il estoit possible, quelque pretexte pour sortir du royaume, ou sous couleur de pelerinage, ou pour visiter quelqu'une de mes parentes. Madame la princesse de La Roche-sur-Yon [1] estoit de ceux que j'avois assemblez pour prendre leur advis, qui estoit sur son partement pour aller aux eaux de Spa. Mon frere aussi y estoit present, qui avoit amené avec luy Mondoucet, qui avoit esté agent du Roy en Flandre, et en estant depuis peu revenu, avoit representé au Roy combien les Flamans souffroient à regret l'usurpation que l'Espagnol faisoit sur le roy de France de la domination et souveraineté de Flandre, que plusieurs seigneurs et communautez des villes l'avoient chargé de luy faire entendre combien ils avoient le cœur françois, et que tous luy tendoient les bras. Mondoucet voyant que le

---

[1] Philippe de Montespedon, veuve de Charles de Bourbon, prince de La Roche-sur-Yon, duc de Beaupréau. Elle avait épousé en premières noces René de Montejean, maréchal de France. Elle était mère du marquis de Beaupréau dont il est parlé ci-dessus, page 5. Morte le 12 avril 1578.

Roy mesprisoit cet advis, n'ayant rien en la teste que les huguenots, à qui il vouloit faire ressentir le desplaisir qu'ils luy avoient faict d'avoir assisté mon frere, ne luy en parle plus, et s'adresse à mon frere, qui, du vray naturel de Pyrrus, n'aymoit qu'à entreprendre choses grandes et hazardeuses, estant plus né à conquerir qu'à conserver; lequel embrasse soudain cette entreprise, qui luy plaist d'autant plus qu'il voit qu'il ne faict rien d'injuste, voulant seulement r'acquerir à la France ce qui luy estoit usurpé par l'Espaignol[1]. Mondoucet pour cette cause s'estoit mis au service de mon frere, qui le renvoyoit en Flandre soubs couleur d'accompaigner madame la princesse de La Roche-sur-Yon aux eaux de Spa; lequel voyant que chacun cherchoit quelque pretexte apparent pour me pouvoir tirer hors de France durant cette guerre (qui disoit en Savoye, qui disoit en Lorraine, qui à saint Claude, qui à Nostre-Dame de Lorette), dit tous bas à mon frere : « Monsieur, si la royne de Navarre pouvoit feindre avoir quelque mal, à quoy les eaux de Spa, où va madame la princesse de La Roche-sur-Yon, peussent servir, cela viendroit bien à propos pour vostre entreprise de Flandre, où elle pourroit frapper un grand coup. » Mon frere le trouva fort bon, et fust fort aise de cette ouverture, et s'escria soudain : « O Royne, ne cherchez plus, il faut que vous alliez aux eaux de Spa, où va madame la princesse de La Roche-sur-Yon. Je vous ay veu autrefois

---

[1] C'était l'ancienne souveraineté de France sur la Flandre et l'Artois, à laquelle il avait été renoncé par les traités de Madrid et de Cambrai.

une eresipele au bras; il faut que vous disiez que lors les medecins vous l'avoient ordonné, mais que la saison n'y estoit pas si propre; qu'à cette heure c'est leur saison, que vous suppliez le Roy vous permettre d'y aller. »

Mon frere ne s'ouvrist pas davantage devant cette compagnie pour quoy il le desiroit, à cause que monsieur le cardinal de Bourbon y estoit, qui tenoit pour le Guisart et l'Espaignol; mais moy, je l'entendis soudain, me doubtant bien que c'estoit pour l'entreprise de Flandres, de quoy Mondoucet nous avoit parlé à tous deux. Toute la compagnie fust de cet advis, et madame la princesse de La Roche-sur-Yon, qui y debvoit aller, et qui m'aimoit fort[1], en receut fort grand plaisir, et me promit de m'y accompagner, et de se trouver avec moy quand j'en parlerois à la Royne ma mere pour luy faire trouver bon.

Le lendemain je trouvay la Royne seule, et luy re-

---

[1] Faut-il voir une preuve de cette affection dans la leçon très-sage, mais très-rude qu'elle adressa, en mourant, à Marguerite? « Deux jours devant qu'elle mourust, dit Lestoile, la roine de Navarre, qui l'aimoit fort, la fust voir, à laquelle elle dit ces mots : « Madame, vous voyés ici un bel exemple en moi que Dieu vous propose. Il faut mourir, madame, et laisser ce monde ici, songés-y. Il passe et nous fait passer à ce grand juge, devant le throsne judicial duquel il faut tous comparoistre, et grands et petits, rois et roines. Retirés-vous, madame, je vous prie; car il me faut prier et songer à mon Dieu, et vous ne me faites que ramentevoir le monde, quand je vous regarde. » Cela disoit-elle, ajoute Lestoile, pour ce que la roine de Navarre estoit, comme de coustume, diaprée et fardée, ce qu'on appelle à la cour bien accoustrée à son avantage. » (*Journal de Henri III*, avril 1578.)

presentay le mal et desplaisir que ce m'estoit de voir le Roy mon mary en guerre contre le Roy, et de me voir esloingnée de luy; que, pendant que cette guerre dureroit, il ne m'estoit honnorable ny bien seant de demeurer à la cour; que, si j'y demeurois, je ne pourrois éviter de ces deux malheurs l'un, ou que le Roy mon mary penseroit que j'y fusse pour mon plaisir, et que je ne luy servirois pas comme je debvois; ou que le Roy prendroit soubçon de moy, et croyroit que j'advertirois tousjours le Roy mon mary; que l'un et l'aultre me produiroient beaucoup de mal; que je la suppliois de trouver bon que je m'esloingnasse de la cour pour l'esviter; qu'il y avoit quelque temps que les medecins m'avoient ordonné les eaux de Spa pour l'eresipele que j'avois au bras, à quoy depuis si long-temps j'estois subjecte; que la saison à cette heure y estant propre, il me sembloit que si elle le trouvoit bon, que ce voyage estoit bien à propos pour m'esloingner en cette saison, non seulement de la cour, mais de France, pour faire congnoistre au Roy mon mary que ne pouvant estre avec luy, pour la desfiance du Roy, je ne voulois point estre au lieu où on luy faisoit la guerre; que j'esperois qu'elle, par sa prudence, disposeroit les choses avec le temps de telle façon, que le Roy mon mary obtiendroit une paix du Roy, et rentreroit en sa bonne grace; que j'attendrois cette heureuse nouvelle pour lors venir prendre congé d'eux pour m'en aller trouver le Roy mon mary; et qu'en ce voiage de Spa, madame la princesse de La Roche-sur-Yon, qui estoit là presente, me faisoit cet honneur de m'accompaigner. Elle approuva cette condition, et me dit qu'elle estoit fort aise que j'eusse pris cet advis; que le mauvais conseil que ces evesques avoient donné au Roy de ne tenir ses promesses, et rompre tout ce qu'elle avoit promis et contracté pour luy, luy avoit, pour plusieurs considerations, apporté beaucoup de desplaisir; mesme voyant que cet impetueux torrent entrainoit avec soy et ruinoit les plus capables et meilleurs serviteurs que le Roy eust en son conseil (car le Roy en esloingna quatre ou cinq des plus apparens et plus entiers); mais qu'entre tout cela, ce qui luy travailloit le plus l'esprit, estoit de voir ce que je luy representois, que je ne pouvois eviter, demeurant à la cour, l'un de ces deux malheurs : ou que le Roy mon mary ne l'auroit agreable et s'en prendroit à moy, ou que le Roy entreroit en desfiance de moy, pensant que j'advertirois le Roy mon mary; qu'elle persuaderoit au Roy de trouver bon ce voyage, ce qu'elle fit. Et le Roy m'en parla sans monstrer d'en estre en colere, estant assez content de m'avoir peu empescher d'aller trouver le Roy mon mary, qu'il hayoit lors plus qu'aucune chose du monde; et commande que l'on despeschast un courrier à dom Jean d'Autriche, qui commandoit pour le roy d'Espaigne en Flandres, pour le prier de me bailler les passeports necessaires pour passer librement au païs de son authorité, pour ce qu'il falloit bien avant passer dans la Flandres pour aller aux eaux de Spa, qui sont aux terres de l'evesché de Liege.

Cela resolu, nous nous separasmes tous à peu de jours de là, lesquels mon frere employa à m'instruire des offices qu'il desiroit de moy pour son entreprise de Flandres; le Roy et la Royne ma mere s'en allans à Poictiers, pour estre plus pres de l'armée de monsieur de Mayenne qui assiegeoit Brouage ¹, et qui de là debvoit passer en Gascongne pour faire la guerre au Roy mon mary. Mon frere s'en alloit avec l'aultre armée, de quoy il estoit chef, assieger Issoire et les aultres villes qu'il prinst en ce temps-là; moy en Flandres, accompagnée de madame la princesse de La Roche-sur-Yon, de madame de Tournon ² ma dame d'honneur, de madame de Mouy de Picardie ³, de madame la castellane de Milan, de madamoiselle d'Atrie ⁴, de madamoiselle de Tournon ⁵, et de sept ou huict aultres filles; et d'hommes, de monsieur le cardinal de Lenoncourt ⁶, de monsieur l'evesque de Langres ⁷, de

¹ Ville de la Saintonge, près de La Rochelle. Cette place fut rendue le 20 août 1577 au duc de Mayenne, après un siége de près de cinq mois.

² Claudine de La Tour-Turenne, femme de Just II, seigneur de Tournon, comte de Roussillon.

³ Catherine de Susannes, comtesse de Cerny, femme de Charles, marquis de Mouy, nommé ci-dessous.

⁴ Anne d'Aquaviva, dite d'Aragon, fille de Jean-François, duc d'Atri, au royaume de Naples, depuis mariée au comte de Châteauvilain. (CASTELNAU, t. I, p. 327.)

⁵ Hélène de Tournon, fille de Just II, seigneur de Tournon, et de Claudine de la Tour-Turenne.

⁶ Philippe de Lenoncourt, qu'on appelait à Rome *le beau chevalier français*, évêque d'Auxerre en 1560, et cardinal seulement en 1586.

⁷ Charles d'Escars, connu par son éloquence et par les discours qu'il prononça devant les ambassadeurs polonais à Metz, et devant le roi Henri III, à son retour de Pologne.

monsieur de Mouy, seigneur de Picardie [1], maintenant beau-pere d'un frere de la royne Louise, nommé le comte de Chaligny [2], de mon premier maistre d'hostel, de mes premiers escuyers, et aultres gentilshommes de ma maison. Cette compaignie pleust tant aux estrangers qui la virent, et la trouverent si leste, qu'ils en eurent la France en beaucoup plus d'admiration.

J'allois en une lictiere faite à pilliers doublez de velours incarnadin d'Espaigne, en broderie d'or et de soye nuée, à devise; cette litiere toute vitrée, et les vitres toutes faictes à devise, y ayant, ou à la doublure ou aux vitres, quarante devises toutes differentes, avec les mots en espaignol et italien, sur le soleil et ses effects. Laquelle estoit suivie de la litiere de madame de La Roche-sur-Yon, et de celle de madame de Tournon ma dame d'honneur, et de dix filles à cheval avec leur gouvernante, et de six carrosses ou chariots, où alloit le reste des dames et filles d'elles et de moy. Je passay par la Picardie, où les villes avoient commandement du Roy de me recepvoir selon que j'avois cet honneur de luy estre, qui, en passant, me firent tout l'honneur que j'eusse peu desirer.

Estant arrivée au Castelet, qui est un fort à trois lieues de la frontiere de Cambresys, l'evesque de Cam-

---

[1] Charles, marquis de Mouy, chevalier des ordres du Roi, châtelain héréditaire de Beauvais.

[2] Henri de Lorraine, comte de Chaligny, petit-fils d'Antoine, duc de Lorraine, et frère de Louise de Lorraine, femme de Henri III.

bray, qui estoit lors terre de l'Eglise et pays souverain, qui ne recognoissoit le roy d'Espaigne que pour protecteur, m'envoya un gentil-homme pour sçavoir l'heure à laquelle je partirois, pour venir au devant de moy jusques à l'entrée de ses terres, où je le trouvay tres-bien accompagné, mais de gens qui avoient les habits et l'apparence de vrais Flamands, comme ils sont fort grossiers en ce quartier-là. L'evesque estoit de la maison de Barlemont, une des principales de Flandres, mais qui avoit le cœur espaignol, comme ils ont monstré, ayants esté ceux qui ont le plus assisté dom Jean. Il ne laissa de me recepvoir avec beaucoup d'honneur, et non moins de ceremonies espagnoles. Je trouvay cette ville de Cambray, bien qu'elle ne soit bastie de si bonne estoffe, que les nostres de France, beaucoup plus agreable, pour y estre les rues et places beaucoup mieux proportionnées, et disposées comme elles sont, et les eglises tres-grandes et belles, ornement commun à toutes les villes de Flandres. Ce que je recognus en ceste ville d'estime et de remarque, fust la citadelle, des plus belles et des mieux achevées de la chrestienté; ce que depuis elle fit bien esprouver aux Espagnols, estant soubs l'obeissance de mon frere. Un honneste homme, nommé monsieur d'Ainsi[1], fils du comte de Frezin, en estoit lors gouverneur, lequel en grace, en apparence, et en toutes belles parties requises à un parfaict cavalier, n'en debvoit rien à nos plus parfaits courtisans, ne participant

---

[1] Baudouin de Gavre, sieur d'Inchy. (*Histoire de Cambray*, t. 1, p. 181.)

nullement de ceste naturelle rusticité qui semble estre propre aux Flamans. L'evesque nous fist festin, et nous donna apres soupper le plaisir du bal, où il fist venir toutes les dames de la ville; auquel ne se trouvant, et s'estant retiré soudain apres soupper, pour estre, comme j'ay dict, d'humeur cerimonieuse espagnole, monsieur d'Ainsi estant le plus apparent de sa trouppe, il le laissa pour m'entretenir durant le bal, et pour apres me mener à la collation de confitures, imprudemment, ce me semble, veu qu'il avoit la charge de la citadelle. J'en parle trop sçavante à mes despens, pour avoir plus appris que je n'en desirerois comme il se faut comporter à la garde d'une place forte [1].

La souvenance de mon frere ne me partant jamais de l'esprit, pour n'affectionner rien tant que luy, je me ressouvins lors des instructions qu'il m'avoit données, et voyant la belle occasion qui m'estoit offerte pour luy faire un bon service en son entreprise de Flandres, cette ville de Cambray et cette citadelle en estans comme la clef, je ne la laissay perdre, et employay tout ce que Dieu m'avoit donné d'esprit à rendre monsieur d'Ainsi affectionné à la France, et particulierement à mon frere. Dieu permit qu'il me reussit si bien que, se plaisant en mon discours, il

[1] Cette observation est d'une rare modestie. Marguerite savait à merveille comme il se faut comporter pour garder une place forte et même pour la prendre. La manière dont elle s'empara du château d'Usson, et dont elle s'y maintint pendant dix-neuf ans, fait beaucoup d'honneur à son habileté. ( Voyez BRANTÔME, *Dames illustres*, éloge de Marguerite.)

delibera de me voir le plus longtemps qu'il pourroit, et de m'accompagner tant que je serois en Flandres; et pour cet effect demanda congé à son maistre de venir avec moy jusques à Namur, où dom Jean d'Austriche m'attendoit, disant qu'il desiroit de voir les triomphes de cette reception. Ce Flament espagnolisé, fust neantmoins si mal advisé de le luy permettre. Pendant ce voyage, qui dura dix ou douze jours, il me parla le plus souvent qu'il pouvoit, monstrant ouvertement qu'il avoit le cœur tout françois, et qu'il ne respiroit que l'heur d'avoir un si brave prince que mon frere pour maistre et seigneur, mesprisant la subjection et domination de son evesque, qui, bien qu'il fust son souverain, n'estoit que gentil-homme comme luy, mais beaucoup son inferieur aux qualitez et graces de l'esprit et du corps.

Partant de Cambray, j'allay coucher à Valenciennes, terre de Flandres, où monsieur le comte de Lalain [1], monsieur de Montigny [2] son frere, et plusieurs aultres seigneurs et gentils-hommes jusques au nombre de deux ou trois cens vindrent au devant de moy pour me recepvoir au sortir des terres de Cambresys, jusques où l'evesque de Cambray m'avoit conduicte. Estant arrivée à Valenciennes, ville qui cede en force à Cambray, et non en l'ornement des belles places et belles eglises, où les fontaines et les horloges, avec industrie propre

[1] Philippe, comte de Lalain, baron d'Escornaix, grand-bailli de Hainaut.
[2] Emmanuel de Lalain, baron de Montigny, chevalier de la Toison d'Or, marié à Anne de Croy, marquise de Renty et de Chièvres.

aux Allemands, ne donnoient peu de merveille à nos François, ne leur estant commun de voir des horloges representer une agreable musique de voix, avec aultant de sortes de personnages que le petit chasteau que l'on alloit voir pour chose rare au faulxbourg Sainct-Germain. Monsieur le comte de Lalain, ceste ville estant de son gouvernement, fist festin aux seigneurs et gentils-hommes de ma trouppe, remettant à Mons à traicter les dames, où sa femme, sa belle-sœur madame d'Aurec[1], et toutes les plus apparentes et galantes dames de ce pays-là m'attendoient pour me recepvoir, où le comte et toute sa trouppe me conduisit le lendemain. Il se disoit estre parent du Roy mon mary, et estoit personne de grande authorité et de grands moyens, auquel la domination de l'Espaignol avoit tousjours esté odieuse, en estant tres-offensé depuis la mort du comte d'Egmont[2], qui luy estoit proche parent. Et bien qu'il eust maintenu son gouvernement sans estre entré en la ligue du prince d'Orange ny des huguenots, estant seigneur tres-catholique, il n'avoit neantmoins jamais voulu voir dom Jean, ny permettre que luy ny aulcun de la part de l'Espagnol entrast en son gouvernement; dom Jean ne l'ayant osé forcer de faire au contraire, craignant, s'il l'attaquoit, de faire joindre la ligue des catholiques de Flandre, que l'on nomme la ligue des Estats, à celle du prince d'Orange et des huguenots,

---

[1] Diane de Dompmartin, marquise d'Havrec ou d'Havré.

[2] Lamoral, comte d'Egmond, prince de Gavre, exécuté à Bruxelles le 4 juin 1568.

prevoyant bien que cela luy donneroit aultant de peine, comme depuis ceux qui ont esté pour le roy d'Espaigne l'ont esprouvé.

Le comte de Lalain estant tel, ne pouvoit assez faire de demonstration de l'aise qu'il avoit de me voir là ; et quand son prince naturel y eut esté, il ne l'eust peu recepvoir avec plus d'honneur et de demonstration de bien veuillance et d'affection. Arrivant à Mons à la maison du comte de Lalain, où il me fist loger, je trouvay à la cour la comtesse de Lalain[1], sa femme, avec bien quatre vingts ou cent dames du païs ou de la ville, de qui je fus receue, non comme princesse estrangere, mais comme si j'eusse esté leur naturelle dame, le naturel des Flamandes estant d'estre privées, familieres et joyeuses. La comtesse de Lalain tenant de ce naturel, mais ayant d'avantage un esprit grand et eslevé, de quoy elle ne ressembloit moins à vostre cousine que du visage et de la façon, cela me donna soudain asseurance qu'il me seroit aisé de faire amitié estroicte avec elle, ce qui pourroit apporter de l'utilité à l'avancement du dessein de mon frere, cette honneste femme possedant du tout son mary. Passant cette journée à entretenir toutes ces dames, je me rends principalement familiere de la comtesse de Lalain, et le jour mesme nous contractons une estroicte amitié.

L'heure du soupper venue, nous allons au festin et au bal, que le comte de Lalain continua tant que je

[1] Marguerite de Ligne, femme de Philippe, comte de Lalain.

fus à Mons; qui fut plus que je ne pensois, estimant debvoir partir des le lendemain. Mais cette honneste femme me contraingnist de passer une sepmaine avec eux, ce que je ne voulois faire, craingnant de les incommoder. Mais il ne me feust jamais possible de le persuader à son mary ny à elle, qui encore à toute force me laisserent partir au bout de huict jours. Vivant avec telle privauté avec elle, elle demeura à mon coucher fort tard, et y eust demeuré davantage, mais elle faisoit chose peu commune à personnes de telle qualité, qui toutesfois tesmoingne une nature accompagnée d'une grande bonté. Elle nourrissoit son petit fils de son lait; de sorte qu'estant le lendemain au festin, assise tout aupres de moy à la table, qui est le lieu où ceux de ce païs-là se communiquent avec plus de franchise, n'ayant l'esprit bandé qu'à mon but, qui n'estoit que d'advancer le dessein de mon frere, elle parée et toute couverte de pierreries et de broderies, avec une robille à l'espagnole de toile d'or noire, avec des bandes de broderie de canetille d'or et d'argent, et un pourpoint de toille d'argent blanche en broderie d'or, avec des gros boutons de diamant (habit approprié à l'office de nourrice), l'on luy apporta à la table son petit fils, emmaillotté aussi richement qu'estoit vestue la nourrice, pour luy donner à taicter. Elle le met entre nous deux sur la table, et librement se desboutonne, baillant son tetin à son petit, ce qui eust esté tenu à incivilité à quelque autre; mais elle le faisoit avec tant de grace et de naïfveté, comme toutes ses actions en estoient accompaignées, qu'elle en receust autant de louanges que la compagnie de plaisir.

Les tables levées, le bal commença en la salle mesme où nous estions, qui estoit grande et belle, où estants assises l'une aupres de l'aultre, je luy dis : qu'encore que le contentement que je recepvois lors en cette compagnie se peust mettre au nombre de ceux qui m'en avoient plus faict ressentir, que je souhaittois presque ne l'avoir point receu, pour le desplaisir que je recepvrois partant d'avec elle, et voyant que la fortune nous tiendroit pour jamais privez du plaisir de nous voir ensemble ; que je tenois pour un des malheurs de ma vie, que le ciel ne nous eust faict naistre elle et moy d'une mesme patrie : ce que je disois pour la faire entrer aux discours qui pouvoient servir au dessein de mon frere. Elle me respondit : « Ce païs a esté aultresfois de France, et à cette cause, l'on y plaide encor en françois, et cette affection naturelle n'est pas encore sortie du cœur de la pluspart de nous. Pour moy, je n'ay plus aultre chose en l'ame, depuis avoir eu cet honneur de vous voir. Ce païs a esté aultresfois tres-affectionné à la maison d'Austriche; mais cette affection nous a esté arrachée en la mort du comte d'Egmont, de monsieur de Horne [1], de monsieur de Montigny [2], et des aultres seigneurs qui furent lors desfaicts, qui estoient noz proches parens, et appartenans à la pluspart de la noblesse de ce pays. Nous n'avons rien de plus odieux que la domination

---

[1] Philippe de Montmorency, comte de Hornes, mort en 1566.
[2] Floris de Montmorency, baron de Montigny, mort en 1570.

de ces Espaignols, et ne souhaittons rien tant que de nous delivrer de leur tyrannie; et ne sçaurions toutesfois comme y proceder, pource que ce païs est divisé à cause des differentes religions. Que si nous estions tous biens unis, nous aurions bientost jetté l'Espagnol dehors; mais cette division nous rend trop foibles. Que pleust à Dieu qu'il prist envie au roy de France, vostre frere, de r'acquerir ce païs, qui est sien d'ancienneté! Nous luy tendrions tous les bras. »

Elle ne me disoit cecy à l'improviste, mais premeditement, pour trouver par mon moyen, du costé de la France, quelque remede à leurs maulx. Moy, me voyant le chemin ouvert à ce que je desirois, je luy respondis : « Le roy de France mon frere n'est d'humeur pour entreprendre des guerres estrangeres, mesmes ayant en son royaume le party des huguenots, qui est si fort, que cela l'empeschera tousjours de rien entreprendre dehors; mais mon frere, monsieur d'Alençon, qui ne doibt rien en valeur, prudence et bonté, aux roys mes pere et freres, entendroit bien à cette entreprise, et n'auroit moins de moiens que le roy de France mon frere de vous y secourir. Il est nourry aux armes, et estimé un des meilleurs cappitaines de nostre temps; estant mesme à cette heure commandant l'armée du Roy contre les huguenots, avec laquelle il a pris, depuis que je suis partie, sur eux, une tres-forte ville nommée Issoire[1], et quelques aultres. Vous ne sçauriez appeller prince de qui le

---

[1] Prise le mercredi 12 juin 1577. (LESTOILE, *Journal de Henri III.*)

secours vous soit plus utile, pour vous estre si voisin,
et avoir un si grand royaume que celuy de France à
sa devotion; duquel il peut tirer hommes et moyens,
et toutes commoditez necessaires à cette guerre. Et,
s'il recepvoit ce bon office de monsieur le comte vostre
mary, vous vous pouvez asseurer qu'il auroit telle
part à sa fortune qu'il voudroit : mon frere estant
d'un naturel doux, non ingrat, qui ne se plaist qu'à
recognoistre un service ou un bon office reçeu. Il honnore
et cherit les gens d'honneur et de valeur : aussi
est-il suivy de tout ce qui est de meilleur en France.
Je croys que l'on traictera bientost d'une paix en
France avec les huguenots, et qu'à mon retour en
France je la pourray trouver faicte; si monsieur le
comte vostre mary est en cecy de mesme opinion que
vous et de mesme volonté, qu'il advise s'il veult que
j'y dispose mon frere, et je m'asseure que ce païs, et
vostre maison en particulier, en recepvra toute felicité.
Que si mon frere s'establissoit par vostre moien
icy, vous pourriez croire que vous m'y reverriez souvent,
estant nostre amitié telle qu'il n'y en eust
jamais, de frere à sœur, si parfaicte. » Elle reçoit
avec beaucoup de contentement cette ouverture, et
me dit qu'elle ne m'avoit pas parlé de cette façon à
l'adventure; mais, voyant l'honneur que je luy faisois
de l'aimer, elle avoit bien resolu de ne me laisser partir
de là qu'elle ne me descouvrist l'estat auquel ils
estoient, et qu'ilz ne me requissent de leur apporter du
costé de France quelque remede, pour les affranchir
de la crainte où ilz vivoient, de se voir en une perpe-

tuelle guerre, ou reduicts sous la tyrannie espagnolle; me priant que je trouvasse bon qu'elle descouvrist à son mary tous les propos que nous avions eus, et qu'ilz m'en peussent parler le lendemain tous deux ensemble, ce que je trouvay tres-bon. Nous passasmes cette apres-disnée en tels discours, et en tous aultres que je pensois servir à ce dessein; à quoy je voiois qu'elle prenoit un fort grand plaisir.

Le bal estant finy, nous allasmes ouyr vespres aux chanoinesses, en leur eglise appelée Sainte-Vaudrud, qui est un ordre de filles de bonne maison, de quoy nous n'avons point en France. Ce sont toutes damoiselles, que l'on y met petites, pour faire profiter leur mariage jusques à ce qu'elles soient en aage de se marier. Elles ne logent pas en dortoirs, mais en maisons separées, toutesfois toutes dans un enclos, comme les chanoines; et en chaque maison il y en a trois ou quatre, cinq ou six jeunes avec une vieille, desquelles vieilles il y en a quelque nombre qui ne se marient point, ny aussy l'abbesse. Elles portent seulement l'habit de religion le matin, au service de l'eglise, et l'apres-disnée à vespres; et soudain que le service est faict, elles quictent l'habit, et s'habillent comme les aultres filles à marier, allants par les festins et par les bals librement comme les aultres : de sorte qu'elles s'habillent quatre fois le jour. Elles se trouverent tous les jours au festin et au bal, et y danserent d'ordinaire.

Il tardoit à la comtesse de Lalain que le soir ne fust venu, pour faire entendre à son mary le bon commencement qu'elle avoit donné à leurs affaires. Ce qu'ayant faict la nuict suivante, le lendemain elle m'amene son mary, qui, me faisant un grand discours des justes occasions qu'il avoit de desirer de s'affranchir de la tyrannie de l'Espaignol (en quoy il ne pensoit point entreprendre contre son prince naturel, sçachant que la souveraineté de Flandre appartenoit au roy de France), me represente les moiens qu'il avoit d'establir mon frere en Flandre, ayant tout le Haynault à sa devotion, qui s'estendoit jusques bien pres de Bruxelles. Il n'estoit en peine que du Cambresis, qui estoit entre la Flandre et le Haynault, me disoit qu'il seroit bon de gaigner monsieur d'Inchy, qui estoit encore là avec moy. Je ne luy voulus descouvrir la parole que j'en avois; mais luy dis que je le priois luy-mesme de s'y emploier, ce qu'il pourroit mieux faire que moy, estant son voisin et amy; et lui ayant asseuré de l'estat qu'il pouvoit faire de l'amitié et bienvueillance de mon frere, à la fortune duquel il participeroit aultant de grandeur et d'auctorité, que meritoit un si grand et si signalé service reçeu de personne de sa qualité, nous resolusmes qu'à mon retour je m'arresterois chez moy, à La Fere, où mon frere viendroit, et que là monsieur de Montigny, frere du comte de Lalain, viendroit traicter avec mon frere de cette affaire.

Pendant que je fus là, je le confirmay et fortifiay tousjours en cette volonté, à quoy sa femme apportoit non moins d'affection que moy. Et le jour venu qu'il me falloit partir de cette belle compagnie de Mons, ce ne fust sans reciproque regret, et de toutes ces dames flamandes et de moy, et sur tout de la comtesse de Lalain, pour l'amitié tres-grande qu'elle m'avoit vouée; et me fit promettre qu'à mon retour je passerois par là. Je luy donnay un carquan de pierreries, et à son mary, un cordon et enseigne de pierreries, qui furent estimez de grande valeur, mais beaucoup cheris d'eux, pour partir de la main d'une personne qu'ilz aimoient comme moy. Toutes les dames demeurerent là, fors madame de Havrech, qui vint à Namur, où j'allois coucher ce jour-là, où son mary et son beau-frere, monsieur le duc d'Arscot[1], estoient : y ayants tousjours demeuré depuis la paix entre le roy d'Espaigne et les estats de Flandre; car bien qu'ilz feussent du party des estats, estant le duc d'Arscot un vieil courtisan, des plus galands qui fussent de la cour du roy Philippe, du temps qu'il estoit en Flandre et en Angleterre, se plaisoit tousjours à la cour aupres des grands.

Le comte de Lalain, avec toute la noblesse, me conduisit le plus avant qu'il peust, bien deux lieues hors de son gouvernement, et jusques à tant que l'on vit paroistre la trouppe de dom Juan. Lors il print congé de moy, pour ce, comme j'ay dit, qu'ilz ne se voyoient point. Monsieur d'Inchy seulement vinst avec moy, pour estre son maistre, l'evesque de Cambray, du party d'Espaigne. Cette belle et grande troupe s'en estant retournée, ayant faict peu de chemin, je trouvay dom Juan d'Austriche accompagné de force estaffiers, mais

---

[1] Philippe III, sire de Croy, duc d'Arschot, prince de Chimay, etc., né en 1526, et mort en 1595.

seulement de vingt ou trente chevaulx, ayant avec luy de seigneurs : le duc d'Arscot, monsieur d'Havrech [1], le marquis de Varembon [2], et le jeune Balançon [3], gouverneur pour le roy d'Espagne du comté de Bourgongne, qui, galands et honnestes hommes, estoient venus en poste pour se trouver là à mon passage. Des domestiques de dom Juan, n'y en avoit de nom ny d'apparence qu'un Ludovic de Gonzague, qui se disoit parent du duc de Mantoue [4]. Le reste estoit de petites gens de mauvaise mine, n'y ayant nulle noblesse de Flandre. Il mit pied à terre pour me saluer dans ma littiere, qui estoit relevée et toute ouverte : je le saluay à la françoise, luy, le duc d'Arscot, et monsieur d'Havrech. Apres quelques honnestes paroles, il remonta à cheval, parlant tousjours à moy jusques à la ville, où nous ne peusmes arriver qu'il ne feust soir, pour ne m'avoir les dames de Mons permis de partir que le plus tard qu'elles peurent; mesmes m'ayants amusée dans ma littiere plus d'une heure à la considerer, prenants un extreme plaisir à se faire donner l'intelligence des devises. L'ordre toutesfois fust si beau à Namur (comme les Espagnols sont excellens en cela), et la ville si esclairée, que les fenestres et boutiques estans pleines de lumieres, l'on voioit luire un nouveau jour.

[1] Charles-Philippe de Croy, marquis d'Havrech, fils de Philippe II, sire de Croy, duc d'Arschot.

[2] Marc de Rye, marquis de Varembon, qui fut plus tard chevalier de la Toison d'Or et gouverneur général d'Artois.

[3] Philibert de Rye, comte de Varaix, baron de Balançon.

[4] C'est peut-être Ludovic de Gonzague, surnommé *le Rodomont*, seigneur de Sabionetta.

Ce soir dom Juan fist servir et moy et mes gens dans les logis et les chambres, estimant qu'apres une longue journée il n'estoit raisonnable de nous incommoder d'aller à un festin. La maison où il me logea estoit accommodée pour me recepvoir; où l'on avoit trouvé moien d'y faire une belle et grande salle, et un appartement pour moy de chambres et de cabinets, le tout tendu des plus beaux, riches et superbes meubles que je pense jamais avoir veu : estants toutes les tapisseries de velours ou de satin, avec des grosses colomnes faictes de toiles d'argent, couvertes de broderies de gros cordons et de godrons de broderies d'or, relevez de la plus riche et belle façon qui se peut voir; et, au milieu de ces colomnes, de grands personnages habillez à l'antique, et faicts de la mesme broderie. Monsieur le cardinal de Lenoncourt, qui avoit l'esprit curieux et delicat, s'estant rendu familier du duc d'Arscot, vieil courtisan, comme j'ay dict, d'humeur gallante et belle, tout l'honneur certes de la trouppe de dom Juan, considerant, un jour que nous fusmes là, ces magnificences et superbes meubles, luy dict : « Ces meubles me semblent plustost d'un grand roy, que d'un jeune prince à marier tel qu'est le seigneur dom Juan. » Le duc d'Arscot luy respondit : « Ils ont esté faicts aussi de fortune, non de prevoiance ny d'abondance, les estoffes luy en ayant esté envoiées par un bascha du grand seigneur, duquel, en la notable victoire qu'il eust contre le Turc[1], il avoit eu pour prisonniers les enfans; et le seigneur

---

[1] Allusion à la célèbre bataille de Lépante, livrée en 1571.

dom Juan luy ayant faict courtoisie de les luy renvoier sans rançon, le bascha, pour revenge, luy fist present d'un grand nombre d'estoffes de soye, d'or, et d'argent, qui luy arrivant, estant à Milan, où l'on approprie mieux telle chose, il en fist faire les tapisseries que vous voyez; et pour la souvenance de la glorieuse façon de quoy il les avoit acquises, il fist faire le lict et la tente de la chambre de la Royne en broderie des batailles navalles, représentans la glorieuse victoire de la bataille qu'il avoit gaignée sur les Turcs. »

Le matin estant venu, dom Juan nous fist ouyr une messe à la façon d'Espaigne, avec musicque, violons et cornets; et allans de là au festin de la grande salle, nous disnasmes luy et moy seuls en une table : la table du festin où estoient les dames et seigneurs esloingnée trois pas de la nostre, où madame de Havrech faisoit l'honneur de la maison pour dom Juan; luy se faisant donner à boire, à genoux, par Ludovic de Gonzague. Les tables levées, le bal commença, qui dura toute l'apres-dinée. Le soir se passe de cette façon, dom Juan parlant tousjours à moy, et me disant souvent qu'il voioit en moy la ressemblance de la Royne sa signora [1], qui estoit la feue Royne ma sœur, qu'il avoit beaucoup honorée, me tesmoingnant, par tout l'honneur et courtoisie qu'il pouvoit faire à moy et à toute ma trouppe, qu'il recepvoit très-grand plaisir de me voir là [2]. Les

---

[1] Élisabeth, fille de Henri II, née en 1545, troisième femme de Philippe II, roi d'Espagne, morte le 3 octobre 1568.

[2] Ce n'était pas la première fois que le vainqueur de Lépante

batteaux où je debvois aller par la riviere de Meuse jusques à Liege ne pouvants estre si-tost prests, je fus contrainte de sejourner le lendemain, où, ayants passé toute la matinée comme le jour de devant, l'apres-disnée nous mettants dans un tres-beau batteau, sur la riviere, environné d'aultres batteaux pleins de haults-bois, cornets et violons, nous abordasmes en une isle, où dom Juan avoit faict apprester le festin, dans une belle salle faicte expres de lierre, accommodée de cabinets autour remplis de musicque et haults-bois et autres instruments, qui dura tout le long du soupper. Les tables levées, le bal ayant duré quelques heures, nous nous en retournasmes dans le mesme batteau qui nous avoit conduict jusques-là, et lequel dom Juan m'avoit faict preparer pour mon voiage.

Le matin voulant partir, dom Juan m'accompagne jusques dans le batteau, et, apres un honneste et courtois à Dieu, il me baille pour m'accompaigner jusques à Huy, où j'allois coucher, premiere ville de la terre de l'evesque de Liege, monsieur et madame d'Havrech. Dom Juan sorty, monsieur d'Inchy, qui demeura là le dernier dans le batteau, et n'avoit congé de son maistre

---

voyait la reine de Navarre. L'année précédente, il avait passé par la France en se rendant de Milan en Flandre, pour prendre le gouvernement de cette province. Il avait paru à la cour, dans une de ces fêtes que la Reine mère aimait tant; mais, à son grand regret, il y avait paru incognito et travesti en maure. Il avait admiré la rare beauté de Marguerite, qu'il mettait au-dessus de celle des Italiennes et des Espagnoles, ajoutant que, « combien que la beauté de cette Reine fût plus divine qu'humaine, elle était plus pour perdre et damner les hommes que pour les sauver. » (BRANTÔME, *Éloge de Marguerite de France.*)

de me conduire plus loing, prend congé de moy avec aultant de regrets que de protestations d'estre à jamais serviteur de mon frere et de moy.

La fortune envieuse et traistre ne pouvant supporter la gloire d'une si heureuse fortune qui m'avoit accompaignée jusques-là en ce voiage, me donne deux sinistres augures des traverses, que, pour contenter son envie, elle me preparoit à mon retour : dont le premier fust que, soudain que le batteau commença à s'esloingner du bord, madamoiselle de Tournon, fille de madame de Tournon, ma dame d'honneur, damoiselle tres-vertueuse, et accompagnée des graces que j'aymois fort, prend un mal si estrange, que tout soudain il la met aux haults cris pour la violente douleur qu'elle ressentoit, qui provenoit d'un serrement de cœur, qui fust tel, que les medecins n'eurent jamais moien d'empescher que, peu de jours apres que je fus arrivée à Liege, la mort ne la ravist. J'en diray la funeste histoire en son lieu, pour estre remarquable. L'aultre est, qu'arrivant à Huy, ville située sur le pendant d'une montaigne, dont les plus bas logis mouilloient le pied dans l'eaue, il s'esmeut un torrent si impetueux, descendant des ravages d'eaues de la montaigne en la riviere, que la grossissant tout d'un coup, comme nostre batteau abordoit, nous n'eusmes presque loisir de sauter à terre, et courants tant que nous peusmes pour gaingner le hault de la montaigne, que la riviere ne fust aussytost que nous à la plus haute rue, aupres de mon logis qui estoit le plus hault ; où il nous fallut contenter ce soir là de ce que le maistre de la maison pouvoit avoir, n'ayant moyen de pouvoir tirer des batteaux ny mes gens, ny mes hardes, ny moins d'aller par la ville, qui estoit comme submergée dans ce deluge, duquel elle ne fust avec moins de merveille delivrée que saisie; car, au poinct du jour, l'eaue estoit toute retirée et remise en son lieu naturel.

Partant de là, monsieur et madame d'Havrech s'en retournerent à Namur trouver dom Juan; et moy, je me remis dans mon batteau pour aller ce jour là coucher à Liege, où l'evesque [1], qui en est seigneur souverain, me receust avec tout l'honneur et demonstration de bonne volonté, qu'une personne courtoise et bien affectionnée peut tesmoingner. C'estoit un seigneur accompaigné de beaucoup de vertus, de prudence, de bonté, et qui parloit bien françois; agreable de sa personne, honnorable, magnificque et de compagnie fort agreable; accompagné d'un chapitre et plusieurs chanoines, tous fils de ducs, comtes, ou grands seigneurs d'Allemaigne, pour ce que cet evesché, qui est un estat souverain de grand revenu, d'assez grande estendue, remply de beaucoup de bonnes villes, s'obtient par election, et fault qu'ilz demeurent un an residants, et qu'ilz soient nobles pour y estre receus chanoines. La ville est plus grande que Lion, et est presque en mesme assiete, la riviere de Meuse passant au milieu; tres-bien bastie, n'y ayant maison de chanoine qui ne paroisse un beau palais; les rues grandes et larges; les places belles, accompagnées de tres-belles fontaines;

---

[1] Gérard de Groesbek, évêque de Liége en 1564, créé cardinal en 1578, mort en 1584.

les eglises ornées de tant de marbre (qui se tire près de là), qu'elles en paroissent toutes; les horologes faictes avec l'industrie d'Allemaigne, chantans et representans toute sorte de musique et de personnages. L'evesque m'ayant receue sortant de mon batteau, me conduisit en son plus beau palais, tres-magnifique, d'où il s'estoit delogé pour me loger; qui est, pour une maison de ville, le plus beau et le plus commode qui se puisse voir, accompaigné de tres-belles fontaines, et de plusieurs jardins et galleries; le tout tant peinct que doré, accommodé avec tant de marbre, qu'il n'y a rien de plus magnifique et plus delicieux.

Les eaues de Spa n'estants qu'à trois ou quatre lieues de là, n'y ayant aupres qu'un petit village de trois ou quatre meschantes petites maisons, madame la princesse de La Roche-sur-Yon fust conseillée par les medecins de demeurer à Liege, et d'y faire apporter son eaue, l'asseurant qu'elle auroit aultant de force et de vertu estant portée la nuict, avant que le soleil fust levé. De quoy je fus fort ayse, pour faire nostre sejour en lieu plus commode et en si bonne compagnie; car oultre celle de Sa Grace (ainsy appelle-t-on l'evesque de Liége, comme on appelle un roy Sa Majesté, et un prince Son Altesse), le bruit ayant couru que je passois par là, plusieurs seigneurs et dames d'Allemaigne y estoient venus pour me voir, et entre aultres madame la comtesse d'Aremberg [1] (qui est celle qui avoit eu l'hon-

---

[1] Marguerite de La Marck, veuve de Jean de Ligne, comtesse souveraine d'Aremberg.

neur de conduire la royne Elizabeth [1] à ses nopces à Mezieres, lors qu'elle vint espouser le roy Charles mon frere, et ma sœur aisnée au roy d'Espaigne son mary), femme qui estoit tenue en grande estime de l'imperatrice, de l'empereur, et de tous les princes chrestiens; sa sœur madame la Lantgravine [2], madame d'Aremberg sa fille [3], monsieur le comte d'Aremberg son filz [4], tres-honneste et gallant homme, vive image de son pere, qui amenant le secours d'Espaigne au roy Charles mon frere, s'en retourna avec beaucoup d'honneur et de reputation.

Cette arrivée, toute pleine d'honneur et de joye, eust esté encor plus agreable, sans le malheur qui arriva de la mort de madamoiselle de Tournon; de qui l'histoire estant si remarquable, je ne puis obmettre à la raconter, faisant cette digression à mon discours. Madame de Tournon, qui estoit lors ma dame d'honneur, avoit plusieurs filles, desquelles l'aisnée [5] avoit espousé monsieur de Balançon, gouverneur pour le Roy d'Espaigne au comté de Bourgongne; et s'en allant à son mesnage, pria sa mere, madame de Tournon, de luy bailler sa sœur, madamoiselle de Tournon, pour la nourrir avec elle, et luy tenir compagnie en ce païs, où elle estoit esloingnée de tous ses parens. Sa

[1] Élisabeth d'Autriche, qui épousa, en 1570, le roi Charles IX.
[2] Mahaud de La Marck, femme de Louis-Henri, landgrave de Leuchtemberg.
[3] Anne de Croy, duchesse d'Arschot, femme de Charles de Ligne.
[4] Charles de Ligne, comte d'Aremberg, mort en 1616.
[5] Claude de Tournon.

mere luy accorde; et y ayant demeuré quelques années en se faisant agreable et aimable (car elle l'estoit plus que belle, sa principale beauté estant la vertu et la grace), monsieur le marquis de Varembon, de qui j'ay parlé cy-devant, lequel estoit lors destiné à estre d'eglise, demeurant avec son frere monsieur de Balançon en mesme maison, devint, par l'ordinaire frequentation qu'il avoit avec madamoiselle de Tournon, fort amoureux d'elle; et, n'estant point obligé à l'eglise, il desire l'espouser. Il en parle aux parens d'elle et de luy. Ceux du costé d'elle le trouverent bon; mais son frere monsieur de Balançon, estimant plus utile qu'il fust d'eglise, faict tant qu'il empesche cela, s'opiniastrant à luy faire prendre la robbe longue. Madame de Tournon, tres-sage et tres-prudente femme, s'offensant de cela, osta sa fille, madamoiselle de Tournon, d'avec sa sœur madame de Balançon, et la reprend avec elle; et, comme elle estoit femme un peu terrible et rude, sans avoir esgard que cette fille estoit grande et meritoit un plus doux traictement, elle la gourmande et crie sans cesse, ne luy laissant presque jamais l'œil sec, bien qu'elle ne fist nulle action qui ne fut tres-louable; mais c'estoit la severité naturelle de sa mere. Elle, ne souhaittant que de se voir hors de cette tyrannie, receust une extreme joye quand elle vid que j'allois en Flandres, pensant bien que le marquis de Varembon s'y trouveroit, comme il fist, et qu'estant lors en estat de se marier, ayant du tout quicté la robbe longue, il la demanderoit à sa mere, et que par le moien de ce mariage elle se trouveroit delivrée des rigueurs de sa mere. A Namur, le marquis de Varembon et le jeune Balançon son frere s'y trouverent, comme j'ay dit. Le jeune de Balançon, qui n'estoit pas de beaucoup si agreable que l'aultre, acoste cette fille, la recherche; et le marquis de Varembon, tant que nous fusmes à Namur, ne faict pas seulement semblant de la congnoistre. Le despit, le regret, l'ennuy luy serre tellement le cœur (elle s'estant contrainte de faire bonne mine tant qu'il fust present, sans monstrer s'en soucier), que, soudain qu'ilz furent hors du batteau où il nous dirent à Dieu, elle se trouve tellement saisie, qu'elle ne peust plus respirer qu'en criant et avec des douleurs mortelles. N'ayant nulle aultre cause de son mal, la jeunesse combat huict ou dix jours la mort, qui, armée de despit, se rend enfin victorieuse, la ravissant à sa mere et à moy, qui n'en fismes moins de deuil l'une que l'aultre; car sa mere, bien qu'elle fust fort rude, l'aymoit uniquement.

Ses funerailles estans commandées les plus honnorables qu'il se pouvoit faire, pour estre de grande maison comme elle estoit, mesme appartenant à la Royne ma mere; le jour venu de son enterrement, l'on ordonne quatre gentils-hommes des miens, pour porter le corps; l'un desquels estoit la Boessiere[1], qui l'avoit durant sa vie passionnément adorée sans le luy avoir osé descouvrir, pour la vertu qu'il congnoissoit en elle et pour l'inegalité; qui lors alloit portant ce mortel faix, et mourant autant de fois de sa mort, qu'il estoit mort de son amour. Ce funeste convoy estant au

[1] Bussière.

milieu de la rue qui alloit à la grande eglise, le marquis de Varembon, coupable de ce triste accident, quelques jours apres mon partement de Namur, s'estant repenty de sa cruauté, et son ancienne flame s'estant de nouveau rallumée (ô estrange faict!) par l'absence, qui, par la presence, n'avoit peu estre esmeue, se resoult de la venir demander à sa mere; se confiant, que je crois, en la bonne fortune qui l'accompaigne d'estre aymé de toutes celles qu'il recherche, comme il a paru depuis peu en une grande [1], qu'il a espousée contre la volonté de ses parents; et se promettant que sa faute luy seroit aisement pardonnée de sa maistresse, repetant souvent ces mots italiens en soy-mesme: *Che la forza d'amore non risguarda al delitto,* prie dom Juan luy donner une commission vers moy, et venant en diligence, il arrive justement sur le poinct que ce corps, aussi malheureux qu'innocent et glorieux en sa virginité, estoit au milieu de cette rue. La presse de cette pompe l'empesche de passer. Il regarde que c'est. Il advise de loin, au milieu d'une grande et triste trouppe de personnes en deuil, drap blanc couvert de chappeaux de fleurs. Il demande que c'est : quelqu'un de la ville luy respond que c'estoit un enterrement. Luy, trop curieux, s'advance jusques aux premiers du convoy, et importunement les presse du luy dire de qui c'est. O mortelle response! L'amour, ainsi vengeur de l'ingrate inconstance, veut faire esprouver à son ame, ce que par son desdaigneux oubly il a faict souffrir au corps de

[1] Dorothée, fille de François, duc de Lorraine, veuve d'Éric, duc de Brunswick, mort sans enfans en 1584.

sa maistresse, les traits de la mort. Cet ignorant, qu'il pressoit, lui respond que c'estoit madamoiselle de Tournon. A ce mot, il se pasme et tombe de cheval. Il le fault emporter en un logis comme mort, voulant plus justement, en cette extremité, luy rendre union en la mort, que trop tard en la vie il luy avoit accordée. Son ame, que je crois, allant dans le tombeau requerir pardon à celle que son desdaigneux oubly y avoit mise, le laissa quelque temps sans aulcune apparence de vie; d'où estant revenu, l'anima de nouveau pour luy faire esprouver la mort qui, d'une seule fois, n'eust assez puny son ingratitude.

Ce triste office estant achevé, me voyant en une compagnie estrangere, je ne voulois l'ennuyer de la tristesse que je ressentois de la perte d'une si honneste fille; et estant conviée ou par l'evesque (dit Sa Grace), ou par ses chanoines d'aller en festin en diverses maisons et divers jardins (comme il y en a dans la ville et dehors de tres-beaux), j'y allay tous les jours, accompagnée de l'evesque et de dames et seigneurs estrangers, comme j'ay dict; lesquels venoient tous les matins en ma chambre, pour m'accompagner au jardin, où j'allois pour prendre mon eaue; car il faut la prendre en pourmenant. Et bien que le medecin qui me l'avoit ordonnée estoit mon frere, elle ne laissa toutesfois de me faire bien, ayant depuis demeuré six ou sept ans sans me sentir de l'eresipele de mon bras. Partant de là, nous passions la journée ensemble, allants disner à quelque festin, ou, apres le bal, nous allions à vespres en quelque religion; et l'apres-soupper se passoit de mesme au bal ou dessus l'eau, avec musique. Six sepmaines s'escoulerent de la façon, qui est le temps ordinaire que l'on a accoustumé de prendre des eaues, et qui estoit ordonné à madame la princesse de La Roche-sur-Yon.

Voulant partir pour retourner en France, madame d'Havrech arriva, qui s'en alloit retrouver son mary en Lorraine, qui nous dist l'estrange changement qui estoit advenu à Namur et en tout ce pays-là, depuis mon passage; que le jour mesme que je partis de Namur, dom Juan, sortant de mon batteau et montant à cheval, prenant pretexte de vouloir aller à la chasse, passa devant la porte du chasteau de Namur, lequel il ne tenoit encore; et feingnant par occasion, s'estant trouvé devant la porte, de vouloir entrer pour le voir, s'en estoit saisy, et en avoit tiré le cappitaine que les Estats y tenoient, contre la convention qu'il avoit avec les Estats, et oultre ce s'estoit saisi du duc d'Arscot, de monsieur d'Havrech et d'elle; que toutesfois, apres plusieurs remonstrances et prieres, il avoit laissé aller son beau frere et son mary, la retenant, elle, jusques alors pour luy servir d'ostage de leurs deportements; que tout le païs estoit en feu et en armes. Il y avoit trois partis : celuy des Estats, qui estoient des catholiques de Flandre; celuy du prince d'Orange et des huguenots, qui n'estoient qu'un, et celuy d'Espaigne, où commandoit dom Juan. Me voyant tellement embarquée qu'il falloit que je passasse entre les mains des uns et des aultres, et mon frere m'ayant envoyé un gentil-homme nommé Lescar, par lequel il m'escripvoit que, depuis mon partement de la cour, Dieu luy avoit faict la grace de si bien servir le Roy en sa charge de l'armée qui luy avoit esté commise, qu'il avoit pris toutes les villes qu'il luy avoit commandé d'attaquer, et chassé tous les huguenots de toutes les provinces pour lesquelles son armée estoit destinée; qu'il estoit revenu à la cour à Poictiers, où le Roy estoit pendant le siege de Brouage, pour estre plus pres pour secourir l'armée de monsieur de Mayenne de ce qui lui seroit necessaire; que comme la cour est un Prothée qui change de forme à toute heure, y arrivant tous les jours des nouvelletez, qu'il l'avoit trouvée toute changée; que l'on avoit faict si peu d'estat de luy que s'il n'eust rien faict pour le service du Roy; que Bussy, à qui le Roy faisoit bonne chere avant que partir, et qui avoit servy le Roy en cette guerre de sa personne et de ses amis, jusques à y avoir perdu son frere à l'assault d'Issoire, estoit aussy desfavorisé et persecuté de l'envie qu'il avoit esté du temps du Guast; que l'on leur faisoit tous les jours, à l'un et à l'aultre, des indignitez; que les mignons [1], qui estoient aupres du Roy, avoient

---

[1] Ce fut en 1576, dit Lestoile, que « le nom de mignons commença à trotter par la bouche du peuple, auquel ils estoient fort odieux, tant pour leurs façons de faire, qui estoient badines et hautaines, que pour leurs fards et accoustremens effeminés et impudiques, mais surtout pour les dons immenses et liberalités que leur faisoit le Roy..... Ces beaux mignons portoient leurs cheveux ongués, frisés et refrisés par artifices, remontans par dessus leurs petis bonnets de velours......, et leurs fraises de chemises de toiles d'atour empezées et longues de demi-pied, de façon qu'à voir leur teste dessus leur fraize, il sembloit que ce fust le chef saint Jean dans un plat.... Leurs exercices estoient de jouer, blasphemer, sauter, danser, volter, quereller et

faict praticquer quatre ou cinq des plus honnestes hommes qu'il eust, qui estoient Maugiron [1], La Valette [2], Mauleon [3], Livarrot, et quelques autres, pour quicter son service et se mettre à celuy du Roy; qu'il avoit sçeu de bon lieu que le Roy se repentoit fort de m'avoir permis de faire ce voyage de Flandres, et que l'on taschoit, à mon retour, de me faire faire quelque mauvais tour, en haine de luy, ou par les Espagnols (les ayant advertis de ce que je traictois en Flandre pour luy), ou par les huguenots, pour se venger du mal qu'ils avoient reçeu de luy, leur ayant faict la guerre apres l'avoir assisté.

Tout ce que dessus consideré ne me donnoit peu à penser, voyant que non pas seulement il falloit que je passasse ou entre les uns ou entre les aultres, mais que mesmes les principaux de ma compagnie estoient affectionnez ou aux Espagnols ou aux huguenots, monsieur le cardinal de Lenoncourt ayant aultrefois esté soubsçonné de favoriser le party des huguenots; et monsieur d'Escarts [4], duquel monsieur l'evesque de Lisieux [5] estoit frere, ayant aussi esté quelquefois suspect d'avoir le cœur espagnol. En ces doubtes pleins de contrarietez, je ne m'en peus communiquer qu'à madame la princesse de La Roche-sur-Yon et à madame de

---

paillarder, et suivre le Roy partout et en toutes compagnies, ne faire, ne dire rien que pour lui plaire, etc. » (*Journal de Henri III*, 1576.)

[1] Louis de Maugiron, fils de Laurent de Maugiron, baron d'Ampuis, lieutenant général en Dauphiné.

[2] Jean-Louis de Nogaret, de La Valette, duc d'Épernon en 1581.

[3] Giraud de Mauléon, seigneur de Gourdan, mort en 1593.

[4] Jacques de Pérusse, seigneur d'Escars, Juillac et Ségur.

[5] Anne d'Escars, évêque de Lisieux, cardinal de Givry.

Tournon, qui, congnoissans le danger où nous estions, et voyans qu'il nous falloit faire cinq ou six journées jusques à la Fere, passant tousjours à la misericorde des uns ou des aultres, me respondent la larme à l'œil : que Dieu seul nous pouvoit sauver de ce danger ; que je me recommandasse bien à luy, et puis que je fisse ce qu'il m'inspireroit ; que pour elles, qu'encore que l'une fust malade et l'aultre vieille, que je ne craingnisse à faire de longues traictes ; elles s'accommoderoient à tout pour me tirer de ce hazard. J'en parlay à l'evesque de Liege, qui me servit certes de pere, et me bailla son grand maistre avec ses chevaulx, pour me conduire si loing que je voudrois. Et comme il nous estoit necessaire d'avoir un passeport du prince d'Orange, j'y envoiay Montdoucet, qui luy estoit confident, et se sentoit un peu de cette religion. Il ne revient point : je l'attends deux ou trois jours, et croys que, si je l'eusse attendu, j'y fusse encore. Estant tousjours conseillée de monsieur le cardinal de Lenoncourt et du chevalier Salviati[1], mon premier escuyer, qui estoient d'une mesme caballe, de ne partir point sans avoir passeport, je me doubtay qu'au lieu de passeport, on me dresseroit quelque aultre chose de bien contraire. Je me resolus de partir le lendemain matin. Eux voyans que, sur ce pretexte, ils ne me pouvoient plus arrester ; le chevalier Salviati, intelligent avec mon tresorier, qui estoit aussi couvertement huguenot, luy faict dire qu'il n'avoit poinct d'argent pour payer les hostes ( chose qui estoit

[1] François Salviati, grand-maître de l'ordre de Saint-Lazare, chef du conseil de la reine de Navarre, son premier écuyer, et chambellan du duc d'Anjou.

entierement faulse; car estant arrivée à La Fere, je voulus voir le compte, et se trouva de l'argent, que l'on avoit pris pour faire le voiage, de reste encore pour faire aller ma maison plus de six sepmaines), et faict que l'on retint mes chevaux, me faisant avec le danger cet affront public. Madame la princesse de La Roche-sur-Yon, ne pouvant supporter cette indignité, et voyant le hazard où l'on me mettoit, preste l'argent qui estoit necessaire; et eux demeurans confus, je passe, apres avoir faict present à monsieur l'evesque de Liege d'un diamant de trois mille escus, et à tous ses serviteurs de chaisnes d'or ou de bagues, et vins coucher à Huy, n'ayant pour passeport que l'esperance que j'avois en Dieu.

Cette ville estoit, comme j'ay dict, des terres de l'evesque de Liege, mais toutesfois, tumultueuse et mutine (comme tous ces peuples-là se sentoient de la revolte generale des Pays-Bas), ne recognoissoit plus son evesque, à cause qu'il vivoit neutre, et elle tenoit le party des Estats. De sorte que, sans recognoistre le grand maistre de l'evesque de Liege, qui estoit avec moi, ayans l'allarme que dom Juan s'estoit saisy du chasteau de Namur sur mon passage, soudain que nous fusmes logez, ils commencent à sonner le tocsin et traisner l'artillerie par les rues, et la bracquer contre mon logis; tendans les chaisnes, afin que nous ne pussions joindre ensemble, nous tenant toute la nuict en ces alteres, sans avoir moyen de parler à aulcun d'eulx, estant tout petit peuple, gens brutaulx et sans raison. Le matin ils nous laisserent sortir, ayants bordé toute la rue de gens armez. Nous allasmes de là coucher à Dinan, où par malheur ils avoient faict, ce jour mesme, les bourguemaistres, qui sont comme consuls en Gascongne et eschevins en France. Tout y estoit ce jour-là en desbauche; tout le monde yvre; poinct de magistrats cogneus; bref un vray chaos de confusion. Et pour y empirer d'avantage nostre condition, le grand maistre de l'evesque de Liege leur avoit faict aultresfois la guerre, et estoit tenu d'eulx pour mortel ennemy.

Cette ville, quand ils sont en leurs sens rassis, tenoit pour les Estats; mais lors, Bacchus y dominant, ils ne tenoient pas seulement pour eulx-mesmes et ne congnoissoient personne. Soudain qu'ils nous voyent approcher les faubourgs, avec une trouppe grande comme estoit la mienne, les voilà allarmez. Ils quictent les verres pour courir aux armes, et tout en tumulte, au lieu de nous ouvrir, ils ferment la barriere. J'avois envoyé un gentil-homme devant, avec les fourriers et mareschal des logis, pour les prier de nous donner passage; mais je les trouvay tous arrestez là, qui crioient sans pouvoir estre entendus. Enfin je me leve debout dans ma lictiere, et, ostant mon masque [1], je fais signe au plus apparent que je veux parler à luy; et estant venu à moy, je le priay de faire faire silence, afin que je peusse estre entendue. Ce qu'estant faict avec toute peine, je leur represente qui j'estois, et l'occasion de mon voyage; que tant s'en faut que je

---

[1] On sait qu'au temps de Louis XIV, les femmes portaient encore des masques à la campagne et même à la ville, pour préserver leur teint du hâle.

leur voulusse apporter du mal par ma venue, que je ne leur vouldrois pas seulement donner de soubçon; que je les priois de me laisser entrer, moy et mes femmes et si peu de mes gens, dans la ville, qu'ils vouldroient pour cette nuict, et que le reste ils le laissassent dans le faubourg. Ils se contentent de cette proposition, et me l'accordent.

Ainsy j'entray dans leur ville avec les plus apparents de ma trouppe, du nombre desquels fust le grand maistre de l'evesque de Liege; qui, par malheur, fust recongneu comme j'entrois en mon logis, accompagnée de tout ce peuple yvre et armé. Lors commencent à luy crier injures et à vouloir charger ce bon homme, qui estoit un vieillard venerable de quatre-vingts ans, ayant la barbe blanche jusques à la ceinture. Je le fis entrer dedans mon logis, où ces yvrongnes faisoient pleuvoir les harquebusades contre les murailles, qui n'estoient que de terre. Voyant ce tumulte, je demande si l'hoste de la maison n'estoit point là-dedans. Il s'y trouve de bonne fortune. Je le prie qu'il se mette à la fenestre, et qu'il me fasse parler aux plus apparents, ce qu'à toute peine il veut faire. Enfin ayant assez crié par les fenestres, les bourguemaistres viennent parler à moy, si saouls qu'ils ne sçavoient ce qu'ils disoient. Enfin leur asseurant que je n'avois point sçeu que ce grand maistre leur feust ennemy, leur remonstrant de quelle importance leur estoit d'offenser une personne de ma qualité, qui estoit amie de tous les principaux seigneurs des Estats, et que je m'asseurois que monsieur le comte de Lalain et tous les autres chefs trouveroient fort mauvais la reception qu'ils m'avoient faicte; oyans nommer monsieur de Lalain, ils se changerent tous, et luy portèrent tous plus de respect qu'à tous les roys à qui j'appartenois. Le plus vieil d'entre eulx me demande, en se sousriant et beguaiant, si j'estois donc amye de monsieur le comte de Lalain; et moy, voyant que sa parenté me servoit plus que celle de tous les potentats de la chrestienté, je luy responds : « Ouy, je suis son amie et sa parente aussi. » Lors ils me font la reverence et me baisent la main, et m'offrent autant de courtoisie comme ils m'avoient faict d'insolence, me priants de les excuser, et me promettants qu'ils ne demanderoient rien à ce bon homme de grand maistre, et qu'ils le laisseroient sortir avec moy.

Le matin venu, comme je voulois aller à la messe, l'agent que le Roy tenoit auprès de dom Juan, nommé Du Bois, lequel estoit fort Espaignol, arrive, me disant qu'il avoit des lettres du Roy pour me venir trouver et me conduire seurement à mon retour; qu'à cette cause, il avoit prié dom Juan de luy bailler Barlemont avec une trouppe de cavallerie, pour me faire escorte et me mener seurement à Namur, et qu'il falloit que je priasse ceux de la ville de laisser entrer monsieur de Barlemont, qui estoit seigneur du païs, et sa trouppe, afin qu'il me peust conduire; ce qu'ils faisoient à double fin : l'une, pour se saisir de la ville pour dom Juan, et l'autre pour me faire tomber entre les mains de l'Espaignol. Je me trouvay lors en fort grande peine. Le communiquant à monsieur le cardinal de Lenoncourt, qui n'avoit pas envie de tomber entre les mains de l'Espaignol non plus que moy, nous advisasmes qu'il falloit sçavoir de ceux de la ville s'il y avoit poinct quelque chemin, par lequel je peusse eviter cette trouppe de monsieur de Barlemont; et baillant ce petit agent, nommé Du Bois, à amuser à monsieur de Lenoncourt, je passe en une aultre chambre, où je fais venir ceux de la ville, où je leur fais cognoistre que, s'ils laissoient entrer la trouppe de monsieur de Barlemont, ils estoient perdus; qu'ils se saisiroient de la ville pour dom Juan; que je les conseillois de s'armer, et se tenir prests à leur porte, monstrans contenance de gens advertis, et qui ne se veulent laisser surprendre; qu'ils laissassent entrer seulement monsieur de Barlemont, et rien d'avantage.

Leur vin du jour precedent estant passé, ils prirent bien mes raisons et me creurent, m'offrants d'employer leurs vies pour mon service, et me baillants un guide, pour me mener par un chemin auquel je mettrois la riviere entre les trouppes de dom Juan et moy, et les laisserois si loing qu'ils ne me pourroient plus atteindre, allant tousjours par maisons ou villes tenants le party des Estats. Ayant pris cette resolution avec eux, je les envoye faire entrer monsieur de Barlemont tout seul, lequel, estant entré, leur veut persuader de laisser entrer sa trouppe. Mais oyans cela, ils se mutinent de sorte que peu s'en fallust qu'ils ne le massacrassent, luy disant que, s'ils ne la faisoit retirer hors de la veue de leur ville, qu'ils y feroient tirer l'artillerie; ce qu'ils faisoient afin de me donner temps de passer l'eaue, avant que cette trouppe me peust atteindre. Monsieur de

Barlemont estant entré, luy et l'agent Du Bois font ce qu'ils peuvent pour me persuader d'aller à Namur où dom Juan m'attendoit. Je monstre de vouloir faire ce qu'on me conseilleroit, et, apres avoir ouy la messe et faict un disner court, je sors de mon logis accompagnée de deux ou trois cens de la ville en armes, et parlant tousjours à monsieur de Barlemont, et à l'agent Du Bois, je prens mon chemin droict à la porte de la riviere, qui estoit au contraire du chemin de Namur, sur lequel estoit la trouppe de monsieur de Barlemont. Eux s'en advisans, me dirent que je n'allois pas bien, et moy, les menant tousjours de paroles, j'arrivay à la porte de la ville; de laquelle sortant, accompagnée d'une bonne partie de ceux de la ville, je double le pas vers la riviere et monte dans le batteau, y faisant promptement entrer tous les miens; monsieur de Barlemont et l'agent Du Bois me criants tousjours du bord de l'eaue que je ne faisois pas bien; que ce n'estoit poinct l'intention du Roy, qui vouloit que je passasse par Namur. Nonobstant leurs crieries, nous passons promptement l'eaue, et pendant que l'on passoit, à deux ou trois voyages, nos lictieres et nos chevaux, ceux de la ville, expres pour me donner temps, amusent par mille crieries et mille plainctes monsieur de Barlemont et l'agent Du Bois, les arraisonnans en leur patois sur le tort que dom Juan avoit, d'avoir faulsé sa foy aux Estats et rompu la paix, et sur les vieilles querelles de la mort du comte d'Egmont, et le menaçant tousjours que si sa trouppe paroissoit aupres de la ville, qu'ils feroient tirer l'artillerie. Ils me donnerent temps de m'esloingner, en telle sorte que je n'avois plus à craindre cette trouppe, guidée de Dieu et de l'homme qu'ils m'avoient baillé.

Je logeay ce soir-là en un chasteau fort, nommé Fleurines, qui estoit à un gentil-homme qui tenoit le party des Estats, et lequel j'avois veu avec le comte de Lalain. Le malheur fut tel que ledit gentil-homme ne s'y trouva point, et n'y avoit que sa femme. Et comme nous fusmes entrez dans la basse-court, la trouvant toute ouverte, elle prist l'allarme et s'enfuit dans son dongeon, levant le pont, resolue, quoy que nous luy pussions dire, de ne nous point laisser entrer. Cependant une compagnie de trois cens hommes de pied, que dom Juan avoit envoyez pour nous couper chemin, et pour se saisir dudict chasteau de Fleurines, sçachans que j'y allois loger, paroissent sur un petit hault à mille pas de là; et, estimants que nous fussions entrez dans le dongeon, ayants peu cognoistre de là que nous estions tous entrez dans la court, firent alte, et se logerent à un village là aupres, esperans de m'attrapper le lendemain matin.

Comme nous estions en ces alteres, pour ne nous voir que dedans la court, qui n'estoit fermée que d'une meschante muraille, et d'une meschante porte qui eust esté bien aisée à forcer, disputants tousjours avec la dame du chasteau inexorable à nos prieres, Dieu nous fist cette grace que son mary, monsieur de Fleurines, y arriva à nuict fermante; lequel soudain nous fist entrer dans son chasteau, se courrouçant fort à sa femme de l'indiscrette incivilité qu'elle avoit monstrée. Ledict sieur de Fleurines nous venoit trouver de la part du comte de Lalain, pour me faire seurement passer par les villes des Estats, ne pouvant quicter l'armée des Estats, de laquelle il estoit chef, pour me venir accompaigner. Ce bon rencontre fust si heureux que, le maistre de la maison s'offrant de m'accompagner jusques en France, nous ne passasmes plus par aulcunes villes où je ne fusse honnorablement et paisiblement receue, pource que c'estoit païs des Estats; y recepvant ce seul desplaisir que je ne pouvois repasser à Mons, comme j'avois promis à la comtesse de Lalain, et n'en approchois pas plus pres que de Nivelles, qui estoit à sept grandes lieues de là; qui fust cause, la guerre estant si forte comme elle estoit, que nous ne nous peusmes voir elle et moy, ny aussy peu monsieur le comte de Lalain, qui estoit, comme j'ay dict, en l'armée des Estats vers Anvers. Je luy escrivis seulement de là par un homme de ce gentil-homme qui me conduisoit. Elle soudain, me sçachant là, m'envoye deux des gentils-hommes plus apparens qui fussent demeurez là, pour me conduire jusques à la frontiere de France (car j'avois à passer tout le Cambresis, qui estoit my-party pour l'Espagnol et pour les Estats); avec lesquels j'allay loger au Chasteau Cambresis, d'où eux s'en retournans, je luy envoyay, pour se souvenir de moy, une robbe des miennes, que je luy avois ouy fort estimer quand je la portois à Mons, qui estoit de satin noir toute couverte de broderie de canon, qui avoit cousté douze cens escus.

Arrivant au Chasteau Cambresis, j'eus advis que

quelques trouppes huguenotes avoient dessein de m'attaquer entre la frontiere de Flandre et de France; ce que n'ayant communicqué qu'à peu de personnes, une heure avant le jour je fus preste. Envoyant querir nos lictieres et chevaulx pour partir, le chevalier Salviati faisoit le long, comme il avoit faict à Liege. Ce que cognoissant qu'il faisoit à dessein, je laisse là ma lictiere, et montant à cheval, ceux qui feurent les premiers prests me suivirent; de sorte que je fus au Chastelet à dix heures du matin, ayant, par la seule grace de Dieu, eschappé toutes les embusches et aguets de mes ennemys. De là allant chez moy à La Fere, pour y sejourner jusques à tant que je sçaurois la paix estre faicte, j'y trouvay arrivé devant moy un courrier de mon frere, qui avoit charge de m'attendre là pour, soudain que je serois arrivée, retourner en poste et l'en advertir. Il escrivoit par luy que la paix estoit faicte, et que le Roy s'en retournoit à Paris; que pour luy, sa condition alloit tousjours en empirant, n'y ayant sorte de desfaveurs et indignitez que l'on ne fist tous les jours esprouver et à luy et aux siens, et que ce n'estoit tous les jours que querelles nouvelles, que l'on suscitoit à Bussy et aux honnestes gens qui estoient avec luy; ce qui luy faisoit attendre avec extresme impatience mon retour à La Fere, pour m'y venir trouver. Je luy redepesche soudain son homme, par lequel, adverty de mon retour, il envoya soudain Bussy avec toute sa maison à Angers; et prenant seulement quinze ou vingt hommes des siens, s'en vinst en poste me trouver chez moy à La Fere ¹, qui fust un des grands contentemens que j'aye jamais receu, de voir personne chez moy que j'aimois et honorois tant; où je mis peine de luy donner tous les plaisirs que je pensois luy pouvoir rendre ce sejour agreable : ce qui estoit si bien receu de luy, qu'il eust volontiers dict comme saint Pierre : « Faisons icy nos tabernacles, » si le courage tout royal qu'il avoit et la generosité de son ame ne l'eussent appellé à choses plus grandes. La tranquillité de nostre cour, au prix de l'agitation de l'aultre d'où il partoit, luy rendoit tous les plaisirs qu'il y recepvoit si doux, qu'à toute heure il ne se pouvoit empescher de me dire : « O ! ma Royne, qu'il faict bon avec vous ! Mon Dieu, cette compagnie est un paradis comblé de toutes sortes de delices, et celle d'où je suis party, un enfer remply de toutes sortes de furies et tourmens. »

Nous passasmes pres de deux mois, qui ne nous feurent que deux petits jours, en cet heureux estat; durant lequel, luy ayant rendu compte de ce que j'avois faict pour luy en mon voyage de Flandre, et des termes où j'avois mis ses affaires, il trouve fort bon que monsieur le comte de Montigny, frere du comte de Lalain, vinst resouldre avec luy des moyens qu'il y falloit tenir, et pour prendre aussy asseurance de leur volonté, et eux de la sienne.

¹ « Monsieur, frère du Roy, arriva à Paris...., d'où il partit le samedi 12 (octobre 1577), pour aller à La Fère, en Picardie, veoir la roine de Navarre, sa seur. » (LESTOILE, *Journal de Henri III.*)

Il y vint accompagné de quatre ou cinq des plus principaux du Haynault, l'un desquels avoit lettre et charge de monsieur d'Inchy d'offrir son service à mon frere, et l'asseurer de la citadelle de Cambray. Monsieur de Montigny lui portoit parole, de la part de son frere le comte de Lalain, de luy remettre entre ses mains tout le Haynault et l'Arthois, où il y a plusieurs bonnes villes. Ces offres et ces asseurances receues de mon frere, il les renvoya avec presens, et leur donna des medalles d'or, où la figure de luy et de moy estoit, et asseurant les accroissemens et bienfaicts qu'ils pourroient esperer de luy; de sorte que s'en retournans, ils preparerent toutes choses pour la venue de mon frere, qui, se deliberant d'avoir ses forces prestes dans peu de temps pour y aller, s'en retourne à la cour, pour tascher de tirer des commoditez du Roy pour fournir à cette entreprise. Moy, voulant faire mon voyage de Gascongne, et ayant preparé toutes choses pour cet effect, je m'en retourne à Paris, où arrivant, mon frere me vint trouver à une journée de Paris; où le Roy et la Royne ma mere, et la royne Louyse, avec toute la cour, me firent cet honneur de venir au devant de moy jusques à Sainct-Denis, qui estoit ma disnée, où ils me receurent avec beaucoup d'honneur et de bonne chere, se plaisants à me faire raconter les honneurs et magnificences de mon voyage et sejour de Liege, et les aventures de mon retour. En ces agreables entretiens, estans tous dans le chariot de la Royne ma mere, nous arrivasmes à Paris, où apres avoir souppé et le bal estant finy, le Roy et la Royne ma mere estants ensemble, je m'approche d'eux, et leur dis que je les suppliois ne trouver mauvais si je les requerois avoir agreable que j'allasse trouver le Roy mon mary; que la paix estant faicte, c'estoit chose qui ne leur pouvoit estre suspecte, et qu'à moy, me seroit prejudiciable et mal seant, si je demeurois davantage à y aller. Ils monstrent tous deux de le trouver tres-bon, et de louer la volonté que j'en avois; et la Royne ma mere me dit qu'elle vouloit m'y accompagner, estant aussy son voiage necessaire en ce païs-là pour le service du Roy, auquel elle dit aussy qu'il falloit qu'il me baillast des moyens pour mon voiage : ce que le Roy librement m'accorda. Et moy, ne voulant rien laisser en arriere qui me peust faire revenir à la cour (ne m'y pouvant plus plaire lors que mon frere en seroit dehors, que je voyois se preparer pour s'en aller bientost en son entreprise de Flandre), je suppliay la Royne ma mere de se souvenir de ce qu'elle m'avoit promis, à la paix faicte avec mon frere : qu'advenant que je partisse pour m'en aller en Gascongne, elle me feroit bailler des terres pour l'assignat de mon dot. Elle s'en ressouvient, et le Roy le trouve tres-raisonnable, et me promet qu'il seroit faict. Je le supplie que ce soit promptement, pour ce que je desirois partir, s'il luy plaisoit, pour le commencement du mois prochain : ce qui fust ainsi arresté, mais à la façon de la cour; car au lieu de me depescher, bien que tous les jours je les en sollicitasse, ils me firent traisner cinq ou six mois, et mon frere de mesme, qui pressoit aussy son voiage de Flandre, representant au Roy : que c'estoit l'honneur et l'accroissement de la France; que ce seroit une invention pour empescher la guerre civile, tous les esprits remuans et desireux de nouveauté ayants moyen d'aller en Flandre passer leur fumée et se saouler de la guerre; que cette entreprise serviroit aussi, comme le Piedmont, d'escole à la noblesse de France pour s'exercer aux armes, et y faire revivre des Montlucs[1] et Brissacs[2], des Termes[3] et des Bellegardes[4], tels que ces grands mareschaux, qui, s'estans façonnez aux guerres du Piedmont, avoient depuis si glorieusement et heureusement servy le Roy et leur patrie.

Ces remonstrances estoient belles et veritables; mais elles n'avoient tant de poids qu'elles peussent emporter en la balance l'envie que l'on portoit à l'accroissement de la fortune de mon frere, auquel l'on donna tous les jours nouveaux empeschemens, pour le retarder d'assembler ses forces et les moyens qui luy estoient necessaires pour aller en Flandre; lui faisant cependant à luy, à Bussy et à ses aultres serviteurs, mille indignitez, et faisant attaquer plusieurs querelles à Bussy, tantost par Quelus, tantost par Grammont, de jour, de nuict et à toutes heures, estimants qu'à quelqu'une de ces allarmes mon frere s'y precipiteroit : ce qui se faisoit sans le sceu du Roy. Mais Maugiron qui le possedoit lors, et qui, ayant quicté

---

[1] Blaise de Lasseran, seigneur de Montluc.
[2] Charles de Cossé, comte de Brissac.
[3] Paul de La Barthe, seigneur de Termes.
[4] Roger de Saint-Lary, seigneur de Bellegarde.

le service de mon frere, croyoit qu'il s'en deust ressentir (ainsy qu'il est ordinaire que qui offense ne pardonne jamais), haioit mon frere d'une telle haine, qu'il conjuroit sa ruine en toutes façons, le bravant et mesprisant sans respect : comme l'imprudence d'une folle jeunesse, enflée de la faveur du Roy, le poussoit à faire toutes insolences, s'estant ligué avec Quelus, Saint-Luc, Saint-Maigrin, Grammont, Mauleon, Livarrot, et quelques aultres jeunes gens que le Roy favorisoit; qui, suivis de toute la cour, à la façon des courtisans qui ne suivent que la faveur, entreprenoient toutes choses qui leur venoient en fantaisie, quelles qu'elles feussent. De sorte qu'il ne se passoit jour qu'il n'y eust nouvelle querelle entr'eux et Bussy, de qui le courage ne pouvoit cedder à nul. Mon frere, considerant que ces choses n'estoient pas pour advancer son voyage de Flandre, desirant plustost addoucir le Roy que l'aigrir, pour l'avoir favorable en son entreprise, estimant aussy que Bussy estant dehors advanceroit davantage de dresser les trouppes necessaires pour son armée, il l'envoye par ses terres pour y donner ordre. Mais Bussy estant party, la persecution de mon frere ne cessa pour cela, et congneust-on alors qu'encore que les belles qualitez qu'il avoit apportassent beaucoup de jalousie à Maugiron et à ces aultres jeunes gens qui estoient pres du Roy, que la principale cause de leur haine contre Bussy estoit qu'il estoit serviteur de mon frere; car, depuis qu'il fust party, ils bravent et morguent mon frere avec tant de mespris et si apparemment, que tout le monde le congnoissoit, encore que mon frere fust fort prudent et tres-patient de son naturel, et qu'il eust resolu souffrir toutes choses pour faire ses affaires en son entreprise de Flandre, esperant par ce moyen en sortir bientost, et ne s'y revoir jamais plus subject.

Cette persecution et ces indignitez lui feurent toutesfois fort ennuyeuses et honteuses, mesmes voyant qu'en haine de luy l'on taschoit à nuire en toutes façons à ses serviteurs; ayans depuis peu de jours faict perdre un grand procez à monsieur de La Chastre[1], pour ce que depuis peu il s'estoit rendu serviteur de mon frere : le Roy s'estant tellement laissé emporter aux persuasions de Maugiron et de Saint-Luc, qui estoient amys de madame de Senetaire[2], qu'il avoit luy-mesme esté solliciter ce procez pour elle contre monsieur de La Chastre, qui estoit lors aupres de mon frere; qui, s'en sentant offensé, comme l'on peut penser, faisoit participer mon frere à sa juste douleur.

En ces jours là, le mariage de saint Luc[3] se fist, auquel mon frere ne voulant assister, me pria aussi d'en faire de mesme; et la Royne ma mere, qui ne se plaisoit guere à la desbordée oultrecuidance de ces jeunes gens, craingnant aussi que tout ce jour seroit en joye et en desbauche, et que, mon frere n'ayant voulu estre de la partie, l'on luy en dressast quelqu'une qui lui fust pre-

---

[1] Edme, marquis de La Châtre.

[2] Jeanne de Laval, dame de Senetaire, dame douée d'une singulière beauté et encore d'un plus bel esprit, que le Roi aima. (LESTOILE, *Journal de Henri III*, 1586.)

[3] Avec Anne de Cossé, fille du maréchal de Brissac.

judiciable, fist trouver bon au Roy qu'elle allast le jour des nopces disner à Saint Maur, et nous y mena mon frere et moy; c'estoit le lundy gras¹. Nous revinsmes le soir, la Royne ma mere ayant tellement presché mon frere qu'elle le fist consentir de paroistre et se trouver au bal pour complaire au Roy; mais au lieu que cela amendast ses affaires, elles s'en empirerent : car y estant Maugiron et aultres de sa caballe, ils commencerent à le gausser avec des paroles si picquantes qu'un moindre que luy s'en fust offensé; luy disans qu'il avoit bien perdu sa peine de s'estre r'habillé; que l'on ne l'avoit point trouvé à dire l'apres-disnée; qu'il estoit venu à l'heure des tenebres, parce qu'elles luy estoient propres; et l'attaquans de sa laideur et petite taille. Tout cela se disant à la nouvelle mariée, qui estoit aupres de luy, si hault qu'il se pouvoit entendre, mon frere, congnoissant que cela se faisoit expres pour le faire respondre, et le brouiller par ce moyen avec le Roy, s'oste de là, si plein de despit et de colere qu'il n'en pouvoit plus; lequel, apres en avoir conferé avec monsieur de La Chastre, se resolust de s'en aller pour quelques jours à la chasse, pensant par son absence attiedir l'animosité de ces jeunes gens contre luy, et en faire plus aisement ses affaires avec le Roy, pour la preparation de l'armée qui luy estoit neces-

¹ Le dimanche gras 9 febvrier, Monsieur, frère du Roy, accompagné de la Roine, sa mère, et de la roine de Navarre, sa sœur, s'en alla dès le matin proumener au bois de Vincennes et à Saint-Maur-lès-Fossés, tout exprès, afin de n'assister aux nopces qui ce jour furent faites de Saint-Luc et de la damoiselle de Brissac. (LESTOILE, *Journal de Henri III.*)

saire pour aller en Flandre. Il s'en va trouver la Royne ma mere qui se deshabilloit, luy dist ce qui s'estoit passé au bal, de quoy elle fust tres-marrie, et luy faict entendre la resolution que là-dessus il avoit prise, qu'elle trouve tres-bonne, et luy promet de la faire agreer au Roy, et, en son absence, de le solliciter de luy fournir promptement ce qu'il luy avoit promis pour son entreprise de Flandre; et monsieur de Villequier estant là, elle luy commande d'aller faire entendre au Roy le desir que mon frere avoit d'aller pour quelques jours à la chasse, ce qui luy sembloit qu'il ne seroit que bon, pour appaiser toutes les brouilleries qui estoient entre luy et ces jeunes gens, Maugiron, Saint Luc, Quelus, et les aultres.

Mon frere se retirant en sa chambre, tenant son congé pour obtenu, commande à tous ses gens d'estre le lendemain prests pour aller à la chasse à Saint Germain, où il vouloit demeurer quelques jours à courre le cerf, ordonne à son grand veneur d'y faire trouver les chiens, et se couche en cette intention de se lever le lendemain matin, pour aller à la chasse soulager et divertir un peu son esprit des brouilleries de la cour. Monsieur de Villequier cependant estoit allé, par le commandement de la Royne ma mere, demander son congé au Roy, qui d'abord lui accorda. Mais demeuré seul en son cabinet avec le conseil de Jeroboam, de cinq à six jeunes hommes, ils luy rendent ce partement fort suspect, et le mettent en telle apprehension, qu'ils luy font faire une des plus grandes folies qui se soit faicte de nostre temps, qui fust de prendre mon frere et tous ses principaux serviteurs prisonniers. S'il fust imprudemment deliberé, il fust encor plus indiscrettement executé; car le Roy soudain, prenant sa robe de nuict, s'en alla trouver la Royne ma mere, tout esmeu, comme en une allarme publique où l'ennemy eust esté à la porte, luy disant : « Comment, madame, que pensez-vous m'avoir demandé de laisser aller mon frere ? Ne voyez-vous pas, s'il s'en va, le danger où vous mettez mon estat ? Sans doubte soubs cette chasse il y a quelque dangereuse entreprise. Je m'en vays me saisir de luy et de tous ses gens, et feray chercher dans ses coffres : je m'asseure que nous descouvrirons de grandes choses. » Et en mesme temps, ayant avec luy le sieur de Losse [1] capitaine des gardes et quelques archers escossois, la Royne ma mere, craingnant qu'en cette precipitation il fist quelque tort à la vie de mon frere, le prie qu'elle aille avec luy, et toute deshabillée comme elle estoit, s'accommodant comme elle peust avec son manteau de nuict, le suit montant à la chambre de mon frere; où le Roy frappe rudement, criant que l'on luy ouvrist, que c'estoit luy. Mon frere se resveille en sursaut, et sçachant bien qu'il n'avoit rien faict qui luy deust donner crainte, dict à Cangé son valet de chambre qu'il luy ouvrist la porte. Le Roy entrant en cette furie, commença à le gourmander, et luy dire qu'il ne cesseroit jamais d'entreprendre contre son estat, et qu'il luy apprendroit que c'est que de s'attaquer à son roy. Sur cela il commande à ses archers

---

[1] Jean de Losses, qui s'intitule, dans une quittance de 1569, « chevalier de l'ordre du Roy et cappitaine de sa garde escossoise. ».

d'emporter ses coffres hors de là, et de tirer ses valets de chambre hors de la chambre. Il fouille luy-mesme le lict de son frere, pour voir s'il y trouveroit quelques papiers. Mon frere, ayant une lettre de madame de Sauve, qu'il avoit receue ce soir-là, la prend à la main pour empescher que l'on ne la vist. Le Roy s'efforce de la luy oster. Luy y resistant, et le priant à mains jointes de ne la voir point, cela en donne plus d'envie au Roy, croyant que ce papier seroit assez suffisant pour faire le procez à mon frere. Enfin, l'ayant ouverte en la presence de la Royne ma mere, ils resterent aussi confus que Caton, quand ayant contrainct César dans le Senat de monstrer le papier qui luy avoit esté apporté, disant que c'estoit chose qui importoit au bien de la republique, il luy fist voir que c'estoit une lettre d'amour de la sœur du mesme Caton, adressant à Cesar.

La honte de cette tromperie augmentant plustost, par le despit, la colere du Roy que la diminuant, sans vouloir escouter mon frere, lequel demandoit sans cesse de quoy on l'accusoit, et pourquoy l'on le traictoit ainsy, il le commet à la garde de Monsieur de Losse et des Escossois, leur commandant de ne le laisser parler à personne. Cela se fist une heure environ apres minuict. Mon frere demeure de cette façon, estant plus en peine de moy que de luy, croyant bien que l'on m'en avoit faict aultant, et ne croyant pas qu'un si violent et si injuste commencement pust avoir aultre qu'une sinistre fin; et voyant que monsieur de Losse avoit la larme à l'œil, de regret de voir passer les choses en cette sorte, et que toutesfois, à cause des ar-

chers qui estoient là, il ne luy osoit parler librement,
il luy demande seulement ce qui estoit de moy. Monsieur de Losse respond que l'on ne m'avoit encor rien
demandé. Mon frere luy respond : « Cela soulage beaucoup ma peine de sçavoir ma sœur libre; mais encore
qu'elle soit en cet estat, je m'asseure qu'elle m'aime
tant, qu'elle aimera mieux se captiver avec moy que de
vivre libre sans moy; » et le pria d'aller supplier la
Royne ma mere qu'elle obtint du Roy que je demeurasse en sa captivité avec luy ; ce qui luy fust accordé.

Cette ferme creance qu'il eust de la grandeur et fermeté de mon amitié me fust une obligation si particuliere, bien que par ses bons offices il en eust acquis
plusieurs grandes sur moy, que j'ay tousjours mis
celle-là au premier rang. Soudain qu'il eust cette permission, qui fust sur le poinct du jour, il pria monsieur
de Losse de m'envoyer un des archers escossois qui
estoit là, pour m'annoncer cette triste nouvelle, et me
faire venir en sa chambre. Cet archer, entrant en la
mienne, trouve que je dormois encore sans avoir rien
sçeu de tout ce qui s'estoit passé. Il ouvre mon rideau,
et, en langage propre aux Escossois, me dit : « Bonjour,
madame, monsieur vostre frere vous prie de le venir
voir. » Je regarde cet homme, presque toute endormie, pensant resver, et le recognoissant, je luy demande s'il n'estoit pas un Escossois de la garde. Il me
dit qu'ouy; et je luy replicquay : « Et qu'est-ce donc?
Mon frere n'a-t'il point d'autre messager que vous
pour m'envoyer? » Il me dit que non, que ses gens luy
avoient esté ostez, et me conta en son langage ce qui

luy estoit advenu la nuict, et que mon frere avoit obtenu permission pour moy de demeurer avec luy durant sa captivité. Et voyant que je m'affligeois fort, il s'approcha de moy et me dit tout bas : « Ne vous faschez point : j'ay moien de sauver monsieur vostre frere, et le feray, n'en doubtez point; mais il faudra que je m'en aille avec luy. » Je l'asseuray de toute la recompense qu'il pouvoit esperer de nous, et me hastant de m'habiller, je m'en allay avec luy toute seule à la chambre de mon frere. Il me falloit traverser toute la court, toute pleine de gens qui avoient accoustumé d'accourir pour me voir et honnorer. Lors chacun voyant, comme courtisans, comme la fortune me tournoit visage, et eux aussi ne firent pas semblant de m'appercevoir. Entrant en la chambre de mon frere, je le trouve avec une si grande constance, qu'il n'avoit rien changé de sa façon ny de sa tranquillité ordinaire. Me voyant, il me dit, m'embrassant avec un visage plus joyeux que triste : « Ma Royne, cessez je vous prie vos larmes. En la condition que je suis, vostre ennuy est la seule chose qui me pourroit affliger; car mon innocence et la droicte intention que j'ay eue m'empeschent de craindre toutes les accusations de mes ennemis. Que si injustement l'on veut faire tort à ma vie, ceux qui feront cette cruauté se feront plus de tort qu'à moy, qui ay assez de courage et de resolution pour mespriser une injuste mort. Aussy n'est-ce ce que je redoubte le plus, ma vie ayant esté jusques icy accompagnée de tant de traverses et de peines, que ne sçachant que c'est des felicitez de ce monde, je ne doibs avoir regret de les abandonner. La seule apprehension que j'ay, est, que ne me pouvant faire justement mourir, l'on me vueille faire languir en la solitude d'une longue prison, où encore je mespriseray leur tyrannie, pourveu que vous me vouliez tant obliger de m'assister de vostre presence. »

Ces paroles, au lieu d'arrester mes larmes, me penserent faire verser toute l'humeur de ma vue[1]. Je luy responds en sanglottant : que ma vie et ma fortune estoient attachées à la sienne; qu'il n'estoit en la puissance que de Dieu seul d'empescher que je l'assistasse, en quelque condition qu'il peust estre; que si on l'emmenoit de là, et que l'on ne me permit d'estre avec luy, je me tuerois en sa presence. Passants en ces discours quelques heures et recherchants ensemble l'occasion qui avoit convié le Roy de prendre une si cruelle et injuste aigreur contre luy, et ne nous la pouvants imaginer, l'heure vint de l'ouverture de la porte du chasteau; où un jeune homme indiscret, qui estoit à Bussy, estant recongneu par les gardes et arresté, ils luy demanderent où il alloit. Luy, estonné et surpris, leur respond qu'il alloit trouver son maistre. Cette parole rapportée au Roy, l'on soubzçonne qu'il est dans le Louvre, où l'apres-disnée, revenant de Saint-Germain, mon frere l'avoit faict entrer parmy la trouppe, pour conferer avec luy des affaires de l'armée qu'il faisoit pour Flandre; ne pensant pas lors debvoir partir si tost de la cour, comme depuis inopinement il se resolut.

[1] On lit dans les manuscrits *ma vie*.

Le soir, sur les occasions que j'ay dictes, l'Archant[1], cappitaine des gardes, ayant commandement du Roy de le chercher, et se saisir de luy et de Simier, s'il les pouvoit trouver, faisant cette commission à regret (pour estre amy intime à Bussy, duquel il estoit appellé par alliance son pere, et luy le nommoit son fils), il monte à la chambre de Simier, où il se saisit de luy; et se doubtant bien que Bussy y estoit caché, il faict une legere recherche, estant bien aise de ne le trouver pas. Mais Bussy, qui estoit sur le lict, et qui voioit qu'il demeuroit seul en cette chambre; craingnant que la commission fust donnée à quelque aultre avec lequel il ne seroit en telle seureté; desirant plustost d'estre en la garde de l'Archant, qui estoit honneste homme et son amy; comme il estoit d'une humeur gaillarde et bouffonne, à qui les dangers et hazards n'avoient jamais peu faire ressentir la peur; comme l'Archant passoit la porte pour s'en aller, emmenant Simier, il sort la teste du rideau et luy dit : « Hé quoy, mon pere, comment! vous vous en voulez aller ainsy sans moy? N'estimez-vous pas ma conduicte plus honnorable que celle de ce pendart de Simier?» L'Archant se tourna et luy dit : « Ah, mon fils, pleust à Dieu qu'il m'eust cousté un bras et que vous ne fussiez pas icy. » Il luy respond : « Mon pere, c'est signe que mes affaires se portent bien, » allant tousjours se gaussant de Simier, pour la tremblante peur où il le voyoit. L'Archant les mit en une chambre

[1] Nicolas de Grémonville l'Archant, capitaine des gardes du corps.

avec gardes, et s'en alla prendre monsieur de La Chastre et le mener à la Bastille.

Pendant que toutes ces choses se faisoient, monsieur de Losse, bon homme vieil, qui avoit esté gouverneur du Roy mon mary, et qui m'aymoit comme sa fille, ayant la garde de mon frere, congnoissant l'injustice que l'on luy faisoit, et detestant le mauvais conseil par lequel le Roy se gouvernoit, ayant envie de nous obliger tous deux, se resout de sauver mon frere; et pour me descouvrir son intention, commande aux archers escossois de se tenir sur le degré du dehors de la porte de mon frere, n'en retenant que deux avec soy, de qui il se fioit, et me tirant à part me dit : « Il n'y a bon François à qui le cœur ne saigne de voir ce que nous voions. J'ay esté trop serviteur du Roy vostre pere pour ne sacrifier ma vie pour ses enfans. Je croy que j'auray la garde de monsieur vostre frere en quelque lieu que l'on le tienne : asseurez-le qu'au hazard de ma vie je le sauveray; mais afin que l'on ne s'apperçoive de mon intention, ne parlons plus ensemble; mais soyez-en certaine. » Cette esperance me consoloit un peu; et reprenant mes esprits, je dis à mon frere que nous ne debvions point demeurer en cette forme d'inquisition, sans sçavoir ce que nous avions faict; que c'estoit à faire à des facquins d'estre tenus ainsy. Je priay monsieur de Losse, puis que le Roy ne vouloit permettre que la Royne ma mere montast, qu'il luy pleust nous faire sçavoir par quelqu'un des siens la cause de nostre retention. Monsieur de Combaut¹, qui estoit chef du conseil des jeunes gens, nous fust envoyé, qui, avec sa gravité naturelle, nous dit qu'il estoit envoyé là pour sçavoir ce que nous voulions faire entendre au Roy. Nous luy dismes que nous avions desir de parler à quelqu'un du Roy, pour sçavoir l'occasion de nostre retention; que nous ne la pouvions imaginer. Il nous respond gravement, qu'il ne falloit demander aux Dieux et aux Roys raison de leurs effects; qu'ilz faisoient tout à bonne et juste cause. Nous luy respondismes que nous n'estions pas personnes pour estre tenues comme ceux que l'on met à l'inquisition, à qui l'on faict deviner ce qu'ilz ont faict. Nous n'en peusmes tirer aultre chose, sinon qu'il s'employeroit pour nous, et qu'il nous y feroit tous les meilleurs offices qu'il pourroit. Mon frere se prend à rire; mais moy, qui estois toute convertie en douleur, pour voir en danger mon frere, que je cherissois plus que moy-mesme, j'eus beaucoup de peine à m'empescher de luy parler comme il meritoit. Pendant qu'il faisoit son rapport au Roy, la Royne ma mere estant en sa chambre, avec l'affliction que l'on peut penser, qui, comme princesse tres-prudente, prevoioit bien que cet excez faict sans subject ny raison, pourroit, si mon frere n'avoit le naturel bon, apporter beaucoup de malheur en ce royaume, envoya querir tous les vieux du conseil, monsieur le chancelier, les princes, seigneurs et mareschaulx de France, qui estoient tous merveilleusement scandalisez du mau-

¹ Robert de Combaud, seigneur d'Arcis-sur-Aube.

vais conseil que l'on avoit donné au Roy, disants tous à la Royne ma mere qu'elle s'y debvoit opposer, et remonstrer au Roy le tort qu'il se faisoit ; qu'on ne pouvoit empescher que ce qui avoit esté faict jusques alors ne fust ; mais qu'il falloit r'habiller cela le mieux que l'on pourroit.

La Royne ma mere va soudain trouver le Roy avec tous ces messieurs, qui luy remonstrent de quelle importance estoient ces effects. Le Roy, ayant les yeux desillez du pernicieux conseil de ces jeunes gens, trouve bon ce que ces vieux seigneurs et conseillers, luy representent, et prie la Royne ma mere de r'habiller cela, et faire que mon frere oubliast tout ce qui s'estoit passé, et qu'il n'en sceust point mauvais gré à ces jeunes gens ; et que, par mesme moyen, l'accord de Bussy et de Quélus fust faict. Cela resolu, toutes les gardes furent soudain ostées à mon frere, et la Royne ma mere le venant trouver en sa chambre, luy dict qu'il debvoit louer Dieu de la grace qu'il luy avoit faicte, de le delivrer d'un si grand danger ; qu'elle avoit veu l'heure qu'elle ne sçavoit qu'esperer de sa vie ; que, puis qu'il cognoissoit par cela que le Roy estoit de telle humeur, qu'il s'offençoit non seulement des effects, mais des imaginations, et qu'estant resolu en ses opinions, sans s'arrester à aucun advis ni d'elle ni d'autre, il executoit tout ce qui luy venoit en fantaisie ; pour ne le jetter plus en ces aigreurs, cela le debvoit faire resoudre à s'accommoder du tout à sa volonté, et de venir trouver le Roy, monstrant ne se ressentir point de ce qui s'estoit passé contre sa personne, et ne s'en souvenir point. Nous luy respondismes : que nous avions grandement à louer Dieu de la grace qu'il nous avoit faicte, de nous guarantir de l'injustice que l'on nous preparoit, de quoy, apres Dieu, nous recognoissions luy en avoir, à elle, toute l'obligation; mais que la qualité de mon frere ne permettoit pas que l'on le peust mettre en prison sans subject, et l'en tirer sans formalité de justiffication et satisfaction. La Royne respond : que les choses faictes, Dieu mesme ne pouvoit faire qu'elles ne fussent; mais que l'on r'habilleroit le desordre qui avoit esté à sa prise, en faisant sa delivrance avec tout l'honneur et satisfaction qu'il pourroit desirer; q'aussy qu'il falloit qu'il contentast le Roy en tout, luy parlant avec tel respect et de telle affection à son service qu'il en demeurast content; et qu'il fist oultre cela que Bussy et Quelus s'accordassent, de sorte qu'il ne restast rien qui les peust brouiller : advouant bien que le principal motif qui avoit produict ce mauvais conseil et ces mauvais effects, avoit esté la crainte que l'on avoit eu du combat que le vieil Bussy, digne pere d'un si digne fils, avoit demandé, suppliant le Roy trouver bon qu'il secondast son fils le brave Bussy, et que monsieur de Quelus fust secondé du sien; qu'eux quatre finiroient cette querelle, sans brouiller la cour comme elle avoit esté pour cette querelle, ny mettre tant de gens en peine. Mon frere luy promist que Bussy, voyant qu'il n'y avoit point d'esperance de se battre, feroit pour sortir de prison ce qu'elle commanderoit. La Royne ma mere redescendant, elle fist trouver bon au Roy de faire sa delivrance avec honneur. Et pour cet effect, il vint en la chambre de la Royne ma mere, avec tous les princes, seigneurs, et aultres conseillers de son conseil, et nous envoia querir mon frere et moy par monsieur de Villequier; où, comme nous allions trouver sa majesté, passants par les salles et chambres, nous les trouvasmes toutes pleines de gens qui nous regardoient la larme à l'œil, louans Dieu de nous voir hors de danger. Entrants dans la chambre de la Royne ma mere, nous trouvasmes le Roy avec cette compagnie que j'ay dict, qui voyant mon frere luy dit : qu'il le prioit de ne point trouver estrange et ne s'offenser point de ce qu'il avoit faict, poussé du zele qu'il avoit au repos de son estat, et qu'il creust que ce n'avoit point esté avec intention de luy faire nul desplaisir. Mon frere luy respond : qu'il debvoit et avoit voué tant de service à sa majesté qu'il trouveroit tousjours bon tout ce qu'il luy plairoit; mais qu'il le supplioit tres-humblement considerer que la devotion et fidelité qu'il luy avoit tesmoignée ne meritoit pas un tel traictement; toutesfois qu'il n'en accusoit que son malheur, et restoit assez satisfaict si le Roy recognoissoit son innocence. Le Roy luy respondit qu'ouy, qu'il n'en estoit point en doubte, et qu'il le prioit de faire aultant d'estat de son amitié qu'il avoit jamais faict. Sur cela, la Royne ma mere les prit tous deux et les fist embrasser.

Soudain le Roy commanda que l'on fist venir Bussy pour l'accorder avec Quelus, et que l'on mist en liberté Simier et monsieur de La Chastre. Bussy entrant en la chambre, avec cette belle façon qui luy estoit naturelle, le Roy luy dict qu'il vouloit qu'il s'accordast avec Quelus, et qu'il ne se parlast plus de leur querelle, et luy commanda d'embrasser Quelus. Bussy luy respond : « Et non que cela, sire ? s'il vous plaist que je le baise, j'y suis tout disposé; » et, accommodant les gestes avec la parole, luy fist une embrassade à la Pantalonne¹ ; de quoy toute la compagnie, bien qu'encore estonnée et saisie de ce qui s'estoit passé, ne se peust empescher de rire. Les plus advisez jugerent que cette legere satisfaction, que recevoit mon frere, n'estoit appareil suffisant à un si grand mal. Cela faict, le Roy et la Royne ma mere s'approchants de moy, me dirent qu'il falloit que je tinsse la main à ce que mon frere ne conservast nulle souvenance qui le peust esloigner de l'obeissance et affection qu'il debvoit au Roy. Je luy respondis : que mon frere estoit si prudent et avoit tant de devotion à son service, qu'il n'avoit besoin d'y estre sollicité ny par moy ny par aultre; mais qu'il n'avoit receu et ne recepvroit jamais aultre conseil de moy que ce qui seroit conforme à leur volonté et son debvoir.

Estant lors trois heures apres midy, que personne n'avoit encores disné, la Royne ma mere voulut que nous disnassions tous ensemble; puis commanda à mon frere et à moy d'aller changer noz habits, qui estoient convenables à la triste condition d'où nous estions presentement sortis, et nous aller parer pour nous trouver au souper du Roy et au bal. Elle y fust obeie

¹ C'est-à-dire une embrassade de théâtre. Pantalon est un des masques de la comédie italienne.

pour les choses qui se pouvoient devestir ou remettre; mais pour le visage, qui est la vive image de l'ame, la passion du juste mescontentement que nous avions s'y lisoit, aussy apparente qu'elle y avoit esté imprimée, avec la force et violence du despit et juste desdain que nous ressentions par l'effect de tous les actes de cette tragicomedie. Laquelle estant finie de cette façon, le chevalier de Seure[1], que la Royne ma mere avoit baillé à mon frere pour coucher en sa chambre, et qu'elle prenoit plaisir d'ouyr quelquesfois causer, pour estre d'humeur libre, et qui disoit de bonne grace ce qu'il vouloit, tenant un peu de l'humeur d'un philosophe cynique, se trouvant devant elle, elle luy demande : « Et bien, monsieur de Seure, que dictes vous de tout cecy? — C'est trop peu, dict-il, pour faire à bon escient, et trop pour se jouer. » Et se tournant vers moy, sans qu'elle le peust entendre, me dit : « Je ne croy pas que ce soit icy le dernier acte de ce jeu; nostre homme (voulant parler de mon frere) me tromperoit bien, s'il en demeuroit là. »

Cette journée estant passée de cette façon, le mal ayant seulement esté addoucy par le dehors et non par le dedans, les jeunes gens qui possedoient le Roy, jugeants le naturel de mon frere par le leur, et leur jugement peu experimenté ne permettant pas qu'ils peussent juger ce que peult le debvoir et l'amour de la patrie sur un prince si grand et si bien né qu'il estoit, persuadent au Roy, pour tousjours joindre leur cause

---

[1] Michel de Seure, chevalier, grand prieur de Champagne. Il s'intitulait ainsi dans une quittance de 1572.

à la sienne, que mon frere n'oublieroit jamais l'affront public qu'il avoit receu, et s'en voudroit venger. Le Roy, sans se souvenir de l'erreur que luy avoient faict commettre ces jeunes gens, reçoit soudain cette seconde impression, et commande aux cappitaines des gardes, que l'on prist soigneusement garde aux portes que mon frere ne sortist point, et que, tous les soirs, l'on fist sortir tous les gens de mon frere hors du Louvre, luy laissant seulement ce qui couchoit d'ordinaire dans sa chambre ou dans sa garde-robbe. Mon frere, se voyant traicté de cette façon et estre à la misericorde de ces jeunes cervelles, qui, sans respect ny jugement, faisoient disposer de luy au Roy comme il leur venoit en fantaisie, craingnant qu'il ne luy advint pis, ayant l'exemple trop recent de ce qui, sans occasion ny raison, luy avoit esté faict, ayant supporté trois jours l'apprehension de ce danger, se resolut de s'oster de là, pour se retirer chez luy, et ne revenir plus à la cour, mais advancer ses affaires le plus promptement qu'il pourroit pour s'en aller en Flandre. Il me communique cette volonté; et voyant que c'estoit sa seureté, et que le Roy ny cet estat n'y pouvoient recepvoir de prejudice, je l'approuvay; et en cherchant les moyens (voyant qu'il ne pouvoit sortir par les portes du Louvre, qui estoient si curieusement gardées, que mesme l'on regardoit tous ceux qui passoient au visage), il ne s'en trouve point d'aultre que de sortir par la fenestre de ma chambre, qui regardoit dans le fossé, et estoit au second estage. Il me prie, pour cet effect, faire provision d'un cable fort et bon, et de la longueur necessaire. A quoy je pourvois soudain, faisant emporter le jour mesme, par un garçon qui m'estoit fidel, une malle de luth qui estoit rompue, comme pour la faire racoustrer; et, à quelques heures de là la rapportant, il y mist le cable qui nous estoit necessaire.

L'heure du souper estant venue, qui estoit un jour maigre, que le Roy ne soupoit point, la Royne ma mere soupa seule en sa petite salle, et moy avec elle. Mon frere, bien qu'il feust assez patient et discret en toutes ses actions, sollicité de la souvenance de l'affront qu'il avoit receu et du danger qui le menaçoit, impatient de sortir, s'y trouve comme je me leve de table, et me dit à l'oreille qu'il me prioit de me haster, et de venir tost à ma chambre où il se trouveroit. Monsieur de Matignon[1], qui n'estoit encore mareschal, un dangereux et fin Normand, qui n'aimoit point mon frere, en estant adverty par quelqu'un qui peut-estre n'avoit pas bien tenu sa langue, ou le conjecturant sur la façon de quoy m'avoit parlé mon frere, dict à la Royne ma mere, comme elle entroit en sa chambre (ce que j'entrouïs presque, estant assez pres d'elle et y prenant garde, et observant curieusement tout ce qui se passoit, comme font ceux qui se trouvent en pareil estat, et sur le point de leur delivrance sont agitez de crainte et d'esperance), que sans doubte mon frere s'en vouloit aller; que demain il ne seroit plus là; qu'il le sçavoit tres-bien; qu'elle y mist ordre. Je vis qu'elle se troubla à cette nouvelle; ce qui me

[1] Odet de Matignon, comte de Thorigny.

donna encore plus d'apprehension que nous fussions descouverts. Nous entrants en son cabinet, elle me tira à part, et me dit : « Avez-vous veu ce que Matignon m'a dict? » Je luy dis : « Je ne l'ay pas entendu, madame, mais j'ay veu que c'estoit chose qui vous donnoit peine. — Ouy, ce dit-elle, bien fort ; car vous sçavez que j'ay respondu au Roy que vostre frere ne s'en iroit point ; et Matignon me vient de dire qu'il sçavoit tres-bien qu'il ne sera demain icy. » Lors me trouvant entre ces deux extremitez, ou de manquer à la fidelité que je debvois à mon frere, et mettre sa vie en danger, ou de jurer contre la verité (chose que je n'eusse voulu pour eviter mille morts), je me trouvay en si grande perplexité, que si Dieu ne m'eust assistée, ma façon eust assez tesmoingné, sans parler, ce que je craignois qui fust descouvert. Mais comme Dieu assiste les bonnes intentions, et sa divine bonté operoit en cette œuvre pour sauver mon frere, je composay tellement mon visage et mes paroles, qu'elle ne peust rien congnoistre que ce que je voulois, et que je n'offensay mon ame ni ma conscience par aulcun faulx serment. Je luy dis donc si elle ne cognoissoit pas bien la haine que monsieur de Matignon portoit à mon frere ; que c'estoit un brouillon malicieux, qui avoit regret de nous voir tous d'accord ; que lors que mon frere s'en iroit, que j'en voulois respondre de ma vie ; que je m'asseurois bien que ne m'ayant jamais rien celé, qu'il m'eust communicqué son dessein, s'il eust eu cette volonté ; que, lors que cela seroit, je luy abandonnerois ma vie : ce que je disois, m'asseurant bien que mon frere estant sauvé, l'on ne m'eust osé faire desplaisir ; et, au pis aller, quand nous eussions esté descouverts, j'aymois trop mieux engager ma vie que d'offenser mon ame par un faulx serment, et mettre la vie de mon frere en hazard. Elle, ne recherchant pas de pres le sens de mes paroles, me dit : Pensez bien à ce que vous dictes : vous m'en serez caution ; vous m'en respondrez sur vostre vie. » Je luy dis en me sousriant que c'estoit ce que je voulois ; et luy donnant le bon soir, je m'en allay en ma chambre, où me deshabillant en diligence, et me mettant au lict pour me desfaire de mes dames et filles, estant restée seule avec mes femmes de chambre, mon frere vient avec Simier et Cangé ; et me relevant, nous accommodasmes la corde avec un baston, et ayants regardé dans le fossé s'il y avoit personne, estant seulement aydée de trois de mes femmes qui couchoient en ma chambre, et du garçon de la chambre qui m'avoit apporté la corde, nous descendons premierement mon frere, qui rioit et gaussoit sans avoir aulcune apprehension, bien qu'il y eust une tres-grande haulteur, puis Simier, qui, pasle et tremblant, ne se pouvoit presque tenir de peur, puis Cangé, son valet de chambre. Dieu conduisit si heureusement mon frere sans estre descouvert, qu'il se rendist à Saincte Geneviefve, où Bussy l'attendoit, qui, du consentement de l'abbé[1], avoit faict un trou à la muraille de la ville par lequel il sortist ; et trouvant là des chevaulx tous prests, il se retira à Angers sans aulcune

[1] Cet abbé était Joseph Foulon, connu par les conférences qui se tinrent plus tard dans son abbaye, pendant le siége de Paris.

infortune[1]. Comme nous descendions Cangé le dernier, il se leve un homme du fonds du fossé, qui commence à courir vers le logis qui est aupres du jeu de paulme, qui est le chemin où l'on va vers le corps de garde. Moy, qui en tout ce hazard n'avois jamais apprehendé ce qui estoit de mon particulier, mais seulement la seureté ou le danger de mon frere, demeure demy pasmée de peur, croyant que ce fust quelqu'un qui, suivant l'advis de monsieur de Matignon, eust esté mis là pour nous guetter. Estimant que mon frere fust pris, j'entrois en un desespoir qui ne se peult representer que par l'essay de choses semblables.

Estant en ces alteres, mes femmes plus curieuses que moy de ma seureté et de la leur, prennent la corde et la mettent au feu, afin qu'elle ne feust trouvée, si le malheur estoit si grand que cet homme qui s'estoit levé du fossé y eust esté mis pour guetter. Cette corde, estant fort longue, faict une si grande flamme que le feu se met dans la cheminée; de façon que sortant par dessus le couvert, et estant apperceu des archers qui estoient cette nuict-là de garde, ils viennent fraper effroyablement à ma porte, disants que l'on ouvrist promptement. Lors, bien que je pensasse à ce coup-là que mon frere fust pris, et que nous fussions tous deux perdus; ayant tousjours neantmoins esperance

[1] Le vendredi 14 de ce mois (janvier 1578), sur les sept heures du soir, Monsieur s'en estant allé à l'abbaie Sainte-Geneviève et faisant semblant de venir faire collation avec l'abbé, s'en va en certain endroit de ladite abbaie, à ce destiné et ordonné, et, par dessus les murailles de la ville, se fait descendre avec une corde dans le fossé. (LESTOILE, *Journal de Henri III*.)

en Dieu, qui me conservoit le jugement entier (grace qu'il a pleu à sa divine bonté me faire en tous les dangers que je me suis trouvée), voyant que la corde n'estoit pas que demy-bruslée, je dis à mes femmes qu'elles allassent tout bellement à la porte demander ce qu'ils vouloient, parlant bas comme si j'eusse dormy : ce qu'elles font, et les archers leur dirent que c'estoit le feu qui estoit à ma cheminée, et qu'ils venoient pour l'esteindre. Mes femmes leur dirent que ce n'estoit rien, et qu'elles l'esteindroient bien, et qu'ils se gardassent bien de m'esveiller. Ils s'en revont. Cette alarme passée, à deux heures de là, voicy monsieur de Losse qui me vient querir pour aller trouver le Roy et la Royne ma mere, pour leur rendre raison de la sortie de mon frere, en ayant esté advertis par l'abbé de Saincte Geneviefve, qui, pour n'en estre embrouillé, et du consentement mesme de mon frere, lors qu'il vist qu'il estoit assez loing pour ne pouvoir estre attrapé, en vint advertir le Roy, disant qu'il l'avoit surprins en sa maison, et que, l'ayant tenu enfermé jusques à ce qu'ils eussent faict leur trou, qu'il n'avoit peu plustost en venir advertir le Roy.

Il me trouva au lict, car c'estoit la nuict, et me levant soudain avec mon manteau de nuict, une de mes femmes, indiscrette et effrayée, se prend à mon manteau en criant et pleurant, disant que je n'en reviendrois jamais. Monsieur de Losse la repoussant, me dict tout bas : « Si cette femme avoit faict ce traict devant une personne qui ne vous fust serviteur comme je suis, cela vous mettroit en peine; mais ne craignez rien, et louez Dieu; car monsieur vostre frere est sauvé. » Ces paroles me furent un secours bien necessaire pour me fortifier contre les menaces et intimidations que j'avois à souffrir du Roy, que je trouvay assis au chevet du lict de la Royne ma mere, en une telle colere, que je croy qu'il me l'eust fait ressentir, si la crainte de l'absence de mon frere et la presence de la Royne ma mere ne l'en eussent empesché. Ils me dirent tous deux ensemble que je leur avois dict que mon frere ne s'en iroit point, et que je leur en avois respondu. Je leur dis qu'ouy, mais qu'il m'avoit trompé en cela comme eux; que toutesfois je leur respondois, à peine de ma vie, que son partement n'apporteroit aucune alteration au service du Roy, et qu'il s'en alloit seulement chez luy, pour donner ordre à ce qui luy estoit necessaire pour son entreprise de Flandres. Cela adoucit un peu le Roy, et me laissa retourner en ma chambre.

Il eust bien tost nouvelles de mon frere, qui l'asseuroient de sa volonté, telle comme je luy avois dict; ce qui fist cesser la plainte, non le mescontentement, monstrant en apparence d'y vouloir ayder, mais en effect traversant soubs main les apprests de son armée pour Flandre.

Le temps s'estant passé de cette façon, moy pressant à toute heure le Roy me vouloir permettre d'aller trouver le Roy mon mary, luy voyant qu'il ne me le pouvoit plus refuser, et ne voulant que je partisse mal satisfaite de luy; desirant oultre cela infiniment me separer de l'amitié de mon frere, il m'oblige par toutes sortes de bienfaits : me donnant, suivant la promesse que la Royne ma mere m'en avoit faicte à la paix de Sens, l'assignat de mon dot en terres, et oultre cela la nomination des offices et benefices. Et oultre la pension qu'il me donnoit, telle que les filles de France ont accoustumé d'avoir, il m'en donna encore une de l'argent de ses coffres, prenant la peine de me venir voir tous les matins, et me representant combien son amitié me pouvoit estre utile; que celle de mon frere me causeroit enfin ma ruine, et que la sienne me pouvoit faire vivre bien heureuse, et mille aultres raisons tendantes à cette fin. En quoy jamais il ne peust esbranler la fidelité que j'avois vouée à mon frere, ne pouvant tirer aultre chose de moy, sinon que mon plus grand desir estoit de voir mon frere en sa bonne grace; qu'il me sembloit qu'il n'avoit pas merité d'en estre esloingné, et que je m'asseurois qu'il s'efforceroit de s'en rendre digne par toute sorte d'obeissance et de tres-humble service; que pour moy, je me ressentois d'estre obligée à luy de tant d'honneur et de biens qu'il me faisoit; qu'il se pouvoit bien asseurer qu'estant auprés du Roy mon mary, je ne manquerois nullement aux commandemens qu'il luy plairoit me faire, et que je ne travaillerois à aultre chose qu'à maintenir le Roy mon mary en son obeissance.

Mon frere estant lors sur son partement de Flandre, la Royne ma mere le voulust aller voir à Alençon avant qu'il partist. Je suppliay le Roy de trouver bon que je l'accompaignasse pour luy dire à Dieu, ce qu'il me permit, bien qu'à regret. Revenus que nous fusmes d'Alençon, ayant toutes choses prestes pour mon partement, je suppliay encore le Roy de me laisser aller. Lors la Royne ma mere, qui avoit aussi un voiage à faire en Gascongne pour le service du Roy (ce païs-là ayant besoin de luy ou d'elle), elle se resolut que je n'irois pas sans elle[1]. Et partants de Paris, le Roy nous mena à son d'Olinville[2], où, apres nous avoir traictez quelques jours, nous prinsmes congé de luy[3], et dans peu de temps nous fusmes en Guyenne, où, des que nous entrasmes dans le gouvernement du Roy mon mary, l'on me fist entrée par tout. Il vint au devant de la Royne ma mere jusques à La Reolle, ville que ceux de la religion tenoient : la desfiance qui estoit encor alors (la paix n'estant encore bien establie), ne luy ayant peu permettre de venir plus oultre. Il y estoit tres-bien accompaigné de tous les seigneurs et

[1] Ce voyage se fit, à ce qu'il paraît, aux dépens du clergé, ou du moins on se servit de ce prétexte pour le rançonner. Voici ce qu'on lit à ce sujet dans Lestoile : « Sur la fin de ce mois (juillet 1578), le Roy demanda au clergé de France une décime et demie d'extraordinaire, oultre les moiennes décimes ordinaires, soubs prétexte des frais qu'il convenoit faire pour renvoier la roine de Navarre, sa seur, au roi de Navarre son mari, dont tout le clergé murmura fort. » (*Journal de Henri III*, 1578.)

[2] Ollainville est aujourd'hui un petit village de Seine-et-Oise. Henri III y possédait une maison de plaisance.

[3] Le samedi 2 aoust, la roine de Navarre partit du chasteau d'Olinville pour prendre le chemin de Gascongne, vers le Roy son mari, et l'accompagnent la Roine sa mère, le cardinal de Bourbon, le duc de Montpensier, et messire Gui du Faur, sieur de Pybrac, président de la cour. (LESTOILE, *Journal de Henri III*, 1578.) — Après les mots : *le Roy son mari*, Lestoile avait ajouté, dit l'éditeur, la ligne suivante, qu'il a postérieurement effacée : « à son grand regret et corps défendant, selon le bruit tout commun. »

gentils-hommes de la religion de Gascongne, et de quelques catholiques. La Royne ma mere pensoit y demeurer peu de temps; mais il survinst tant d'accidens, et du costé des huguenots et du costé des catholiques, qu'elle fust contraincte d'y demeurer dix-huict mois; et en estant faschée, elle vouloit quelquesfois attribuer que cela se faisoit artificieusement pour voir plus long-temps ses filles, pour ce que le Roy mon mary estoit devenu fort amoureux de Dayelle[1], et monsieur de Thurene de La Vergne[2]; ce qui n'empeschoit pas que je ne receusse beaucoup d'honneur et d'amitié du Roy, qui m'en tesmoingnoit aultant que j'en eusse peu desirer, m'ayant, des le premier jour que nous arrivasmes, conté tous les artifices que l'on luy avoit faicts pendant qu'il estoit à la cour pour nous mettre mal ensemble; ce qu'il recognoissoit bien avoir esté faict seulement pour rompre l'amitié de mon frere et de luy, et pour nous ruiner tous trois; monstrant avoir beaucoup de contentement que nous fussions ensemble.

Nous demeurasmes en cette heureuse condition tant que la Royne ma mere fust en Gascongne; laquelle, apres avoir estably la paix, changé de lieutenant de Roy à la priere du Roy mon mary, ostant monsieur

[1] Elle était Grecque de naissance, et s'était sauvée du sac de Chypre en 1571; elle épousa depuis Jean d'Hémerits, gentilhomme normand. Il ne faut pas la confondre avec Victoire d'Ayelle (Ayala), fille d'honneur de la reine Catherine. Celle-ci était d'une famille illustre d'Espagne, et épousa, en 1580, Camille de Fera, seigneur originaire de Mantoue.

[2] Voyez Castelnau, t. I, p. 328, où on lit : Mademoiselle de La Vernay.

le marquis de Villars [1] pour y mettre monsieur le mareschal de Biron; elle passant en Languedoc, nous la conduisismes jusques à Castelnaudarry, où prenants congé d'elle, nous nous en revinsmes à Pau en Béarn, où, n'y ayant nul exercice de la religion catholique, l'on me permit seulement de faire dire la messe en une petite chapelle qui n'avoit que trois ou quatre pas de long, qui, estant fort estroicte, estoit pleine quand nous y estions sept ou huict.

A l'heure que l'on vouloit dire la messe, l'on levoit le pont du chasteau, de peur que les catholiques du païs, qui n'avoient nul exercice de religion, l'ouïssent; car ils estoient infiniment desireux de pouvoir assister au saint sacrifice, de quoy ils estoient depuis plusieurs années privez; et poussez de ce sainct et juste desir, les habitans de Pau trouverent moyen le jour de la Pentecoste, avant que l'on levast le pont, d'entrer dans le chasteau, se glissants dans la chapelle, où ils n'avoient point esté descouverts, jusques sur la fin de la messe; qu'entrouvrants la porte, pour laisser entrer quelqu'un de mes gens, quelque huguenot espiant à la porte les apperceust, et l'alla dire au Pin, secretaire du Roy mon mary [2], lequel possedoit infiniment son maistre, et avoit grande auctorité

---

[1] André de Brancas.

[2] L'ambassadeur d'Angleterre écrivait en 1574 à la Reine régente : « Il est arryvé icy d'Allemaigne ung Françoys, qu'on m'a dict s'appeler de son propre surnom Poutrin, mais il se faict nommer Dupin, lequel a esté negocier en ceste court. » — Cet agent des protestants de France ne serait-il pas le même que le Pin ou Dupin dont il est ici question? (*Correspondance diplomatique de Bertrand de Salignac de La Mothe Fénelon*, publiée par M. A. Teulet.).

en sa maison, maniant toutes les affaires de ceux de la religion; lequel y envoya des gardes du Roy mon mary, qui, les tirant dehors et les battant en ma presence, les menerent en prison, où ils furent long-temps, et payerent une grosse amende. Cette indignité fust ressentie infiniement de moy, qui n'attendois rien de semblable. Je m'en allay plaindre au Roy mon mary, le suppliant faire relascher ces pauvres catholiques, qui n'avoient point merité un tel chastiment, pour avoir voulu, apres avoir esté si long-temps privez de l'exercice de nostre religion, se prevaloir de ma venue pour rechercher le jour d'une si bonne feste d'ouyr ma messe. Le Pin se met en tiers, sans y estre appellé, et, sans porter ce respect à son maistre de le laisser respondre, prend la parole, et me dit: que je ne rompisse point la teste au Roy mon mary de cela, et que, quoy que j'en peusse dire, il n'en seroit faict aultre chose; qu'ils avoient bien merité ce que l'on leur faisoit, et que, pour mes parolles, il n'en seroit ny plus ny moings; que je me contentasse que l'on me permettoit de faire dire une messe pour moy, et pour ceux de mes gens que j'y voudrois mener. Ces paroles m'offenserent beaucoup d'un homme de telle qualité, et suppliay le Roy mon mary, si j'estois si heureuse d'avoir quelque part en sa bonne grace, de me faire congnoistre qu'il ressentoit l'indignité qu'il me voyoit recepvoir par ce petit homme, et qu'il m'en fist raison. Le Roy mon mary, voyant que je m'en passionnois justement, le fist sortir et oster de devant moy, me disant qu'il estoit fort marry de l'indiscretion de du Pin, et que c'estoit le zele de sa religion qui l'avoit transporté à cela; mais qu'il m'en feroit telle raison que je voudrois; que pour ces prisonniers catholiques, qu'il adviseroit avec ses conseillers du parlement de Pau ce qui se pourroit faire pour me contenter. M'ayant ainsy parlé, il alla apres en son cabinet, où il trouva le Pin, qui, apres avoir parlé à luy, le changea tout; de sorte que, craingnant que je le requisse de luy donner congé, il me fuit et me fait la mine. Enfin, voyant que je m'opiniastrois à vouloir qu'il choisist de du Pin ou de moy, celuy qui luy seroit plus agreable, tous ceux qui estoient là, et qui haïssoient l'arrogance de du Pin, luy dirent qu'il ne me debvoit mescontenter pour un tel homme, qui m'avoit tant offensée, que, si cela venoit à la cognoissance du Roy et de la Royne ma mere, ils trouveroient fort mauvais qu'il l'eust souffert et tenu pres de luy : ce qui le contraingnist enfin de luy donner congé. Mais il ne laissa à continuer de m'en vouloir du mal et de m'en faire la mine, y estant, à ce qu'il m'a dit depuis, persuadé par monsieur de Pibrac, qui jouoit au double : me disant à moy, que je ne debvois souffrir d'estre bravée d'un homme de peu comme cettuy-là, et, quoy que ce fust, qu'il falloit que je le fisse chasser, et disant au Roy mon mary qu'il n'y avoit apparence que je le privasse du service d'un homme qui luy estoit si necessaire; ce que monsieur de Pibrac faisoit pour me convier à force de desplaisirs de retourner en France, où il estoit attaché à son estat de president et de conseiller au conseil du Roy. Et pour empirer encor ma condition, depuis que Dayelle s'estoit esloingnée, le Roy mon mary s'estoit mis à rechercher Rebours[1], qui estoit une fille malicieuse, qui ne m'aimoit point, et qui me faisoit tous les plus mauvais offices qu'elle pouvoit en son endroit[2].

En ces traverses, ayant tousjours recours à Dieu, il eust enfin pitié de mes larmes, et permist que nous partissions de ce petit Geneve de Pau, où, de bonne fortune pour moy, Rebours y demeura malade; laquelle le Roy mon mary perdant des yeux, perdist aussi d'affection, et commença à s'embarquer avec Fosseuse[3], qui estoit plus belle, et pour lors toute enfant et toute bonne. Dressans nostre chemin devers Montauban, nous passasmes par une petite ville nommée Eause[4], où, la

---

[1] Elle était fille de Guillaume Rebours, président au parlement, qui donna lieu plus tard à ce jeu de mots rapporté par Lestoile : « Le samedi 16 juin 1590, ceux du Roy tirèrent à coup perdu sur Paris, de deux pièces qu'ils avoient posées sur le mont des Martirs de Montmartre : du boulet de l'une desquelles fut blessé le président Rebours, qui en eust la jambe rompue.... et pour ce que ledit Rebours estoit tenu pour roial et *politique*, les prédicateurs en leur chaire en faisoient une gosserie, et disoient *que les coups que tiroient les roiaux alloient tout à rebours*. (Journal de Henri IV.)

[2] Marguerite ne luy en fit plus cruel traitement, dit Brantôme, et venant à estre fort malade à Chenonceaux, où elle mourut, la visita, et, ainsi qu'elle voulut rendre l'âme, l'admonesta, et puis dit : « Cette pauvre fille endure beaucoup; mais aussi elle a fait bien du mal. Dieu luy pardonne comme je luy pardonne. » (*Femmes illustres*, éloge de Marguerite de France.)

[3] Françoise de Montmorency, cinquième fille de Pierre, marquis de Thury, baron de Fosseux, mariée depuis au baron de Cinq-Mars. (Voyez *Mémoires de Castelnau*, t. I, p. 329; *Histoire de Montmorency*, p. 304; et la *Confession de Sancy*.)

[4] Eause, petite ville de l'Armagnac, aujourd'hui département du Gers.

nuict que nous y arrivasmes, le Roy mon mary tomba malade d'une grande fievre continue, avec une extresme douleur de teste, qui luy dura dix-sept jours, durant lesquels il n'avoit repos ny jour ny nuict, et le falloit perpetuellement changer de lict à autre. Je me rendis si subjecte à le servir, ne me partant jamais d'aupres de luy, sans me deshabiller, qu'il commença d'avoir agreable mon service, et à s'en louer à tout le monde, et particulierement à mon cousin monsieur de Turenne [1]; qui, me rendant office de bon parent, me remit aussi bien aupres de luy que j'y avois jamais esté : felicité qui me dura l'espace de quatre ou cinq ans que je fus en Gascongne avec luy; faisant la pluspart de ce temps-là nostre sejour à Nerac, où nostre cour estoit si belle et si plaisante, que nous n'envïons point celle de France; y ayant madame la princesse de Navarre sa sœur, qui depuis a esté mariée à monsieur le duc de Bar mon nepveu [2], et moy avec bon nombre de dames et filles; et le Roy mon mary estant suivy d'une belle trouppe de seigneurs et gentils-hommes, aussi honnestes gens que les plus galans que j'aye veu à la cour; et n'y avoit rien à regretter en eux, sinon qu'ils estoient huguenots. Mais de cette diversité de religion il ne s'en oyoit point parler : le Roy mon mary et madame la princesse sa sœur allants d'un costé au presche, et moy et mon train à la messe, en une chappelle qui est dans le parc; d'où, comme je sor-

---

[1] Henri de La Tour, vicomte de Turenne, puis duc de Bouillon.
[2] La princesse Catherine de Bourbon, qui épousa, en 1599, Henri de Lorraine, duc de Bar.

tois, nous nous rassemblions pour nous aller promener ensemble, ou en un tres-beau jardin qui a des allées de lauriers et de cyprez fort longues, ou dans le parc que j'avois faict faire, en des allées de trois mille pas qui sont au long de la riviere; et le reste de la journée se passoit en toutes sortes d'honnestes plaisirs, le bal se tenant d'ordinaire l'apres-disnée et le soir.

Durant tout ce temps-là, le Roy servoit Fosseuse, qui, dependant du tout de moy, se maintenoit avec tant d'honneur et de vertu, que, si elle eust tousjours continué de cette façon, elle ne feust tombée au malheur qui depuis luy en a tant apporté et à moy aussy. Mais la fortune, envieuse d'une si heureuse vie, qui sembloit, en la tranquillité et union où nous nous maintenions, mespriser sa puissance, comme si nous n'eussions esté subjects à sa mutabilité, suscite, pour nous troubler, un nouveau subject de guerre entre le Roy mon mary et les catholiques; rendant le Roy mon mary et monsieur le mareschal de Biron (qui avoit esté mis en cette charge de lieutenant de Roy en Guyenne à la requeste des huguenots), tant ennemys, que, quoy que je peusse faire pour les maintenir bien ensemble, le Roy mon mary et luy, je ne peus empescher qu'ils ne vinssent à une extresme desfiance et haine, commençans à se plaindre l'un de l'aultre au Roy: le Roy mon mary demandant que l'on luy ostast monsieur le mareschal de Biron de Guyenne, et monsieur le mareschal taxant mon mary et ceux de la religion pretendue d'entreprendre plusieurs choses contre le traicté de la paix.

Ce commencement de desunion s'allant tousjours accroissant, à mon tres-grand regret, sans que j'y peusse remedier, monsieur le mareschal de Biron conseillé au Roy de venir en Guyenne, disant que sa presence y apporteroit un ordre. De quoy les huguenots estans advertis, croyent que le Roy y venoit seulement pour les desemparer de leurs villes et s'en saisir ; ce qui les fist resoudre à prendre les armes, qui estoit tout ce que je craingnois de voir ; moy estant embarquée à courre la fortune du Roy mon mary, et par consequent me voir en un party contraire à celuy du Roy et à celuy de ma religion. J'en parlay au Roy mon mary, pour l'en empescher, et à tous ceux de son conseil, leur remonstrant combien peu advantageuse leur seroit cette guerre, où ils avoient un chef contraire, tel que monsieur le mareschal de Biron, grand cappitaine et fort animé contre eux, qui ne les feindroit ni ne les espargneroit comme avoient faict d'aultres ; que si la puissance du Roy estoit emploiée contre eux, avec intention de les exterminer tous, ils n'estoient pas pour y resister. Mais la crainte qu'ils avoient de la venue du Roy en Guyenne, et l'esperance de plusieurs entreprises qu'ils avoient sur la pluspart des villes de Gascongne et de Languedoc les y poussoit tellement, qu'encore que le Roy mon mary me fist cet honneur d'avoir beaucoup plus de creance et de fiance en moy, et que les principaulx de ceux de la religion m'estimassent avoir quelque jugement, je ne peus pourtant leur persuader ce que bien-tost apres ils recongneurent à leurs despens estre vray. Il fallut laisser passer ce torrent, qui allentit bien-tost son cours, quand ils vindrent à l'experience de ce que je leur avois predict.

Long-temps devant que l'on vint à ces termes, voyant que les choses s'y disposoient, j'en avois souvent adverty le Roy et la Royne ma mere, pour y remedier, en donnant quelque contentement au Roy mon mary; mais ils n'en avoient tenu compte, et sembloit qu'ils fussent bien aises que les choses en vinssent là; estans persuadez par le feu mareschal de Biron qu'il avoit moyen de reduire les huguenots aussi bas qu'il voudroit. Mes advis negligez, peu à peu ces aigreurs s'en vont augmentant, de sorte qu'ils en viennent aux armes. Mais ceux de la religion pretendue s'estans de beaucoup mescontez aux forces qu'ils faisoient estat de mettre ensemble, le Roy mon mary se trouve plus foible que le mareschal de Biron; mesmes toutes leurs entreprises estans faillies, fors celle de Cahors, qu'ils prindrent par petards avec perte de beaucoup de gens, pour y avoir monsieur de Vezins[1] combattu l'espace de deux ou trois jours, leur ayant disputé rue apres rue et maison apres maison; où le Roy mon mary fist paroistre sa prudence et valeur, non comme prince de sa qualité, mais comme un prudent et hazardeux cappitaine. Cette prise les affoiblist plus qu'elle ne les fortifia. Le mareschal de Biron prenant son temps, tinst la campagne, attaquant et emportant toutes les petites villes qui tenoient pour les huguenots, mettant tout au fil de l'espée.

[1] Voyez son éloge dans les histoires du président de Thou, l. LII, et de d'Aubigné, t. I, l. 1, ch. 4, et l. IV, ch. 7.

Des le commencement de cette guerre, voyant que l'honneur que le Roy mon mary me faisoit de m'aimer me commandoit de ne l'abandonner, je me resolus de courre sa fortune; non sans extresme regret de voir que le motif de cette guerre fust tel, que je ne pouvois souhaitter l'avantage de l'un ou de l'aultre que je ne souhaittasse mon dommage; car, si les huguenots avoient du meilleur, c'estoit à la ruine de la religion catholique, de quoy j'affectionnois la conservation plus que ma propre vie. Si aussi les catholiques avoient l'avantage sur les huguenots, je voyois la ruine du Roy mon mary. Retenue neantmoins aupres de luy par mon debvoir, et par l'amitié et fiance qu'il luy plaisoit me monstrer, j'escrivy au Roy et à la Royne ma mere l'estat en quoy je voyois les affaires de ce païs-là, pour en avoir esté les advis que je leur en avois donnez negligez; que je les suppliois, si en ma consideration ils ne me vouloient tant obliger que de faire esteindre ce feu, au milieu duquel je me voyois exposée, qu'au moins il leur pleust commander à monsieur le mareschal de Biron, que la ville où je faisois mon sejour, qui estoit Nerac, fust tenue en neutralité, et qu'à trois lieues pres de là il ne s'y fist point la guerre; et que j'en obtiendrois aultant du Roy mon mary pour le party de ceux de la religion. Cela me fust accordé du Roy, pourveu que le Roy mon mary ne fust point dans Nerac; mais que, lors qu'il y seroit, la neutralité n'auroit point de lieu. Cette condition fust observée de l'un et de l'aultre party avec aultant de respect que j'eusse peu desirer; mais elle n'empescha pas que le

Roy mon mary ne vinst souvent à Nerac, où nous estions madame sa sœur et moy, estant son naturel de se plaire parmy les dames, mesmes estant lors fort amoureux de Fosseuse (qu'il avoit tousjours servie depuis qu'il quicta Rebours), de laquelle je ne recepvois nul mauvais office; et, pour cela, le Roy mon mary ne laissoit de vivre avec moy en pareille privauté et amitié que si j'eusse esté sa sœur, voyant que je ne desirois que de le contenter en toutes choses.

Toutes ces considerations l'ayants un jour amené à Nerac avec ses trouppes, il y sejourna trois jours, ne pouvant se despartir d'une compagnie et d'un sejour si agreable. Le mareschal de Biron, qui n'espioit qu'une telle occasion, en estant adverty, feint de venir avec son armée pres de là, pour joindre à un passage de riviere monsieur de Cornusson, seneschal de Tolose, qui luy amenoit des trouppes; et, au lieu d'aller là, tourne vers Nerac, et sur les neuf heures du matin, il s'y presente avec toute son armée en bataille, pres et à la vollée du canon. Le Roy mon mary, qui avoit eu advis des le soir de la venue de monsieur de Cornusson, voulant les empescher de se joindre et les combattre separés, ayant forces suffisantes pour ce faire (car il avoit lors monsieur de La Rochefoucault avec toute la noblesse de Xainctonge, et bien huict cens harquebusiers à cheval qu'il luy avoit amenez), estoit party du matin, au poinct du jour, pensant les rencontrer sur le passage de la riviere; mais les ayant failly, pour n'avoir esté bien adverty, monsieur de Cornusson ayant des le soir devant passé la riviere, il s'en revient à Nerac, où, comme il entroit par une porte, il sçeust le mareschal de Biron estre en bataille devant l'aultre. Il faisoit ce jour-là un fort mauvais temps, et une si grande pluye, que l'arquebuserie ne pouvoit servir. Neantmoins le Roy mon mary jette quelques trouppes des siennes dans les vignes, pour empescher que le mareschal de Biron n'approchast plus pres; n'y ayant moyen, à cause de l'extresme pluye qu'il faisoit ce jour-là, de faire aultre effect. Le mareschal de Biron demeurant cependant en bataille à nostre veue, et laissant seulement desbander deux ou trois des siens, qui vindrent demander des coups de lance pour l'amour des dames, se tenoit ferme, couvrant son artillerie jusques à ce qu'elle fust preste à tirer; puis, faisant soudain fendre sa trouppe, faict tirer sept ou huict volées de canon dans la ville, dont l'une donna jusques au chasteau; et ayant faict cela, part de là et se retire, m'envoyant un trompette pour s'excuser à moy, me mandant que si j'eusse esté seule, il n'eust pour rien du monde entrepris cela; mais que je sçavois qu'il estoit dict, en la neutralité qui avoit esté accordée par le Roy, que, si le Roy mon mary estoit à Nerac, la neutralité n'auroit point de lieu, et qu'il avoit commandement du Roy de l'attaquer en quelque lieu qu'il fust.

En toutes aultres occasions, monsieur le mareschal de Biron m'avoit rendu beaucoup de respect, et tesmoingné de m'estre amy; car, luy estant tombé de mes lettres entre les mains durant la guerre, il me les avoit renvoyées toutes fermées; et tous ceux qui se disoient à moy ne recepvoient de luy qu'honneur et bon traictement. Je respondis à son trompette que je sçavois bien que monsieur le mareschal ne faisoit en cela que ce qui estoit du debvoir de la guerre et du commandement du Roy; mais qu'un homme prudent comme il estoit pouvoit bien satisfaire et à l'un et à l'aultre, sans offenser ses amys; qu'il me pouvoit bien laisser jouir ces trois jours du contentement de voir le Roy mon mary à Nerac; qu'il ne pouvoit l'attaquer en ma presence sans s'attaquer aussi à moy; que j'en estois fort offensée, et que je m'en plaindrois au Roy. Cette guerre dura encor quelque temps, ceux de la religion ayant toujours du pire; ce qui m'aidoit à disposer le Roy mon mary à une paix. J'en escrivis souvent au Roy et à la Royne ma mere, mais ils n'y vouloient point entendre, se fiants en la bonne fortune, qui jusques alors avoit accompagné monsieur le mareschal de Biron.

En même temps que cette guerre commença, la ville de Cambray, qui s'estoit, depuis mon partement de France, mise en l'obeissance de mon frere par le moyen de monsieur d'Inchy[1], duquel j'ay parlé cy-devant, fust assiegée des forces espaignoles : de quoy mon frere, qui estoit chez luy au Plessis lez Tours, fust adverty, lequel estoit depuis peu revenu de son premier voyage de Flandres, où il avoit receu les villes de Mons, Valenciennes et aultres, qui estoient du gouvernement du comte de Lalain, qui avoit pris le party de mon

---

[1] Voyez, dans les *OEconomies de Sully*, chap. XVI, le récit de la **sale tromperie** dont le *pauvre monsieur d'Inchy* fut la victime.

frere, le faisant recongnoistre pour seigneur en tous les pays de son authorité. Mon frere le voulant secourir, faict soudain lever des gens pour mettre sus une armée, pour s'y acheminer; et pour ce qu'elle ne pouvoit estre si tost preste, il y faict en attendant jetter monsieur de Balagny, pour soustenir le siege, attendant qu'avec son armée il le peust faire lever. Comme il estoit sur ces apprests, et qu'il commençoit d'avoir une partie des forces qui luy estoient necessaires, cette guerre des huguenots intervint, qui fist desbander tous ses soldats, pour se mettre aux compagnies de l'armée du Roy, qui venoit en Gascongne; ce qui osta à mon frere toute esperance de secourir Cambray, laquelle ne se pouvoit perdre qu'il ne perdist tout le reste du pays qu'il avoit conquis, et, ce qu'il regrettoit le plus, monsieur de Balagny et tous ces honnestes gens qui s'estoient jettez dans Cambray.

Ce desplaisir luy fust extreme; et comme il avoit un grand jugement, et qu'il ne manquoit jamais d'expediens en ses adversitez, voyant que le seul remede eust esté de pacifier la France, luy qui avoit un courage qui ne trouvoit rien de difficile, entreprend de faire la paix, et depesche soudain un gentil-homme au Roy pour le luy persuader, et le supplier de luy donner la charge de la traicter. Ce qu'il faisoit, craingnant que ceux qui y eussent esté commis ne l'eussent faict tirer en telle longueur qu'il n'y eust plus eu moyen de secourir Cambray; où monsieur de Balagny s'estant jetté, comme j'ay dict, manda à mon frere qu'il luy donneroit le temps de six mois pour le secourir; mais que, si dans ce temps-là l'on ne faisoit lever le siege, la necessité de vivres y seroit telle qu'il n'y auroit moyen de contenir le peuple de la ville, et de l'empescher de se rendre. Dieu ayant assisté mon frere au dessein qu'il avoit de persuader le Roy à la paix, [il] aggrée l'offre que luy faisoit mon frere, de s'employer à la traicter, estimant par ce moyen de le destourner de son entreprise de Flandres qu'il n'avoit jamais eue agreable, et luy donna la commission de traicter et faire cette paix; luy mandant qu'il luy envoieroit pour l'assister en cette negotiation messieurs de Villeroy et de Bellievre. Cette commission reussit si heureusement à mon frere, que venant en Gascongne (où il demeura sept mois pour cet effect, qui luy durerent beaucoup, pour l'envie qu'il avoit d'aller secourir Cambray, encore que le contentement qu'il avoit que nous fussions ensemble luy addoucist l'aigreur de ce soing), il fist la paix au contentement du Roy et de tous les catholiques, laissant le Roy mon mary et les huguenots de son party non moins satisfaicts; y ayant procedé avec telle prudence qu'il en demeura loué et aimé de tous; et ayant en ce voyage acquis ce grand cappitaine, monsieur le mareschal de Biron, qui se voua à luy pour prendre la charge de son armée de Flandres, et lequel il retiroit de Gascongne pour faire plaisir au Roy mon mary, qui eust en son lieu, pour lieutenant en Guyenne, monsieur le mareschal de Matignon.

Avant que mon frere partist, il desira faire l'accord du Roy mon mary et de monsieur le mareschal de Biron; mais cela feut impossible, estant les offenses passées trop avant. Il obtint seulement du Roy mon mary qu'il me permettoit de voir monsieur le mareschal de Biron, pourveu qu'à la premiere veue il me fist satisfaction par une honneste excuse de ce qui s'estoit passé à Nerac, et me commanda de le braver avec toutes les rudes et desdaingneuses paroles que je pourrois. J'usay de ce commandement passionné de mon frere avec la discretion requise en telles choses, sçachant bien qu'un jour il en auroit regret, pouvant esperer beaucoup d'assistance d'un tel cavallier. Mon frere s'en retournant en France, accompagné de monsieur le mareschal de Biron, avec non moins d'honneur et de gloire d'avoir pacifié un si grand trouble au contentement de tous, que de toutes les victoires que par armes il avoit eues, en fist son armée encor plus grande et plus belle. Mais comme la gloire et le bon heur est tousjours suivy d'envie, le Roy n'y prenant point plaisir, et en ayant eu aussi peu des sept mois que mon frere et moy avions demeuré ensemble en Gascongne, traictans la paix, pour trouver un object à son ire, s'imagine que j'avois faict naistre cette guerre, y ayant poussé le Roy mon mary ( qui peut bien tesmoingner le contraire ), pour donner l'honneur à mon frere de faire la paix; laquelle, si elle eust despendu de moy, il l'eust eue avec moings de temps et de peine : car ses affaires de Flandres et de Cambray recepvoient un grand prejudice de son retardement. Mais quoy! l'envie et la haine fascinent les yeux, et font qu'ils ne voyent jamais les choses telles qu'elles sont.

Le Roy, bastissant sur ce faulx fondement une haine

mortelle contre moy, et faisant revivre en sa memoire
la souvenance du passé (comme, durant qu'il estoit en
Polongne et depuis qu'il en estoit revenu, j'avois tousjours embrassé les affaires et le contentement de mon
frere plus que le sien), joingnant tout cela ensemble, il
jura ma ruine et celle de mon frere; en quoy la fortune favorisa son animosité, faisant que durant les sept
mois que mon frere fut en Gascongne, le malheur fut
tel pour moy qu'il devint amoureux de Fosseuse, que
le Roy mon mary servoit, comme j'ay dict, depuis
qu'il eust quicté Rebours. Cela pensa convier le Roy
mon mary à me vouloir mal, estimant que j'y fisse de
bons offices pour mon frere contre luy; ce qu'ayant
recongneu, je priay tant mon frere, luy remonstrant la
peine où il me mettoit par cette recherche, que luy,
qui affectionnoit plus mon contentement que le sien,
força sa passion et ne parla plus à elle. Ayant remedié de ce costé-là, la fortune (laquelle, quand elle commence à poursuivre une personne, ne se rebutte point
pour le premier coup que l'on luy a faict teste) me
dresse une aultre embusche bien plus dangereuse que
cette-ci; faisant que Fosseuse, qui aimoit extresmement le Roy mon mary, et qui toutesfois jusques alors
ne luy avoit permis que les privautez que l'honnesteté
peut permettre, pour luy oster la jalousie qu'il avoit
de mon frere, et luy faire cognoistre qu'elle n'aimoit
que luy, s'abandonne tellement à le contenter en tout
ce qu'il vouloit d'elle, que le malheur fust si grand
qu'elle devint grosse. Lors, se sentant en cet estat, elle
change toute de façon de proceder avec moy; et, au lieu

qu'elle avoit accoustumé d'y estre libre, et de me rendre à l'endroict du Roy mon mary tous les bons offices qu'elle pouvoit, elle commence à se cacher de moy, et à me rendre aultant de mauvais offices qu'elle m'en avoit faict de bons. Elle possedoit de sorte le Roy mon mary, qu'en peu de temps je le cogneus tout changé. Il s'estrangeoit de moy, il se cachoit, et n'avoit plus ma presence si agreable qu'il avoit eue, les quatre ou cinq heureuses années que j'avois passées avec luy en Gascongne, pendant que Fosseuse s'y gouvernoit avec honneur.

La paix faicte comme j'ay dict, mon frere s'en retournant en France pour faire son armée, le Roy mon mary et moy nous nous en retournasmes à Nerac; où soudain que nous fusmes arrivez, Fosseuse luy mect en teste, pour trouver une couverture à sa grossesse, ou bien pour se desfaire de ce qu'elle avoit, d'aller aux eaux de Aigues-Caudes qui sont en Bearn. Je suppliay le Roy mon mary de m'excuser, si je ne l'accompagnois à Aigues-Caudes; qu'il sçavoit que, depuis l'indignité que j'avois receue à Pau, j'avois faict serment de n'entrer jamais en Bearn que la religion catholique n'y feust. Il me pressa fort d'y aller, jusques à s'en courroucer. Enfin je m'en excuse. Il me dit alors que sa fille (car il appelloit ainsi Fosseuse) avoit besoin d'en prendre, pour le mal d'estomach qu'elle avoit. Je luy dis que je voulois bien qu'elle y allast. Il me respond qu'il n'y avoit point d'apparence qu'elle y allast sans moy; que ce seroit faire penser mal où il n'y en avoit point; et se fasche fort contre moy de ce que je ne la luy voulois point mener. Enfin je fis tant qu'il se contenta qu'il allast avec elle deux de ses compagnes, qui furent Rebours et Villesavin ¹, et la gouvernante. Elles s'en allerent avec luy, et moy j'attendis à Baniere. J'avois tous les jours advis de Rebours (qui estoit celle qu'il avoit aimée ; qui estoit une fille corrompue et double, qui ne desiroit que de mettre Fosseuse dehors, pensant tenir sa place en la bonne grace du Roy mon mary), que Fosseuse me faisoit tous les plus mauvais offices du monde, medisant ordinairement de moy, et se persuadant, si elle avoit un fils et qu'elle se peust desfaire de moy, d'espouser le Roy mon mary; qu'en cette intention, elle me vouloit faire aller à Pau, et quelle avoit faict resoudre le Roy mon mary, estant de retour à Baniere, de m'y mener ou de gré ou de force. Ces advis me mettoient en la peine que l'on peut penser. Toutesfois, ayant tousjours fiance en la bonté de Dieu et en celle du Roy mon mary, je passay le temps de ce sejour de Baniere en l'attendant, et versant autant de larmes qu'eux beuvoient de gouttes des eaues où ils estoient; bien que j'y feusse accompagnée de toute la noblesse catholique de ce quartier-là, qui mettoit toute la peine qu'elle pouvoit de me faire oublier mes ennuis.

Au bout d'un mois ou cinq sepmaines, le Roy mon mary, revenant avec Fosseuse et ses aultres compagnes, sceust, de quelqu'un de ces seigneurs qui estoient avec moy, l'ennuy où j'estois pour la crainte que j'avois

---

¹ Voyez Castelnau, t. I, p. 329.

d'aller à Pau; qui fut cause qu'il ne me pressa pas tant d'y aller, et me dit seulement qu'il eust bien desiré que je l'eusse voulu. Mais, voyant que mes larmes et mes paroles luy disoient ensemble que j'eslirois plus-tost la mort, il changea de dessein, et retournasmes à Nerac; où voyant que tout le monde parloit de la grossesse de Fosseuse, et que non seulement en nostre cour, mais par tout le païs, cela estoit commun, je voulus tascher de faire perdre ce bruict, et me resolus de luy en parler; et, la prenant en mon cabinet, je luy dis : « Encor que depuis quelque temps vous vous soyez estrangée de moy, et que l'on m'aye voulu faire croire que vous me faictes de mauvais offices auprès du Roy mon mary, l'amitié que je vous ay portée, et celle que j'ay vouée aux personnes d'honneur à qui vous appartenez, ne me peut permettre que je ne m'offre de vous secourir au malheur où vous vous trouvez, que je vous prie de ne me celer, et ne vouloir ruiner d'honneur et vous et moy, qui ay aultant d'interest au vostre, estant à moy comme vous mesme; et croyez que je vous feray office de mere. J'ay moien de m'en aller, soubs couleur de la peste, que vous voyez qui est en ce païs et mesme en cette ville, au Mas d'Agenois, qui est une maison du Roy mon mary fort escartée. Je ne meneray avec moy que le train que vous voudrez. Cependant, le Roy mon mary ira à la chasse de aultre costé, et ne bougeray de là que vous ne soyez delivrée, et ferons par ce moyen cesser ce bruict, qui ne m'importe moins qu'à vous. » Elle, au lieu de m'en sçavoir gré, avec une arrogance extresme, me dit : qu'elle feroit mentir tous ceux qui en avoient parlé; qu'elle cognoissoit bien qu'il y avoit quelque temps que je ne l'aimois poinct, et je cherchois pretexte pour la ruiner. Et, parlant aussi hault que je luy avois parlé bas, elle sort toute en colere de mon cabinet et y va mettre le Roy mon mary; en sorte qu'il se courrouça fort à moy de ce que j'avois dict à sa fille, disant qu'elle feroit mentir tous ceux qui la taxoient, et m'en fist mine fort long-temps, et jusques à tant que, s'estans passez quelques mois, elle vint à l'heure de son terme.

Le mal luy prenant au matin, au point du jour, estant couchée en la chambre des filles, elle envoya querir mon medecin, et le pria d'aller advertir le Roy mon mary, ce qu'il fist. Nous estions couchez en une mesme chambre, en divers licts, comme nous avions accoustumé. Comme le medecin luy dict cette nouvelle, il se trouva fort en peine, ne sçachant que faire, craingnant d'un costé qu'elle fust descouverte, et de l'aultre qu'elle fust mal secourue; car il l'aimoit fort. Il se resolut enfin de m'advouer tout, et me prier de l'aller faire secourir, sçachant bien que, quoy qui se fust passé, il me trouveroit tousjours preste de le servir en ce qui luy plairoit. Il ouvre mon rideau, et me dit : « M'amie, je vous ay celé une chose qu'il fault que je vous advoue. Je vous prie de m'en excuser et de ne vous point souvenir de tout ce que je vous ay dict pour ce subject; mais obligez-moy tant de vous lever tout à cette heure et aller secourir Fosseuse, qui est fort malade; je m'asseure que vous ne voudriez, la voyant en cet estat, vous ressentir de ce qui s'est passé. Vous sçavez combien je l'ayme; je vous prie, obligez-moy en cela. » Je luy dis : que je l'honorois trop pour m'offenser de chose qui vint de luy; que je m'y en allois, et y ferois comme si c'estoit ma fille; que cependant il s'en allast à la chasse et emmenast tout le monde, afin qu'il n'en fust poinct ouy parler.

Je la feis promptement oster de la chambre des filles et la mis en une chambre escartée, avec mon medecin et des femmes pour la servir, et la feis tresbien secourir. Dieu voulust qu'elle ne fist qu'une fille, qui encore estoit morte. Estant delivrée, on la porta en la chambre des filles, où, bien que l'on apportast toute la discretion que l'on pouvoit, on ne peust empescher que ce bruict ne fust semé par tout le chasteau. Le Roy mon mary, estant revenu de la chasse, la va voir comme il avoit accoustumé. Elle le prie de faire que je l'allasse voir, comme j'avois accoustumé d'aller voir toutes mes filles, quand elles estoient malades, pensant par ce moyen oster le bruict qui couroit. Le Roy mon mary, venant en la chambre, me trouve que je m'estois remise dans le lict, estant lasse de m'estre levée si matin, et de la peine que j'avois eue à la faire secourir. Il me prie que je me leve et que je l'aille voir. Je luy dis que je l'avois faict, lors qu'elle avoit eu besoin de mon secours; mais qu'à cette heure elle n'en avoit plus affaire; que, s'y j'y allois, je descouvrirois plustost que de couvrir ce qui estoit, et que tout le monde me monstreroit au doigt. Il se fascha fort contre moy, et, ce qui me despleust beaucoup, il me sembla que je ne meritois pas cette recompense de ce que j'avois faict le matin. Elle le mit souvent en des humeurs pareilles contre moy.

Pendant que nous estions de cette façon, le Roy, qui n'ignoroit rien de tout ce qui se passoit en la maison de tous les plus grands de son royaume, et qui estoit particulierement curieux de sçavoir les deportemens de nostre cour, ayant esté adverty de tout cecy, et conservant encor le desir de vengeance qu'il avoit conceu contre moy, pour l'occasion que j'ay dicte, de l'honneur que mon frere avoit acquis à la paix qu'il avoit faicte, pense que c'estoit un beau moyen pour me rendre aussi miserable qu'il desiroit; me tirant hors d'aupres du Roy mon mary, et esperant que l'esloingnement seroit comme les ouvertures du bataillon Macedonien. A quoy pour parvenir, il me fist escrire par la Royne ma mere qu'elle desiroit me voir; que c'estoit trop d'avoir esté cinq ou six ans esloingnée d'elle; qu'il estoit temps que je fisse un voyage à la cour; que cela serviroit aux affaires du Roy mon mary et de moy; qu'elle cognoissoit que le Roy estoit desireux de me voir; que si je n'avois des commoditez pour faire ce voyage, que le Roy m'en feroit bailler. Le Roy m'escrivit le semblable, et m'envoyant Manniquet, qui estoit mon maistre d'hostel, pour m'y persuader (pour ce que, depuis cinq ou six ans que j'estois en Gascongne, je n'avois jamais peu me donner cette volonté de retourner à la cour) il me trouva lors plus aisée à recepvoir ce conseil, pour le mescontentement que j'avois à cause de Fosseuse, luy en ayant donné advis à la cour. Le Roy

et la Royne m'escrivent encore deux ou trois fois coup
sur coup, et me font délivrer quinze mil[1] escus, afin
que l'incommodité ne me retardast; et la Royne ma
mere me mande qu'elle viendroit jusques en Xaintonge;
que si le Roy mon mary me menoit jusques-là, qu'elle
communicqueroit avec luy, pour luy donner asseurance
de la volonté du Roy; car il desiroit fort de le tirer
de Gascongne, pour le remettre à la cour en la mesme
condition qu'ils y avoient esté aultresfois mon frere
et luy; et le mareschal de Matignon poussoit le Roy à
cela, pour l'envie qu'il avoit de demeurer tout seul en
Gascongne.

Le temps que j'avois demeuré en Gascongne ny toutes
ces belles apparences de bienvueillance ne me faisoient
poinct tromper aux fruicts que l'on doibt esperer de
la cour, en ayant eu par le passé trop d'experiences;
mais je me resolus de tirer prouffict de ses coffres[2], et
y faire un voiage seulement de quelques mois, pour y
accommoder mes affaires et celles du Roy mon mary;
estimant qu'il serviroit aussy comme de diversion pour
l'amour de Fosseuse, que j'emmenois avec moy; que le
Roy mon mary, ne la voyant plus, s'embarqueroit possible avec quelque aultre qui ne me seroit pas si ennemie. J'eus assez de peine à faire consentir le Roy mon
mary à me permettre ce voiage, pour ce qu'il se fas-
choit d'esloingner Fosseuse, et qu'il en fust parlé. Il
m'en fist meilleure chere, desirant extremement de
m'oster cette volonté d'aller en France. Mais, l'ayant

[1] Var. *cent.*
[2] Var. *ses offres.*

desjà promis par mes lettres au Roy et à la Royne ma mere, mesmes ayant touché la somme susdicte pour mon voiage, le malheur qui m'y tiroit l'emporta sur le peu d'envie que j'avois lors d'y aller, voyant que le Roy mon mary recommençoit à me monstrer plus d'amitié.

FIN DES MÉMOIRES.

# APPENDICE.

# APPENDICE.

## MÉMOIRE JUSTIFICATIF

POUR

## HENRI DE BOURBON,

ROI DE NAVARRE [1].

Madame [2], je m'estime tres-heureux du commandement qu'il vous plaist de me faire, encore que par droit je ne sois obligé de respondre qu'à vos majestez; si ne craindray-je devant cette compagnie [3] et toutes autres personnes que vous trouverez bon, disant verité, de vous faire paroistre mon innocence et la mechanceté de ceux qui pourroient avoir menty [4]. Or, afin que je commence des mon enfance à vous tesmoigner ma vie et mes effects passez, je vous diray, madame, que le Roy mon pere et la Royne ma mere, en l'aage de sept ans, me conduirent en vostre cour, afin de me rendre aussi affectionné à vous bien et fidellement servir comme le feu Roy mon pere, qui n'a voulu aultres tesmoins de ce qu'il vous estoit que son sang et la perte de sa pro-

---

[1] Voyez les *Mémoires*, p. 40.

[2] La Reine mère.

[3] Les commissaires nommés par le Roi pour instruire le procès.

[4] Coconnas, qui, dans sa déposition, avait chargé le roi de Navarre.

pre vie : laquelle fust tres prompte pour moy, qui des lors demeuráy sous l'obeyssance de la Royne ma mere, laquelle continua à me faire nourrir en la religion qu'elle tenoit ; et, voyant qu'apres le decez du feu Roy mon pere, il faloit qu'elle me fist connoistre et aimer de mes subjects, elle me voulut mener en ses pays, ce qui fut faict à mon tres-grand regret, me voyant esloingné du Roy et du roy de Pologne, desquels, oultre que nos aages estoient quasi egaux, je recepvois tant d'honneur, que le lieu du monde où je me plaisois le plus estoit d'estre en leur compagnie. Apres avoir demeuré quelque temps en ses pays, elle s'achemina pour retrouver vos majestez jusques à Nerac; où estant, il arriva un gentil-homme de monsieur le prince de Condé, qui lui fit entendre que, leurs ennemis estant les plus forts, vos majestez s'estoient bien resolus sans doute de se deffaire de ceux qui portoient les armes, afin que plus aisement ils pussent exterminer les femmes et les enfants, et par ce moyen ruyner du tout nostre maison ; et que cela, il le sçavoit pour le certain de bonne part ; et, dans quatre ou cinq jours, qu'il seroit à La Rochelle avec sa femme et ses enfants. Ce qui l'esmut tellement à pitié que, craignant que le mesme malheur luy avint, elle se delibera de les aller trouver à La Rochelle, où elle me mena ; et mon oncle, dressant son armée, elle m'envoya avec luy, où tous ceux qui y sont venus de vostre part pour traicter la paix, vous ont pu tesmoingner le desir que j'avois d'estre auprez de vos majestez pour vous faire tres-humble service ; entre autres messieurs de Cros, de Brion et de Boisy, qui furent deputez pour ce faict, vous l'ont pu asseurer.

Apres la paix faicte, il se commença de mettre en avant le mariage de madame vostre fille, duquel je m'estimay tres-heureux, pour me voir rapprocher de vos majestez; lequel mariage n'estant du tout resolu, elle vous vint trouver pour achever de le conclure, et me laissa en attendant en ses pays; où bien-tost apres elle m'envoya querir, comme aussi firent vos majestez par Perqui, lequel vous a pu dire le plaisir que ce me fut d'avoir ce commandement : comme je le montray m'acheminant trois jours apres, ayant eu vingt accez de fievre tierce. Apres m'estre acheminé sept à huict journées, je sceus la mort de la Royne ma mere, qui m'eust esté une excuse assez valable de m'en retourner, si j'en eusse eu envie; toutesfois je m'acheminay un jour apres, avec la meilleure troupe de mes serviteurs que j'avois pu assembler, et ne fus content que je ne fusse arrivé pres de vos majestez; où, tost apres ces nopces, avint la Saint-Barthelemy, où furent massacrez tous ceux qui m'avoient accompagné, dont la pluspart n'avoient bougé de leurs maisons durant les troubles. Entre les aultres fut tué Beauvais, lequel m'avoit gouverné des l'aage de neuf ans; dont vous pouvez penser quel regret ce me fut, voyant mourir ceux qui estoient venus soubz ma simple parole, et sans aultre asseurance que les lettres que le Roy m'avoit faict cet honneur de m'escrire, que je le vinsse trouver; m'asseurant qu'il me tiendroit comme frere. Or ce desplaisir me fust tel, que j'eusse voulu les racheter de ma vie, puisqu'ils perdoient la leur à mon occasion; et mesmes, les voyant tuer jusques au chevet de mon lict, je demeuray seul d'amis et en desfiance. En ces peines, Thoré [1], lequel estoit picqué de la mort de son cousin [2], et se voyant desesperé, se vint joindre avec moy, me remettant devant les yeux l'indignité que j'avois receue et le peu d'assurance que je pouvois attendre pour moy-mesme, voyant l'honneur et bonne chere que vous, madame, et le Roy vostre fils et le roy de Pologne, faisiez à ceux de Guise : lesquels, non contens de ce qu'ils avoient voulu faire au feu Roy mon pere, et à monsieur le Prince, mon oncle, triomphoient de ma honte. Non toutefois qu'il m'entrast jamais en l'intention de vous estre aultre que tres-fidelle et tres-affectionné serviteur; ce que j'esperois vous faire paroistre à La Rochelle, où je fus resolu de vous bien et fidellement servir, et de suivre de si prez le Roy de Pologne, qu'il vous pust tesmoigner le fonds de mes intentions.

Or estant si prez de luy, je fus adverti par plusieurs de mes bons amis que l'on vouloit faire une seconde Saint-Barthelemy, et que monsieur le Duc [3] et moy n'y serions non plus espargnez que les aultres. Oultre, le vicomte de Turenne me dist qu'il avoit sçeu pour certain de la cour que monsieur de Villeroy apportoit la depesche pour faire l'execution; et que si ma femme estoit accouchée d'un fils, que le Roy avanceroit ma

---

[1] Guillaume de Montmorency, seigneur de Thoré, de Dangu, etc.
[2] L'amiral de Coligny.
[3] Le duc d'Alençon.

mort. Mesmes quelques uns de mes gentils-hommes furent advertys de leurs amys, qui estoient à monsieur de Guise, qu'ils sortissent de leur quartier pour aller au leur; parce qu'il ne faisoit pas seur pour les miens : et aussi le Gast me venant voir, disoit tout haut que, La Rochelle prinse, on feroit parler tout aultrement des huguenots et des nouveaux catholiques. Vous pouvez penser, si en ayant eu tant d'advertissements, et mesme de luy, en qui le roy de Pologne se fioit entierement, disant ces choses, s'il n'y avoit pas juste occasion de le croire. Toutesfois ayant promis au roy de Pologne que, si j'entendois quelque chose pour le service du Roy et le sien, je l'en advertirois, comme je fis l'allant trouver le soir à son cabinet, luy faisant entendre comme le tout se passoit. De quoy il m'asseura qu'il n'en estoit rien, et des lors il me promit tant d'amitié, que, me separant de cette frayeur, je cessay de faire garde à mon logis comme j'avois esté contrainct de faire pour l'asseurance de ma vie. Depuis je ne perdis aucune occasion de me tenir auprès de luy, pour faire preuve que je n'avois rien de plus cher que ses bonnes graces. En ce temps-là le camp fut rompu, et nous revinsmes de La Rochelle vous trouver, où il ne s'est parlé que du depart du roy de Pologne, lequel vos majestez furent conduire jusques à Vitry, où j'eus advertissement de plusieurs endroits que l'on vouloit tuer le Roy (ce que je ne voulus jamais croire), ensemble monsieur le Duc et moy, et faire le roy de Pologne roy. Toutesfois, faisant entendre ce que j'avois aprins à monsieur le Duc, il me dit qu'il en avoit eu beaucoup d'avis et d'appareils, et que monsieur de Guise faisoit assemblée à Joinville, pour faire l'execution de cette entreprise : et moy estant à la chasse, je trouvay dix ou douze chevaux avec armes, comme fit le guidon de monsieur le prince de Condé, qui en trouva quarante ou cinquante en ce mesme esquipage, qui estoit assez pour nous faire croire quelque chose. Toutesfois le roy de Pologne estant arrivé à Vitry, je ne faillis à luy dire tous les bruits qui couroient de luy; lequel m'asseura qu'il n'en sçavoit rien, et que si j'estois en doute là de messieurs de Guise, que je ferois bien de demeurer auprez du Roy, et l'aller trouver à Nancy pour prendre congé de luy; ce que la Royne me fist commander par le Roy.

Le Roy partit de Vitry pour aller à Chaalons, où j'allay avec luy; où estant, luy demanday congé pour tenir la promesse, que j'avois faicte au roy de Pologne, d'aller prendre congé de luy à Nancy, ce qu'il me refusa, et me commanda me tenir prez de luy. Sept où huit jours apres avoir esté à Chaalons, je sçeus le depart du roy de Pologne; et me fust asseuré qu'à son dernier à Dieu, oubliant l'amitié et bonne chere qu'il m'avoit promis, il ne se souvint de vous supplier, madame, que vous m'eussiez en vostre protection; mais au contraire il vous recommanda monsieur de Guise, afin que par vostre moyen il fust faict connestable, ce que je ne voulois nullement croyre; mais estant vostre majesté de retour à Rheims, vous me fistes une si maigre mine, et commençastes là d'avoir une telle deffiance de moy, que cela me fist penser qu'il en estoit quelque chose. En ce mesme temps monsieur de Thoré arriva, lequel ne fust seulement fasché me voir en cette peine; mais me la continua, me disant que c'estoit chose tres certaine que, demeurant à la cour, je ne debvois attendre que beaucoup de mescontentement, et que ma vie n'y estoit trop asseurée. De là vos majestés allerent à Soissons, où vous continuastes encore plus les meffiances que vous preniez de moy, sans vous en avoir donné une seule occasion : qui m'estoit un extresme ennuy. Là, les capitaines des gardes commencerent à venir tous les jours dans la chambre de monsieur le duc et la mienne, et regarder dessous nos licts, pour voir s'il n'y avoit personne; et commandastes qu'il ne coucheroit en ma garde robe qu'un seul vallet de chambre pour me servir; et mesme, me levant le matin pour me trouver à vostre lever, madame, comme j'avois accoustumé, chocquant à vostre porte, vous distes que l'on me respondist que vous estiez chez le Roy. Toutesfois vous parliez à la Chastre et à quelques aultres, de qui il ne me souvient des noms, qui avoient esté les principaux executeurs de la Saint-Barthelemy et du tout serviteurs de monsieur de Guise : qui me fist croyre que vous desiriez plus vous servir de ceulx de cette maison que de ceulx qui ont cet honneur de vous estre plus proches et plus fidelles serviteurs. Le lendemain, ne me voulant de rien rebuter de ce que je sçavois venir de vous, je retournay encore pour vous trouver en vostre chambre, de laquelle vous estiez sortie pour aller chez le

Roy; où, pensant entrer, vous commandastes que l'on me dist que le Roy dormoit; encore que, passant par la salle, plusieurs gentils-hommes, mesmes de ceux de mon gouvernement, y eussent veu entrer cinq ou six du conseil : ce que sçachant, je chocquay à la porte, et lors vous me fistes respondre que le Roy ne vouloit pas que j'y entrasse; qui me fust une grande honte, mesmes estant connu de tous les hommes qui le virent.

Cela estoit suffisant de me mettre en une extresme peine, n'ayant jamais rien sçeu qui importast à vostre service, que je n'en eusse adverty le roy de Pologne, comme il vous a tesmoigné de La Rochelle et de Vitry; et vous, madame, estant à Rheims, ayant ouy parler de quelque requeste que l'on vouloit presenter à vos majestez, je ne faillis incontinent de le vous dire; qui ne meritoit pas vous mettre en deffiance de moy, mais au contraire vous convioit à vous y fier. Et voyant que mes ennemis avoient telle part aupres de vos majestez, que, pour nul de mes effects, vous ne pouvez perdre la deffiance qu'à grand tort avez prinse de moy; j'ay creu que les bruicts que l'on faisoit courir, que l'on nous vouloit mal faire, estoient veritables. En cette peine, monsieur le Duc, qui n'en avoit pas moins, me contoit les desdaings que l'on luy faisoit; et je luy dis les miens en la presence de Thoré. De là vos majestés allerent à Chantilly, et de là à Sainct-Germain; où vinrent les nouvelles que l'on avoit failly à prendre La Rochelle : et fust dict tout haut que, si elle eust esté prinse, l'on eust mis monsieur de Montmorency prisonnier, et que l'on eust executé sur nous la mauvaise volonté que l'on nous porte. Et voyant les grandes meffiances, que vos majestez avoient de nous, s'accroistre tous les jours, et recepvant beaucoup d'avertissemens tous nouveaux, que l'on nous vouloit meffaire, cela fust cause que monsieur le Duc se resolut, pour s'oster de ce danger et pour l'asseurance de sa vie, de s'en aller; où je luy promis de l'accompagner, et de là m'en aller en mon païs, tant pour ma seureté que pour donner ordre en Bearn et Navarre, où, pour mon absence, je ne suis nullement obey. Et lorsque nous estions, pour l'asseurance de nos vies, sur le poinct de nous absenter de la presence de vos majestez, il advint que vous en fustes advertis, et vous nous appellastes en vostre cabinet, où nous vous dismes tout ce que nous sçavions. Alors vous nous asseurastes de nos vies, et nous distes que le Roy donneroit si bon ordre, que nous n'aurions cy-apres occasion de nous plaindre.

Depuis, estant au fauxbourg Sainct-Honoré, nous eusmes les mesmes allarmes qu'auparavant, mesmes que l'on disoit qu'on nous vouloit mener au bois de Vincennes prisonniers. Alors le vicomte de Turenne arriva de la part où vos majestez l'avoient envoyé; lequel nous confirma les mesmes occasions de peur et craincte, et nous representa devant les yeux le danger où nous estions de nos vies; qui fust cause que monsieur le Duc m'envoya dire par la Vergne et Montegu qu'il estoit resolu, pour ces mesmes raisons, de se retirer. Ce qu'entendant, je me deliberay de partir pour l'accompagner, et de là me retirer en mes pays, pour les mesmes raisons que j'ay cy-devant dictes. Voilà, madame, tout ce que je sçay; et vous supplie très-humblement de considerer si je n'avois pas juste et apparente occasion de m'absenter; et qu'il plaise au Roy et à vous me vouloir doresnavant faire tant de bien et honneur que de me traiter comme estant ce que je vous suis, et qui n'a aultre volonté que vous estre à tous deux tres-humble, tres-fidelle et tres-obeissant serviteur [1]. *Signé* HENRI.

[1] Publié par Le Laboureur, dans les additions aux *Mémoires de Castelnau*, t. II, p. 390, où il faut lire l'histoire de la conjuration de La Molle et de Coconnas.

# LETTRES

DE

# MARGUERITE DE VALOIS.

---

A MON COUSIN MONSIEUR LE PRINCE DE CONDÉ.

Mon cousin, j'ay veu la lettre de mon frere, qu'il vous a pleu me faire monstrer. J'ai sçeu aussy, comme il vous mande, qu'il desire que luy envoyez un gentilhomme : ce qui me semble que vous debvez faire pour vous esclaircir de sa voulonté, et sçavoir ce qu'il voudra que vous fassiez, suivant ce qu'il vous a requis, et que vous luy avez promis de l'assister en son entreprise de Flandre [1]. Ce qu'il ne vous escrit plus particulierement, est à mon opinion qu'il remet à le faire par celuy que luy envoirez, et aussy que ses affaires ne sont sy pressées qu'il ne fasse, avant qu'assembler ses forces, un voïage en Angleterre. Vous avez peu voir par celle que je vous envoye qu'il ne m'escrivoit aussy que de sa reception. Je ne vous diray rien de la resolution qu'a prise le Roy mon mary; car par ses lettres il n'y aura rien obmis; bien vous suppliray-je de croire que luy et moy ne ferons jamais rien que par vostre advis

---

[1] Cette lettre est postérieure à 1576, et probablement de 1577; car ce ne fut guère qu'au commencement de cette année qu'il fut question de *l'entreprise de Flandre*.

et conseil, vous estant par trop obligée du soin que vous avez de nous; pour moy je vous en demeureray perpetuellement vostre humble et obeissante cousine à vous servir. MARGUERITE.

[Bibliothèque Royale. — Collection Brienne, t. 295, fol. 217; et Collection Dupuy, t. 217, fol. 188, recto.]

A MON COUSIN MONSIEUR LE DUC DE MONTMORENCY,

PAIR ET MARESCHAL DE FRANCE, GOUVERNEUR ET LIEUTENANT GENERAL POUR LE ROY MON SEIGNEUR ET FRERE, EN LANGUEDOC.

(Escript à Nerac, le xxi*e* jour de septembre 1579.)

Mon cousin, vous verrez par la lettre que le Roy mon seigneur et frere vous escript presentement, en faveur du sieur Du Bosq, mon conseiller et maistre ordinaire de mon hostel, comme sa majesté veult et entend qu'il luy soit faict raison et qu'il soit payé par le receveur-general de ses finances en Languedoc, ou par le receveur de Narbonne, de certains boys et chaulx, qu'un nommé le controlleur Girard fist prendre, par vostre commandement, pour estre employés aux reparations du chasteau de Pezenas; lesquels boys et chaulx ledict sieur Dubosq avoit acheptez auparavant pour faire r'ediffier son chasteau de Lyuran. Et d'aultant que je desire singullierement qu'il en soit satisfaict, comme il est bien raisonnable, j'ay bien voullu, en accompaignant la lettre du Roy mon dict seigneur et frere de la presente, vous prier, mon cousin, comme je fais affectueusement, voulloir ordonner aux dicts receveurs ou autre qu'il appartiendra, qu'il soit promptement payé de ce que dessus, suivant lesdictes lettres du Roy; lesquelles ledict sieur Du Bosq vous eust plustost presentées, sans la maladie de laquelle il a presque tousjours esté detenu depuis ung an, à l'occasion d'une harquebuzade qu'il a eu à la jambe, qui ne luy a permis de vous aller trouver, joinct que je l'ay retenu quelque temps pres de moy, pour le besoing que j'avois de son service. Je vous prie donc encores cette foys, mon cousin, de l'avoir pour singullierement recommandé, non seullement en cette affaire, mais en toutes autres choses qui le concerneront, et où il pourra avoir besoing de vostre ayde et faveur, vous asseurant que j'auray autant agreable la faveur que vous luy departirez, comme si elle estoit faicte à moy-mesme, pour vous en avoir pareille obligation. Cependant, je prieray Dieu vous donner, mon cousin, ce que plus desirez. Vostre affectionnée cousine [1].

MARGUERITE.

[Bibl. Royale. — Coll. Béthune, t. 8833, fol. 17.]

### A MA SIBILLE [2].

Vous dites que ne voulez user de rhetorique; toutefois vos regrets m'ont faict venir la larme à l'œil.

---

[1] Ces mots : *Vostre affectionnée cousine*, et la signature, sont seuls de la main de Marguerite.

[2] Les vingt lettres qui suivent sont pour la plupart sans date de lieu ni de temps. Il est facile néanmoins de voir qu'elles ont été écrites pendant le séjour de Marguerite en Gascogne, c'est-à-dire de 1578 à 1582. Nous les avons classées dans l'ordre où nous supposons qu'elles ont dû être écrites ; cependant nous ne garantissons nullement cette

Croyez, ma sibille, et sans dissimulation, que je ne ressentis jamais perte avec plus de regret que celle de vostre presence [1]; car il ne se passe heure du jour que je ne vous trouve tant à dire que tout ce que je voi m'en desplait. Il ne faut que j'espere en cette affliction estre consolée de madame de Pequigny [2]; car elle est devenue si resveuse depuis vostre partement, qu'il paroît bien qu'elle ne prise que son temps. Je pense que si je voulois, en l'humeur où elle est, faire ce que me conseillez, qu'elle les morderoit. J'ay parlé à la Royne [3] : elle est demeurée fort satisfaicte de moy, et moy fort contente de l'honneur qu'elle m'a faict de m'asseurer de sa bonne grace. Vous estes cause de toutes mes bonnes fortunes : aussi vous en resens-je telle obligation que madame de Baire n'est point plus à vous que moy qui vous baise cent mille fois les mains. M.

[ *Autographe*. — Coll. Béthune, t. 8890. ]

### A MA SIBILLE.

Je sais que madame de Pequigny faict si bien son debvoir de vous escrire que je ne vous feray excuse si, par mes lettres, je ne vous tiens regitre de toutes les

---

classification. Ces lettres autographes nous ont semblé offrir quelque intérêt historique ou littéraire, et mériter, sous ce rapport, la publication. — On verra plus loin que la *sibylle* de Marguerite était Françoise de Clermont, femme de Jacques de Crussol, duc d'Uzès.

[1] Il paraît que la duchesse d'Usez avait accompagné en Gascogne la reine de Navarre.

[2] Dame d'honneur de Marguerite.

[3] La Reine mère, qui était alors avec sa fille.

nouvelles de deçà, qui sont, pour dire vray, si fascheuses, que ce ne seroit moindre courvée de les lire que de les escrire. J'ay, depuis vostre partement, esté vingt fois avec la Royne et autant de fois separée. Je retourne encore à nuict la trouver à Meuret[1], pour faire Pasques avec elle. Je vous trouve tant à dire, ma sibille, que j'en fasche madame de Pequigny, comme aussy elle s'ennuye de moy, ne faisant tout le jour que vous souhaiter. Je suis si aise et contente de la reconciliation du Roy et de mon frere, que je n'eus jamais une telle joie. Je vous supplie me tenir en leurs bonnes graces, comme vous savez tres-bien faire. Je vous escrirai bientost plus au long; cependant aimez-moy et croyez que je vous aime de cœur et d'ame. M.

*P. S.* Je vous supplie baiser les mains à madame de Nemours[2] de ma part, et faire mes recommandations à monsieur de Lenoncourt.

[*Autogr.* — Coll. Béthune, t. 8890.]

### A MA SIBILLE.

Ma sibille, si je voulois, je vous dirois bien que, quand cet honneste homme partit, je me trouvois si mal que je ne peus escrire; mais encore qu'il soit vray que je feusse fort mal, je mentirois, car une aultre occasion m'en empescha, qui estoit que je vous voulois laisser faire vos premieres embrassades; et je sais qu'avez esté si transportée de joie et d'affection, que

---

[1] Muret, ville du Languedoc, près de Toulouse.
[2] Anne d'Est, femme de Jacques de Savoie, duc de Nemours.

mes lettres feussent demeurées dans vostre poche pour le moins le temps qu'elles ont mis à y arriver. Je ne vous prieray point de l'enquerir; mais je vous asseureray qu'il vous porte mon cœur, et vous peut à la verité representer tout ce qui est dedans. Croyez-le de tout et principalement de l'asseurance qu'il vous fera que je suis toute à vous, et que vous estes ma vraye sibille, mon conseil, ma compagne et ma nourrice, et bref celle du monde qui saura plus de mon interieur. Je me remettray donc sur luy pour vous baiser les mains. M.

> *P. S.* Monsieur de Sainct-Pons m'a priée de vous supplier de vouloir demander au Roy pour luy une abbaye qui est en Vendosmois. Il dit que la Royne m'a asseuré que si il trouvoit quelque chose, qu'elle luy feroit donner; je le vous recommande donc, car il est bon homme.

[*Autogr.* — Coll. Béthune, t. 8884, fol. 13.]

### A MA SIBILLE.

Ma sibille, le partement de Tinteville a esté si prompt que je n'ai eu loisir de vous escrire, et, si cette-ci ne l'eust bien tost suivy, j'eusse eu une extreme peur que m'eussiez accusée du vice qui n'entrera jamais dans mon cœur, d'ingratitude. J'ai receu vos deux lettres qui sont escrites d'avant que eussiez veu le Roy. J'attends en grande devotion les nouvelles de la belle entrée qu'aurez faicte à la cour. Je vous supplie m'en escrire particulierement et de toutes les aultres nouvelles que vous pourrez apprendre. Quant à ce que me mandez de vostre filleul, je ne le trouve ni estrange ni nouveau. Le colosse n'a jamais esté edifié à son prejudice, et ceux à qui vous mandez de le faire abattre n'ont nulle puissance à la place où il est erigé. Je m'estonne comme la sage Felicie, à qui nos plus secretes pensées sont connues, peut tomber en une si grande erreur. Je vous supplie faire mes recommandations à monsieur de Chiverni [1], de Lenoncour, de La Vauguyon [2], et les asseurez que je leur suis amie. Du Roy, vous savez quelle je luy suis, et je m'asseure tant des bons offices que vous m'y faictes, que je ne vous ramentevray poinct l'envie que j'ay d'estre continuée en sa bonne grace. Je m'asseure aussy, quand voirez la Royne, que vous luy tesmoingnerez combien je luy suis servante fidelle et affectionnée. Je vous envoye des lettres pour leur presenter avec leurs estrennes, puisque vous me faictes tant de bien d'en vouloir prendre la peine. J'escrits à madame de Nemours. Je vous supplie l'asseurer que je ne desire rien plus que la voir contente. J'avois tant faict que le Roy mon mary m'avoit promis d'escrire à sa cousine pour consentir à son mariage; mais depuis que son fils est sorti de prison, il a regaigné ce point qu'il ne veut rien faire à son prejudice. Toutesfois il n'y aura moyen que je n'essaye pour en venir à bout. Je vous supplie de m'aimer et croire qu'il n'y a personne au monde qui

[1] Philippe Hurault, comte de Cheverny, dont on a des Mémoires. Il fut garde des sceaux en 1578, chancelier de France en 1583, après la mort de Biragues. Il mourut en 1599.

[2] Jean d'Escars, prince de Carency, comte de La Vauguion, conseiller d'état et du conseil privé du Roi.

vous aime et estime plus que moy, qui vous baise cent mille fois les mains.   M.

[*Autogr.* — Coll. Béthune, t. 8890.]

A MA SIBILLE.

Ma sibille, j'escrits à monsieur de Pibrac toutes nouvelles qui sont choses si tristes et si fascheuses qu'il y a peu de plaisir de les redire deux fois ; vous le saurez donc, s'il vous plaist, de luy, et me ferez ce bien de croire que, heureuse ou miserable, je vous seray tousjours tres affectionnée et desireuse de vous servir. J'ay une requeste à vous faire, que je vous supplie ne me refuser, qui est de m'envoyer par ce porteur de la poudre que me donnastes au port Sainte-Marie [1] ; car je ne trouve rien de meilleur pour les enleveures [2], à quoy je suis à cette heure un peu sujette. Mais, je vous prie, traitez moy en amie, et croyez que je vous en auray autant d'obligation que de chose qu'ayez jamais faicte pour moy, qui vous baise cent mille fois les mains.   M.

> P. S. Si vous ne faictes ce que je vous supplie, et que ce ne soit du bon, je m'en prendray à madame de Baire, qui trouvera ici, s'il vous plaist, mes recommandations.

[*Autogr.* — Coll. Béthune, t. 8890.]

[1] Près d'Agen.
[2] Marguerite dit elle-même dans ses Mémoires qu'elle avait un érésipèle, et le *Divorce satyrique* rappelle ce fait en des termes amers. Il rappelle aussi que Marguerite employait toutes sortes de recettes et de procédés pour entretenir la fraîcheur de son teint.

A MA SIBILLE.

(1579.)

Si cette compagnie estoit aussy fertile de nouvelles que la court, j'aurois, ma sibille, de quoy vous rendre preuve que je ne vous veux rien cacher ny dissimuler; mais vivant sans aucune nouveauté, tousjours en mesmes desseins et mesmes actions, je ne puis, vous ayant souvent discouru et descouvert mes conceptions et plus interieures resolutions, vous faire aultre confession de la verité, tant pour le regard de ceux que vous voyez que du costé de deçà, que celle que je vous ay faicte. J'ay esté fort en peine de la maladie du Roy. J'envoye ce porteur pour me resjouir de sa guerison. L'on dict que mon frere est allé à Alençon[1]. S'il vous plaist me faire savoir la verité de toutes choses, je vous en auray beaucoup d'obligation et vous serviray, en recompense, d'un si bon cœur, que je vous supplie de m'aimer et vous asseurer de la puissance que vous avez sur moi. M.

[ *Autogr.* — Coll. Béthune, t. 8884, fol. 11. ]

A MA SIBILLE.

(1579.)

Contre la coustume de la façon des despesches des ambassadeurs, lesquels ne portent jamais que lettres

---

[1] « Le dimanche 25 janvier (1579), monsieur le duc, las de demeurer plus longuement en Flandres pour si peu y faire, partit de Condé en petite trouppe, passa par Crevecœur, Beauvais, Mantes et Gisors, et se retira à Alançon. » (Lestoile, *Journal de Henri III.*) — C'est probablement à ce voyage que Marguerite fait allusion.

de creance, je chargeray mon agent, que bien cognoissez, de cette lettre plus ample et sans aulcune rhetorique, que je sais vous desplaire. Je vous diray, ma sibille, que l'extreme regret que j'ay de vostre absence est plus tost par le temps augmenté que diminué, et continuera à croistre jusques à tant que, par vostre retour, je me puisse promettre la consolation de vostre agreable compagnie. La conference est fort avancée [1]; j'en espere tout bien, pour ce que je le desire : dans trois ou quatre jours vous en saurez l'entiere resolution, qui est plus tost que l'on ne pensoit. Tenez-moy tousjours en la bonne grace du Roy et en celle de la Royne par vos lettres; car je me suis bien aperceue des bons offices que m'y aviez faicts, le lendemain que fustes partie. Je luy parlay tout ainsy que l'avions resolu; et elle me fist tant d'honneur, et me donna tant d'asseurance de sa bonne grace que je m'en estime tres-heureuse, et vous en ay toute l'obligation. Je suis resolue de luy faire tout le service qui sera en ma puissance, en ce qui ne contreviendra à la grandeur et conservation de mon mary; car j'ay trop d'interest à son bien et à son mal; mais pour luy conseiller et luy persuader tousjours la paix, et pour faire qu'il se conforme aux volontés du Roy et d'elle, en ce qui sera pour le repos et tranquillité de cet estat, croyez que je le feray et que je n'ay rien plus en affection que cela; car j'aimerois mieux la mort que la guerre. Je vous supplie avant vous en venir, de tesmoingner à madame

---

[1] Probablement la conférence de Nérac, qui eut lieu au commencement de l'année 1579.

de Nevers, et à madame la mareschale de Rais combien je les aime et combien de fois vous m'en avez ouï parler et les souhaiter. Si ce ne vous est peine, je vous supplie, suivant vostre promesse, m'escrire toute nouvelle. Aimez-moi, et croyez qu'eternellement vous serez ma seule et vraye sibille, que je croiray et aimeray à jamais.   M.

> *P. S.* Je me suis si bien trouvée de vostre eau de mauve pour les enleveures, que je vous supplie m'en envoyer la recepte, mais seurement, et l'adressez à madame de Pequigny; la premiere que me baillastes se monstroit verte; mais cette-ci n'a nulle mauvaise couleur. Je vous supplie, escrivez-en la recepte bien particulierement, comme il la faut faire. Si elle n'est bien, je m'en prendrai à madame de Besre, laquelle je vous prie qu'elle trouve ici mes recommandations. Je ne vous parle point de vos chevaux; ce porteur vous tesmoingnera de ma diligence en cela.

[*Autogr.* — Coll. Béthune, t. 8890, fol. 52.]

### A MA SIBILLE.

Par la derniere lettre que je vous escrivis, vous aurez peu juger la bonne esperance que j'avois de la paix; mais depuis toutes choses se sont bien changées, ayant esté pour trois jours cette compagnie aussi troublée qu'elle feust jamais, et moy plus que nulle aultre : me voyant reduite à n'avoir nul moyen de servir à l'effect que je desire, qui est de rendre le Roy satisfait des actions du Roy mon mary; mais, Dieu merci, tout s'est renoué, et ne tiendra qu'au Roy qu'il n'ait la paix. Je vous supplie de l'asseurer tousjours de ce que je luy suis, et m'aimez tousjours; car je tiens vostre bonne grace si chere que je ne vouldrois vivre sans cela. Je n'ay point eu de vos lettres il y a longtemps. Je vous baise les mains. M.

[ *Autogr.* — Coll. Béthune, t. 8884, fol. 3. ]

### A MA COUSINE MADAME LA DUCHESSE D'UZÈS, MA SIBILLE.

Je pense, ma sibille, que m'accuserez plustost d'importunité que de paresse, pour la diligence de quoy j'use à vous advertir de tout ce que je vois estre digne de se presenter devant vos gros yeux. Toutesfois des nouvelles, je m'en remettray pour ce coup sur madame de Pequigny, qui m'a promis me relever de cette peine. Je vous supplie, aimez-moy tousjours et croyez que toutes celles qui vous ont jamais promis amitié, soit en ce monde ou en l'aultre, n'ont jamais approché de la mienne. Adieu, ma sibille, je vous baise les mains. M.

[ *Autogr.* — Coll. Béthune, t. 8890. ]

### A MA SIBILLE.

(De Nerac.)

Ma sibille, cet honneste homme, porteur de cette lettre, m'a tant asseuré de vous voir et vous entretenir qu'il n'est possible que je le puisse laisser jouir de cette felicité, sans y participer par cette lettre, puisqu'autrement il ne m'est permis. Je me suis ces jours passés retrouvé au port Saincte-Marie, lieu tant connu et remarqué de nous; où je n'ay passé sans me ressouvenir de vous et de vos propheties, que je ne tiens pour oracles, n'estant advenu que le contraire de ce que vous predisiez, et la mesme chose que je vous ay tousjours dicte. Ne croyez pas madame de Pequigny; car ce sont resveries de son aage. Je suis pour cette heure à Nerac fort contente et heureuse : je le dis sans dissimulation. Je ne la puis faire plus longue; car je m'en vais recepvoir vostre bon amy, monsieur de La Voguion. Je baise cent mille fois vos belles mains.   M.

*P. S.* Bruslez tousjours vos lettres.

Madame, tout ce que je vous puys dire de la Royne est qu'elle ne fust jamais si belle ni plus joyeuse; et en les plaisirs desire incessamment sa sibille, qui luy a predict beaucoup de choses qui sont, à mon advis, jà advenues. Elle dict que non, et moy je dis que si. Croyez madame, car vous savez bien laquelle de nous dit tousjours verité [1].

[*Autogr.* — Coll. Béthune, t. 8890.]

### A MA SIBILLE.

Je vois bien, ma sibille, qu'il y a une grande sympathie entre vous et moy, et que la difference de soixante ans à vingt-cinq n'empesche la conformité de nostre humeur; car ayant pratiqué monsieur de La Vauguyon, j'en ay pris mesme opinion et mesme asseurance que vous; ce qui m'empeschera de vous obeir en ce que vous me mandez, que, par lettre, je vous ouvre mon cœur, luy ayant tant à la verité parlé de toutes choses que, beaucoup plus seurement que par

---

[1] Ces lignes, qui sont écrites d'une autre main que celle de Marguerite, sont probablement de madame de Piquigny.

une lettre, vous pourrez savoir de luy mes voulontés et mes intentions. D'une chose seulement vous supplieray-je, craingnant qu'y ayant interest, il ne s'en acquittast comme je l'en ay prié : que vous vouliez employer tout vostre entendement, auquel je sçais qu'il n'est rien impossible (non plus qu'à vostre vertu prophetique de predire les choses à venir), pour faire ce qu'il vous dira qui est pour le bien du service du Roy, pour l'entretenement de la paix, pour la grandeur de vostre bon nepveu et pour le contentement et repos de la meilleure de vos amies ; car je ne sais que ce seul moyen pour eviter la guerre, que vous savez combien je l'apprehende et la dois craindre. Je remets ce discours sur luy, et vous supplie croire que la puissance que je vous ay donnée sur moy vous sera eternellement conservée ; vous suppliant de m'aimer, comme de mon costé, je vous estime et honore, baisant ces belles mains qui font honte aux plus jeunes.   M.

[ *Autogr.* — Coll. Béthune, t. 8890. ]

### A MA SIBILLE.

Ma sibille, je vous escrirois plus souvent; mais la Gascongne est si fascheuse qu'elle ne peut produire que des nouvelles semblables à elle ; je ne vous parleray donc point d'icy ; mais je me resjouiray du contentement que vous avez de voir la Royne ma mere, de quoy je vous porte grand' envie, et vous supplie, quand vous parlerez à elle, luy faire quelquefois ressouvenir du tres-humble service que je luy ay fidellement voué :

vous m'y avez, par le passé, faict tant de bons offices que je ne doute point que ne me les continuiez; aussy vous supplié-je de croire que vous vous employez pour une personne qui n'eut jamais d'ingratitude dans son cœur, et qui vous aime et vous honore tout ce qui se peut croire; et ne permettez à l'absence de m'eslongner de vostre bonne grace, que vous cognoistrez par mes actions estre tenue de moy infiniment chere. Adieu, ma sibille, je vous baise les mains.  M.

[*Autogr.* — Coll. Béthune, t. 8890, fol. 50.]

### A MA SIBILLE.

Ma sibille, monsieur de d'Escars[1] dict que, encore qu'il soit marié, que vous serez tousjours sa maistresse. Il s'en va vous trouver; il m'a promis de vous conter bien au long de mes nouvelles. Je luy en ay demandé des vostres; il m'a dict que vous estes tant apres vostre proces, que vous en oubliez toute aultre chose. Si cela estoit vray, je me plaindrois; car je serois bien marrie que vous n'eussiez plus souvenance de moy, qui vous souhaite icy tous les jours une heure seulement; car davantaige vous vous y fascheriez, pour n'y estre la compaignie si bonne que celle que vous voyez tous les jours. Toutesfois je m'y suis accoustumée, comme je sais que vous aurez entendu de monsieur de Pibrac, qui vous en a, je crois, plus dict, que je ne vous en puis mander; et ne doutant point que vous ne soyez bien informée de tout, il ne me reste rien à vous dire, sinon de vous

[1] Lisez **M. d'Escars**. C'est le même que M. de La Vauguyon. Il était beau-frère de la duchesse d'Uzès.

prier de m'aimer tousjours et de vous asseurer que je vous aimeray et serviray eternellement. Croyez-le pour certaine verité, et me tenez bien fort en vostre bonne grace.   M.

[ *Autogr.* — Coll. Béthune, t. 8890. ]

### A MA SIBILLE.

Ma sibille, je ne debverois par ce porteur vous escrire; car, pour les nouvelles, je sçais qu'il vous est tant amy qu'il vous contera et celles que je sais et celles que je ne sais pas, et plus qu'en une main de papier je ne vous en sçaurois escrire. Et si c'est pour vous asseurer de mon amitié, je suis certaine que prendrez trop plus d'asseurance de ce qu'il vous en tesmoingnera que d'un mauvais papier brouillé, lequel n'est suffisant pour exprimer l'affection que je vous ay vouée, la fiance que j'ay en vous et l'obligation que je vous ressens de tant de bons offices, que je sçais tousjours que me faictes, lesquels je ne vous supplie pas de continuer, car je sçais que, sans vous y convier, vous estes assez officieuse à vos amis; mais bien vous supplieray-je de m'aimer, estimant vostre amitié plus que toute aultre utilité et contentement. Je n'escrits poinct à madame de Nevers ni à madame la mareschale de Res; car il me semble qu'il seroit mal à propos de mesler leur subject parmi les affaires d'Estat. Je vous supplie leur baiser les mains de ma part, les asseurant que, si mon cœur se peult mettre en trois parties, je consens qu'en preniez chascune une part. Je l'estimeray trop mieux logé qu'en ce miserable corps. Je vous supplie aussy de baiser les mains à madame de Nemours de ma part; et à vous, je les vous baise cent mille fois. A Dieu, ma vraie sibille. M.

> *P. S.* Je vous supplie, ma sibille, faire mes recommandations à monsieur de Lenoncourt, l'asseurant que je luy suis et seray à jamais amie.

[*Autogr.* — Coll. Béthune, t. 8890.]

### A MA COUSINE MADAME LA DUCHESSE D'UZÈS, MA SIBILLE.

(De Nerac 1580.)

Ma sibille, vous m'escrivez tousjours que je vous mande tout ce que je pense et tout ce que je sçais. Ce me seroit à moy beaucoup plus de consolation que ce ne vous seroit de plaisir, pour l'asseurance que j'ay du bien que me voulez, qui vous causeroit, sachant l'estat où je suis, plus d'ennuy que de son contraire. Or je ne vous diray donc point combien de douleurs et d'afflictions je supporte; mais je vous discourray l'estat des affaires de ce pays, et par là vous jugerez quelle je puis estre. Depuis la prise de Cahors[1], que vous arez sceue, le Roy mon mary est revenu en ses quartiers, où depuis huict ou dix jours monsieur de Biron s'est mis aux champs pour assieger Basas ou quelques autres places, auxquelles Laverdin[2], Favas[3] et infinis autres se sont jetés : ce qui, à mon opinion, a empesché que l'on ne

[1] Qui eut lieu au mois de mai 1580.

[2] Jean de Beaumanoir de Lavardin, troisième du nom, maréchal de France en 1598, mort en 1614.

[3] Jean de Favas, seigneur de Castets. Il était gouverneur de La Réolle lors de la réception, dans cette ville, de la Reine mère et de sa fille par le roi de Navarre. — Voyez les *Mémoires* de Sully et du duc de Bouillon, aux années 1578 et 1579. — Voyez aussi le *Journal de*

les ait assiégés, s'estant batus devant Castels¹, où ils ont rapporté quelques enseignes. Depuis, monsieur le mareschal de Biron s'est resolu de passer la riviere pour venir à Agen, au passage de laquelle le Roy mon mary l'attend despuis huict jours, de sorte qu'ils ne peuvent passer sans se battre. Jugez, je vous supplie, en quelle peine je puis estre, ma sibille; si vous plaignez ma douleur, je l'en estimeray moindre. Je vous supplie, parlant à la Royne ma mere, faites-luy souvenir de ce que je luy suis et qu'elle ne me veuille rendre si miserable, m'ayant mise au monde, que j'y demeure privée de sa bonne grace et de sa protection. Si l'on faisoit valoir le pouvoir de mon frere, nous aurions la paix; car c'en est le seul moyen. M.

[*Autogr.* — Coll. Béthune, t. 8890, fol. 56.]

#### A MA COUSINE MADAME LA DUCHESSE D'UZÈS.

Ma sibille, j'ay reçu les lettres que m'avez escriptes par Masparot², et entendu ses instructions, qui ne m'ont moins plu pour leur diversité que pour leur sujet. Entre aultres choses l'humeur du gentil-homme insatiable me plait fort. Je vous supplie ne vous lasser de me mander ce qu'en pourrez apprendre; car tels actes meritent bien d'estre communiqués à ses amis.

*Faurin* : *Pièces fugitives pour servir à l'Histoire de France*, t. II, p. 49. Paris, 1759, in-4°.

¹ Casteljaloux, département de Lot-et-Garonne, arrondissement de Nérac.

² Il est fait mention plusieurs fois, dans la *Satyre Ménippée*, d'un Masparaulte ou Masparaut, maître des requêtes, et l'un des *seize*. C'est peut-être le même que celui-ci.

Le peu de plaisir que me mandez y avoir où vous estes, me donne plus d'envie de savoir ce qui se passe par aultrui que par moi, qui feray ce que me conseillez; et croiez que le Roy et la Royne aroient tort, s'ils ne m'aimoient; car je vous jure avec verité que, tout ce que je puis faire pour servir à la paix, je le fais. Monsieur de Pibrac vous aura dit la verité de mon intention, que je ne changeray; et quand serez en quelque doute de moy, parlez à luy, que j'ay prié ne vous rien celer. Et encore qu'il y eut long-temps qu'il ne m'eust veue, il vous peult rendre [aussi] certaine de ma volonté que si à la mesme heure je luy avois dicte; car je ne suis de celles qui tous les mois changent leur but, et ne suis poinct dissimulée, comme vous l'avez pensé : ce que je m'assure que ne croiez plus. Ma sibille, aimez-moi tousjours, je vous supplie, et je vous honoreray eternellement. M.

[*Autogr.* — Coll. Béthune, t. 8890.]

A MON ONCLE MONSIEUR LE DUC DE MONTPENSIER [1].

(Mars 1581 [2].)

Mon oncle, il ne se sauroit plus souvent que je le desire offrir occasion de vous tesmoingner, soit par effect ou par lettre, la volonté que j'ay de vous servir, ne souhaitant rien plus que de vous en pouvoir rendre preuve. Mon frere et le Roy mon mari vous escrivent si particulierement de l'estat des affaires de la paix que, m'en remettant à eux, je prieray Dieu, mon

[1] Louis de Bourbon, duc de Montpensier.
[2] Cette date, ainsi que celle de la lettre suivante, a été ajoutée par une autre main que celle de Marguerite.

oncle, qu'il vous donne heureuse et longue vie. Vostre humble et obeissante niepce, MARGUERITE.

[ *Autogr.* — Coll. Béthune, t. 8847, fol. 36. ]

### A MON ONCLE MONSIEUR LE DUC DE MONTPENSIER.

( Mars 1581. )

Mon oncle, vous vous estes tousjours monstré si affectionné au bien de cet estat, et y avez jusques icy de si bon cœur emploié vostre paine que, cognoissant mon frere l'esperance que tous les gens de bien ont en vous, il s'est resolu de vous despescher le sieur de La Roche, pour vous faire entendre combien il vous cognoit propre à un effect où le Roy mon mary desire infiniment que vostre santé vous permette de vous y employer. Et estant chose que plus particulierement vous pouvez entendre par ledict sieur de La Roche et par les lettres de mon frere et du Roy mon mary[1], je vous supplieray seulement, mon oncle, vous y vouloir disposer, et croire que je vous demeurerai tousjours vostre humble et obeissante niepce, MARGUERITE.

[ *Autogr.* — Coll. Béthune, t. 8847, fol. 38. ]

### A MA COUSINE MADAME LA DUCHESSE D'UZÈS, MA SIBILLE.

(Fin de 1581 ou commencement de 1582.)

Ce me seroit, ma sibille, beaucoup de contentement d'avoir autant de moyen de vous servir, comme je reconnois vous avoir d'obligation. Monsieur de La Rochepot[2] m'a faict tenir vostre lettre et m'a escript

---

[1] Il s'agissait probablement des affaires de Flandre et de l'entreprise du duc d'Anjou.

[2] Antoine de Silly, comte de La Rochepot, gouverneur de l'An-

ce que luy aviez dict : de quoy j'ay receu un extresme contentement, pour estre la chose du monde que je desire avec plus d'affection que d'estre recogneue du Roy sinon pour servante utile, pour le moins pour tres fidelle à l'execution de ses commandements. Croyez, ma sibille, que mes paroles ne sont neullement differentes de ma resolution. Si j'ay cet heur de luy baiser les mains, je me promets bien tant de ma sinceritè et de son bon naturel qu'il en prendra asseurance de vous. Je vous supplie de l'avoir pour jamais telle de moy que de celle de toutes vos amies qui ara moins d'ingratitude et plus de fidele amitié. Je vous baise cent mille fois vos belles mains.     M.

[*Autogr.* — Coll. Béthune, t. 8890, fol. 48.]

A MA COUSINE MADAME LA DUCHESSE D'UZÈS, MA SIBILLE.

(Fin de 1581 ou commencement de 1582.)

Ma sibille, vostre lettre me sera comme saint Elme aux mariniers, me promettant, sous vos asseurances, autant de contentement à mon retour, qu'en mesme lieu, j'y ay aultrefois esprouvé du contraire. Vous m'aimez trop pour me vouloir tromper, ma sibille; je ne douteray jamais de vos paroles. Il est aisé de tromper qui se fie; mais je n'attendray jamais cette recompense de l'affection que je vous ay vouée; je croiray donc vostre conseil et advanceray mon partement, autant qu'il me sera possible [1]. Faites, puisque vous gouvernez le Roy, que je me ressente de vostre faveur, que

jou, fils de Louis de Silly, seigneur de La Rocheguyon, et d'Anne de Laval, dame d'Aguigny et de La Rochepot.

[1] Marguerite revint à Paris au mois de mars 1582.

je veux seulement que vous employiez à luy faire recognoistre la verité de mon intention, qui n'est que de le servir et luy plaire, et de vous honorer et aimer comme ma vraie sibille. M.

[*Autogr.* — Coll. Béthune, t. 8890, fol. 46.]

### AU SIEUR DE PIBRAC.

(1581.)

Monsieur, je m'estonne infiniment que, soubz une si doulce apparence, il y puisse avoir tant d'ingratitude et de mauvais naturel; je sçay le bruict que vous avez faict courre que je voullois retourner à la cour; ce que pensant que je pourrois descouvrir et sçavoir à quelle intention c'estoit, vous l'avez voullu prevenir par une lettre, m'escrivant que le Roy s'en estoit enquis de vous, et que vous luy aviez respondu que, s'il luy plaisoit me donner les frais de mon voiage, que cella seroit : qui estoit pour me rendre moins desirée et plus odieuse. Mais pour ce coup vous serez trompé, pensant me rompre mon dessein; car vous en avez esté fort mal adverti. Il paroist trop combien vous voullez vous opposer à tout ce que vous pensez que je desire, ou en quoy vous cuidez que je puisse avoir de l'utillité; car, lorsque monsieur de Gratens[1] estoit là, vous luy fistes escrire au Roy mon mary qu'il se gardast bien de me laisser aller; qu'il ne sçauroit rien faire qui luy fust plus prejudiciable; et à moi, vous ne m'avez rien escrit ny mandé qui ne feust pour me deses-

[1] Louis du Faur, seigneur de Gratens, conseiller au grand conseil, puis au parlement de Paris et chancelier du roi de Navarre. Il était frère de M. de Pibrac.

perer de la bonne grace du Roy, et pour m'oster toute l'attente que je pouvois avoir de recepvoir aucun bien de luy : m'escrivant souvent qu'il n'y avoit de l'argent que pour trois ou quatre mignons; que tout ce qu'on demandoit de ma part estoit refusé; que je ne debvois faire nul estat de luy que pour en avoir tout le pis qui se pourroit. Ces paroles m'a dictes Fredeville de vostre part. Par Cambronne vous me mandastes que le Roy ne vouloit ouïr seulement nommer mon nom, et qu'il vous avoit defendu de me servir. Non seulement à cette heure, mais, la Royne estant en ce païs, vous me disiez de mesme, interpretant tout ce que vous pouviez apprendre d'elle à ce sens-là, disant qu'ils ne m'aimoient poinct tant. Mais ce n'est que desiriez aussy que je sois avecq le Roy mon mary ; car vous n'avez moings pris de paine de me desesperer de son amitié, et de me mettre mal avec luy, m'aiant, à Pau, pour la dispute que nous eusmes pour la religion catholique, rapporté qu'il vous avoit dict des paroles, qu'il m'a juré n'y avoir jamais pensé; lesquelles, si elles eussent esté veritables, je n'eusse reçeu le traictement que j'ay tousjours depuis reçeu de luy. Il vous peult aussy souvenir de l'advertissement que me donnastes en mars, il y a un an, par où vous me mandiez (avecq paroles si expresses que vous disiez les escripvant en avoir la larme à l'œil) que, faisant regarder à nos nativités, vous aviez recongnu que, ce mois-là, il me debvoit tuer de sa main, et que vous me conseilliez et suppliez de me retirer promptement à Agen ou aultre ville qui fust à ma desvotion; ce que, si je l'eusse faict lors que je recevois meilleur traictement de luy, je ne pouvois esperer que d'y estre irreconciliable pour toute ma vie. Et cognoissant par la response que je vous fis que je m'en moquois et descouvrois vostre artifice, vous m'escrivistes deux lettres pour vous excuser, que je garde.

En la premiere vous m'escriviez que ce qui vous l'a faict escrire, a esté pour obeyr à ceulx qui ont puissance de vous commander (que je ne puis interpreter que pour le Roy ou pour la Royne, que je ne sçaurois croire qu'ils vous eussent voulu commander jamais une telle meschanceté); et, en leur obeissant, vous fesiez un acte de tres infidelle ami à l'endroit de celle qui vous avoit choisy comme pour pere, et comme celuy en qui je voulois fier ma fortune entiere.

En la seconde, vous m'escriviez une excuse non moins indiscrette et peu considerée pour un homme si sage : qui estoit, que aultre chose ne vous avoit conduict à me donner cet advertissement que l'extresme passion qu'aviez pour moy, ce que ne m'aviez osé descouvrir; mais qu'à cette heure vous y estiez forcé et à desirer à me revoir. Madame de Piquigny, à qui je la monstray, vous a peu tesmoigner en quelle colere elle me vit. Je ne voulois vous y faire de responce, craignant que cella accreust encore vostre mauvaise vollonté en mon endroit, qui ne m'estoit en ce temps-là que trop apparente : car me voyant en la necessité où la guerre m'avoit reduite, qui estoit telle que je n'avois pour vivre aultre moien que de vendre ma maison, que le Roy m'avoit donnée, vous empeschastes que plusieurs ne l'acheptassent, qui en vouloient donner ce que vous en avez trouvé, la revendant plus cher que ne l'avez acheptée. Et ne vous contentant de m'avoir osté ce moien, voiant que je pouvois tirer quelque secours des consignations, vous en fistes un party tel, que vous donniez le tiers à un qui ne m'avoit donné l'advertissement ny qui n'estoit chargé d'aucuns fraiz ny poursuites, lui rabattant prorata pour chaque parlement où l'edict ne seroit passé; et, pour ne m'en laisser la disposition, vous affectastes, par le contract, toute la somme à telz et ainsy qu'il vous pleust, ne m'y laissant que six mille escus. Et voiant que ce qu'aviez emploié estoit l'acquit de quelques rentes, des quelles vous n'estiez ny pressé ny convié de les rachepter, je debvois desirer qu'ils n'y feussent; mais, pour ne vous desdire, je les y laisse, et confirme ce qu'en avez faict, bien que je cognoisse fort à mon presjudice. Or, voiant que ce party, vous me pouviez empescher d'en rien recepvoir, en y commettant un recepveur et en luy faisant tirer les gages (comme il s'est faict des offices que tient Hubault, et est bien aise de ne les vendre, pour ce qu'il en tire les gages), ou bien en faisant traisner la poursuite des expeditions qui sont necessaires, et reculant, comme vous avez faict, les termes des payemens; vous avez encore changé l'assignation du rachapt de ces rentes qui avoient esté par vous mesme mises sur ledict party, sur mes deniers de Picardie; voiant que ce moien seul m'estoit resté pour subvenir à la despence de ma maison aveq l'argent de Bourges et de Tours, que vous avez aussy faict arrester, pour faire demeurer ma maison tout à plat; voulant sur cette année (où les rabbais que la guerre m'a apporté m'ostent les deux parts demon revenu) me faire acquicter des rentes, qui n'est chose aulcunement pressée, de quoy vous aviez choisy un aultre remboursement, et de quoy ne pouviez penser pouvoir demeurer en peine, si ne voiez encore ma mort prochaine, comme au mois de mars.

Tous ces mauvais offices sont la recompance de la fiance que j'avois de vous, m'y reposant de toutes mes affaires, et ne vous aiant jamais recherché que bien et contantement; ce que, pour mon peu de moien, je n'ay peu vous tesmoigner comme je l'eusse desiré; mais je ne pense y avoir rien obmis de ce que j'ay peu. Il n'est vacqué beneffice, depuis que j'ay mes terres, que je ne le vous aye donné. Vous ne les avez voullu disputer, pour ne m'en avoir obligation, et avez mieulx aymé vous en accommoder aveq ceulx qui y pretendoient, pour me faire perdre mes droictz. Ce sont d'estranges traits pour ung homme d'honneur tel que vous estes, et qui seroient peu à vostre advantage, venant à la congnoissance d'ung chacun, ce que je ne voudrois, encore que je ne puisse avoir honte de m'estre trompée en voz doulces et belles paroles, n'estant seule au monde qui suis tombée en tel accident; lequel me pese de si longtemps sur le cœur (que j'ay trop contraire à toute infidellité pour le pouvoir supporter) que je ne me suis peu plus long-temps empescher de m'en plaindre à vous-mesme, où je ne veulx aultre tesmoing que vostre conscience pour juger, selon vostre profession et estat, le tort que vous avez d'avoir vaiscu aveq tant d'ingratitude et infidellité. Je prie Dieu, monsieur de Pibrac, qu'il vous rende à l'advenir plus confiant à voz amis. J'oubliois à vous dire que j'ay sçeu qu'avez dict à plusieurs, que, lorsque m'envoiastes ce bel advertissement du mois de mars, que je vous avois escript que j'avois faict ung songe que l'on me tuoit, et que je m'en estois esveillée en apprehension et effroi. Je m'estonne comment vous avez peu inventer cela; car vous sçavez qu'il n'est poinct, et cependant vous l'avez faict courre partout. Je vous prie, lassez-vous de ces offices, car je me lasse fort de les endurer. Vostre meilleure et moins obligée amye. M.

[Coll. Brienne, t. 295, fol. 161.]

#### REPONSE DE MONSIEUR DE PIBRAC.

(1581.)

Madame, puisque estant malade et fort indisposé de ma personne, je ne puis, sans faire tort à ma vie entiere, [entrer] en la consideration et disputte des accusations et crimes dont vous me chargez par la longue lettre qu'il a pleu à vostre majesté dernierement m'escripre, je me contenteray maintenant (attendant que dans six ou sept jours j'aye, comme j'espere, recouvré ma santé) vous dire deux choses, madame : l'une, que je vous rends infinies et tres-humbles grasces de ce qu'enfin vous m'avez faict ce bien de me declarer les occasions que vous estimez avoir de me porter la haine que vous me portez; l'aultre chose, madame, que j'ay à vous dire, est que, si en tant d'accusations je recongnoissois ung seul poinct de faute en mon cœur, je me donnerois moi-mesme d'un poignard dans la gorge. Vous n'aurez de moy pour le present aultre mot, s'il vous plaist. Au reste, madame, j'ay sçellé tres-volontiers la commission pour l'audition des comptes de vostre tresorier; je suis bien aise d'estre deschargé de cette occupation, encores que par advanture ceulx qui vous ont baillé ce conseil pensent m'avoir par là donné quelque atteinte; mais ils se trompent bien fort et me cognoissent fort mal. J'ay, madame, une lettre de monsieur de Foix qui est ambassadeur à Rome, et une aultre de monsieur le cardinal de Ferrare, par lesquelles est porté que monsieur le chancelier aura l'evesché de Comdom sur le placet que le Roy luy en a accordé. Je vous advertis, il y a plus de deux mois, du don et de l'asseurance que ledict sieur avoit d'obtenir ledict evesché. C'est tout ce que je sçay, madame, pour vous estre escript, sinon que monseigneur vostre frere est en France, en bonne santé, dont chascun loue Dieu. Madame, je prieray nostre seigneur qu'il vous doint ce qu'il congnoit vous estre necessaire, baisant treshumblement les mains de vostre majesté, s'il m'est permis. Vostre tres-humble et tres-obeissant serviteur. PIBRAC.

[Coll. Brienne, t. 295, fol. 165, verso.]

## AU SIEUR DE PIBRAC.

(Le 25<sup>e</sup> jour de septembre 1581.)

Monsieur de Pibrac, le discours que je vous ay faict, par une lettre, des mauvais offices que j'ay receuz de vous, n'a pas esté en esperance que m'en fissiez response, ne que vous en puissiez justifier, sçachant trop bien qu'il vous seroit impossible; mais seulement pour vous representer voz comportements en mon endroit : de quoy je m'asseure le soubvenir vous estre aussy desagreable que les effects m'ont esté prejudiciables. Il n'estoit poinct de besoing donc de vous excuser de ne respondre, sur vostre indisposition; laquelle, puisqu'elle vous porte tant d'incommodités, que ne pouvez, comme m'escrivez, sans faire tort à vostre vie, entrer en la consideration des choses que je m'asseure n'estre hors de vostre memoire, pour estre encores trop résentes, je ne doubte poinct que cette maladie et l'importunité du continuel exercice de mes sceaulx ne fist beaucoup de tort à vostre santé; de laquelle n'estant moins soigneuse que vous l'avez esté de mon repos, je vous prie me renvoier mes sceaulx, les baillant à Manicquet, qui me les fera promptement tenir, selon que je luy escripts. Quant monsieur de Gratens [va à Paris], luy, pour peu qu'il y demeure, il laisse tousjours ceulx du Roy mon mary pres de luy. Ce fust advis, quant vous partistes de ce païs, de me laisser les miens, cognoissant que j'en aurois ordinairement affaire pour les offices, pour lesquels les pauvres gens qui les prennent se faschent d'aller si loing querir leurs expeditions. Vous les baillerez donc, s'il vous plaist, à Manicquet, pour me les envoier en poste. Je prie Dieu, monsieur de Pibrac, qu'il vous donne ce qu'il cognoit vous estre necessaire. Vostre moins obligée amye. M.

[Coll. Brienne, t. 295, fol. 166, verso.]

[1] Il était, comme nous l'avons dit, chancelier du roi de Navarre.

### REPONSE DE MONSIEUR DE PIBRAC.

(De Paris, ce 1ᵉʳ octobre 1581.)

Madame, je n'ay esvité en cette response ny passé par dessus un seul mot de la lettre qu'il vous a pleu m'escripre, laquelle vous trouverez que j'ay icy inserée de mot à mot. Moings ay-je voulu, en ma deffense, apporter aucun artiffice de langaige ny ornement de parolles, pour ne faire tort à la verité. Or, encores que vous aiez communiqué vostre lettre à plusieurs et mesme au roy de Navarre vostre mary, et que, partant, je deusse desirer que ma response feust veue de tous et singulierement de luy; toutesfois, j'ay si avant empraincte dans le cœur la reverance que je vous porte, que j'ayme mieulx estre estimé et jugé coulpable par faucte de communiquer ma deffense, que faire voir vostre tort par la communication d'icelle. Madame, je clorai cette petite lettre[1] par ce mot, que je me ne puis persuader que, sur des occasions sy foibles, sy recherchées, sy exquises et sy destournées, vous veuilliez continuer à haïr la personne de ce monde qui plus vous honnore; et quant vous le ferez, je penseray que c'est quelque jugement de Dieu, que vous et moy ne pouvons comprendre. Je ne laisseray pas de l'adorer et recepvoir aveq toute humilité et actions de grasces, m'asseurant que c'est pour mon bien, et desirant que ce soit pour le vostre.

---

[1] *Cette petite lettre.* Ces mots ne s'appliquent qu'à la partie de la lettre qui précède la discussion des reproches adressés par Marguerite à son chancelier.

*Je sçay le bruict que vous avez faict courre que je voulois retourner à la cour : ce que pensant que je pourrois descouvrir et sçavoir à quelle intention c'estoit, vous l'avez voullu prevenir par une lettre, m'escrivant que le Roy s'en estoit enquis de vous, et que vous luy aviez respondu que, s'il luy plaisoit me donner les frais de mon voiage, que cela seroit : qui estoit pour m'y rendre moings desirée et plus odieuse*[1].

Madame, je responds que, si j'estois autheur du bruict de vostre retour de par deça, je n'aurois garde de le sçavoir; car, en premier lieu, j'aurois de quoy me deffendre sur vos lettres, m'aiant escript en ces propres termes par deux fois : *J'espere vous voir bientost où vous estes.* J'aurois aussy de quoy alleguer le langaige ordinaire de tous ceulx qui sont partis d'auprès [de vous] depuis sept mois; mais, cessant tout cela, ma principale deffense seroit que, quant bien j'aurois inventé cette nouvelle et publié vostre volonté de venir, j'auroys faict chose qui vous rendoit tres agreable au Roy et à la Royne vostre mere, et tres utile pour le bien de vos affaires; car vous ne debvez pas doubter que l'oppinion de vostre prochain retour ne facilite l'execution de tout ce qu'on poursuit pour vous icy, et que tel ne se taise volontiers, qui s'y opposeroit, s'il pensoit ne vous veoir jamais. Je n'aurois doncques point failly d'avoir semé ce bruict, et n'aurois faict chose digne d'un serviteur, non, comme

---

[1] Les lignes en italiques sont des passages de la précédente lettre de Marguerite, que M. de Pibrac répète dans la sienne, pour y répondre.

vous appelez, infidele et ingrat, ains, tel que j'ay tousjours esté, tres-fidele et tres-desireux de vostre bien. Mais, pour aultant que ce n'est point ma façon de m'attribuer ce qui ne vient point de moy, je vous diray, madame, rondement que je n'ay oncques esté auteur de ce bruict; car vous m'avez, quatorze mois, traicté de telle sorte que toutes voz intimes volontez m'ont esté incongnues et cachées; de sorte que, en quelque chose que ce soit dont j'aye esté interrogé, de vostre volonté ou dessein, par le Roy ou la Roine, j'ay tousjours franchement respondu n'en rien sçavoir. Leurs majestés ont quelquefois pansé que je faisois le secrect et l'accort, mais je diray la verité, mesme sur le propos qui s'offre; car le Roy, à l'issue d'ung conseil, m'aiant faict cette grasce de me dire qu'il n'y avoit point un meilleur moien de faire cesser quelques petits mescontentements, que monseigneur le Duc monstroit lors avoir de sa majesté, que de vous rappeler, et que vous estiez la personne du monde qui aviez plus de pouvoir à retenir l'amitié des deux et les unir ensemble de plus en plus, il adjousta ces mots : « Ne pensez-vous pas que ma sœur vienne, si je luy « mande? » lors presente la Royne vostre mere et monsieur de Villeroy[1]. Ce sont tesmoings que je ne sçaurois suborner, et qui ne craindroient point de m'offenser pour vous plaire; je les veux toutesfois croire si je ne respondis en ces propres termes : « Sire,

---

[1] Nicolas de Neufville, seigneur de Villeroy, conseiller et secrétaire d'état sous les rois Charles IX, Henri III, Henri IV et Louis XIII. Il a laissé des *Mémoires d'état*.

« encore que je n'aye ny lettres ny commandement
« quelsconques pour vous respondre des volontés de
« la Royne vostre sœur, toutesfois, la congnoissant
« comme je fais, je ne craindray point de vous asseurer
« sur mon honneur que, pour une si bonne et grande
« occasion, elle partira soudain apres avoir receu vostre
« lettre, et fera tousjours tres-affectionné service. »
La Royne vostre mere print la parole, et monstra
une lettre au Roy, que vous lui aviez escrite, pleine de
vostre bonne volonté. Lors fut commandé à monsieur
de Villeroy de dresser ce mesme jour la depesche;
mais il supplia leurs majestés de vouloir attendre
l'arrivée de monsieur de Bellievre, par lequel on
pourroit sçavoir l'estat des affaires de la Guienne et
l'inclination du roy de Navarre. Ainsy fut arresté,
comme je le vous escrivis soudain; et pour ce que
l'occasion me sembla belle, non pas de demander les
frais de vostre voiage, comme vous m'escripviez (car
je n'use pas de cette façon de parler), mais bien de
rementevoir au Roy la necessité de vostre maison,
laquelle vous m'avez souvent commandé de luy representer, je supplié tres-humblement sa majesté d'user
de sa liberalité envers vous, ce qu'il trouva fort bon.
Maintenant, madame, vous me reprochez que j'ay
dict cella pour rendre vostre voiage moins desirable.
Est-il possible que vous soiez si animée contre moy
de detourner, par une interpretation qui n'a apparence quelconque, un service que j'ay voulu rendre
au bien de vos affaires, et qui vous estoit tres-necessaire? Pour mettre fin à cet article, je conclus, ma-

dame : je n'ay oncques faict courre le bruict de vostre volonté, ne la sachant point; je n'ay poinct voulu prevenir par ma lettre ce que vous pourriez descouvrir de mon intention, que vous pourrez mieulx sçavoir par les tesmoings que je vous ay nommez; je ne pensay oncques rendre vostre retour moings desirable en touchant quelque mot du besoing de vostre maison; car je sçay que ce que j'en dis fut fort bien receu, fut suivy par la Royne vostre mere d'une affectionnée priere, et je sçay que je y apportay, oultre ung desir enflammé de vous servir, la consideration de l'opportunité du lieu et du temps, et de tout ce que la prudence requiert.

*Il paroist par là que vous voulez vous opposer à tout ce que vous pensez que je desire, ou en quoy vous cuidez que je puisse avoir de l'utillité.*

Madame, je responds que vous concluez tout au contraire de vostre argument; mais, pour laisser à part la subtilité et l'art de la dispute, je vous diray que je suis infiniment aise d'apprendre mainctenant par voz paroles que vous aiez desir et affection de venir icy. C'est ce que j'ay jusques icy ignoré, et vous me l'avez tousjours celé. Vous ne me sçauriez nier, madame, que vous n'aiez sceu quel estoit sur ce mon advis; car j'ay faict profession ouverte de maintenir que vostre retour estoit necessaire, et que vostre presence serviroit icy de beaucoup pour vous, pour le Roy vostre mary, pour la paix de la France et pour le bien universel. Quant à mon particulier, j'eusse esté privé de sens commun et ennemy de moy-mesme de ne desirer vous voir icy pres du Roy vostre frere, non pour espérer avoir par ce moien plus de biens et plus grand estat (car je n'ay jamais mis telle chose en considération), mais pour ce qu'il ne me pouvoit advenir un plus grand contentement qu'estre pres de vous, que exercer icy ma charge, sans m'esloigner du Roy et sans me distraire du conseil ny du parlement; et aussy que le comble de mon heur estoit de vous voir en lieu où j'estois asseuré que vous trouveriez infinis tesmoings de mes fideles actions pour vostre service. Or, madame, je remarque en vostre lettre une manifeste contradiction : car en cet article vous me voulez blasmer d'avoir tasché à m'opposer à vostre retour, et, en ung aultre endroict, vous m'accusez atrocement et me couvrez le visage de honte de ce que, aveq affection extresme, impatiemment j'ay desiré de vous veoir icy; cela ne se peult accorder. Pour me resouldre en cet article, attendant que je responde à l'aultre en son lieu, je jure et proteste devant Dieu et devant ses anges que, tant s'en fault, madame, que j'aye jamais eu en volonté d'empescher voz desirs et vos desseings, lorsque je les ay sceuz, que, au contraire, vostre seulle inclination m'a esté comme une loy, et vostre volonté si chere que je l'ay preferé tousjours à moy-mesme, au conseil de tous mes amis, et au proffict et utilité de mes affaires et de toute ma maison. Mon bien et mon honneur estoit, madame, de demeurer continuellement pres du Roy, puisqu'il luy plaist me faire cette grasce de me veoir de bon œil, comme vous sçavez qu'il faisoit lorsque je partis pour vous suyvre en Guyenne. L'occupation digne de mon aage et de ma profession estoit d'assister assiduement au conseil-d'Estat de sa majesté, ou en son parlement, et non de quicter l'ung et l'aultre exercice pour ouyr les plainctes de vostre pourvoyeur et m'occuper en choses beaucoup moindres, lesquelles neantmoings je n'ay jamais desdaignées pour vostre service. C'estoit à moy, madame, estant jà sur le declin de mon aage, de penser à nettoier et liquider ce peu de bien que Dieu m'a donné, affin de le laisser à mes petits enffans franc de debtes et d'hypothecques, comme je l'ay receu de mes ancestres, et non pas le charger de tant d'obligations, comme j'ay faict; car je me suis veu avoir emprunté et debvoir pour douze mil escuz d'une part, huict mil escus d'aultre, plus cinq mil escuz à Bousquet, trois mil escuz à vostre orfebvre, oultre six ou sept mil escuz que je vous prestai, deniers clairs, lorsque j'estois en Gascongne : de sorte que, si lors Dieu m'eust appelé à soy, je laissois la plus embrouillée et affligée petitte famille qui fut jamais; car je sçay assez et le vois tous les jours comme l'on traicte les enffants de ceulx qui ont faict service. Je ne vous dis pas cecy pour reproche, madame; je suis trop bien né pour mettre jamais en consideration telle sorte de services; mais c'est pour vous monstrer combien à tort vous me reprochez que je m'oppose à ce que je cuide estre de vostre utilité, laquelle j'ay tousjours preferée à la mienne.

*Lorsque monsieur de Gratens estoit là, vous luy fistes escrire au Roy mon mary qu'il se gardast bien de me laisser aller, qu'il ne sçauroit rien faire qui luy fust plus prejudiciable.*

Madame, je responds que j'eusse bien voulu avoir parlé à mon frere de Gratens. Lorsque l'occasion s'offrit de ce propos, il estoit party pour aller à Bloys et ne luy ay oncques escrit, d'autant qu'il n'a esté besoing, comme vous entendrez par ce qui s'ensuict. Vous sçaurez donc, madame, s'il vous plaist, que mon frere de Pujols [1], en la compaignie de deux fort speciaux serviteurs du roy de Navarre me vint trouver en l'hostel d'Anjou, aveq un pappyer plain d'advis qui venoient de Coutras, où vous estiez pour lors aveq Son Altesse et aveq le Roy vostre mary : entre aultres il y avoit ung article qui contenoit que vous partiez dans cinq ou six jours pour venir deçà; que voz meubles estoient jà en chemin et que le roy de Navarre s'en venoit aussy, ayant promis et juré à Son Altesse de l'accompaigner à la guerre de Flandres, durant laquelle vous demoureriez à la Fere, en Picardye, pour estre pres de tous les deux. On me demanda là-dessus ce que j'en pensois; je dis que je ne croyois rien de cella, parce que je venois de recepvoir vostre lettre de madame de Piquigny, qui n'en faisoit nulle mention. J'adjoustay aussy que, si cella estoit vray, le roy de Navarre faisoit la plus grande folie (et pardonnez-moy, s'il vous plaist, si j'use de ce mot), que fit jamais homme sage. On voulut savoir la raison; je

---

[1] Arnaud du Faur, seigneur de Pujols en Agenais, qui fut premier gentilhomme de la chambre du roi de Navarre, gouverneur de Montpellier sous le roi Henri IV, et son ambassadeur en Angleterre.

la dis au long, et priay mon frere de la faire entendre
audict seigneur Roy, si besoing estoit et ne craindre
poinct de me nommer. Je ne sçais s'il aima mieulx en
escrire à mon frere de Gratens; tant y a, madame,
que ma raison me sembloit fort bonne, pour le moins
plaine d'affection envers vous et le Roy vostre mary,
et accompaignée de science et prudence d'estat,
comme je vous le prouverois aisement, si j'avois entrepris de le discourir au long. Il suffira d'en toucher
un petit mot : c'est que, la paix venant d'estre faicte,
non encores executée et à peine reçeue, si le roy de
Navarre partoit, je disois qu'il ne falloit doubter qu'il
n'advint deux choses : l'une, que ceulx de la religion
ne reprissent soudain les armes, l'aultre qu'ils ne pen-
sassent d'estre trahis de luy et qu'ils n'esleussent soudain plusieurs chefs; de sorte que cette œuvre seroit
pire que toutes les aultres; que l'interest du Roy et de
la couronne estoit, puisque Dieu permettoit que fussions divisés de religion, que le roy de Navarre demeurast en creance et auctorité envers son party; car,
estant tel qu'il est, il n'endureroit jamais qu'il touchast
à l'estat, comme, au contraire, il y avoit occasion de
craindre que ceulx de la religion, soubz la conduite
de plusieurs chefs ignobles et de petite estoffe, se
voiant pressés par les armes du Roy, n'entrassent avec
les voisins en conventions et negociations tres-perni-
cieuses à ce royaume. Je concludz que, si tant estoit
que le roy de Navarre, pour s'acquicter de sa promesse
envers monseigneur, fust contrainct de partir de
Guienne, il falloit necessairement que vous, madame,

y demeurassiez, et qu'il ne vous devoit permettre de venir; car, demeurant sur le lieu, vous pourriez donner ordre à l'execution de la paix, vous mainctiendriez la creance du roy de Navarre envers ceulx de son party, les garderiez de s'esmouvoir et conserveriez en vostre personne l'auctorité du gouvernement de Guienne, durant que le roy de Navarre vostre mari en seroit absent. Voilla mon opinion, madame; voilla le sommaire des raisons pour lesquelles je soustenois que vous ne debviez point venir, et que le Roy vostre mary ne pourroit rien faire plus prejudiciable que de le consentir. Debatte qui voudra cette oppinion; arguez-la, si vous voulez, d'ignorance et d'imprudence; pour le moins, on ne sçauroit nier qu'elle ne soit plaine d'affection envers vostre maison, sans prejudicier à mon Roy souverain et à ma patrie.

*Vous ne m'avez jamais rien escrit ni mandé qui ne feust pour me desesperer de la bonne grasce du Roy, et pour m'oster toute l'attente que je pouvois avoir de recepvoir aucun bien de luy.*

Madame, je responds que cela est fort vray, depuis le $xv^{me}$ d'apvril, que les armes feurent prinses; jusques apres la paix; et, puisque vous me metez sur ce propos, ne trouvez point, s'il vous plaist, mauvais que je m'en explicque clairement et vous en die tout ce que j'ai sur le cœur. Lorsque j'arivay en cette court, qui fut en novembre, cinq mois avant la prinse des armes, je vous escripvis, madame, et continuay tousjours depuis, jusques au $xv^{me}$ apvril, vous mander que le Roy, vostre frere, avoit une merveilleuse satisfaction et contentement de vous, entendant les bons et signallez offices que vous faisiez pour la conservation de la paix, laquelle sa majesté desiroit sur toutes choses. Je vous mandois aussy la joie qu'il avoit d'estre asseuré par moy de la vraye et parfaicte amitié qui estoit entre vous et le roy de Navarre; sur laquelle amitié il faisoit un fondement certain de la tranquillité de ce royaume. Il me l'a dict cent fois, et, oultre ce que je le vous escripvois, je le priois de le vous tesmoingner de sa main, ce qu'il a faict souvant en ma presence; et mesme quant monsieur de La Rocque partist, il pleut à sa majesté me communicquer la lettre qu'il luy bailla, et me dire ce qu'il luy avoit commandé de rapporter de sa part au roy de Navarre et à vous sur ce propos. Il n'estoit pas possible, madame, de faire plus ample ny plus evidente demonstration de sa bienveillance envers vous. Quant aux deniers et finances, je vous mandois que nous estions au dernier quartier de l'année; que l'espargne estoit espuisée; qu'il ne falloit pas doubter de la bonne volonté du Roy, car il commandoit assez; mais que les intendans ne trouvoient où assigner le don des cinquante mil livres que le Roy vous avoit faict; qu'en l'estat des finances, pour la prochaine année, il y avoit faucte de fonds pour acquitter les charges ordinaires, et par ainsy il n'y avoit remede que d'espier quelque partie esgarée ou attendre quelques nouvelles erections; que cela estoit bien long, toutesfois que j'y veillerois. Voilla le subject de toutes mes lettres depuis novembre jusques au mois d'apvril; mais quant le Roy se vit frustré de son oppinion et de son attente, et que, contre tant d'assurances qu'on luy avoit données, ceulx de la religion eurent rompu la paix et commencé la guerre, je recongnus qu'il changea bien de visage et de langage envers moy; et par consequent je changeay bien de stille ès lettres que je vous escrivois. Ma plume n'estoit lors et ne pourroit estre mainctenant suffizante pour vous tesmoingner la juste douleur du Roy ny l'aigreur de son cœur; et ne fault point vous esbahir, sy je vous mandois que vous estiez entierement hors de sa bonne grasce; car, puisque le roy de Navarre prennoit les armes, le Roy, demeurant persuadé de l'amitié qui estoit entre vous deux, il falloit par necessité qu'il vous tinst pour coulpable, joinct les advertissemens qu'il avoit de toutes parts de la Guienne et de Thoulouze, que voz serviteurs domesticques portoient les armes à descouvert, alloient à la guerre, et assistoient à la prinse et sacagement des villes. Il me faisoit bien mal au cœur d'entendre de sa bouche tous ces propos, et d'estre contraint de remplir mes lettres de sy mauvaises nouvelles; mais j'eusse faict l'acte d'ung meschant homme et infidelle serviteur de ne vous advertir point de ce qui tant vous importoit; et vous confesse, madame, que industrieusement j'ay faict choix de paroles aigres en mes lettres, pour vous poindre, affin de vous esveiller et exciter à satisfaire au Roy par escript ou aultrement et justiffier vos actions envers luy, ce que je desirois sur toutes choses, tant pour vous que pour moy. En cet endroict, madame, j'aurois une juste plaincte à vous faire, si vous me le permettiez; car je courus lors une telle fortune, que, si le Roy eust esté ung prince colere et precipité, ou si Dieu ne luy eust mis dans le cœur mon innocence, il avoit argument, selon la raison humaine, de me faire un mauvais party. Souvenez-vous, madame, de la supplication bien humble que je vous fis, prenant congé de vous à Nerac : je vous priai ne m'escrire jamais d'affaires publicques, et vous remonstray qu'estant du conseil du Roy, pres de sa personne et president en son parlement, il n'estoit pas raisonnable que je m'entremisse d'aucune affaire pour le roy de Navarre, joinct que je sçavois bien que, pour n'offenser ledict seigneur Roy vostre mary (comme il n'estoit pas raisonnable), vous me cacheriez la verité de beaucoup de choses, et par adventure me feriez porter quelques paroles, vous estant laissé persuader qu'elles seroient vraies, dont j'aurois apres un perpetuel reproche, que j'aymerois mieulx mourir que le Roy m'eust trouvé menteur, et que ce seroit entierement me ruyner, à quoy enfin vous auriez regret.

Là dessus, madame, il vous pleust me dire et promettre que, sy par occasion necessaire vous m'escriviez quelque chose de publicq, je le pourrois asseurer sur mon honneur et sur ma vie. Par quelques unes de voz lettres, je receus commandement de vous [de] dire que ceulx de la religion ne demandoient que la paix, et qu'il ne falloit point croyre qu'ils voullussent prendre les armes. Vous le pensiez aussy, madame, je le sçay bien ; vous aviez cette ferme oppinion, je n'en doubte nullement. On vous le disoit, on vous l'asseuroit tous les

jours : qui ne l'eust creu? Mais moy, qui avois cette
nouvelle de vous, par un extresme desir de vous obeïr,
je m'aheurtay et banday tellement pour cette oppinion, que, avec l'inclination et volonté que le Roy
avoit à la paix, je resistay aux advertissemens que le
Roy recevoit de toutes partz de son roiaume; et advint
que sa majesté demeura ferme, sans se deffier de la
guerre ny aulcunement s'y preparer. De sorte que,
lorsque la verité fust à plain descouverte, le Roy me
dist en son cabinet, où estoient messieurs les princes
et plusieurs seigneurs de son conseil, que je l'avois mal
accoustré, et l'avois empesché de donner ordre à ses
affaires, soustenant opiniastrement que ceulx de la
religion ne prendroient pas les armes : sur quoy je ne
luy respondis autre chose, sinon qu'il fist de moy ce
qu'il luy plairoit, et que je n'avois aultre deffence
sinon que vous, madame, aviez esté trompée la premiere, et moy apres vous. Je vous laisse à penser en
quel estat j'estois lors, et si je ne doibs pas bien recongnoistre une specialle grace, bonté et benignité du
Roy en mon endroict. Pour conclusion, madame, le
contenu en l'article de vostre lettre est veritable, et
j'eusse impudemment menti et faict extresme faulte à
vostre service de vous celler le mescontentement que
le Roy avoit de vous, du Roy vostre mary, et de tous
ceulx qui estoient serviteurs de l'ung et de l'aultre.

*Qu'il n'y avoit de l'argent que pour trois ou quatre
mignons; que tout ce qu'on demandoit de ma part
estoit refusé; que je ne debvois faire nul estat; Fredeville me le dist de vostre part.*

Madame, j'ay respondu suffizamment à cet article par le discours precedant, hormis à ce mot de *mignon*, duquel en ma vie je n'usay ny parlant ny escrivant. Bien vous ay-je peu mander que le bien que le Roy faisoit à ceulx qui estoient les plus pres de luy, estoit cause que plusieurs demeuroient sans en avoir, principallement les absens. J'estime le sieur de Fredeville gentil-homme et homme de bien; il ne receut jamais ny priere ny commission de moy pour parler à vous de ma part; car, au contraire, je sçavois que vous luy aviez deffendu de me veoir; et, de faict, je ne le vis que comme ung esclair, montant dans mon coche pour m'en aller à Sainct-Maur; il me salua estant avecq vostre secretaire Seguier, et moy eulx. Je ne luy dis autre chose, sinon que je sçavois les deffenses qui luy avoient esté faictes, et partant que je ne pouvois vous escrire par luy sans luy faire tort, et, au demeurant, que nous faisions icy le mieulx que nous pouvions en voz affaires, sans beaucoup advancer, pour la necessité des finances du Roy. Il n'eust aultre parolle de moy; car c'est celluy que je ne congnois quasy point, et craignois que ce forftuit rencontre luy portast prejudice, tant s'en fault que je luy eusse voullu donner une creance pour parler à vous.

*Par Cambronne vous me mandastes que le Roy vous avoit deffendu de me servir.*

Madame, je responds que ce que le sieur Cambronne vous dist de ma part est tres veritable, et affin que n'en doubtiez, vous en aurez, s'il vous plaist, ce tesmoingnage de ma main : c'est, madame,

que, ung dimanche matin que le Roy eust la nouvelle
de la prise de la ville de Cahors [1], il me manda venir
vers luy; je le trouvay qu'il alloit à la messe. Lors publicquement, au millieu de la basse-court du Louvre,
en presence de plus de deux cens gentils-hommes, il
me dict sy je ne sçavois pas bien que Cahors avoit esté
prins et sacagé, tous les habitans massacrés, et le butin
des eglizes publicquement vendu à Nerac. Je luy respondis que non; aussy n'en avois-je point ouy parler.
Il continua : « Les officiers auxquels ma sœur a donné
« des offices et beneffices dans Cahors ont trahy la
« ville et receu l'ennemy; je ne veux plus qu'elle aye
« ce moyen de me nuire; j'ay ce matin commandé à
« mon procureur general de faire saisir les terres
« qu'elle a; et, quant à vous, je vous deffends d'uzer
« de son sceau, ny sceller offices quelsconques. » C'est
le propos que j'ay tenu à Cambronne pour le vous ref-
ferer; car il estoit necessaire que vous le sçussiez,
mesmes que cela estoit publicq. Considerez maincte-

---

[1] « Le dimanche vingt-neuviesme jour de may, partie par surprise,
partie par intelligence, les huguenots de Gascongne, partizans du roi
de Navarre, gaingnèrent l'une des portes de la ville de Cahors, et y
eust aspre combat, auquel le seingneur de Vezins, sénéschal et gouverneur de Querci, fut blessé avec plusieurs des siens; et enfin, après
avoir vertueusement combattu et soustenu l'assaut deux jours et deux
nuits, n'estant le plus fort, se retira à Gourdon. Le roy de Navarre
y vinst en personne, dix heures après la première entrée des siens,
usant d'un traict et diligence de Béarnois, s'estant levé de son lict
d'auprès de sa femme, avec laquelle il voulust coucher exprès, afin
qu'elle ne se desfiast de rien. Sur quoi aussi elle oza bien asseurer
leurs majestés que son mari n'y estoit pas, encore qu'il y combattist
en personne.... » (LESTOILE, *Journal de Henri III*, 1580.)

nant ung peu s'il vous plaist, madame, quelle estoit lors la face et disposition de voz affaires, et en quel peril ceulx qui en avoient la charge; car, le mesme jour, les prescheurs en leurs sermons publierent au peuple cette nouvelle avec exclamations plus que tragicques. Une chose vous puis-je asseurer que de cinq mois apres je n'entray dans le Louvre, hormis sur le soir de ce mesme jour, que j'allay trouver la Royne vostre mere gisante au lict et griefvement mallade, laquelle neantmoings me donna audiance pour vous; et, apres luy avoir recité ce que le Roy m'avoit dict le matin, je la suppliay de deux choses : l'une, que l'on ne proceddast point à la saisie de voz biens, d'aultant que cela touchoit aulcunement vostre honneur, pour ce que les registres du parlement en demeureroient chargez; l'aultre, qu'il luy pleust asseurer le Roy que vous n'aviez jamais donné ny promis aucun office dans la ville de Cahors, pour ce qu'il n'en estoit point vacqué, comme je luy ferois apparoir par le registre des expeditions de vostre sceau que je tenois en ma main. La saisie fut le lendemain revocquée. Je m'esbahis comme il est possible que vous hayez une personne qui, pour le respect seul de vostre service, a encouru la mauvaise grace et indignation de son prince souverain, et s'est veu precipité en mil dangers.

*Vous m'en disiez tout aultant quant la Royne estoit en ce païs, interprettant toutes choses que vous pouviez apprendre à ce sens qu'ils ne m'aimoient point.*

Madame, je respondz qu'en cet endroict j'accuse et

me plains de vostre memoire, et voy bien que la passion de la haine vous a faict oublier le merveilleux contantement que vous monstriez avoir, en ce temps-là, de toutes mes actions et propos, ne vous pouvant lasser d'en parler et d'en rendre tesmoingnage à ung chascun, et singulierement au Roy vostre mary et à la Royne vostre mere; laquelle ne me refusera point de certiffier trois choses : l'une, que je l'ay assistée et servie fidellement en la negociation publicque; l'autre, qu'elle m'a tousjours congneu tres affectionné à vostre service, et la troisieme, qu'elle m'a veu faire mainctz bons offices envers le Roy et envers elle pour vous, c'est-à-dire assurer leurs majestez de la singulliere amitié et reverance que vous leur portez, de la confiance que vous avez en eulx, et l'occasion qu'ils avoient de vous aymer et cherir.

*Ce n'est pas que vous desiriez que je sois aveq le Roy mon mary; car vous n'avez moings pris de paine de me desesperer de sa bonne grasce, de son amitié, et de me mettre mal aveq luy, m'aiant, à Pau, pour la disputte que nous eusmes ensemble pour la religion catholique, rapporté qu'il vous avoit dict des parolles, qu'il m'a juré n'y avoir poinct pensé; lesquelles, si elles eussent esté veritables, je n'eusse reçeu le traictement que j'ay tousjours depuis reçeu de luy.*

Madame, je respondz que, par tous les articles preceddens, vous avez tendu à me prouver et conclure que je ne voullois poinct que vous vinssiez icy, et que je me suis tousjours opposé à vostre vollouté formellement en cet endroit; mainctenant, vous m'accusez de ce que je n'ay poinct desiré que vous demeurassiez en Gascongne aveq le Roy vostre mary. Je vous demande, s'il vous plaist, madame : En quel lieu donc pouvois-je desirer que vous fussiez ? En quel aultre lieu pouviez-vous estre ? Vous en ay-je nommé aulcun ? Y en a-il quelqu'un pour vous que l'ung de ceulx-là ? Sy donc je n'ay poinct desiré que vous partissiez de Gascongne pour venir deça, il fault que vous me confessiez que je desirois vostre demeure pres vostre mary; si, au contraire, mon souhait estoit de vous esloigner de vostre mary, vous avez eu tort tantost de me dire que je me suis opposé à vostre venue de par deçà. La contrarieté et repugnance des choses que vous m'imputtez, monstre qu'il vous suffit de me hayr, sans prendre ferme pied et sans sçavoir à quoy vous arrester. Choisissez l'ung ou l'aultre de ces deux accusations, s'il vous plaist; encores vous monstrerois-je qu'il n'y en a pas une qui ne me soit honnorable : car, s'il m'est advenu de voulloir que vous demeuriez en Gascongne, de quoy vous pouvez-vous plaindre de moy en cela, puisque c'est le moien de ne vous distraire poinct d'une compagnie tant agreable à vous que celle du Roy vostre mary ? Sy, au contraire, j'ay desiré de vous veoir arriver en cette cour, comme je confesse l'avoir faict, vous ne m'en debvez ny pouvez blasmer, puisque je vous ay souhaictée pour quelque temps en ung lieu où les plus grandz affaires du monde se desmeslent, où vostre prudence peult plus reluire qu'ailleurs, où vous pouvez estre plus utille au Roy vostre mary qu'en quelque aultre part que ce soit, et où vous estes recongnue pour digne instrument d'entretenir l'amitié de vos freres, et par consequent procurer le bien et salut du royaume. Pour response au surplus de l'article, je vous rendz graces, madame, de ce qu'il vous a pleu ramentevoir le voiage de Pau, que pleust à Dieu qu'il vous en souvint bien! Il seroit hors de vostre pouvoir de me haïr; mais je voy bien que vous l'avez oublié. N'est-ce pas vous, madame, qui me distes lors et cent fois depuis, que vous feussiez morte d'ennuy et de regret en ce lieu-là sans mon assistance? C'estoit une hiperbolle; c'estoit trop dist, je l'accorde; mais aussy vostre humanité envers moy estoit lors infinie. N'est-ce pas vous, madame, qui escrivites lors au Roy et à la Royne vostre mere, par un gentilhomme de monsieur le duc de Mayenne, nommé Pardaillan, qui vous vint trouver à Pau, que je vous avois infiniment bien servie en ce lieu : de quoy leurs majestez, par leur premiere depesche qui fust apportée à Eauze, me remercierent beaucoup plus que je ne meritois? Oubliez tout cela, puis qu'il vous plaist; mais au moings souvenez-vous que je demeuray sept mois entiers continuellement aupres de vous, depuis le voiage de Bearn; et oncques puis ne vous advint de vous plaindre un seul mot de moy; ains tousjours, depuis ce voiage de Pau jusques au dernier jour que je partis de Nerac, vous m'avez usé de touttes les doulceurs, graces et courtoisies qu'un homme de ma qualitté pouvoit jamais desirer d'une sage et vertueuse Royne comme vous estes. Pourquoy donc suis-je digne mainctenant, c'est-à-dire trois ans apres, de recepvoir reproche et injure de ce dont, lorsque vous aviez la memoire recente, vous me jugiez meriter gré et louange? Ce que dessus n'est que trop suffisant pour satisfaire à tout le contenu en l'article ; mais je ne veus oublier à vous toucher ung mot du propos du roy de Navarre, que vous dictes avoir esté mal referé par moy. Il n'est jà besoing de vous ramentevoir l'occasion dudict propos, laquelle je desire estre ensevelie d'eternel oubly ; mais je puis dire avec honneur que le Roy vostre mary et vous estiez lors merveilleusement passionnez, vous d'une juste collere, luy d'ung ennuy et fascherie non petitte ; l'ung et l'aultre ne cognoissiez pas si bien vostre mal que ceulx qui estoient près de vous et qui en estoient tres-marriz. Il n'y a rien aussy qui tant nous esloigne de nous-mesme que ces furieux bouillons de l'ame que nous appellons passions ; mais si, lorsque l'orage fust passé et le temps devenu calme, il sembla bon au roy de Navarre de ne recongnoistre poinct pour siens certains motz, que je pensois avoir entenduz et receuz de sa bouche pour vous les redire, je n'en sçaurois estre mary ; ains suis tres-ayse d'en avoir esté desadvoué, puisque le fruict de ce desadveu estoit de vous unyr de plus en plus en l'amitié qui est entre vous deux ; la continuation et perfection de laquelle j'ay plus desiré et plus demandé à Dieu que ma vie ny celle de ma femme et de mes enffans, ny chose que j'aye jamais eue au cœur, depuis que Dieu m'a faict naistre en ce monde.

*Il vous peult aussy souvenir de l'advertissement que me donnastes en mars, il y a un an, par où vous* me mandiez (aveq parolles si expresses, que vous disiez les escripvant en avoir la larme à l'œil), que faisant regarder à noz nativitez, vous aviez recongnu que, ce mois-là, il me debvoit tuer de sa main, et que vous me conseilliez et suppliez de me retirer à Agen ou aultre lieu, qui feust à ma desvotion; ce que, si je l'eusse faict lorsque je recevois meilleur traictement de luy, je ne pouvois esperer que d'y estre irreconciliable pour toutte ma vie.

Madame, je respondz qu'il me souvient fort bien de l'advertissement que je vous donné; mais il ne vous en souvient pas, à vous, et voy clairement que, lorsque vous avez escript cet article, vous n'avez daigné vous proposer devant les yeux le billet auquel estoit contenu ledict advertissement : vous eussiez aultrement escript; mais ce sont les effectz de la haine; il ne chaut pourveu que l'on blesse. Tant s'en fault, madame, que je puisse oublier cet advertissement, qu'il n'y a presque heure du jour qu'il ne m'en souvienne, et il s'en fault tant que je veuille l'oublier, qu'il n'y a rien dont la recordation me soit plus agreable. Vous m'en voullez faire honte, et je le tiens à honneur. Je parle ainsy, parce que je tiens pour honneur pour moy d'avoir en main une preuve si signallée de la craincte que j'ay eue de vous perdre, et du vif sentiment que j'ay receu dans mon cœur, par une fausse apprehension de la mort de celle à laquelle je n'eusse pas voullu survivre d'ung quart d'heure. Je loue Dieu que les personnes qui peuvent servir à ma justiffication contre la calomnie, ne sont ny mortes ny absentes de ce roiaume; vous parlerez à elles à la court, si vous voullez, et m'asseure qu'apres avoir bien sondé la verité de ce faict, vous aurez regret de m'avoir faict une telle injure. En janvier, deux mois apres estre arrivé de Gascongne, je fus adverty par l'ung de vos serviteurs et par ung mien inthime amy, qui est en cette court et n'en bougera, que l'on disoit que vous couriez bientost ung grand danger de vostre vie, et que cela estoit ja en la bouche de plusieurs. Il me sembla estre de mon debvoir réchercher curieusement d'où proceddoit ce bruict et les causes d'icelluy; ce que je fis, et suivant pied à pied, je trouvay enfin que le bruict n'estoit fondé que sur ung jugement de nativité, dont je fust fort aise; pour ce que je suis l'ung des hommes de France, faisant profession de lettres, qui ait plus mesprisé telles gens en leur art. Touttesfoys, puisqu'il y alloit de vostre faict, je mis peine de trouver l'autheur de ce jugement, pour parler à luy. C'est ung gentil-homme romain [1], fort studieux et tres versé aux supputations astronomiques. Il vint chez moy, et, apres avoir longuement discouru ensemble de plusieurs choses, singullierement des lettres, je lui demanday en son languaige (car il n'entend poinct le nostre), s'il avoit extraict et jugé vostre nativité. Il me dist que ouy, et de tous les princes et princesses de la chrestienté dont il avoit peu recouvrer l'heure de

---

[1] C'était un astrologue de Florence, nommé Francesco Junctini, dont on a plusieurs ouvrages d'astronomie et d'astrologie. Il mourut écrasé sous les ruines de sa bibliothèque. (NICERON, *Mém. pour servir à l'Hist. des Hommes illustres*, t. XLI.)

la naissance. Je le priay de me faire ce plaisir de me la communiquer; il respondit que fort vollontiers il m'apporteroit son livre, où elle estoit parmy plusieurs aultres. Je luy demanday si son livre avoit poinct esté veu en cette ville; il me dist qu'il ne faisoit difficulté de le monstrer à personnes de sçavoir, desirant d'apprendre d'ung chascun. Nous nous separasmes ainsy, hormis qu'il adjousta qu'aiant dressé la nativité de monsieur le mareschal d'Aumont[1], à sa priere, peu de mois avant qu'il feust blessé, il luy avoit predict le jour et la façon qu'il debvoit estre assailly, et me pria de m'en enquerir aveq ledict sieur mareschal. Je trouvay que cela estoit vray; il fault que je confesse que cela m'estonna. Aussy ce rencontre de verité avoit donné telle foy et creance à cet homme, qu'il n'y avoit petit ny grand à la court, qui ne desirast de le congnoistre et l'emploier; car, comme vous sçavez, madame, en une grande compaignie si plaine d'oisiveté et de vanité, il n'y a pas faulte de curieux. Quelques jours apres, ce gentil-homme Italien vint chez moy, m'apporta son livre, me monstra vostre nativité et son jugement sur icelle, entre aultres choses que, depuis le XXIe mars jusques au XXIXe dudict mois, vous estiez en extresme danger de mort viollante, *per conto del honore*. Ce furent les motz dont il uza, que vous entendez assez; et pour autant qu'il congnust, en mon visage ou aultrement, que j'avois le cœur saisy et l'esprit troublé, il me dist que non seullement Dieu estoit

---

[1] Jean d'Aumont, sixième du nom, maréchal de France en 1579, mort en 1595.

par dessus telles choses (ce que je croy mieulx que luy), mais aussy la prudence et la sagesse humaine, et qu'il avoit experimanté plusieurs fois que les effects malings des affections et impressions des astres estoient facillement esvités et destournés par ceulx qui en estoient advertis, et y daignoient prendre garde. Icy je jure le Dieu qui m'a creé, qui me sauvera et qui sera juge entre vous et moy, madame, que je ne vous eusse rien mandé de tout ce faict, n'eust esté que je fuz adverty qu'il estoit venu à la congnoissance du Roy et de la Royne vostre mere, et qu'ils en avoient ouy parler bien avant. Cela me donna occasion necessaire de voulloir sçavoir d'eulx s'il seroit bon que je vous en escrivisse un mot. Leurs majestés me dirent qu'il ne seroit que bon, pourveu que ce que je vous en manderois ne feust veu que de vous, et que ce feust de telle sorte, que vous n'en prinssiez ny allarme ny effroy. Je differai le plus qu'il me fut possible, tant la chose me desplaisoit; enfin, comme je vis le terme approcher, je vous mandé, non dans une lettre, ains seullement dans ung petit billet en fort peu de motz, la vanité de ces predictions, les erreurs de cet art dignes de mocqueries, l'occasion neantmoins que j'avois de vous donner cet advertissement, à mon tres-grand regret, aiant la larme à l'œil. Je vous priois aussy de ne vous en effroier ny esmouvoir aucunement, et, pour la fin, je vous donnois un petit conseil qui estoit, non pas, comme vous escrivez en vostre article, de vous retirer en une ville qui feust à vostre devotion; mais bien je vous conseillois (d'aultant que les jours marcquez par la prediction estoient les jours de la sepmaine saincte), de vous en aller à Agen ou au port Saincte-Marie ou en quelque aultre prochaine ville faire voz devotions; car aussy bien, en tels jours, il ne me sembloit pas raisonnable de demeurer à Nerac. Regardez mainctenant, s'il vous plaist, vostre billet; vous trouverez qu'il est ainsy. Apprenez-moy, je vous supplie, madame, en quoy je puis avoir failly et en quoy je vous ay offancée : est-ce pour vous avoir donné l'advertissement, ou pour vous avoir donné le conseil, ou pour tous les deux ensemble? Quant au premier, n'eussé-je pas faict grande faulte de vous taire et celler ce que le Roy vostre frere sçavoit, ce qui estoit sceu de vos amys de cette court, et qui ne vous aportoit aucun mal ny prejudice pour le sçavoir? Passons encore plus oultre : sy, ne vous ayant poinct donné cet advertissement, il vous feust, madame, arrivé quelque inconvenient ces jours-là, en quoy en eussé-je esté? Qu'est-ce que le Roy et la Royne m'eussent dict? qu'est-ce qu'on eust pensé de moy? qu'est-ce que ma conscience m'eust suggeré? Certes, j'eusse merité d'estre appellé non seullement serviteur paresseux et nonchalant, mais, qui pis est, traistre et conjuré à vostre mal. Vous me direz peult-estre, madame, que telles predictions ne sont que resveries et qu'elles n'adviennent poinct. Je vous responds que je suis de mesme advis que vous. Mon billet, duquel il est question, le porte disertement et en termes expres; mais quoy! en telles matieres, ceulx qui sont touchez d'amitié, craignent pour leurs amys, non ce qu'ilz pensent qui adviendra, ains ce qui pourroit advenir, et apprehendent le peril, d'autant seullement qu'ilz n'ont poinct de certitude qu'il advienne. Vous n'estes pas la premiere des Roynes ny des Roys auxquelz on aie par la judiciaire presdit le poinct de la mort; et n'y a pas faulte d'exemples, dans les livres, de plusieurs grands monarques qui ont esvité le fatal peril, pour l'avoir preveu, et d'aultres qui sont demeurez sucombez soubz le coup, pour n'en avoir tenu compte. Je ne sortiray poinct de vostre illustre maison; le temps de la mort du feu roy Henri, vostre pere, et le genre d'icelle, ont esté dix ans auparavant remarqués par Lucas Gaurieres [1], en ung livre de nativitez publié par toute la chrestienté. Il est demeuré en l'oppinion de plusieurs, qu'on a estimé sages en France, que, si on eust pris garde, il estoit facille d'esviter ce peril; qu'ung si bon prince seroit encore vivant, et que nous n'eussions poinct veu les malheurs et ruynes qui sont advenues en ce royaume par sa mort. Je m'en remets au secrect jugement et à la providence de Dieu; car, quant à moy, cent mil exemples tels ne me sçauroient faire adjouster creance à telles predictions; mais aussy, d'aultre costé, ne voudrois-je pas estre sy temeraire et sy imprudent, que, me trouvant en ung

---

[1] Luc Gauric, mathématicien et astrologue italien, qui se fit une grande réputation par ses succès dans l'astrologie judiciaire. Il a laissé un assez grand nombre d'ouvrages, et entre autres une *Méthode pour apprendre la Grammaire à toutes sortes de personnes, dans l'espace de trois cents heures*. Ses œuvres ont été recueillies et publiées à Bâle, 1575, 3 vol. in-fol. Sa vie a été insérée dans les *Mémoires de Niceron*, t. XXX.

conseil d'un prince ou d'une personne que j'aymasse bien fort, je voullusse oppiniastrement le destourner de prandre garde à son faict. C'est ainsy que j'en ay üzé envers vous, madame, non seullement pour ce que vous estes Royne, sœur du Roy et ma maistresse; mais aussy pour ce que vous estes la personne du monde à qui je desirois plus longue et plus heureuse vie. Je n'ay donc poinct failly de vous avoir donné l'advertissement, et n'ay apporté en ce faisant qu'une tres-bonne et tres-louable intention. Reste mainctenant à parler du conseil que je vous ay donné, lequel je soustiens et maintiens estre bon et exempt de tout sinistre soubzçon et reproche. Pour Dieu, madame, escartez ung peu de vous la passion et la haine, et rendez à la lumiere excellente de vostre esprit le lieu et la place qu'elle souloit tenir en vous; comme j'espere que vous ferez : qu'est-ce que vous trouvez à reprendre en ce conseil? que contient-il de mal? Vous ay-je par icelluy persuadée d'adjouster foy entiere à l'advertissement? non, certes. Les parolles du billet, comme vous voiez, sont tout au contraire. Vous ay-je conseillée d'en regarder de moins bon œil le roy de Navarre, vostre mary, ou luy en faire pire chere et demonstration quelconque de craincte? Il ne se peult dire; car aussy n'ay-je jamais creu cela de luy. Vous ay-je conseillée, madame, de vous armer, d'envoier querir des gentils-hommes ou soldatz pour estre pres de vous, d'advertir ceulx qui avoient en main les forces du Roy vostre frere, affin de vous enlever? Vous ay-je conseillée de vous esloigner du

Roy vostre mary et des lieux où il a commandement, et vous retirer à Bourdeaux ou à Thoulouse, villes ausquelles il n'auroit acces pour approcher de vous? Rien de tout cela. Quoy donc? Seullement je vous ay donné conseil de vous retirer pour sept jours hors de Nerac, chose que vous debviez faire sans moy, c'est-à-dire sans l'advertissement, à cause de la saincteté et ceremonie de ces jours-là, et vous en aller en la ville d'Agen, qui n'est esloignée de Nerac que de quatre lieues, pour y faire vos devotions; et, pour ce qu'il me vint soudain en l'esprit que Agen estoit ville peu affectionnée au Roy vostre mary, et que peult-estre il s'offenceroit de vous y veoir aller, je vous nomme le port Saincte-Marie, lieu ouvert de tous costez, auquel le Roy vostre mary alloit et venoit en moings d'une heure, et duquel il ne pouvoit avoir aucune mauvaise oppinion. En somme, madame, je ne recuse juge du monde. Donnez à considerer et juger ce faict à quiconcques vous plaira; je m'asseure qu'à pur et à plain je seray absoulz, non seullement de crime, mais de soubzçon.

*Cognoissant, par la responce que je vous fis, que je m'en mocquois et descouvrois vostre artiffice, vous m'escrivistes deux lettres pour vous excuser, que je garde : par la premiere, vous m'escriviez que ce qui vous l'a faict escrire, a esté pour obeyr à ceulx qui ont puissance de vous commander (que je ne puis interpreter que pour le Roy ou pour la Royne, que je ne sçaurois croire qu'ils vous eussent commandé une telle meschanceté); et, en leur obeissant, vous faisiez acte de tres infidelle amy à l'endroit de celle qui vous*

*avoit choisy comme pour pere, et comme celluy en qui
je voulois fier ma fortune entiere.*

Madame, la responce que j'ay faicte au preceddent article, s'il vous plaist la considerer, est plus que suffisante pour satisfaire vostre esprit en tout ce qui est de ce faict; car, vous aiant monstré l'origine et le progrez d'icelluy et la bonne et sincere vollonté que j'y ay apportée, sans avoir aultre dessein ny cogitation que une craincte de faillir à mon debvoir, il me semble que vous ne pouvez rien plus desirer de moy, et qu'il ne vous reste occasion aulcune de plaincte. Touttesfois, puisque vous usez de ces troys motz : *artiffice, meschanceté* et *infidelle amy*, je suis contrainct de vous en parler encores. Quant au premier et second, il semble, par la proprieté et signification d'iceulx, que vous veilliez soubzçonner que l'advertissement aye esté une chose attiltrée et apostée par le Roy, par la Royne et par moy, et que c'estoit une finesse, une ruze et ung stratageme couvert, pour vous nuire et faire tort, du quel stratagesme je me sois voullu rendre executeur. N'est-ce pas, madame, ce que vous entendez par ce mot *artiffice?* Certes, madame, je suis contrainct de lever les yeux au ciel, et quasy demander à Dieu justice de vous. Est-il possible qu'il vous soit venu en la pensée que j'aye voulu conspirer et conjurer contre vous? Aveq qui? Aveq le Roy vostre frere? Aveq la Royne vostre mere? Et pourquoi? et à quel effect? vous demeurez courte; vous ne vous en explicquez poinct. Je cherche et recherche en mon esprit l'effect que vous pensez qu'on pretendoit par cet artiffice;

je n'en trouve ung seul qui ait apparence ny verysimilitude ou qui en approche; et touttesfois je demeure griefvement injurié par vous, comme si je m'estois laissé gangner et praticquer à quelques ennemis vostres contre vous. Je serois infiniment mary que leurs majestez eussent congnoissance de ce soubzçon; car elles auroient trop juste occasion de s'en plaindre. J'ayme mieulx porter cette croix moy tout seul et me consoller en ce que, quant ma vie et mes actions, passées aveq honneur au public theatre de la France, ne me pourroient garentir de cette calomnye, j'ay mon Dieu et le ciel pour tesmoings de mon innocence, et de n'avoir oncques songé ny pensé à faire chose qui vous peust apporter, je ne diray pas blasme ou dommage, mais je diray tant soit peu de desplaisir. Quant au mot d'*infidelle amy*, il convient fort mal; car je ne suis pas sy sot d'avoir esperé jamais pouvoir meriter aultre nom de vous que celluy de serviteur, duquel je me tiendray tousjours tres honnoré, et, pour le regard de l'infidellité, je ne refuseray oncques de reparer aveq mon sang et ma vie ce que l'on me pourra monstrer avoir meffaict contre la foy de vostre service. Ce m'est aussy trop d'honneur, madame, de lire en la fin de vostre article que vous m'aviez choisy comme vostre pere et comme celluy à qui vous voulliez fier toute vostre fortune; car, quand bien j'eusse employé cent et cent vies pour vostre service, je n'eusse pourtant jamais peu meriter ny estre digne d'ung si favorable propos et d'un nom sy precieux. Bien vous diray-je, madame, que Dieu m'aiant donné par sa grace lignée et posterité, et m'aiant profondement gravé dedans le cœur le sentiment de l'amitié paternelle, je ne sçache touttesfois jamais avoir plus tendrement aymé aucun de mes enffans, ni aveq plus de passion avoir desiré pour eulx bien et honneur que j'ay faict pour vous, madame. C'est ce qui m'attriste le plus, voiant le traictement que vous me faictes; car, si je feusse entré en vostre service aveq l'intention de la pluspart de ceulx qui servent les Roys et les Princes, il ne me chaudroit gueres de vous voir changer de vollonté en mon endroit, et recevrois ce traict comme chose ordinaire, de laquelle on doibt faire estat des le premier jour du service.

*En la seconde lettre, vous m'escriviez une excuse non moins indiscrette et peu considerée pour un homme si sage, qui estoit qu'aultre chose ne vous avoit conduict à me donner cet advertissement que l'extresme passion que ne m'aviez osé dire, mais qu'à cette heure vous y estiez forcé par le desir de me revoir.*

Madame, je responds que, par cet article, vous avez pensé me combler et abismer de honte, et par ce moyen me clore la bouche. Dieu me rende plustost muet et manchot, que, pour repousser injure quelconcque, je m'oublie tant de dire jamais ou escrire chose qui vous puisse desplaire; mais aussy vous me permettrez, s'il vous plaist, que, gardant le respect que je vous doibs comme à la sœur de mon Roy souverain, comme à la femme du roy de Navarre, de la maison duquel mes predecesseurs ont esté, de pere en filz depuis six vingtz ans, tres-fidelles serviteurs; et comme à celle qui a faict plusieurs mois demonstration d'une specialle bienveillance envers moi, je vous propose des deffences plaines de verité et candeur contre cet article, lequel je ne suis pas marry avoir esté communicqué par vous, madame, au Roy vostre mary; car je croy fermement que Dieu, qui maine et pousse les cœurs des roys, luy fera veoir, sans autre clarté de deffence mienne, la vanité de l'article, et luy gravera en l'esprit l'honnesteté de ma pensée et l'innocence de mon affection. Mais entre vous et moy, madame, le lieu et rang que j'ay tenu aupres de vous, et la congnoissance que j'ay acquise des affaires du monde par un long usage, me donnent la hardiesse de vous dire, que tout ainsy que la plus grande infidellité que puisse commettre un serviteur envers ung prince ou princesse, c'est d'abuser des lettres qu'il a cet honneur de recepvoir, de les garder pour en faire trophée, affin de nuire à celluy qu'il sert; ou, qui pis est, d'apporter quelque mauvaise interpretation ausdictes lettres, sur l'occasion de quelques parolles doubteuses et equivocques, aussy, madame; c'est une tres grande faulte à une princesse de ne juger aveq equité et sincerité des lettres qu'elle reçoit de ses domesticques absens, principallement de ceulx desquels elle a veu en presence les faicts et congnu, par leurs actions, leur cœur et leur vollonté. Je ne fais pas cette saillie, affin qu'elle me serve pour esviter à respondre au contenu de l'article, ains seullement pour vous advertir que vous preniez garde de n'establir par mon exemple une loy et une instruction à tous voz serviteurs, peu utilles à vostre service, voiant que vous gardez les lettres pour nuire, si besoing est, et que vous les censurez et reprouvez selon les mutations et changements de voz vollontez. Quant à la mienne, dont est maintenant question, qui est la seulle et unicque qui vous ait despleu, à ce que je juge, puisque vous ne vous plaignez poinct des aultres, je vous diray que la passion de laquelle je parle en la dicte lettre n'est aultre que bien fort honneste et accompaignée du debvoir de mon aage et de ma quallité. Nostre façon d'escrire aujourd'huy, en France, est plaine d'exces et de toutte extremitté; nul n'use plus simplement de ces motz : *aymer et servir*¹. On y ajoute tousjours : *extresmement, infiniment, passionement, esperduement* et choses semblables, jusques à donner de la divinité aux choses qui sont moings qu'humaines. Il n'y a frere qui escrive à sa sœur, ni sœur à son frere, ny serviteur à sa maistresse, qui, par une façon et erreur commune d'escrire, ne se laisse transporter à des extresmes par des parolles du temps, et ne se mette hors de la ligne et du poinct du debvoir, voire, j'oseray dire, hors de l'honnesteté. Mais, puisque la necessité porte que l'on escrive, et que l'on ne s'en peult passer, j'estime que la raison veult que ceulx qui reçoivent les lettres rapportent et referent les motz d'icelles à la condition et quallité de ceulx qui escri-

---

¹ Il faut remarquer qu'à cette époque le mot *servir* avait une acception toute spéciale, comme on peut le voir dans les Mémoires, par exemple dans ce passage, où Marguerite dit, en parlant de du Gua : « Il vouloit faire croire que Bussy me *servoit*. » (P. 54.)

vent. Ainsi la sœur, quant elle lira ès lettres de son frere qu'elle est passionnement aymée de luy, et qu'il languit et meurt pour ne la voir, pensera soudain : c'est ung mien frere qui m'escript, et refferera ces motz de passion à une amitié fraternelle. Chacun doibt ainsy faire en sa quallité et en son degré : aultrement nul vivant ne pourroit s'exempter de la calomnie. Si vous doubtez encore, madame, de mon intention, et que, sans vous arrester à ma quallité et à ma condition, vous veilliez sçavoir l'interieur de mon cœur en cet endroict, je vous en donneray des remarques tres-evidentes et qui ne se peuvent calomnier : n'est-il pas vray, madame, que j'ay demeuré dix-sept mois continuellement aupres de vous, aveq tant de familiarité, aveq tant de communicquations de touttes sortes de propos et aveq une habitude si privée, qu'il ne s'en peult trouver ny souhaiter une plus grande ? Et neantmoings je m'asseure que vous ne me vistes oncques escarter ung seul moment du respect que ma fortune doibt à la vostre, et ne sçauriez me reprocher que je n'aye esté tel le dernier jour que le premier, en vostre service. Si Dieu ne m'a donné l'entendement si bon qu'à plusieurs aultres, sy puis-je dire, madame, qu'il ne m'a pas tant abandonné de me laisser penser à une chose, laquelle, oultre le vice et la meschanceté qu'elle contient, m'eust rendu ridiculle à ung chacun et digne de mocquerie. Or, n'y a-t-il rien au monde que j'aye plus soigneusement voullu esviter que de donner argument d'estre mocqué, et confesse que j'ay tousjours plus paré à ces coups-là qu'à ceulx de la mesdisance, laquelle je n'ay oncques esperé pouvoir fuir, d'autant qu'elle travaille tousjours les hommes qui sont dediez aux affaires publicques. Mais, pour retourner à l'argument, seroit-il possible, si j'eusse rien eu au cœur approchant de ce que vous faictes mainctenant semblant de penser, que je n'en eusse donné quelque signification; qu'il ne m'en feust eschappé quelque petit mot estant pres de vous? Nul homme ne le croira de moy, qui ay le naturel impatient et hors de toutte dissimulation. Mais quant bien j'eusse esté aultre, je m'asseure que je n'eusse peu esviter vostre clairvoyance. Je laisse plusieurs arguments qui convainqueroient bien aisement l'interpretation que vous avez, je ne sçay par quel dessein, voullu donner à deux ou trois motz de ma lettre; mais il me doibt suffir que vous ne le croyez pas vousmesme, et que, parmi vos papiers, vous trouverez des tesmoignages certains combien ma vollonté estoit esloignée de telle entreprinse. Et, certes, je puis dire n'y avoir oncques en ma vie pensé; et ce que je vous escrivis lors (si les parolles sont telles que vous les avez couchées et inserées en vostre article, car je n'y recongnois poinct mon stille) ne tendoit à aultre fin que pour vous certiffier que, s'il y avoit eu de la faulte à vous donner l'advertissement de mars, elle ne procedoit neantmoings que d'une bonne source, de l'extresme amitié que je vous portois : ce que vous avez deu interpreter selon ce que vous avez veu de moy par une si longue et sy assidue presence, et selon ce que vous avez cogneu, par tant de lettres que je vous ay escrites devant et depuis celle-là.

*Me voyant en la necessité où la guerre m'avoit reduite, qui estoit telle que je n'avois pour vivre aultre moien que de vendre ma maison, vous empeschastes que plusieurs ne l'acheptassent, qui en vouloient donner ce que vous en avez trouvé, la revendant plus que ne l'avez acheptée.*

Madame, je respondz que je vous ay tousjours desconseillé la vente de vostre maison, pour ce qu'il me sembloit qu'il vous estoit fort seant d'avoir une maison en cette ville, et aussy que je craingnois que le Roy vostre frere, qui vous l'avoit donnée, en demeurast offensé. Toutesfois, vaincu par plusieurs reiterés commandemens, je la mis en vente, au mois de febvrier, deux mois avant la guerre, et lorsque nul n'avoit icy oppinion de la prinse des armes; car, s'il y eust eu seulement le moindre soubçon de guerre, il ne falloit esperer que homme du monde eust voulu contracter ny vous offrir ung seul denier de vostre maison. Ayant donc receu vostre dernier commandement en febvrier, il me sembla, puisque ladicte maison estoit provenue de la liberalité du Roy, qu'il estoit raisonnable qu'il en fust le premier refusant. A cette cause, je luy en escripvis et despesché expres ung des miens pour cet effect à Sainct-Germain, où lors estoit sa majesté. Il me respondist de sa main, j'en ay la lettre, qu'il n'avoit commodité de l'achepter, et me conseilloit de la vendre à quelque ambassadeur estranger; car elle estoit si pres du

Louvre et en place de si grande veue, qu'il ne pensoit pas qu'il se trouvast aultre qui l'acheptast. Apres cette responce, je fis rechercher par Corbinelli, que vous congnoissez, l'ambassadeur de Venise, d'aultant qu'il avoit, quelque temps auparavant, marchandé la maison de feu monsieur de Morvillier [1] : il n'en voulust rien offrir. Je parlay à monsieur Schomberg [2], qui me dist que vous la luy aviez voullu bailler pour vingt-sept mil livres, et qu'il seroit bien marry d'en donner davantage. Monsieur le mareschal de Rez en offrist, au dernier mot, trente mil livres, encore qu'elle luy feust plus commode qu'à nul aultre. Monsieur l'evesque de Langres en offrist pareille somme, à la charge de precompter quatre mil livres, que vous luy debviez, depuis le voiage que vous fistes en Flandres. Il n'y eust que madame de Longueville qui en offrist trente-six mil livres, moictié rente, moictié argent, et ne se trouvera que jamais homme du monde aye offert ung seul denier de vostre maison que ceulx que je vous ay nommez, comme je vous escripvis des lors. Aussy n'est-ce pas maison qui puisse trouver nombre d'achepteurs. Quoy voiant, je vous manday que, s'il vous plaisoit, je la prendrois au plus hault prix de

---

[1] Jean de Morvillier, évêque d'Orléans, abbé de Saint-Pierre de Melun, garde des sceaux de France, mort en 1577.

[2] Gaspard de Schomberg, gentilhomme allemand, colonel des reîtres, naturalisé en 1570, et nommé par Charles IX gouverneur de la Haute et Basse-Marche, intendant des finances, etc. Il fut confirmé dans toutes ses charges, honneurs et pensions, en 1580, par le roi Henri III. Mort en 1599.

ceulx qui offroient argent comptant, et que je vous ferois delivrer l'argent à Nerac; d'aultant que vous m'aviez escript que ne voulliez que ces deniers passassent par voz finances, ains vinssent droictement aux coffres de vostre chambre. Et affin de satisfaire plus promptement à vostre desir, j'envoyai des lors à monsieur de Gratens mon frere et à vostre tresorier une procuration pour prendre à interest, à Agen ou à Bourdeaulx, en mon nom, la somme de trente mil livres. Cinq jours apres, je despesché en diligence à Nerac, pour revocquer ma procuration, parce que je fus adverty que l'on prenoit les armes, et que je craignois d'estre calomnié de ce que je fournissois si notable somme d'argent à Nerac en temps de guerre. Ma despesche estoit adressée à Hubault, lequel vous fist entendre ma volonté et vous monstra mes lettres, par lesquelles je luy deffendois de passer oultre. Toutesfois, madame, vous le contraignistes de passer le contract pour moy, à mon tres-grand regret. L'argent fut pris par les miens à dix pour cent d'interest, paiable de main à main, selon la coustume du pays. Il me fallut aussy paier les lotz et ventes et aultres droictz seigneuriaux, de sorte que, en comptant la somme principalle, l'interest de dix pour cent, les lotz et ventes, la remise du paiement de la pluspart des deniers à Paris, et cent escuz que je donnay à vostre concierge Moïse, pour le desdommager, l'achapt de vostre maison me revient à trente-six mil huit cens livres en deniers clairs. Ung moys apres cet achapt ou environ, le Roy eust desir de recouvrer ladicte maison pour monsieur d'Arques [1]. Le marché fust conclud et arresté à pareille somme que j'en avois desboursée; mais, quant ce vint à passer le contract, il n'y eust point d'argent, ains seulement des assignations sur l'espargne, que je ne voulus accepter; car les creanciers, desquels j'avois emprunté ladicte somme, ne s'en fussent contentez : de sorte qu'aiant rompu ce marché avec le Roy, je demeuré en tres-grande peine, me voiant chargé d'une maison dont je faisois trois mil livres de rente et que je ne pouvois vendre, puisqu'il estoit cogneu d'ung chascun que sa majesté la vouloit. Je demeurai en cet estat jusques au mois d'octobre, que je renoué le marché avec le Roy, à conditions fort desavantageuses pour moy; car, encores que le prix feust augmenté jusques à quarante mil livres, il falloit donner deux ans entiers et ce qui restoit de l'année courante de terme, et, qui pis est, se contanter d'assignations sur l'espargne, sans avoir seureté. Neantmoings la necessité et l'importunité de mes creanciers me contraignirent d'accepter ces conditions iniques; mais quant ce vint de rechef à passer le contract, on ne se voullut contanter de la garantie du contract que vous aviez passé avec moy, ny de l'obligation de mes biens, à cause des sommes de deniers dont j'avois respondu pour vous, tellement que le marché fut rompu. Je vous en escrivis lors, madame, et vous supplié de reprandre vostre maison au pris de trente-sept mil livres, qu'elle me coustoit lors, et vous

[1] Anne, depuis duc de Joyeuse, pair et amiral de France, l'un des mignons de Henri III.

offrois ung an de terme, pourveu que M. de Gourgues ou quelque autre personne solvable, m'en respondist en son nom; mais vous ne me voulustes respondre là dessus un seul mot. Au mois de janvier, l'année suivante, monsieur Mangot, pour madame de Longueville; entra en marché : je lui offris ladicte maison à trente-sept mil livres, deniers comptans, ce qu'il ne voullut accepter. Enfin, le contract fut passé aux conditions qui s'ensuivent : c'est que, de la somme de quarante-deux mil livres la moictié seroit paiée en argent et l'autre moictié en rentes, pour les quelles rachepter je donnay trois ans de terme [1]. Voilla le beau proffit que j'ay faict sur l'achapt de vostre maison; et s'il vous plaist de le considerer, vous trouverez qu'il m'estoit plus proffitable d'en retirer ce que j'en avois desboursé, que d'accepter les conditions de la dicte dame de Longueville. Toutesfois pensant qu'il n'y avoit pas faulte d'hommes pres de vous, qui vous vouldroient faire trouver mauvais de ce qu'en apparence je retirois de la maison six mil livres plus qu'elle ne me coustoit, je despeschay incontinant vers vous et à vostre conseil, qui est pres de vostre personne, pour vous offrir, par procureur speciallement fondé de pro-

---

[1] En ce temps (juin 1582) la roine de Navarre, arrivée à Paris, trouvant l'hostel d'Anjou, qui fut de Villeroi, près du Louvre, vendu par le président Pybrac à la dame de Longueville, et par ce moien deslogée, acheta le logis du chancelier de Birague, sis à la Cousture Sainte-Catherine, vingt huit mil escus; et se retira ledit chancelier au prieuré Sainte-Katherine, proche de sondit logis, qu'il tenoit en tiltre long-temps auparavant, soubs le nom d'un sien neveu. (LESTOILE, *Journal de Henri III.*)

curation, la dicte somme de six mil livres, en me faisant descharger et tenir quicte envers madame de Longueville de la garendie de la dicte maison, en la prenant sur vous, comme estoit raisonnable. J'ay par devant moy l'acte de mon offre et la response de vostre conseil. Il me semble que j'ay amplement satisfaict au contenu de vostre article, et qu'il n'y a personne qui ne voie que j'ay traicté et negocié aveq honneur et en fort homme de bien, y aiant plustost receu dommage que proffict.

*Voiant que je pouvois tirer quelque secours des consignations, vous en fistes ung party tel que vous donniez le tiers à qui ne m'avoit donné l'advertissement ny n'estoit chargé d'aulcuns fraiz, lui rabattant prorata pour chaque parlement où l'edict ne seroit passé.*

Madame, je responds que le party des consignations est tel que non seulement vous n'avez occasion de vous en plaindre, mais il ne se trouve ung seul homme de par deçà, du conseil du Roy ou de ses finances, qui ne le juge sy advantageux pour vous que chacun s'en esmerveille. Quant aulx partisans, ils y sont sy endommagez et interessez que l'on crainct qu'ils ne facent banqueroutttes; et tout ce à quoy le conseil de la Royne vostre mere travaille est de les flatter et leur donner courage, affin qu'ilz ne quittent tout, comme je croy qu'ils seront enfin contrainctz de faire; car il est certain qu'ils n'ont peu vendre encore ung seul office que celui de la court de Parlement, la quelle court n'a voullu toutesfois recevoir celluy qui en estoit pourveu, à cause que le edict est contre le bien du peuple, et n'a esté verifié ni publié au Parlement, en la forme qu'il doibt estre. Je vous laisse donc à penser en quel estat sont vos partisans. Ils sont en advance de plus de soixante mil livres envers la Royne vostre mere et vous, et n'ont receu encore ung seul denier, et de deux ans ne sçauroient recouvrer ce qu'ils ont advancé. Tant y a qu'ilz m'ont dict et à ceulx du conseil de la Royne vostre mere qu'ils donneroient trois mil escus, et qu'on les quictast du party. Voilla le mauvais marché qu'on a faict pour vous ; et vous diray de rechef, Madame, comme le sçachant tres bien, que, si le party estoit à faire, qu'il n'y auroit homme en France qui y voullust entrer à quelque prix que ce feust ; mais quant le party faict et les conditions d'ycelluy seroient les plus dommageables du monde pour vous, ce n'est pas à moy à qui il s'en fault prandre ; car, pour vous dire la verité de l'histoire, je ne fus oncques d'oppinion de faire party, non que je ne trouvasse les conditions advantageuses pour vous, mais mon advis estoit et a tousjours esté, de dresser seullement des articles par forme de conférance, et vous renvoyer le tout de par delà, pour passer et faire dresser le contract, si bon vous sembloit. J'assemblay non seullement trois fois ceulx de vostre conseil, mais aussy ceulx du conseil du Roy vostre mary, en ce pallais, personnages d'honneur et de bon jugement. En tous ces dicts trois conseils, il ne se trouva ung seul qui ne feust d'oppinion d'embrasser les conditions du party et en passer promptement contract, de peur que les partizans s'en desdissent, hormis monsieur de Stors et moy, qui demeurasmes entiers et fermes en nostre premier advis; et n'eust esté que vostre maistre d'hostel Maniquet, qui debvoit partir le landemain pour vous aller trouver, s'en vint le soir chez moy, comme je m'allois coucher, et fist quasy une forme de protestation contre moy, de ce que j'empeschois que le contract ne se passast, encores que tout le conseil fust d'oppinion qu'il devoit estre passé, je ne l'eusse jamais permis. Vos affaires s'en fussent bien mal trouvées, je l'accorde; mais au moings vous seriez hors de collere contre ceulx qui ont procuré vostre utilité et profict, comme l'experience et l'evenement le monstre. Quant à la clause du rabais prorata, vous monstrez bien, madame, que vous vous laissez abuser et tromper, et vous donnez en proie à la mallignité de quelques uns qui sont pres de vous; car c'est la clause la plus utile de tout le contract. Aussy la Royne vostre mere n'a pas oublié de la transcrire et inserer tout au long dans le sien, pource qu'aultrement, quand l'ung des Parlements refuseroit de publier le edict, ceulx du party voudroient deduire et rabattre, sur le tottal du pris, les sommes entieres des quittances delivrées pour les offices du dict Parlement; et nous avons mis que le rabais ne se fera que prorata, c'est à dire par proportion de la somme entiere du party, qui est pour ung tiers seullement; et en ce faisant, vous y gaignez les deux tiers.

*Et, pour ne m'en laisser la disposition, vous affectates par le contract toutte la somme à telz et ainsy qu'il vous pleust, ne m'y laissant que six mil escuz.*

Madame, pardonnez-moy, s'il voust plaist, sy je vous diz que vous avez faict grant tort en cet endroit; car ceux qui ont esté assignés sur le party estoient non seullement vos creanciers à rente, mais aussy creanciers jà assignés sur les deniers ordinaires de vostre revenu de Picardie. Je vous dirai plus, que leurs assignations n'estoient pas seullement par mandementz ou rescriptions de vos finances, mais aussy par contractz passés par devant des nottaires; car entre autres, la somme de huict mil escus, d'une part, dont vous faictes rentes, et que vous estes obligée rachapter, pour descharger ceux qui en avoient repondu pour vous, et la somme de douze mil escus, dont pareillement vous faisiez rente, estoient par contract et obligation expresse sur les deniers ordinaires de Picardie; et, sans moy, dès l'année precedante, tout vostre revenu eust esté saisy pour acquiter lesdictes parties. Or, est-ce une reigle certaine et perpetuelle et un fort bon mesnage, de descharger le plus que l'on peult l'ordinaire, de rejecter les debtes sur l'extraordinaire; de sorte que, par faulte de bien entendre, vous vous plaignez de vostre bien et commodité; joint que je vous escrivis, madame, que les assignations sur le party n'estoient pas mises pour vous oster la disposition des deniers, ains pour deux bonnes raisons : l'une, pour vous garantir et armer contre ceux qui importunement vous demandent des dons sur les deniers dudict party, leur remontrant qu'ils estoient jà tous assignés et hors vostre pouvoir; l'autre, affin de donner courage à vos creanciers et entretenir, pour vostre service, vostre credict envers eux, leur faisant voir par assignations ordinaires et extraordinaires vostre seureté et consequemment la leur; et neantmoins que sy j'avois eu, l'année preceddante, moyen, sur un petit mot de lettre que vous m'en escrivites, de vous faire bailler main-levée des deniers ordinaires, nonobstant l'assignation sur iceux, je vous mandois que moins debviez-vous faire doubte de croire, que j'eusse la vollonté et le pouvoir de faire reculler les assignations du party, au moindre petit mot que vous m'en escririez et selon vostre commandement.

*Et voyant que ce qu'aviez employé estoit en acquit de quelques rentes desquelles vous n'estiez pas pressé de les rachepter, je devois desirer qu'il n'en fust rien faict; mais pour ne vous desdire, je ne laisserai de le confirmer, encores que ce soit à mon prejudice.*

Madame, la responce du precedant article suffict à cestuy-cy, horsmis qu'en mattieres de rentes constituées, encores que celluy à qui l'on faict la rente ne presse, comme aussy il ne peut manquer de rachapter, celuy qui en est respondant ne laisse pas d'estre interessé et d'avoir juste occasion d'y penser, affin d'estre dellivré de l'obligation; et tousjours, en contractz de rente, on baille un respondant et fidejusseur, on met cette clause : *à la charge qu'on sera tenu rachapter dans un an;* car aultrement on demeureroit tousjours obligé.

*Et voyant que vous pouviez m'empescher d'en rien*

*recepvoir en y commettant un recepveur et luy faisant tirer les gages, comme vous avez faict celluy de ce greffe, que mon tresorier Hubault tient, et en est bien aize de ne les vendre poinct, pour ce qu'il en retire les gages ou bien en faict traisner les poursuites des expeditions necessaires.*

Madame, je dis que vous avez veu, par mes responces precedentes, qu'il n'y avoit rien qui vous empeschast de disposer librement des deniers du party, puisque cella deppendoit de ma vollonté, qui n'ay jamais faict difficulté, sur vostre simple parolle, de vous accommoder de tout ce que j'ay peu, et emprunter en mon nom, pour vostre service, plus grande somme de deniers que ne montoient les assignations dudict party. Par ainsy, madame, ne me dictes plus, s'il vous plaist, que vous estiez empeschée d'en rien recepvoir. Quant à y commettre un recepveur, et luy faire tirer les gages, comme vous dictes que j'ay faict à Hubault de celluy des greffes qu'il tient, je respondz, Madame, que vous estes fort mal instruicte du faict, et que celluy de qui vous avez receu ce memoire est homme plain de tout mansonge; car, en telz offices, il n'y a poinct de gages ny en ceulx des greffes dont vous parlés, et vostre tresorier ny recepveur quelconque, s'il les gardoit cent ans en son coffre sans les vendre, il n'en retircroit pas une petitte maille d'esmollument, pour ce que le proffict qu'il y a en telz offices concsiste seullement en l'exercice, et fault estre reçeu officier et exercer la charge; car il n'y a poinct de gages, comme je vous dis; de sorte, madame, que vous voiez la calomnie manifeste de celluy qui vous a donné l'advertissement. Mais l'impudence est bien plus grande encore, de vous avoir faict escrire que j'avois baillé des greffes à Hubault; je ne sçay que c'est et n'en ay oncques ouy parler, si non depuis cinq jours, qu'estant avec monsieur de Lansac [1] et les aultres officiers de la Royne vostre mere, Hubault s'en vint plaindre à eulx, de ce qu'ils luy avoient baillé en paiement des quictances de certains offices de greffes d'assignations en Auvergne, dont personne n'en voulloit, et n'avoit trouvé ung seul homme qui voullut achepter de telz offices. Il fut arresté que la Royne, vostre mere, reprandroit lesdictes quictances; mais sy Hubault les eust gardés cent mil ans, il n'en eust eu aultre proffict que la paine et le soucy de la garde; par ce que, comme je vous ay jà deux fois dict, il n'y a nulz gages, ny aultres esmollumens que celluy qui vient de l'exercice. Quant au rechangement des assignations, dont vous parlez sur la fin de vostre article, je vous pourrois dire, madame, ung mot : que je ne me meslé oncques de dresser assignations ny de les changer ny transferer; par ce que cella ne deppendoit poinct de ma charge, et me suis tellement gouverné en vostre maison, que nul de vos officiers se peult plaindre que j'aye jamais entreprins sur son office, et que j'aye voullu me mesler de sa charge. Lorsqu'ils m'ont demandé advis et conseil, je leur ay donné fidellément, me remettant à ce qu'ils trouveroient bon d'en faire

---

[1] Louis de Saint-Gelais, seigneur de Lansac.

selon leur intelligence; mais je croy que les gens de vos finances, quant ils ont transferé les assignations, comme vous dictes qu'il a esté faict, ont estimé faire vostre proffict. C'est à eulx à vous en rendre raison; mais je cognois en cecy qu'on est bien empesché de vous servir à vostre gré : tantost vous vous plaignez qu'on avoit mis sur le party des assignations qui estoient sur l'ordinaire; maintenant vous vous plaignez qu'on les a ostés du party, pour les mettre sur vostre revenu ordinaire. Le dernier a plus d'apparence de juste plaincte que le premier; mais on dira que vous en estes cause, et que vous avez faict tant de demonstrations d'estre mal contante du premier, qu'il a fallu revenir à l'aultre pour vous acquicter. On ne faict pas grant tort à son maistre, quant on l'acquitte d'une debte onereuse, sur quelque nature de deniers que ce soit, mesmement quant la debte est à rente ou à interest. Le surplus de vostre article n'est de mon faict, et ne me concerne poinct, sinon que vous voulez me rendre responsable de tous vos mescontentements. Il s'en fault beaucoup, madame, que j'aye tenu la main à voulloir faire diminuer vostre maison, comme il semble que vous le dictes en ung endroit de vostre article; car, au contraire, je puis me vanter que, sans moy, elle estoit demeurée tout à plat sept fois, c'est assavoir : à Bourdeaulx, le premier voiage que vous y fistes; à La Reolle, lorsque le Roy vostre mary vous vint trouver; à Agen, à Thoulouze, à Aix, au port Saincte-Marie et mesmes à Nerac. Lorsque j'en partis, pour faire aller vostre maison, je vous prestay quatre mil escuz : bref, madame, quand je fus de retour icy, outre les responces que j'avois faictes pour vous des deniers que vous aviez prins à rente, je debvois en Gascongne plus de trente mil livres d'aultres deniers, que j'avois empruntez pour faire marcher vostre maison, sans compter dix huit mil livres, que j'ay despensez de mon propre argent, en dix sept mois que j'ay demeuré à vostre suicte. Je ne merite donc poinct que vous me disiez, madame, que j'ay eu en vollonté de faire diminuer vostre maison, mesmement qu'il n'y a pas encore deux mois, que, oyant dire que vous estiez en necessité d'argent, j'offris à ceulx qui manient vos affaires de trouver six mille escuz en cette ville, et m'en obliger pour vous, comme je sçay qu'ils le vous ont escript. Je m'asseure que jamais serviteur de ma qualité ne fera ce que j'ay faict; car je puis dire que, pour tout cela, je ne vous demandé jamais aucun don, ny pour moy ni pour femme ny pour enffant ny pour frere que j'aye, et me suis contanté de petits gages fort mal paiez. Vous avez donné des offices aux ungs et aux aultres, qui estoient à vostre nommination : je n'en suis pas marry, et n'en ay poinct desiré; mais encores, estant vostre chancellier, la raison voulloit de m'en offrir quelqu'ung. Ce n'est poinct pour reproche que je vous dis cecy; et ne me sortit oncques de la bouche que ce coup, et m'en tiens pour trop heureux d'avoir esté au service d'une Royne si vertueuse; mais il fault que je confesse que le coeur me creve de veoir que vous ne cognoissez pas l'affection de la quelle je vous ay servie.

*Tous ces mauvais offices sont la recompance de la fiance que j'avois de vous, ne vous aiant jamais recherché que bien et contantement; ce que, pour mon peu de moien, je n'ay peu vous tesmoigner comme j'eusse desiré. Il n'est vacqué beneffice, depuis que j'ay mes terres, que je ne le vous aye donné. Vous ne les avez voullu disputer, pour ne m'en avoir obligation°; et avez mieulx aimé vous en accommoder aveq ceulx qui y pretendoient, pour me faire perdre mes droictz.*

Madame, je responds que je vous ai monstré et faict veoir, par mes deffances à toutes vos imputations, que je ne vous fis jamais mauvais service; aussy ne crains-je poinct d'appeler l'ire de Dieu sur moy, si j'en ay eu seullement la vollonté. Quelque grande auctorité que vous ayez, madame, vous ne me scauriez oster que je ne sois recongnu, dedans et dehors ce royaume, pour homme de bien, aiant servi deux de vos freres roys, en charges tres importantes, aveq fidellité et suffisance et à leur gré; mais je peus dire que, si les commandemens, que j'ai reçeu des Roys mes maistres, m'ont donné plus de champ et de mattiere pour efforcer mon esprit et le faire paroistre et reluire que voz affaires n'ont faict, sy est-ce que je n'y sçaurois avoir apporté plus de vollonté ny meilleure affection à les servir que j'ay faict à vous. Je ne suis pas aussy, madame, sy mal conditionné de desadvouer le contenu en vostre article, en ce que vous dites m'y avoir voulu donner des beneffices; car non seullement je le sçay, mais j'ay faict qu'un chacun l'a sçeu et l'ay publié partout, affin de vous acquerir des serviteurs. La meilleure recognois-

sance que les Roys et Roynes doibvent attendre du
bien qu'ilz font à leurs serviteurs, c'est de veoir
qu'ilz en ont la memoire fresche, et qu'ilz les portent continuellement en leur bouche. Toutte cette
cour, et principallement le Roy, est tesmoing du debvoir que je vous ay rendu en cet endroit; et, pour vous
monstrer que j'ay bonne souvenance de ce qu'il vous
a pleu voulloir faire pour moy, je veux vous en rendre compte fidel par le menu. Lorsque vostre majesté estoit en la ville d'Auch, sur l'advertissement que
quelqu'un des vostres vous bailla de la maladie de
l'evesque de Condon, vous me donnastes l'evesché; il
ne mourut point lors, comme vous sçavez. A Nerac,
vous entendistes par quelque bruict que monsieur le
grant prieur estoit decedé, qui tient l'abbaie de Clerac ¹
en voz terres; vous me donnastes la dicte abbaie; mais
ce fut en vain. Tost apres, au mesme lieu, vous me
donnastes l'evesché de Montauban, pensant qu'elle
fust vaccante, et toutesfois l'evesque n'avoit pas esté
malade. Lorsque vous estiez à Mezières, vous me donnastes l'abbaie de Lezat ², laquelle vacquoit pour certain. Je mesprisay si peu vostre bienfaict que les fraiz
de la poursuitte que j'ay faicte pour maincstenir vostre
droict m'ont cousté huit cens escus; car le proces a
duré quatorze mois, tant contre monsieur de Lassegan que contre monsieur Pinart ³; enfin il a esté

¹ En Agenois.
² Abbaye de l'ordre de Saint-Benoît, près de Toulouse; elle fut
sans abbé depuis 1579 jusqu'en 1593.
³ Secrétaire d'état.

dict par arrest que ce n'estoit pas à vous à y pourvoir.
Aussy tost que je fus arrivé en cette court, vous me
donnastes l'abbaie de Figeac, en Quercy, vaccante par
la mort du fils de monsieur de Cailus. Je faisois bien
estat de l'avoir; mais il se trouva que le jeune Cailus ne
l'avoit qu'en garde pour monsieur le cardinal d'Armagnac, et que les registres estoient passez en cour de
Rome, du consentement du Roy, avec retention de
tous les fruictz, de sorte que vostre don me demeura
inutile. Toutesfois, pour confirmer vostre droict, je
fis expedier ung placet et declaration, qu'advenant la
mort du dict sieur cardinal, vostre nomination auroit lieu. Le mois de janvier apres, vous me donnastes
l'abbaie de Gimont¹, laquelle il fault que je confesse
que j'eusse plus desiré avoir que beneffice de France,
parce qu'elle est pres de ma maison, et au lieu de mes
parens et amys; mais, quant ce vint à obtenir les expeditions necessaires, le Roy, quelque remonstrance et
priere que je luy en seusse faire, ne le voullut oncques consentir ny permettre, et trouva fort mauvais
que je m'en formalisasse sy avant, d'autant que, par le
traicté que la Royne vostre mere avoit faict avec feu
monsieur le mareschal de Bellegarde, il avoit esté
accordé que l'abbaie demeureroit au filz dudict sieur
mareschal; et, qui pis estoit, lors ledict filz, apres
le deces de son pere, s'estoit saisy de Carmaniolle et
de la pluspart du marquisat de Saluce; et les seigneurs, que le Roy avoit envoiés par delà pour le

---

¹ Gimont, en Armagnac, aujourd'hui département du Gers.

recouvrement dudict païs, estoient entrés en capitullation avec luy, à telle charge et conditions que l'abbaie de Gimont luy demeureroit, ce que le Roy avoit promis et juré; de sorte qu'il en fallut passer par là, et sa majesté me deffendit d'en plus parler, par ce que cella touchoit son estat, comme je vous l'escrivis; et sçay que monsieur de Vileroy, lorsqu'il alla en Gascongne, vous l'a confirmé; car c'est luy qui en a reçeu le commandement. Voilla, madame, le compte de vos bienfaictz, et tout ainsy que je m'en sens tres-obligé à vous et à vostre bonne vollonté, aussy puis-je dire que de tout cella il ne m'en est rien demeuré, et qu'en effect je n'ay rien, encores que je n'aye rien oublié à faire, pour effectuer vostre bonne intention et me prevaloir de vostre liberalité; et, s'il se trouve que homme du monde, pour m'accommoder aveq luy, m'aye donné ung liart de pention ny aucune chose, je suis contant de paier vingt mil escuz aux pauvres. Par le compte vous voiez, madame, qu'il n'y a que deux abbaies qui aient vacqué, c'est à sçavoir : Lezat et Gimont, dont l'une me couste à poursuivre huict cens escuz, pour deffendre vostre droict, et l'aultre ne m'a servi que d'irriter le Roy contre moy, et offenser les proches parens du jeune Bellegarde, qui sont icy, et qui ont merveilleusement grand part aux bonnes graces de sa majesté.

*Ce sont d'estranges traits pour ung homme d'honneur, tel que vous estes, et qui seroient peu à vostre advantage, venant à la congnoissance d'ung chacun, ce que je ne voudrois, encore que je ne puisse avoir*

*honte de m'estre trompée en voz doulces et belles pa-*
*rolles, n'estant seulle au monde qui suis tombée en tel*
*accident.*

Madame, je n'ay rien faict que ce qu'un homme d'honneur, tel que vous me nommez, debvoit faire. Mes parolles, doulces ou aigres, telles qu'elles sont, ne vous ont poinct porté prejudice; ains, au contraire, je pourrois vous compter, si je voullois, maint bon lieu où elles vous ont servy, et les ay emploiées plus vollontiers pour vostre loz et gloire que pour chose du monde. Vous ne me debvriez pas cacher et celler qui sont les aultres femmes que j'ay trompées par mes doulces parolles, commé vous dictes; car je mettrois peyne d'y satisfaire, ainsy que je pense vous avoir satisfaict par mes responces, s'il vous a pleu de les lire.

Madame, puis que mon malheur est tel que je suis hors de vostre bonne grace, et que, pour recompance de tout ce que j'ay jamais peu faire pour vostre service, il m'en demeure une malveillance sy publiée partout, j'ay estimé que je vous ferois pour le moins à ce coup une chose agreable, qui est de vous oster l'occasion de vous souvenir de moy, en remettant vos sceaulx, lesquelz, pour estre de ma part plus dignement consignés en voz mains, je n'ay voullu bailler à aultre qu'à l'ung de mes freres (aiant grant regret que je n'aye peu faire moi mesme cet office), et vous les rendre en vous disant une douzaine de bons motz, pour vous asseurer, madame, que tout ainsy qu'auparavant d'estre honnoré de vos sceaulx ny mesme presque estre cogneu de vous, je vous ay faict, comme vous m'avez confessé plusieurs fois, tres-affectionné service ; aussy, en estant mainctenant deschargé, il ne s'offrira occasion aulcune, selon mon petit pouvoir, de vous servir que je ne la reçoive avec une extresme affection, jusques au dernier soupir de ma vye.

Madame, je supplie Nostre Seigneur qu'il vous veille continuer en ses sainctes graces et benedictions, et vous doint tres-longue et tres-heureuse vye.

Bien encores qu'il ne vous plaise poinct, tres-humble et tres-fidelle serviteur. PIBRAC [1].

[ Coll. Brienne, t. 295, fol. 167, verso. — Saint-Germain français 706. ]

### AU ROY DE NAVARRE.

Monsieur, le soin qu'il vous plaist avoir de ma santé et la souvenance qu'il vous a pleu avoir de moy, me font esprouver tout l'heur et le contentement qu'esloignée de vostre presence je puis recevoir, n'en pouvant en une si fascheuse absence esprouver en aultre chose. Mais, si j'ay receu quelque plaisir en cela, j'ay bien autant eu du contraire, sachant vostre maladie et vostre partement, contre l'assurance qu'il vous avoit pleu me commander d'en donner au Roy et à la Royne. Je vous supplie tres-humblement, considerez quelle creance ils pourront prendre au reste de mes paroles, en ce qui vous concernera ; car ils ne peuvens

[1] Cette apologie de Pibrac et les deux lettres de Marguerite qui y donnèrent lieu ont été publiées par l'abbé d'Artigny, *Nouveaux mémoires d'Histoire, de Critique et de Littérature*, t. II, p. 364 à 447.

moins penser, sinon que je suis tres mal informée de vostre intention, ou bien que je les veux tromper[1]. Ce n'est pour me donner moyen d'y faire bien vos affaires, ce qui vous portera plus de prejudice qu'à moy. Je vous prie tres-humblement de croire que c'est la seule raison qui m'en faict ainsy parler; car, pourveu que vostre fortune soit bonne, estant obligée et resolue de la courre, je ne me dois songer de la mienne. Aussy ne me metterai-jé jamais en peine d'en bastir une à part, ne voulant avoir bien, lorsque vous auriez du contraire. Si vous fallez encores à revenir au jour que vous avez donné pour l'assemblée, je ne sçays pas ce que je pourray dire; je ne vous oserois supplier de n'y fallir pas, encore que je le congnoisse tres necessaire; mais bien vous supplirai-je que je sois advertie de vostre dessein, afin que par ignorance je ne manque à vostre service. Je ne vous puis rien dire de la court; car ce porteur m'en a trouvé encore à quatre jours pres[2], Dieu merci. Et la Royne qui s'estoit opiniastrée de faire venir le Roy à Blois, à la fin le Roy l'a gaigné, qui partoit de Paris à fort grant regret;

[1] Ce n'était pas sans raison que la reine de Navarre adressait ces remontrances à son époux. Deux ans auparavant, lors de la prise de Cahors, elle avait cru pouvoir affirmer qu'il n'avait pas pris part à ce fait d'armes, et elle s'était exposée à la saisie de ses biens, pour avoir été mal informée. (Voyez plus haut, p. 239, à la note.)

[2] Cette lettre fut évidemment écrite à l'époque où Marguerite revint de Gascogne. Ce fut le lundi 8 mars 1582, dit Lestoile, « qu'arriva en cour la roine de Navarre, venant de Gascogne, au devant de laquelle fust le cardinal de Bourbon et la vuefve, princesse de Condé. » (*Journal de Henri III.*) Cette lettre est par conséquent du 4 mars 1582.

et voyant qu'elle ne le pouvoit attirer pour Blois, elle le faict venir à Fontainebleau, où nous le voirons dans quatre jours, et des le lendemain je vous despescherai un gentil-homme, pour vous advertir quelle aura esté mon arrivée; et, cinq ou six jours apres, je vous en envoieray ung aultre, pour vous mander ce qu'apres les premieres bien-venues où la contraincte et la dissimulacion sont ordinaires, ce que je pourrai recongnoistre de la verité de leurs volontés envers nous. L'on a bien mis jusqu'icy toute la peine que l'on a peu à nous y faire de mauvais offices, pour faire croire que nostre intention estoit de ruyner les ducs; que je metterois peine de les diviser, afin que les reculant, nous en fussions d'autant advancés, et que le Roy seroit importuné de nous; que si librement il ne pourroit faire ses petits voyages [1]; qu'il faudroit qu'il nous y menast. Ce sont petits artifices qui, Dieu merci, ne sont pas dangereux. J'ay faict donner une commission à monsieur d'Escars, que j'ay instruit sur tous ces poincts pour y respondre de Languedoc. Aussy l'on faict de grandes plaintes au roy de Bacon [2] et de Porquerres [3].

---

[1] Henri III faisait en effet de petits voyages très-fréquents à son château d'Olinville, à Chartres, etc., soit pour sa santé, soit pour faire célébrer des messes dans le but d'avoir lignée. (Voyez LESTOILE, *Journal de Henri III*, passim.)

[2] Le capitaine Bacon, qu'on dit fils d'un maréchal ferrant de Pierre-Rue, au diocèse de Saint-Pons, à la tête d'un corps de religionnaires ou brigands, prit le 8 de février (1582) le fort château de Minerve, au diocèse de Saint-Pons, et ravagea tous les environs. (D. VAISSETE, *Hist. de Languedoc*, t. V, p. 388.)

[3] Porcaires, gentilhomme languedocien, chef de religionnaires et

Il vous en escript par Forget. J'en ay veu une lettre qu'il escript à la Royne, par où il luy mande qu'il n'est bien; que le seul remede seroit d'y aller; mais que de l'aultre costé les affaires de Flandre ne luy peuvent permettre d'esloingner ses quartiers. Il n'esloingnera jamais Paris qu'à grant regret et à grant force; mais se voyant tant importuné de ces plaintes et de la Royne aussy, qui desire tousjours luy faire faire ce grant voyage, il est à craindre qu'il ne puisse pas longtemps reculer; c'est chose qui importe à monsieur de Montmorency[1] comme à vous. Pour cette cause, il me semble que vous y devriez tous deux remedier et oster le sujet à ces gens-là de se plaindre, afin qu'ils ne le pressassent tant. Je vous supplie, monsieur, y faire une bonne depesche, de quoy le Roy en puisse recevoir du contentement. Des que je l'aurai veu, je feray qu'il vous depesche quelqu'un qui pourra passer en Languedoc pour accommoder ces choses; et sera bon que vous l'accompagniez d'un des vostres; car je craindrois que cela nous apportast du mal, et vous ne devez desirer, quelque response que vous ayez du costé de monsieur de Saint-Geniès, de vous y rembarquer, s'il est possible, jamais, mais pour le moins de deux ans. Puisque, pour ne vous rendre mes lettres d'une longueur trop ennuyeuse, vous m'avez commandé de faire comme les grossiers, qui vendent de toutes

maître de l'artillerie, qui détenait alors la ville de Lunel, malgré la conclusion de la paix. (*Ibid.*, t. V, *passim*.)

[1] Pair et maréchal de France, gouverneur et lieutenant général pour le Roi en Languedoc.

marchandises, je vous diray de toutes sortes de nouvelles. La Vernée[1] et Setanaie[2] ont, à ce que l'on dict, perdu leurs serviteurs : le premier n'aime que sa femme, le second est à madame de Sauve. Il l'est venu veoir à Chenonceaux, et y a esté deux jours caché; mais ce n'a esté si finement que la Royne ne l'ait sçeu et ait voulu faire croire que c'estoit pour nostre tante. Personne ne luy a contredict. Je vous laisse à penser en quel estat l'on s'est reduit, de servir de couverture à cela. Elle me faict pitié; mais de secours, il ne faut pas que personne que vous en attende de moy. Le lendemain qu'il est party, sa maistresse a feint d'estre malade et est allée à Paris. Elle m'a promis de vous y faire de bons offices, et Setanaie aussi autant qu'elle pourra. Je me suis enquis de toutes les nouvelles que m'avez escriptes ; elles sont veritables, et surtout la querelle de madame de Montpensier, qui a esté plaisante. Monsieur de Savelle a esté icy; mais je ne l'ay jamais sçeu faire parler français. Mon frere a envoyé vers le Roy pour avoir soixante mille escus, disant que l'argent des Estats n'estoit prest ; l'on luy a refusé; toutesfois son homme poursuit. Il me fesoit cette faveur, par une lettre, de me donner cette commission à mon arrivée à la court; mais, Dieu merci, je ne m'y suis trouvée. Vostre mal m'a mise en si grande peine que j'en ay faict faire une consultation à tous mes me-

---

[1] Mademoiselle de La Vernay, fille d'honneur de la reine Catherine. (CASTELNAU, t. I, p. 328.)

[2] Peut-être faut-il lire d'Astenay. Il y avait deux sœurs de ce nom, toutes deux filles d'honneur de la reine Catherine. (*Ibid.*, p. 327.)

decins, qui m'ont baillé cette ordonnance ci-enclose;
vous en userez s'il vous plaist, et me permettrez, après
vous avoir tres-humblement supplié de me continuer
l'honneur de vostre bonne grace, de vous baiser tres-
humblement les mains.    M.

   *P. S.* S'il vous plaist de brusler cette recette en latin, et ne
la laisser veoir à personne.

[*Autogr.* — Coll. Dupuy, t. 217, fol. 10.]

## AU ROY DE NAVARRE.

[1] ...... avec assez de froideur; mais ils m'ont tenu
beaucoup d'honneste langage, et pour vous et pour
moy. Quant à monsieur de Genevois, je n'ay point
parlé à luy. Il s'en faut beaucoup qu'il soit ce que l'on
nous avoit dit de monsieur du Maine [2]. Il est si estrangement engraissé qu'il en est difforme; monsieur
de Guise est fort enmaigri et vieilli. Ils sont pour
l'humeur tels que les avez vus, si non qu'ils sont un
peu plus estonnés. Ils sont peu suivis, et font souvent
des parties de paume, de balle, de pale malle pour
attirer la noblesse; mais ceux qui y vont deux fois se
peuvent asseurer d'avoir la reprimande, qui faict congnoistre qu'il y a de la jalousie entre les ducs et eux.
Si vous estiez icy, vous seriez celuy de qui les uns et les
aultres dependroient; car chacun s'y offre; et de crain-

---

[1] Les premiers mots de cette lettre manquent dans le manuscrit.
Bien qu'elle ne porte pas de date, il est aisé de voir qu'elle fut écrite
dans les premiers jours de mars 1582, aussitôt après l'arrivée de Marguerite à la cour.

[2] Le duc de Mayenne.

dre ceux de Guise, croyez qu'ils n'ont nul credit ni moyen de vous faire mal; et du Roy, je mettrai tousjours ma vie en gage que vous n'en recevrez poinct de luy. Vous regagnerez les serviteurs que vous avez, par la longueur de ces troubles, perdus, et en acquerrez plus en huit jours, estant icy, que vous ne feriez en toute votre vie demeurant en Gascongne. Vous y pourrez avoir des dons du Roy, pour accommoder vos affaires et pourrez plus faire pour ceux de vostre party par une parole, estant, comme vous y serez, bien auprès du Roy, que tous ceux qui s'y emploieront ne sauroient faire par leurs sollicitations. Il est tres-necessaire pour toutes ces raisons que vous y fassiez au moings un voyage, ce que vous pouvez sans hazard. Je vous supplie tres-humblement prendre cecy comme de la personne du monde qui vous aime le plus et desire le plus vostre bien, ce que j'espere que l'experience vous fera connoistre. Il vient d'arriver nouvelles que mon frere a envoyé Laquevile en Angleterre, porter asseurance certaine qu'il ira dans peu espouser la Royne, de quoy elle a faict feux de joie[1]. Je vous ai trop importuné; mais considerez que c'est le seul plaisir que je puis recevoir en mon absence, en la quelle je vous supplie me conti-

---

[1] La vive affection de Marguerite pour son frère lui fait ici altérer la vérité. Dès le mois de juillet 1581, la reine d'Angleterre avait chargé ses agents et ambassadeurs de faire connaître son éloignement pour ce mariage. Bientôt après elle écrivit à Henri III les motifs de son refus, fondé sur les relations que l'ambassadeur de France conservait avec Marie Stuart. (Voyez LESTOILE, *Journal de Henri III*, 1582, éd. de MM. Champollion, t. I, p. 142 et 143, à la note.)

nuer l'honneur de vostre bonne grace, et me permettre de vous baiser tres-humblement les mains.   M.

[*Autogr.* — Coll. Dupuy, t. 217, fol. 19.]

### AU ROY DE NAVARRE, MONSIEUR MON MARY.

1582.

Monsieur, ce m'est un bien grant heur et un extresme contentement qu'il vous ait plu avoir agreable la vollonté que monsieur de Segur vous a tesmoingné que j'ay et auray toute ma vie à vostre service, ce qui m'accroistra le courage d'y continuer, non l'affection qui, pour avoir atteint à sa perfection, ne peut estre plus extresme. Monsieur de Clerevan a eu du Roy la mesme response que monsieur de Segur [1]. Bien lui a-t-il commandé et à moy encore plus expressement de vous escrire l'envie qu'il avoit que vinssiez, asseurant que vous feriez beaucoup plus aisement vos affaires vous mesme que par aultrui; et, pour ce qu'il s'en va aux bains où il ne veut avoir compaignie, il m'a commandé vous escrire que trouverez la Royne ma mere et toute la court à Sainct Maur. J'espere qu'il sera de retour dans trois sepmaines pour le plus tost. J'ay receu les lettres qu'il vous a pleu m'escrire pour ma tante, madame de Loudonois [2], pour laquelle je m'emploieray et mettray peine de la servir, comme je desire faire tout ce qui vous sera si proche. Monsieur de Senegas [3] partira demain pour achever son voyage,

[1] Jacques de Ségur, seigneur de Pardaillan en Agenais.

[2] Françoise de Rohan, duchesse de Loudun, fille de René, premier du nom, vicomte de Rohan, et d'Isabelle d'Albret.

[3] On trouve dans D. Vaissete, t. V, *passim*, la mention fréquente

que je croys qui reussira à vostre contentement, et pense que nous verrons aussy dans un jour ou deux monsieur Du Plessis, qui s'en va, de la part de mon frere, à la diete d'Allemagne. Si j'apprends quelques particularités de luy, je ne faudrai les vous faire entendre. L'on me parle ici souvent de Basas et du Meur de Barois [1] et de celle que tient Porqueres [2]. Ceux du pays en font un grand cas et pourriez beaucoup contenter le Roy en cela. Monsieur de Clerevan m'a parlé pour la terre que desirez que j'avoue. Je trouve l'expedient fort bon, et, s'il vous plaist m'en avoir les expeditions qu'il en faudra, cette affaire se conduira à vostre souhaict, comme tout ce qui dependra jamais de moy, qui n'estime felicité en ce monde qu'à vous faire service tres-humble et agreable, vous baisant tres-humblement les mains. M.

[*Autogr.* — Coll. Dupuy, t. 217, fol. 7.]

d'un baron de Sénégas, attaché au roi de Navarre, et chargé par lui de plusieurs missions importantes.

[1] Mur-de-Barrez, en Rouergue, aujourd'hui département de l'Aveyron.

[2] « La ville de Lunel, qui est la principale et plus importante de celles qui doivent estre rendues par la paix, est encore détenue par Porquaires, nonobstant les despesches que le roy de Navarre, sur lequel on a escrit qu'il s'excusoit, a mandé à leurs majestez avoir faites pour les faire obéir. » (Instruction au sieur de Rieux, chevalier de l'ordre du Roy, gouverneur de la ville de Narbonne, allant en Languedoc par commandement de sa majesté. — D. VAISSETE, t. V, pr., col. 275.)

## AU ROY DE NAVARRE, MONSIEUR MON MARY.

1582.

Monsieur Montigny vient d'arriver, qui m'a asseuré et vos lettres aussy de l'amendement de vostre santé, de quoy je loue Dieu. Monsieur de Plasac est party depuis sy peu de jours que, n'estant depuis rien survenu de nouveau, je n'ay qu'à respondre à vos lettres. Je vous dirai donc, monsieur, que, suivant vostre commandement, estant arrivée en cette court, je vous escrivis superficiellement ce que j'y avois pu veoir et apprendre en si peu de temps, d'où il estoit malaisé de tirer aucune certitude en tant de diverses et si variables choses, des quelles je vous representai ce que premierement s'en estoit offert à mes yeux. La crainte que j'avois de faillir, ne le faisant poinct, m'en fit user ainsi; mais puisque l'avez receu comme vos lettres me l'ont faict paroistre, je me saurai bien retrancher de cette liberté, de la quelle j'usois m'ayant dict que vous l'aviez agreable; et si je vous ai conseillé de venir à la court, je n'ai suivi en cela que le conseil que l'on vous donna à l'assemblée de Montauban [1]; et vous en ai dit ce que j'en pensois pour vostre mieux et selon la resolution que je vous en avois souvent veue, ne mettant en doute que vostre seureté, la quelle j'y congnois, et me semble, monsieur, que vous congnoissiez estre necessaire lors de vous accompagner autant de la prudence du feu Roy vostre

[1] Tenue à la fin de 1578. (Voyez D. Vaissete, t. V, p. 642, note 7.)

grant pere que du courage de monsieur de Lautrec ; et quant à vostre fille [1], je vous en ai mandé ce qu'à mon grant regret j'en ai ouï et en ois tous les jours. Vous dites, monsieur, que ce ne me sera jamais honte de vous complaire. Je le crois ainsy, monsieur, vous estimant si raisonnable que ne me commanderez rien qui soit indigne de personne de ma qualité ny qui importe à mon honneur où vous avez trop d'interest ; et si vous me commandiez de tenir une fille avec moi à qui vous eussiez faict un enfant, au jugement de tout le monde, vous trouveriez que ce me seroit une honte double, pour l'indignité que vous me feriez et pour la reputation que j'en acquerrois. Vous m'escrivez, monsieur, que pour fermer la bouche au Roy, aux Roynes ou à ceux qui m'en parleront, que je leur dise que vous l'aimez et que je l'aime pour cela : cette response seroit bonne parlant d'un de vos serviteurs ou servantes, mais de vostre maistresse ! Si j'estois née de condition indigne de l'honneur d'estre vostre femme, cette response ne me seroit mauvaise ; mais estant telle que je suis, elle me seroit tres mal seante ; aussi m'empescherai-je bien de la faire. Vous dictes, monsieur, que vous vous doubtiez bien de ce que vous voyez, mais que je vous doibs plus contenter que ses ennemys. Vous aviez bien raison, monsieur, de juger que, son malheur estant divulgué partout comme il l'est, je ne la pourrois pas tenir, estant chose qui ne s'est jamais veue ; car les Roynes en ont eu à qui cet

[1] Il est ici question de Fosseuse, une des maîtresses de Henri IV, qu'il appelait *sa fille*. ( Voyez plus haut les Mémoires, p. 175.)

accident est arrivé; mais elles les ont soudain ostées.
Ce n'estoit aussy sans sujet que vous croyiez que je vous
debvois contenter, en ayant les preuves que vous avez :
ayant souffert ce [que], je ne dirai pas princesse, mais
jamais simple damoiselle ne souffrit, l'ayant secourue,
caché sa faute et tousjours depuis tenue avec moy. Si
vous n'appelez cela vous vouloir contenter, certes,
je ne sais pas comme vous le pouvez entendre. De ses
parents, je ne vous en ay rien escript que ce que elle,
monsieur de Chastelleraut et ung de ses oncles m'en
ont dict. S'ils sont offensés de vous et s'ils en ont occasion, je m'en rapporte à ce qui en est. Sy vous ne luy
faictes du bien, je luy en ferai pour la marier, et auray soin qu'elle soit à son aise et qu'elle ne reçoive
aucun desplaisir, pour le desir que j'ay de servir à vos
vollontés, non pour crainte que j'aye des menaces de
vostre lettre, où vous dictes que qui fera desplaisir à
vostre fille vous en fera; car, fesant ce que je dois, j'auray tousjours asseurance en la verité et en la raison
qui seront pour moy, et qui, pour le temps et ma patience, vous feront quelque jour congnoistre combien
une affection et une fidelité, telle que je l'ay à vostre
service, se doibt priser. Je congnois bien mon incapa-
cité, à quoy mon bon zele ne sçauroit assez suppleer,
et sçais, qu'en affaires d'État, une femme ignorante
et sotte comme moy y peut faire beaucoup d'erreurs.
Pour cette cause, s'il vous plaisoit envoyer icy quelqu'un de vos serviteurs de la suffisance du quel vous
eussiez plus d'asseurance, il vous sauroit trop mieux
representer toutes choses; aussy bien n'ay-je que trop

d'empeschement pour mes affaires particulieres que j'avance comme pour moy, qui en ay grant besoin. Je vous baise, monsieur, tres-humblement les mains. M.

[ *Autogr.* — Coll. Dupuy, t. 217, fol. 21. ]

### AU ROY DE NAVARRE, MONSIEUR MON MARY.

Monsieur, si les moiens m'estoient aussi commodes comme ma vollonté disposée à m'acquitter de mon debvoir, je ne demeurerois si long temps sans envoier savoir de vos nouvelles. Je vous supplie donc tres-humblement, monsieur, en rejetter la faute sur ce seul empeschement, et croire que je n'ay contentement au monde si grant que d'en sçavoir de bonnes, louant Dieu de ce que, par vostre derniere lettre, il vous plaist recongnoistre et avouer que le tems et la disposition des affaires font naistre infinies raisons pour me lier encores plus estroitement au service que je vous doibs, et pour vous convier, monsieur, à m'honorer aussy de vostre bonne grace; tous les jours j'en acquiers quelque nouvelle congnoissance, ce que je m'asseure que le temps vous fera encore plus paroistre; et, sur l'asseurance qu'il vous plaist, monsieur, me donner de vostre volonté, je vous supplie tres-humblement la vouloir prendre semblable à la mienne, croiant que, lorsque je manqueray à la fidelité que je vous juray, je perdray le sens et l'amitié de moy mesme; et, puisque vous avez la prudence et le jugement pour recongnoistre cette verité et que mes effects me pourront servir de paroles, je laisserai ce discours pour vous dire qu'avant que vostre homme arrive, le Roy estoit adverty de ce qui estoit arrivé à ces voleurs et aussy du refus du Meur de Barois¹ ce que l'on luy avoit voulu faire trouver mauvais. Toutesfois je luy en parlay, et il m'en fit une fort douce response, me disant qu'il congnoissoit ces artifices là, qui venoient d'une part et d'aultre de personnes qui n'avoient envie de vous veoir pres de luy, pour ce qu'ils congnoissoient bien qu'il estoit disposé à vous aimer et se servir de vous, et qu'il eut bien voulu que le prisiez et connussiez comme luy, mais qu'il craignoit qu'ils auroient plus de force en vostre endroit qu'ès sien et qu'ils vous empescheroient de venir. Je l'assurai fort que non; il me commanda le vous escrire et me dict qu'il vous escriroit incontinent qu'il seroit revenu de la chasse, où il est allé pour trois jours, non sans vous y souhaiter infiniment, et à une musique qui s'est faicte dans le Louvre, qui a duré toute la nuit et tout le monde aux fenestres à l'ouïr, et luy qui dansoit en sa chambre, se plaisant beaucoup plus à tels exercices qu'il n'a accoustumé. Le bal et la table ronde se tiennent deux fois la semaine, et semble que l'hyver et caresme prenant qui s'approche ramene le plaisir à la cour; et, si j'osois dire, si vous estiez honneste homme, vous quitteriez l'agriculture et l'humeur de Timon pour venir vivre parmi les hommes. Le temps n'y fut jamais si propre

---

¹ Lisez: *Mur-de-Barrez*. L'article 5 de la conférence de Nérac portait : « Le roi de Navarre remet la terre de Mur-de-Barès à la Reine, qui en confie le gouvernement à M. d'Arpajon, etc. » (*Recueil des Traités de paix*, etc. Amsterdam, 1700, in-fol., t. II, p. 409.)

pour les raisons que j'escris à monsieur de Segur, de quoy je craindrois rendre cette lettre trop longue; et, pour ne tomber en cette importunité, aveq vostre permission, je vous baiserai, monsieur, tres-humblement les mains.    M.

[*Autogr.* — Coll. Dupuy, t. 217, fol. 13.]

### A LA ROYNE MERE [1].

Madame, si au malheur ou je me vois reduicte il ne me restoit la souvenance de l'honneur que j'ay d'estre

[1] Il y a une lacune de deux ans ou environ entre la dernière lettre et celle-ci. Ces deux ans furent une époque de disgrâces et de malheurs pour la reine de Navarre, comme les années précédentes avaient été un temps de plaisir et d'abandon. Après un séjour de dix-huit mois environ à la cour de Henri III, « La royne de Navarre partist de Paris pour s'acheminer en Gascongne retrouver le roy de Navarre son mary, par commandement du Roy reiteré par plusieurs fois, luy disant que mieux et plus honnestement elle seroit près son mary qu'en la cour de France, où elle ne servoit de rien. De faict, partant ledict jour de Paris, s'en alla coucher à Palaiseau, où le Roy la fist suivre par soixante archers de sa garde, sous la conduitte de Larchant, l'ung des capitaines d'iceux, qui la vinst rechercher jusques dans son lit, et prendre prisonnieres la dame de Duras et la demoiselle de Bethune, qu'on accusoit d'incontinence et d'avortemens procurés. Furent aussy par mesme moien, arrestés le seingneur de Lodon, gentil-homme de sa maison, son escuier, son secretaire, son medecin et aultres, qu'hommes que femmes, jusques au nombre de dix, et tous menés à Montargis, où le Roy luy mesme les interrogea et examina sur les deportemens de ladicte royne de Navarre, sa seur, mesme sur l'enfant qu'il estoit bruict qu'elle avoit faict depuis sa venue en cour ; de la façon du quel estoit soubçonné le jeune Chamvalon qui, de faict, à cette occasion, s'en estoit allé et absenté de la cour. Enfin le Roy n'ayant rien peu descouvrir par la bouche desdicts prisonniers et prisonnieres, les remeist tous et touttes en liberté, et

vostre fille et l'esperance de vostre bonté j'aurois dejà, de ma propre main, devancé la cruauté de ma fortune; mais me souvenant, madame, de l'honneur que m'avez

licentia la royne de Navarre, sa seur, pour continuer son chemin vers Gascongne; et ne laissa pourtant d'escrire de sa main au roy de Navarre, son beau frere, comme touttes choses s'estoient passées. Du depuis, le roy ayant songé à la consequence d'une telle affaire, et à ce que le roy de Navarre se resouldroit là dessus (comme il advint) de ne la plus reprendre, qui seroit ung scandale et escorne indigne de son nom et de ses armes, joint que la renommée en estoit ja bien avant espandue jusques aux nations estrangeres, il fist nouvelles lettres et depesches au roy de Navarre, par les quelles il le prioit de ne laisser, pour ce qu'il luy avoit demandé, de reprendre la Royne sa seur, car il avoit apris du depuis que tout ce qu'on luy en avoit faict entendre de ce costé là, et ce qu'il luy en avoit escript, estoit faux, et qu'on avoit par faux rapports innocemment chargé l'honneur de ladicte royne de Navarre, sa seur. A quoy le roy de Navarre ne fit aultrement response, et s'arrestant aux premiers advis que le Roy luy avoit donnés, qu'il sçavoit certainement contenir verité, s'excusa fort honnestement à sa majesté, et cependant se resolut de ne la poinct reprendre. De quoy le Roy irrité envoia par devers luy monsieur de Bellièvre, aveq mandement expres et lettres escriptes et signées de sa main, par les quelles, aveq paroles aigres et piquantes, il luy enjoingnoit de ne faillir de mettre promptement à execution sa vollonté. Entre les aultres traits qui estoient dans lesdictes lettres du Roy, cestuy-ci en estoit ung « qu'il sçavoit comme les Roys estoient sub-
« jects à estre trompés par faux rapports, et que les princesses les
« plus vertueuses n'estoient bien souvent exemptes de la calomnie,
« mesme pour le regard de la feue Royne sa mere, qu'il sçavoit ce
« qu'on en avoit dict, et combien on en avoit tousjours mal parlé. »
Le roy de Navarre ayant veu ces lettres, se prend à rire; et en presence de toutte la noblesse qui estoit là, dict à monsieur de Bellièvre tout haut : « Le Roy me faict beaucoup d'honneur par touttes ses lettres; par les premieres il m'appelle cocu, et par ses dernieres fils de p..... Je l'en remercie. » (LESTOILE, *Journal de Henri III*, 1585.) Le récit plus détaillé de cette affaire et des négociations auxquelles elle donna lieu se trouve dans le tome 295 de la Collection Brienne.

tousjours faict, je me jette à vos pieds et vous supplie tres-humblement avoir pitié de ma trop longue misere, et, prenant la protection de vostre creature, faire en sorte que le Roy se veuille contenter de mes maux et me tenir à l'avenir pour sa tres-humble servante, telle que j'eusse tousjours desiré, si j'eusse pensé qu'il luy eust esté agreable; et, tenant ce bien de vous, madame, me donneriez une seconde vie que je ne desire conserver qu'à l'obeissance de vos commandemens, et la sacrifier toutes et quantes fois qu'il vous plaira et à vostre vollonté, Madame, ayant l'ame si troublée que je ne sais ce que j'escrips. Je finirai en baisant tres-humblement vos mains, et prie Dieu vous donner, Madame, et santé et longue et contente vie. Vostre tres-humble et obeissante fille et sujette,

MARGUERITE.

[Coll. Dupuy, t. 217, fol. 187, recto.]

### A LA ROYNE MADAME ET MERE.

Madame, suivant le commandement qu'il vous a pleu me faire par plusieurs de vos lettres, et le conseil que m'en a donné monsieur de Bellievre, que m'avez commandé de croire, j'escris au Roy. Vous sçavez, Madame, combien de fois j'ay recherché sa bonne grace. Dieu veuille, Madame, que cette-cy j'y sois plus heureuse qu'aux aultres. Puisqu'il ne m'a peu aimer par les merites de mon service et de ma tres-humble affection, j'espere, Madame, qu'ores que je suis accablée de tant de maux et d'ennuis, qu'il m'aimera par pitié; et si les Roys, comme l'on dit, sont semblables aux dieux qui aiment les cœurs affligés, le mien luy devra estre fort agreable. Je ne doubte poinct qu'il ne puisse faire beaucoup de bien, comme il m'a faict de mal, lorsqu'il luy plaira me faire ressentir l'un, comme il m'a faict esprouver l'aultre. Oultre qu'il montrera son bon naturel, il obligera une personne qui a cet honneur d'estre sa sœur, qui de son naturel estoit tres inclinée à l'honorer et aimer, avant qu'il luy eut pleu recompenser mon affection de sa haine, laquelle il me peut, s'il luy plaist, montrer estre cessée, en faisant que le Roy mon mary recongnoisse qu'à mon occasion il n'en reçeut que bien, et ne permettra que la paix se rompe, en laquelle j'estime ma vie attachée. Je vous supplie donc tres-humblement, Madame, y vouloir tenir la main, et croire qu'estant aveq le Roy mon mary, comme je l'espere bientost par ce que Frontenac m'en a dict, que tous les services et bons offices que je pourrai faire en ce qui sera du bien de ce royaume, que je le ferai, vous suppliant tres-humblement, Madame, me conserver l'honneur de vostre bonne grace comme à vostre tres humble et tres-obeissante servante, sœur et subjecte,

MARGUERITE.

[*Autogr.* — Coll. Béthune, vol. 8888, fol. 194.]

#### AU ROY HENRI III.

Sire, si les malheurs ne tomboient que sur moy, je serois seule miserable; mais considerant qu'ils sont congneus, bien qu'ils soient differens, cette difference ne m'est tant reprochable comme doibt estre la malice de ceux qui, par leurs calomnies, vouloient baptiser mon malheur execrable, ce qui n'est pas. Sire, vostre jugement soit donc mon juge equitable. Quittez la passion, et vous plaise de considerer ce que, pour vous obeir, m'a fallu endurer; et telles passions, qui ne les a esprouvées, en blasmera les actions, avant que les avoir considerées. Considerez les donc, Sire, par les choses apparentes qui m'ont conduite là où vous me voyez. Encores que je sois vostre sœur et servante, et vous mon seul comfort, j'espererois en la bonté de vous comme roy chrestien, et que Dieu, lequel vous servez si bien, conservera en vous la pitié que vous debvez à tous, et par plus forte raison à moy comme mon roy, auquel je la demande en flechissant le genou de mon cœur, duquel supplie nostre seigneur donner à vostre majesté santé perpetuelle, telle que lui desire celle qui ne peut estre que vostre tres-humble et obeissante sœur et subjecte, MARGUERITE.

[Coll. Dupuy, t. 217, fol. 187, verso.]


### A MONSIEUR DE SARLAN.

Monsieur de Sarlan [1], puisque la cruauté de mes malheurs et de ceux à qui je ne rendis jamais que services est si grande que, non contens des indignités que depuis tant d'années ils me font pastir, [ils] veulent poursuivre ma vie jusques à la fin, je desire au

---

[1] Maître d'hôtel de la reine Catherine de Médicis. (CASTELNAU, t. II, p. 48.)

moins, avant ma mort, avoir ce contentement que la Royne ma mere sache que j'ay eu assez de courage pour ne tomber vive entre les mains de mes ennemys, vous protestant que je n'en manquerai jamais. Assurez l'en, et les premieres nouvelles qu'elle aura de moy sera ma mort. Soubs son asseurement et commandement je m'estois sauvée chez elle[1], et au lieu de bon traictement que je m'y promettois, je n'y ay trouvé que honteuse ruine. Patience! elle m'a mise au monde, elle m'en veut oster. Si sais-je bien que je suis entre les mains de Dieu; rien ne m'adviendra contre sa vol-

[1] D'après la phrase qui précède, il est évident que cette lettre fut écrite en 1585, au moment où Marguerite, forcée d'abandonner la forteresse de Carlat en Auvergne, voulut se retirer à Ivoy, maison de la reine mère, et fut faite prisonnière par le marquis de Canillac. On lit dans le manuscrit de Mesme la note ou lettre qui suit, écrite de la même main que la copie de la lettre de Marguerite :

« La verité est telle, que le sieur de Lignerac pour quelque mescontantement et jalousie qu'il a eu de la royne de Navarre qu'elle ne se saisit du chasteau, l'a chassée. Et si vous congnoissiés l'humeur de l'home, vous penseriés que c'est une quinte aussy tost prise, aussy tost executée. Il a retenu quelques bagues en paiement, come il dist, de dix mil livres qu'il a despendus pour elle, qui, apres avoir bien contesté en son esprit, se resolut de s'en aller à Millefleur, et se meit en chemin à pied aveq Aubiac et une femme; puys sur le chemin fut mise sur ung cheval de bast, et apres dens une charrete à beufs, et come elle fut dens ung village nomé Colombe, un gentil-home nomé Langlas, qui estoit lieutenant dens Usson luy ofrit le chasteau, et l'y mena. Aussy tost qu'elle y fust arrivée, luy mesme s'en va trouver le marquis de Canillac à Sainct-Hicques, qui monte à cheval, et s'estant faict ouvrir la porte, il demande ledict Obiac caché entre des murailles. Il le prend, et le met entre les mains d'ung prevoost. Le marquis despescha incontinent le jeune Monmaurin au Roy et à la Royne mere. »

lonté; j'ay ma fiance en luy et recevrai tout de sa main. Vostre plus fidele et meilleure amye,

MARGUERITE.

[Coll. Dupuy, t. 217, fol. 189, recto. — Coll. Brienne, t. 295, fol. 155. — Coll. de Mesme, 7140.]

3

AU SIEUR DE BRANTOSME [1].

Par la souvenance que vous avez de moy (qui m'a esté bien moins nouvelle qu'agreable), je connois que vous avez bien conservé l'affection qu'avez tousjours euë à nostre maison, à ce peu qui reste d'un miserable naufrage, qui, en quelque estat qu'il puisse estre, sera tousjours disposé de vous servir, me sentant bienheureuse que la fortune n'ait pu effacer mon nom de la memoire de mes plus anciens amys, comme vous estes. J'ay sçeu que comme moy vous avez choisy la vie tranquille, en laquelle j'estime heureux qui s'y peut maintenir, comme Dieu m'en a faict la grace depuis cinq ans [2], m'ayant logée en une arche de salut [3], où les orages de ces troubles ne peuvent, Dieu mercy, me nuire; à laquelle, s'il me reste quelque moien de pouvoir servir à mes amys et à vous particulierement,

[1] Cette lettre, qui ne se trouve pas dans les manuscrits, est rapportée par Brantôme dans son *Éloge de Marguerite*. On y lit : « Elle m'a fait cet honneur de m'escrire en son adversité assez souvent, ayant esté présomptueux d'avoir envoyé sçavoir de ses nouvelles. Mais quoy! elle estoit fille et sœur de mes roys, et pour ce je voulois sçavoir de sa santé, dont j'en estois bien ayse et heureux, quand je la trouvois bonne. En la première elle m'escrit ainsi : etc. »

[2] Cette lettre est, par conséquent, de l'année 1589 ou 1590.

[3] Le château d'Usson.

vous m'y trouverez entierement disposée et accompagnée d'une bonne vollonté. M.

[BRANTÔME, *Femmes illustres*, éloge de Marguerite de France.]

### A MONSIEUR DU PLESSIS [1].

(Avril 1593.)

Monsieur du Plessis, bien que j'attribue à la seule bonté de Dieu et bon naturel du Roy, mon mary, l'honneur qu'il lui a pleu me faire par le sieur Erard [2] de m'asseurer de sa bonne grace, le bien du monde que j'ay le plus cher et l'honneur de sa protection, sur laquelle, apres l'esperance que j'ay en Dieu, je remets tout le repos de ma vie; sçachant neantmoins combien peuvent les conseils de personnes accompagnées de telle suffisance et affection que vous, aupres d'un grant

---

[1] Cette lettre a été publiée par MONGEZ, *Histoire de Marguerite de Valois*, p. 363. — C'est de l'année 1593 que datent les premières propositions du divorce. Duplessis-Mornay exposait à Henri IV tous les dangers auxquels il exposait son corps, son âme et sa réputation par ses intrigues multipliées. Henri lui répondit: « Pourquoy ne pense-t-on pas à me marier? » Cette réponse donna lieu à la négociation qui fut entamée immédiatement pour *démarier* le roi, suivant l'expression de Mornay. Le sieur Érard, maître des requêtes de la reine de Navarre, fut chargé de lui demander une procuration en blanc et une déclaration devant l'official, qui constatât son désir de faire dissoudre et déclarer nul ce mariage contracté sans dispense, dans un degré prohibé et malgré elle. On espérait qu'avec ces deux pièces le recours au pape serait inutile. Le sieur Érard partit pour Usson, et en revint trois mois après, rapportant la procuration et la lettre qui suit celle-ci, adressée à Henri IV. Quoi qu'il en soit, la procuration définitive ne fut donnée par Marguerite qu'au mois de février 1599. (Voyez LESTOILE, *Journal de Henri IV*, 1599.)

[2] Maître des requêtes de la reine de Navarre.

qui les estime et y croit, comme je sçai que faict le
Roy mon mary, je ne doubte poinct combien vos bons
offices m'y ont pu servir; de quoy j'eusse pensé rester
par trop ingrate de ne vous en remercier par cette-ci,
comme j'ay prié le sieur Erard le faire plus particul-
lierement de ma part, et de vous asseurer de l'extresme
desir que j'aurois qu'il s'offrist quelque digne moien
pour vous faire paroistre combien je prise vostre vertu
et merite, et combien je desire m'acquerir et asseurer
pour l'advenir la continuation de vostre amitié, laquelle je ne rechercherois, si je n'estois tres-resolue
d'affectionner avec toute fidelité le bien et la grandeur du Roy mon mary; où me faisant ce bon office de
le tenir en cette creance, mes actions, qui ne se depar-
tiront jamais de son service, vous y rendront tres-
veritable ami. Ledict sieur Erard vous communiquera
toutes choses. Si vous m'obligez tant de tenir la main
à la perfection d'un si bon commencement, duquel
depend tout le repos et seureté de ma vie, vous vous
acquerrez une immortelle obligation sur moy, qui par
tous effects serai à jamais desireuse de me tesmoigner
vostre plus affectionnée et fidelle amye, MARGUERITE.

[Coll. Brienne, t. 295, fol. 237.]

### A MON COUSIN, MONSIEUR LE DUC DE BOUILLON.

(D'Usson, ce 24 septembre 1593.)

Mon cousin, si je ne croiois que la justyce et la
raison ont plus de puissance sur nous que la fortune,
bien que j'aye tres-grant besoing de la faveur de vos
bons offices, je ne mettrois la main à la plume pour

la rechercher; et si je n'avois conservé en moy la voulonté que ces mesmes causes y ont, dès ma naissance, imprimée, je penserois que justement vostre aide me devroit estre refusée de qui en aultre temps l'offre en auroit esté reçue; mais n'ayant jamais eslongné de moy la devotion de ce naturel debvoir, et voulant croire que mon malheur, bien que tres-grand, ne l'a aussy banni de vous, avec la mesme confiance que l'on doit avoir en un bon parent, je vous supplieray me vouloir tant obliger d'embrasser mes affaires en ce que le sieur Erart vous en suppliera de ma part, et opposer vostre pouvoir aupres du Roy à la malice de mes ennemys, qui, ne se contentant de mes si longues miseres, voudroient encore par nouvelles calomnies les accroistre; ce que je m'asseure qu'ils ne pourront, si mon innocence est si heureuse d'estre appuiée de vostre protection, comme je vous en supplie, et de croire que n'emploierez jamais vos bons offices à personne qui les veuille tant ressentir et priser que moy, et qui, par quelque digne effect, desire davantage se tesmongner vostre plus affectionnée cousine,

MARGUERITE.

[*Autogr.* — Coll. Béthune, vol. 9086, fol. 29.]

AU ROY MONSEIGNEUR.

(D'Usson, ce 10 novembre 1593.)

Monseigneur, je vous rends tres-humbles graces de ce qu'il vous a plu m'accorder par les brevets que le sieur Erart m'a ballés, tant pour la continuation des biens et privileges que j'avois eus des roys mes freres, que pour les deux cent cinquante mille escus, qu'il vous plait me donner pour l'acquit de mes debtes, desquelles je vous supplie tres-humblement commander les expeditions en la forme necessaire; et me vouloir faire tant de bien (comme je n'en veux rechercher ny espere que de vous), de vouloir que ma pension soit de cinquante mille francs, comme je l'ay tousjours eue des susdits roys mes freres, osant prendre la hardiesse de vous faire cette tres-humble supplication, sur l'asseurance qu'il vous plait me donner, et que je reçois pour ma plus grande felicité, que ne voulez moings qu'eux affectionner mon bien. Appuiée sur cette mesme confiance, je vous supplieray tres-humblement aussy, monseigneur (suivant l'offre qu'il vous a plu me faire faire par le sieur Erart, de me baller une place pour ma seureté, ou cette-ci où je suis, ou aultre), vouloir me baller Usson, n'en desirant toutesfois le revenu qu'en rabattant sur les quinze mille francs qui me restent à assigner en terre de mon dot par le premier memoire que je vous presentay à l'aultre voyage du sieur Erart. C'estoit un des articles tous lesquels il vous a plu par vos premieres lettres m'accorder. Il vous plaira donc, monseigneur, commander, tant de ce, que de tout ce qui est contenu dans le memoire escript et signé de ma main, que j'ay ballé au sieur Erart semblable en tout au premier, que les expeditions en soient faictes et verifiées, comme il est necessaire pour mettre ces choses asseurées, ce que je suis tres-certaine estre de vostre intention que l'effect en reussisse, vous suppliant tres-humblement, monseigneur, croire que, soudain que je les auray receues, je ne fauldray vous envoyer la procuration, qui a esté dressée par le sieur Erart mesme pour l'accomplissement de vostre desir; vous protestant que je manquerois plustost à ma vie qu'à l'effect de telle promesse, où je suis doublement liée, et par le respect et tres-humble obeissance que je vous dois, et par l'obligation que je vous ay de l'honneur et faveur tres-grande qu'il vous plaist me faire, de me bailler le choix de la forme d'y procéder, laquelle je vous requiers tres-humblement ne vouloir changer, et vous asseurer qu'ayant eu les susdictes expeditions des biens qu'il vous plaist me faire, je la vous envoieray sans aucun retardement, ainsy que, plus particulierement et de vive voix, j'en ay engagé ma parole audict sieur Erart, comme aussy du desir que j'ai de m'emploier en ce qu'il vous a pleu me commander; en quoy, outre ce que je reconnois cela estre un bien universel, vostre particuliere grandeur, que j'affectionne plus que tout, m'y fera rapporter tout ce que Dieu m'a donné d'entendement. Et ayant particulierement discouru audict sieur Erart sur tous ces points, pour retrancher l'importunité d'une longue lettre, je m'en remettray à sa suffisance, pour, avec votre permission, monseigneur, vous baiser tres-humblement les mains, priant Dieu, monseigneur, vous donner entiere et parfaicte grandeur et felicité. Vostre tres-humble et tres-obeissante servante, femme et subjecte, MARGUERITE.

[*Autogr.* — Coll. Dupuy, t. 217, fol. 26.]

## AU ROY MON SEIGNEUR.

(D'Usson, ce 29 juillet 1594.)

Monseigneur, vostre majesté aura, par monsieur Erart, entendu les manquemans qui se sont trouvés en tout ce qu'il luy a plu me promettre[1], et que, bien qu'en cela consiste tout mon bien, je n'ay, asseurée sur les promesses de vostre majesté, différé pour cela d'envoier la procuration, que maintenant avec cette lettre je luy envoie pour la luy presenter, et laquelle j'ai faict partir soudain que j'ay esté certaine des procureurs que j'y nommerois, n'estant de la sureté et dignité de chose qui m'estoit si importante d'y mettre pour procureurs certains avocats que monsieur Erart m'avoit nommés par sa lettre, m'assurant que vostre majesté n'avoit point d'acception en telle chose. Je la supplie, puisqu'il n'estoit necessaire que ce fussent, comme l'on m'avoit dict, ecclesiastiques, que j'y peusse nommer quelques personnes de qualité, en qui la peusse confier[2]; luy rendant tres-humbles grâces de ce qu'il luy a pleu

---

[1] Autant qu'on en peut juger par les termes assez vagues de cette lettre, Marguerite consentit à donner la procuration en blanc qu'on lui demandait, mais avec de certaines restrictions, et moyennant l'accomplissement de certaines promesses. La dissolution de son mariage n'était pas évidemment ce qui la touchait le plus; mais, en politique habile, elle feignit de faire un sacrifice pour obtenir des avantages positifs dont elle avait grand besoin. Malgré la bonne volonté qu'elle manifestait, le divorce fut retardé de plusieurs années, soit parce que Henri IV avait besoin de la cour de Rome, soit parce que Marguerite ne consentait qu'à demi.

[2] Par la procuration définitive de 1599, Marguerite nomma pour

l'avoir agreable ; la suppliant tres-humblement de vouloir que, selon l'accoustumée façon en tel cas, que, par cet acte, tant de mes biens que des bienfaicts de vostre majesté me soit assuré en sorte qu'il me reste moien de vivre selon ma qualité : ce que sachant estre de l'intention de vostre majesté, je le remettray à sa bonté, pour, avec tres-humble affection, la supplier me conserver ce qui m'est plus cher, et prefereray tousjours à tout aultre bien et toute aultre felicité, qui est l'honneur de sa bonne grace, sans l'appui de laquelle ma vie ne se consolera et ne se conservera que pour lui tesmoingner la tres-humble et fidelle servitude que je luy dois et luy voue en esternité, baisant tres-humblement les mains de vostre majesté, priant Dieu luy donner, monseigneur, entiere et parfaicte felicité. Vostre tres-humble et tres-obeissante servante, femme et subjecte,

MARGUERITE.

[*Autogr.* — Coll. Dupuy, t. 217, fol. 32.]

### AU ROY MON SEIGNEUR.

(D'Usson, ce 14 octobre 1594.)

Monseigneur, j'ay receu, avec celle qu'il a pleu à vostre majesté m'escrire, l'avis qu'elle avoit commandé à monsieur Erart me donner, qui m'est une obligation immortelle de laquelle je ne lui puis rendre assez de graces. Rien ne me peut donner tant de

ses procureurs les sieurs Martin Langlois, maître des requêtes, et Édouard Molé, conseiller au parlement. (LESTOILE, *Journal de Henri IV*, février 1599.)

soin de ma conservation que de veoir, monseigneur,
que vostre majesté s'en daigne soucier, et n'aimeray
ma vie que lorsque je me penseray si heureuse d'estre
propre à lui rendre quelque utile et tres-humble service. C'est en ce monde-ici ma principalle fin. J'espere tant de la bonté de Dieu, que, s'il m'a voulu
garantir des entreprises des ennemys de vostre majesté,
qui ont, quoique l'on luy ayt voulu persuader le contraire, esté tousjours les miens, lorsqu'ayant l'ame
toute comblée d'ennuys, pour la craincte où je vivois
d'estre privée de sa bonne grace, qu'à cette heure,
qu'il lui a pleu me rendre l'asseurance d'un si grant
bien (qui me redonnant le contentement me fera autant aimer ma vie que je la haïssois), il me voudra
assister au curieux soin, que par le commandement
de vostre majesté j'y rapporteray, bien que ce chasteau soit tel et la forme de la garde que j'y observe,
que, quand il seroit aussi bien frontiere qu'il est
esloingné des pays et des partisans des ennemys de
vostre majesté, je n'aurois à y rien craindre, n'y
ayant icy, rien à redouter qu'un siege, qui par sa
longueur feroit faillir les vivres; mais j'en tiens tousjours pour plus d'années, que tels ennemys n'auroient moyen d'y demeurer de semaines, et Dieu ne
leur fera jamais la grace qu'ils aient assez de forces
pour donner à vostre majesté tant d'affaires de delà,
qu'ils peussent faire de deçà un tel sejour si avant en
vostre royaume. L'on voit toutes choses plus preparées
à esperer que vostre majesté les aille visiter qu'eux
à avoir une si injuste fortune. Si elle avoit veu cette

place avec la façon de quoy je m'y garde, je m'assure que, riant de la timidité propre à mon sexe, elle jugeroit cette entreprise estre reservée à Dieu seul, et qu'à bon droit j'ay estimé cet hermitage avoir esté miraculeusement basti pour m'estre une arche de salut [1]; et bien qu'il soit tres-solitaire, je l'estimerai heureux, pourveu que l'honneur de son amitié me soit conservé, qui est la plus grande felicité qu'en ma vieillesse je pouvois souhaiter, que je la supplie tres-humblement me continuer, baisant tres-humblement les mains de vostre majesté, priant Dieu, monseigneur, luy donner treslongue vie et parfaicte felicité. Vostre tres-humble et obeissante servante, femme et subjecte, MARGUERITE.

[ *Autogr.* — Coll. Dupuy, t. 217, fol. 34.]

### AU ROY MON SEIGNEUR.

(D'Usson, ce 8 novembre 1594.)

Monseigneur, comme je tiendrois au plus grant heur qui me peust arriver d'avoir subject de vous escrire de chose qui pust rapporter du contentement à vostre majesté, aussi m'est-ce un desplaisir infini quand il

---

[1] Le château d'Usson était en effet une forteresse très-bien défendue par la nature et par l'art. « Bien forte place, dit Brantôme, voire imprenable, que le bon et fin renard le roy Louis XI avoit rendue en partie telle pour y loger ses prisonniers, les tenant là plus en seureté cent fois qu'à Loche, boys de Vincennes et Lusignan........ » (*Dames illustres*, Éloge de Marguerite.) Le père Hilarion de Coste en parle avec sa rhétorique ordinaire; il dit que cette place ne craignait que « la cheute du Ciel; que rien que le soleil n'y pouvoit entrer par force, « et que sa triple enceinte mesprisoit les efforts des assaillans, comme « ung roch eslevé les flots et les vagues. »

fault que je l'importune. C'est le plus grand mal que je reçoive aux manquemens des assignations qu'il luy avoit pleu me donner, encore que j'en reçoive tres-grande incommodité et grand interest¹ ; mais ne pouvant m'en passer et vivre², je suis contraincte m'en plaindre à vostre majesté, et la supplier, en recompense de cela qu'il luy avoit pleu m'accorder sur Clermont de ma pension de cette année, que l'on me veut reduire presque à rien, qu'il luy plaise m'accorder un estat de president vacant à Toulouse, que je prendray en payement pour autant qu'il s'en tireroit de finances, et qu'il vous plaise en pourvoir monsieur de Monrave, l'un des plus anciens et suffisans conseillers de Toulouse, et des plus affectionnés au service de vostre majesté. En cela, monseigneur, vostre majesté fera trois biens : l'abbaye qu'il dispute avec monsieur Forget demeurera audict sieur Forget ; je tiendray cela, non seulement pour un payement, mais pour une estroicte obligation, et elle mettra en cette place un homme d'honneur, tres-utile au service de vostre majesté, ce que je m'asseure que ceux qu'enverrez à Toulouse luy tesmoingneront, et qu'il n'y en a point en cette cour qui

---

¹ *Et grant interest*, c'est-à-dire grande lésion d'intérêt, grand dommage.

² Si bien fortifié que fût le château d'Usson, et *bien que le soleil seul y pût entrer par force*, pour parler le langage du père Hilarion de Coste, *la nécessité toutefois y entra*, et obligea Marguerite, *pour en éviter les outrages*, d'engager ses pierreries à Venise, de fondre sa vaisselle d'argent, et de n'avoir *rien de libre que l'air*. Le panégyriste de Marguerite a oublié d'ajouter au nombre de ses ressources et de ses expédients, ses recours fréquents à la générosité du bon Henri.

ait plus de moyens de vous faire un bon service en sa ville. Apres donc, monseigneur, en avoir encore tres-humblement supplié vostre majesté, je prendray la hardiesse de luy baiser tres-humblement les mains, priant Dieu, monseigneur, luy [donner] tres-heureuse et longue vie et parfaicte felicité. Vostre tres-humble et tres-obeissante servante, femme et subjecte,

MARGUERITE.

[ *Autogr.* — Coll. Dupuy, t. 217, fol. 35. ]

### AU ROY MON SEIGNEUR.

( D'Usson, ce 5 décembre 1594. )

Monseigneur, ayant, il y a quelques années, donné à monsieur de Saint-Maurice l'abbaye de Saint-Morin vacante par la mort de son oncle, je supplieray tres-humblement vostre majesté la luy vouloir conserver, et vouloir en cela obliger et lui et toute sa maison, qui sont personnes d'honneur et tres-affectionnées au service de vostre majesté, ce qui me le faict davantage affectionner. Je tiendray, monseigneur, le bien qu'il luy plaira en cela luy faire à une faveur tres-particuliere, que je rechercheray de mériter par le tres-humble service que je dois et ay voué à vostre majesté, luy baisant tres-humblement les mains, priant Dieu, monseigneur, luy donner entière et parfaicte felicité. Vostre tres-humble et tres-obeissante servante, femme et subjecte,

MARGUERITE.

[ *Autogr.* — Coll. Dupuy, t. 217, fol. 28. ]

## A MONSIEUR DU PLESSIS [1].

(1595.)

Monsieur du Plessis, si le but de nostre contentement consiste à faire, par quelque utile service, congnoistre nostre affection à ce que nous honnorons et cherissons le plus, et si le bien plus desirable est la tranquillité et assuré repos de nostre vie, combien vous dois-je, m'estant le moien de deux si grands biens. Certes, non pas l'effect mais la pensée ne peut attaindre au merite de telle obligation. Que si mon ame estoit aussy capable de s'exprimer comme de ressentir, je vous ferois juger par l'heur et l'honneur qu'elle a conçeu par vostre lettre du bon succes de ces deux fins (seule felicité de mes ans), et par l'asseurance qu'elle a prise du bien de vostre amitié, aveq combien de fidele et tres humble devotion j'ay devoué au Roy mon service, et aveq combien de perfection mon amitié vous est dediée et acquise; mais bien que la na-

---

[1] Quoique Paris se fût soumis au Roi, et que toutes les provinces eussent suivi son exemple, il y avait cependant encore des esprits malintentionnés qui cherchaient à traverser les desseins du grand Henri, et en particulier la dissolution de son mariage. Ils envoyèrent à la Reine un nommé Vernand, qui était chargé de l'empêcher de donner son consentement, et de lui représenter, en exagérant quelques prétendues injustices qu'elle croyait avoir éprouvées de la part des tribunaux du Roi, combien son sort serait malheureux si, dans le temps même de la négociation, on avait pour elle si peu d'égards et de ménagements; mais la Reine n'en fut point ébranlée, et dès le commencement de l'année suivante (1595) elle écrivit ainsi à Mornay, l'ami de son époux. ( MONGEZ, *Histoire de Marguerite de Valois*, p. 365. — Suit la lettre que nous donnons ici.)

ture m'en ait desnié les parolles, la fortune, puisque j'ay la faveur de la bonne grace de ce qui seul la peut surmonter, ne m'empeschera que par les effects je ne le tesmoigne en toutes les occasions où, pour mon bonheur, je seray propre à servir à l'establissement et l'accroissement de sa grandeur ou advancement de ce qui sera de vostre bien et contentement; vous protestant que ces deux respects auront tousjours autant de force en moy que ceux de mon salut et repos. Faictes donc estat, je vous supplie, que rien n'est plus submis à son obeissance que ma vollonté, ni rien tant à vous que ce qui sera en ma puissance. J'escrips à M. Erard quelques particularités pour mes affaires; je vous supplie les recepvoir en vostre protection, et croire que rien au monde n'admire et honnore plus vostre vertu que vostre plus affectionnée et fidele amye. MARGUERITE.

[Coll. Brienne, t. 295, fol. 239.]

### AU ROY MON SEIGNEUR.

(D'Usson, ce 14 janvier 1595.)

Monseigneur, apres avoir rendu graces à Dieu de ce qu'il luy a pleu preserver vostre majesté du miserable et trop detestable attentat[1], qui a pensé apporter à toutte la France et à moy particulierement autant de prejudice comme chacun de ceux qui vous sont affectionnés et moy plus que tout aultre, ont reçeu de

---

[1] Il s'agit ici de l'attentat de Jean Châtel, qui eut lieu le 27 décembre 1594.

joye de vous en sçavoir delivré, je n'ay peu m'empescher par cette lettre de tesmoigner à vostre majesté et l'apprehension que j'ay eue de vostre mal, et la joye que j'ay ressentie de vous sçavoir eschapé d'ung si grant danger; et comme il vous a pleu, monseigneur, me tant honnorer de me commander par vos lettres d'avoir soin de ma conservation, vous me permettrez de vous supplier tres-humblement de n'estre pour l'avenir si peu soucieux de la vostre. C'est, monseigneur, un advertissement que Dieu vous donne pour ne vous rendre à l'avenir si nonchalant à vous garder. Pour moy, j'en serai en perpetuelle priere, et n'ayant l'heur de vous y pouvoir aultrement servir par voeux continuels, je requiers Dieu qu'il veuille, monseigneur, conserver vostre majesté et luy donner en toutte felicité tres-heureuse et longue vie, vostre tres-humble et tres-obeissante servante, femme et subjecte, MARGUERITE.

[*Autogr.* — Coll. Dupuy, t. 217, fol. 45.]

### AU ROY MON SEIGNEUR.

(D'Usson, ce 24 janvier 1595.)

Monseigneur, il vous a tousjours pleu m'assurer me voulloir conserver en la nomination des benefices qu'il a pleu à vostre majesté me confirmer. Je n'ay poinct estimé, quant il luy a pleu disposer de l'abbaie de Saincte-Cornille[1] en faveur de madame la mar-

---

[1] L'abbaye de Sainte-Cornille, de Compiègne, où fut enterré Henri III.

quise de Monsaux¹, que ce fust à prejudice dudict pouvoir qu'il a pleu à vostre majesté m'y donner, ayant reçeu trop de plaisir que chose qui despendoit de moy aye peu estre propre pour tesmoigner à cette honneste femme combien j'aurai tousjours de vollonté de servir à son contentement, et combien je suis resolue d'aimer et honnorer toutte ma vie ce que vous aimerez. Si cette preuve de ma tres-humble affection merite, monseigneur, d'estre agréée de vostre majesté, je la supplie tres-humblement me voulloir faire tant d'honneur de trouver bonne la nomination que j'ay faicte de monsieur l'archidiacre de Bertier², frere de monsieur de Monrave, chef de mon conseil à Toulouse, à l'esvesché de Condom, et me faire cet honneur d'en commander la confirmation. Monsieur de Monrave est personne de qui j'ay reçeu tant de bons offices que je n'aurai moins d'obligation à vostre majesté du bien qu'il luy plaira trouver bon que je luy fasse, que si je le recevois en mon particulier; je le supplierai donc tres-humblement encore ne me le voulloir refuser. L'abbaie du Mas-grenier restera par ce moien à monsieur Defresne, et je tiendrai cette obligation pour une des plus grandes que je pourrois jamais requerir à vostre majesté, à qui, apres l'avoir

---

¹ Gabrielle d'Estrées, marquise de Monceaux, puis duchesse de Beaufort.

² Marguerite dit de lui, dans une autre lettre : « Monsieur l'archidiacre Bertier, personne qualifiée en l'esglise et syndic du clergé. » Il était chancelier de la Reine, et fut chargé, en 1599, d'aller à Usson lui demander son consentement au divorce.

tres-humblement suppliée de m'honnorer de la conservation de ses bonnes graces, je luy baiserai tres-humblement les mains, priant Dieu, monseigneur, donner à vostre majesté tres-heureuse et tres-longue vie. Vostre tres-humble et tres-obeissante servante, femme et subjecte, Marguerite.

[ *Autogr.* — Coll. Dupuy, t. 217, fol. 39.]

### AU ROY MON SEIGNEUR.

(D'Usson, ce 25 avril 1595.)

Monseigneur, la grace que Dieu m'a faicte d'avoir plustost sçeu vostre guerison que vostre maladie, me donne double occasion de le louer, comme je fais de tout mon cueur, d'avoir delivré vostre majesté de ce mal, que je sais, pour l'avoir souvent esprouvé, estre une douleur tres-grande, et moy, de m'avoir exemptée de la paine que j'eusse eue, si je vous en eusse sçeu malade, sçachant que cela ne vient guere sans une violente fievre, et qu'au visage il est beaucoup plus sensible et dangereux[1], et ne m'ayant le ciel donné tant d'heur que je vous y puisse servir aultrement que par mes prieres, elles seront continuellement emploiées à ce qu'il conserve la santé de vostre majesté en tout heur

---

[1] « Au commencement d'apvril, le Roy se trouva fort mal d'ung cathairre, qui luy desfiguroit tout le visaige. Tels cathairres resgnoient à Paris, à cause du grant froid qu'il faisoit, contraire à la saison; dont s'ensuyvirent plusieurs morts estranges et subictes aveq la peste, qui se respandit en divers endroicts de la ville, qui estoient tous fléols de Dieu, pour les quels, toutesfois, on voiioit aussy peu d'amendement aux grans comme aux petits. » (Lestoile, *Journal de Henri IV*, avril 1595.)

et prosperité, et qu'il me rende digne de la conservation de voz bonnes graces, honneur où je mets la felicité de ma vie toutte dediée à l'obeissance de ses commandemens, baisant tres-humblement les mains de vostre majesté, priant Dieu, monseigneur, luy donner entière et parfaite felicité. Vostre très-humble et tres-obeissante servante, femme et subjecte,

MARGUERITE.

[*Autogr.* — Coll. Dupuy, t. 217, fol. 43.]

### AU ROY MON SEIGNEUR.

(D'Usson, ce 14 mai 1595.)

Monseigneur, j'ay receu par madame de Vermont les assurances qu'il vous a pleu me donner de vostre amitié pour le plus grant heur et honneur qui m'eust sçeu arriver. J'eusse desiré qu'ils eussent esté accompagnés de commandemens aussy absolus que la puissance que vostre majesté a sur moy est absolue et entiere; c'est, monseigneur, ce que je vous ay tousjours escript; je ne sçais si l'avez reçeu pour office de mon devoir, ou si j'ay esté si heureuse que l'aiez entendu avec l'affection et verité qui me le dicte maintenant, que pour rendre plus esclaircie, sous l'assurance de tant de faveur qu'il vous a pleu me faire par cette honneste femme, je supplierai tres-humblement vostre majesté de croire que je suis toute à vous; que vous pouvez disposer de moy en telle sorte et façon qu'il vous plaira; que voz commandemens ne seront jamais restreincts ni reformés de moy, les voullant accomplir avec aussy exacte obeissance que le plus

petit de vos enfans ou le moindre de voz serviteurs.
Estimez de moy, je vous supplie tres-humblement,
monseigneur, que je suis vostre creature, que vous
pouvez faire et defaire, changer et former en telle
forme qu'il vous plaira[1], m'ayant le temps et l'experience si parfaitement imprimé cette vollonté en mon
ame. Je ne puis assez regretter le malheur trop grant
qui m'a, non pas par tant d'années, mais par tant de
siecles, privée de rendre à vostre majesté le tres-humble et utile service que la congnoissance que j'ay
par eux acquise de l'honneur et bien tres-grant que
ce m'estoit à estre pres de vostre majesté, en eut produit; car si, lorsque trop pleine de jeunesse et de
vanité, j'ay eu cet heur, que vostre majesté s'est louée
et a eu agreable le peu que je luy rendois, je sais
qu'accompagnée de cette congnoissance, qui me rend
admirant sans cesse le merite d'ung si grant et si parfaict Roy, que je m'en fusse rendu plus digne. Commandez-moy donc, je vous supplie tres-humblement,
monseigneur, librement vostre vollonté. Vermont,
present porteur, qui a la mesme fidelité de sa femme
à vostre service et au mien[2], me la rapportera seurement et fidelement, l'envoyant expres pour cet effect,

---

[1] Ceci se rapporte aux négociations relatives au divorce, qui étaient pendantes à cette époque.

[2] M. et madame de Vermont étaient attachés à la maison de la reine Marguerite. Ils avaient été mariés et établis par ses soins. Ils eurent un fils, aussi attaché à la maison de Marguerite, mais qui fut supplanté par un Provençal, que les uns nomment Date, et les autres Saint-Julien. Le jeune Vermont, furieux de voir sa fortune et celle de son père et de sa mère ruinée par Saint-Julien, jura de s'en

lequel attendant aveq extresme devotion, je baiserai tres-humblement les mains de vostre majesté, priant Dieu, monseigneur, lui donner tres-prospere et longue vie, avec congnoissance du zele tres-affectionné à son service. Vostre tres-humble et tres-obeissante servante, femme et subjecte, MARGUERITE.

[ *Autogr.* — Coll. Dupuy, t. 217, fol. 46. ]

### AU ROY MON SEIGNEUR.

(D'Usson, ce 31 mai 1595.)

Monseigneur, comme l'heur est tousjours suivi de l'ennuy, je ne doubte poinct que l'honneur que m'avez faict par madame de Vermont de m'assurer avec tant de faveur de la continuation de vostre bonne grace, ne convie mes ennemys à rechercher touttes sortes de calomnies et artifices pour me priver de la durée d'ung si grant bien; et, encores que je ne pense pas que l'avis que monsieur Forget a donné à monsieur Langlois[1], par une lettre que j'envoie à vostre majesté, des meschans langages que ce porteur a tenus estant

venger, et le tua d'un coup de pistolet, en 1606. ( Voyez à cette date la lettre par laquelle Marguerite demande la tête de Vermont.)

[1] Martin Langlois, qui donna lieu l'année suivante à un calembourg royal, conservé par Lestoile. « Prevost des marchands, chargé de parler pour le peuple aux estats de Rouen, Langlois s'en estoit si mal et si froicdement acquitté, qu'il fallust que Talon, l'eschevin, prist la parolle pour luy et parlast en son lieu (ce qu'il fit fort vertueusement). Chascun en estant esbahi, le Roy, tout en gossant, en donna la solution, disant que son prevost avoit la langue au *Talon.* » (*Journal de Henri IV*, 1596.) — La harangue que Henri IV venait alors de prononcer, est trop belle pour ne pas lui faire pardonner le jeu de mots qui la suivit de si près.

vers luy, se doibve mettre de ce rang, pour congnoistre assez l'insolence et folie de ce meschant et miserable garçon nommé le Parisien; j'ay estimé toutesfois, monseigneur (tant pour ne laisser sa meschanceté impunie, s'il s'en trouve coupable, que pour ne donner ce pretexte à mes ennemys de m'y embrouiller, pour ce qu'il a aultrefois esté quelques mois à mon service), le devoir envoier à vostre majesté et la supplier tres-humblement en faire tirer la verité et le faire punir comme il merite, ce que j'eusse moy-mesme faict, si je n'eusse desiré que ce feust esclairci en la presence de vostre majesté. Il y a trois ans que Conbestes, estant à Paris pour ung procès que Masei m'avoit suscité, prist ce garçon pour laquais, lequel il ramena, et, apres l'avoir gardé quelque temps, il me le donna pour ce qu'il escripvoit bien; où il devint si insolent, que, prenant tous les jours querelle à quelqu'un, je fus contraincte au bout de six ou sept moys de luy donner congé, et ayant, despuis que vostre majesté fust à Paris, envoyé ledict Conbestes vers elle, il retrouva ce miserable aussy gueux qu'il estoit la premiere fois, et par pitié il le reprit; et s'estant offert cette occasion où monsieur Langlois eust besoin d'envoyer vers monsieur Defresne pour l'abbaie de Bonneval, de quoy vostre majesté a oui parler, ils baillerent ce voyage à ce dict laquais, duquel le nom et la condition est trop indigne d'estre representé à vostre majesté, sans les circonstances que la fortune y a faict naistre, qui me rendront excusable si je l'en ay importuné de ce discours; ce que je n'eusse entrepris s'il ne m'y feust allé de ce que j'ay le plus cher en ce monde, qui est la conservation de vostre bonne grace et le desir tres-grant que j'ay de rendre par les effects de ma tres-humble affection mes parolles tesmoingnées, et vostre majesté certaine que rien n'est tant à vous, tant soumis à vostre obeissance et zelé au bien de vostre service, que vostre tres-humble et tres-obeissante servante, femme et subjecte,

MARGUERITE.

[*Autogr.* — Coll. Dupuy, t. 217, fol. 38.]

### AU ROY MON SEIGNEUR.

(D'Usson, ce 7 juillet 1595.)

Monseigneur, ayant madame de Vermont voullu s'acquitter du commandement, qu'elle dict avoir receu de vostre majesté, de la veoir en son voiage, j'ay pensé ne pouvoir par plus fidelle et propre truchement luy representer ce que par touttes mes lettres je luy ay tres-humblement supplié de croire, la fiance que nous avons eue de tous tems en elle fera, s'il luy plaist, recevoir ces paroles, non comme de messagere, mais comme de moy-mesme, qui envie beaucoup l'honneur qu'elle aura ; mais il m'en restera un tres-grant, et que je tiens pour mon souverain bien, si j'ay tant d'heur d'estre conservée en ses bonnes graces, comme je l'en supplie tres-humblement, et de me permettre de luy baiser de tout mon cœur tres-humblement les mains, priant Dieu, monseigneur, en rendant vostre majesté glorieuse d'un million de victoires, luy donner tres-heureuse et longue vie. Vostre tres-humble et tres-obeissante servante, femme et subjecte,

MARGUERITE.

[*Autogr.* — Coll. Dupuy, t. 217, fol. 47.]

### AU ROY MON SEIGNEUR.

(D'Usson, ce 16 décembre 1595.)

Monseigneur, estant madame de Vermont contrainte, pour ses proces, de faire un voiage à Paris, j'ay estimé, pour l'honneur que j'ay receu de vostre majesté par elle, ne la devoir laisser partir sans l'accompagner de cette lettre, où je continuerai les veux de la tres-humble servitude que je luy dois, pour en tesmongner la fidelité pour toute ma vie en l'obeissance de ses commandemens. Elle dira, monseigneur, à vostre majesté le peu de commodité que je retire des assignations qu'il luy a pleu me donner, ce que je me promets n'estre de l'intention de vostre majesté: Je la supplierai tres-humblement se souvenir qu'apres Dieu je mets en elle seule toute mon esperance, comme me tenant lieu de tout ce qui m'a esté de plus proche, qui me fera tousjours esperer vostre protection, et en faire mon plus assuré appuy; et, m'estant la creance que j'ay de la bonté de vostre majesté et les assurances qu'il luy a pleu me donner de son amitié un gage tres-certain de l'esperance que j'y dois avoir, j'en tirerai tousjours ma consolation entre tant d'incommodités, que les necessités que l'on me fait pastir me font ressentir; et attendant les effets de ce qu'il luy a pleu m'accorder, je luy supplierai tres-humblement me conserver l'honneur de sa bonne grace et me permettre de luy baiser tres-humblement les mains, priant Dieu, monseigneur, donner à vostre majesté entiere et parfaicte felicité. Vostre tres-humble et tres-obeissante servante, femme et subjecte,

MARGUERITE.

[*Autogr.* — Coll. Dupuy, t. 217, fol. 42.]

AU ROY MON SEIGNEUR.

(D'Usson, ce 4 juin 1596.)

Monseigneur, voulant despendre de vostre voulonté et tesmoigner à vostre majesté en toutes choses que rien ne m'est si cher que le bien de son service, je n'ay voulu, à la priere de madame du Monastere, l'une de mes meilleures amies, disposer de l'estat de seneschal d'Agenois, qu'avoit feu monsieur de Monluc[1] son neveu, qu'elle me demandoit pour monsieur de Castelnau[2] son neveu, personne de valeur, et qui est, que je croy, pres de vostre majesté, sans en avoir reçu vostre commandement, sachant que tels estats importent au service de vostre majesté, à qui j'en dois et en ay voué de si fidele et inmuable, qu'en toutes mes actions je ne tendrai jamais qu'à luy en rendre preuve. J'estime que ledict sieur de Castelnau s'acquittera dignement de cette charge, comme il est personne accompagnée de beaucoup de bonnes parties, fort estimé au païs et tres-affectionné serviteur de

[1] Charles, petit-fils du maréchal Blaise de Montluc.
[2] Il s'agit sans doute ici de M. de Castelnau-Bretenous et de Clermont-Lodève.

vostre majesté, comme tous ceux de Monsale ¹ l'ont tousjours esté des Roys. Si vostre majesté l'a agreable, ce me sera un très-grant contentement de pouvoir donner cette consolation à cette honneste femme, tant vostre servante et mon amie, en la perte tres-grande qu'elle a faite de monsieur de Montluc, son neveu, de quoy je supplie tres-humblement vostre majesté m'honorer tant de me faire savoir sa voulonté, que je tiens pour loy des miennes, et croire que, si mes prieres pouvoient meriter d'estre ouies du Ciel, vostre majesté auroit bientost la victoire que sa valeur et prudence luy promet de ses ennemys, qui ne me donnent moins d'apprehension, pour voir vostre majesté en tels hazards, qu'à elle de soin et de travail. Je la supplieray tres-humblement m'excuser si, entre si grandes affaires, j'ay osé la divertir par ce peu de lignes, pour soullager ma peine, et me permettre luy baiser tres-humblement les mains, priant Dieu, monseigneur, donner à vostre majesté entiere et parfaite felicité. Vostre tres-humble et tres-obeissante femme, servante et subjecte, MARGUERITE.

[*Autogr.* — Coll. Dupuy, t. 217, fol. 51.]

### AU ROY MON SEIGNEUR.

(D'Usson, ce 23 juin 1596.)

Monseigneur, je serai tousjours tres-aise de n'avoir à requerir vostre majesté que de ce que j'estimerai luy

---

¹ Monsalès, département de l'Aveyron, arrondissement de Villefranche-de-Rouergue.

estre agreable; c'est ce qui, avec moins de crainte
de l'importuner, me faict mettre la main à la plume,
sachant que faisant cet honneur à madame de Vermont de la tenir pour vostre tres-humble servante,
vostre majesté approuvera le desir que j'ay de luy faire
du bien, du quel si je n'estois accompagnée, l'on me
pourroit justement dire ingrate. Cette consideration
me luy fist, lors qu'elle partit d'icy, donner la re-
serve d'un benefice qui est en mes terres de Rouergue, nommé le Dom d'Aubrac [1]; et bien que telles re-
serves soient extraordinaires, il me sembla qu'à ses
services, qui n'estoient pas communs, mais si signalés,
me recherchant l'heur et l'honneur, que j'estime le
plus en ce monde, qui est vostre bonne grace, je ne
luy pouvois denier. Je n'en eusse importuné vostre
majesté de cette lettre, puisque de longtems il luy a
pleu m'accorder la nomination des benefices de mes
terres; mais voyant que par surprise l'on en obtient
presque de tous des provisions, que ceux à qui il plaist
à vostre majesté les confirmer sur ma nomination ont
à disputer, et ne desirant que cette honneste femme
tombe en cette peine, j'ay pensé devoir tres-humblement supplier vostre majesté de ne se laisser aller à ces
importunités, et se souvenir de la grace qu'elle m'a
faicte. En cela cette occasion m'a esté aussy, monseigneur, tres-agreable pour vous pouvoir ramentevoir
le vœu de la tres-humble affection que je vous dois
qui m'a faict participer aux peines et ennuys que cette

---

[1] Le Dom d'Aubrac, c'est-à-dire la domerie d'Aubrac.

guerre vous a apportés¹, que j'ay ressentis non moins vivement que si j'y eusse esté presente, apprehendant le hazard ordinaire où vostre majesté s'expose. Je supplie Dieu, monseigneur, vous delivrer de ces craintes, et combler vostre majesté, monseigneur, de victoires et de paix avec entiere et parfaicte felicité. Vostre tres-humble et tres-obeissante servante, femme et subjecte, MARGUERITE.

[ *Autogr.* — Coll. Dupuy, t. 217, fol. 48. ]

**AU ROY MON SEIGNEUR.**

( D'Usson, ce 5 février 1597.)

Monseigneur, ce sera tousjours le but de toutes mes intentions de faire chose agreable à vostre majesté et utile à son service. En cette resolution, encore que les offices de seneschaux soient offices ordinaires et aux quels l'infante de Portugal, estrangere qui tenoit mes terres avant moy, pourvoyoit, je ne voudrois y pourvoir sans en sçavoir la vollonté de vostre majesté, à la quelle j'ay remis monsieur de Castelnau, personne de valeur et merite, lorsqu'il m'a faict demander l'estat de seneschal de Rouergue, de feu monsieur de Sainct Vincent². Bien supplieray-je tres-humblement vostre majesté vouloir agreer les provisions qu'il en a de moy, et ne me vouloir faire rece-

¹ Allusion à la guerre de Picardie, et à la reddition de La Fère, qui avait eu lieu un mois auparavant.

² Jean de Morlhon, baron de Saint-Vensa, etc., sénéchal de Rouergue en 1589, remplacé en 1592 par Jean d'Arpajon, baron de Séverac, dont il est question dans cette lettre, pourvu de nouveau de la même charge en 1596, et mort en 1597.

voir ce desplaisir d'y mettre monsieur d'Arpajon, du quel j'ay reçeu infinis mauvais offices, et de la suffisance du quel audict sieur de Castelnau, il y a trop de difference, ce que vostre majesté saura trop mieux juger; et me sera une tres-particuliere obligation à vostre majesté de m'accorder avec celle que je continuerai toute ma vie du bien que j'estime le plus, d'estre continuée en l'honneur de vos bonnes graces, baisant tres-humblement les mains de vostre majesté, priant Dieu, monseigneur, luy donner entiere et parfaicte felicité. Vostre tres-humble et tres-obeissante servante, femme et subjecte,   MARGUERITE.

[*Autogr.* — Coll. Dupuy, t. 217, fol. 56.]

### A MADAME LA MARQUISE [1].

(D'Usson, ce 24 février 1597.)

Madame la marquise, le commandement que j'ay receu du Roy et votre recommandation ne pouvoit estre pour personne de qui j'affectionnasse davantage le bien que de monsieur de Roquelaure[2], pour sçavoir combien il est aimé du Roy et de vous, et pour estre de mes meilleurs et plus anciens amis. Je luy en envoie les provisions avec revocation de celles que j'avois données en faveur de madame du Monastère, ne m'estant lors ressouvenue que monsieur de Roquelaure le peust desirer; car si je l'eusse pensé, tout autre en eust esté refusé de moy pour les luy offrir. Je benis cette occa-

[1] Gabrielle d'Estrées, marquise de Monceaux.
[2] Antoine de Roquelaure, chevalier des ordres du Roi, et depuis maréchal de France.

sion, qui me donne l'heur de faire chose utile à un amy que j'estime tant, et qui me faict recevoir des lettres du Roy et de vous, de quoy la privation d'ung si long espace de temps me faisoit vivre en beaucoup d'ennuy, craignant que par quelque artifice de mes ennemis, l'on m'eust eslongné de l'heur de sa bonne grace et de vostre amitié, que si curieusement je rechercheray tousjours de conserver, que toutes mes intentions et actions ne tendront jamais à autre but. Prenez je vous prie cette assurance de moi, et m'obligez tant de la donner au Roy, et de croire que mes desirs se conforment entierement à ses volontés et aux vostres. J'en parle en commun, les estimant si unies que me conformant à l'une je la seray aussy à l'autre. Je ne dis cecy sans sujet, sachant bien que des personnes qui m'ont de l'affection vous ont peu faire quelque fois des propositions qui vous ont faict peut estre juger mon intention toute autre qu'elle n'est; et hors qu'ils l'auroient faict pour bien, trouvant neantmoins cette occasion de vous pouvoir seurement escrire, je vous prieray trouver bon que je vous parle librement et comme à celle que je veux tenir pour ma sœur, et que, apres le Roy, j'honore et estime le plus. Je vous prieray donc que, qui qui vous parle de moy, vous n'en preniez jamais autre croyance, et qu'asseuriez le Roy que je n'ay jamais eu desir de le presser de chose du monde, qu'en quelque condition que je soie elle me sera tousjours agreable, pourveu que ce soit avec sa bonne grace, et que, comme il a pleu à Dieu faire tant de grace à ce royaume de luy faire tenir le bien des Roys mes peres et freres, qu'il luy plaira aussi me servir de frere et me conserver sous sa protection et maintenir en ce que j'ay eu des Roys mes freres et de luy. J'ay pris tant de confiance en l'asseurance que m'avez donnée de m'aimer, que je ne veux prendre aultre protecteur en ce que j'auray à requerir le Roy, au quel je n'ose user de si longue importunité, qui sur du papier l'ennuiera; mais partant de vostre belle bouche, je sçais qu'il ne peust estre que bien reçeu. Obligez moy tant donc de me rendre cet office, et de luy representer que, tant que les estats ont duré, je n'ay voullu partir d'icy, de peur que, si je me fusse approchée, quelques uns qui s'entremettent, et quelque fois par un zele inconsideré, ne prissent subject de le presser d'une ou d'aultre resolution contre son dessein, au quel toute ma vie je veux servir et non contrarier; et bien que mon extresme necessité, pour n'avoir rien touché toute l'année passée de ma pension et de mes assignations, et estre à cette occasion tourmentée incessamment de mes creanciers, me tirast à force de delà, j'ay mieux aimé souffrir le martyre de cette incommodité que de luy donner seulement aucune apparence d'en pouvoir recevoir de moy. Mais maintenant toutes mes affaires ont si grand besoin de ma presence, et ma necessité est si pressante qu'il n'y a plus moyen de la supporter ici, où je suis eslongnée de touttes mes commodités. S'il luy plaist trouver bon que j'aille en quelqu'une de mes maisons de France, la plus eslongnée que je pourray choisir de la cour, pour pouvoir là donner ordre à mes affaires, il me seroit bien necessaire. Je vous aurois une grande obligation de m'en faire savoir sa voulenté, qui me sera une perpetuelle loi, comme perpetuelle sera en moy l'affection tres-fidelle que je voue à vostre merite, pour en eternité me conserver vostre tres-affectionnée et plus fidelle amye, MARGUERITE.

[*Autogr.* — Coll. Dupuy, t. 217, fol. 58.]

### AU ROY MON SEIGNEUR.

(D'Usson, ce 17 novembre 1597.)

Monseigneur, apres avoir loué Dieu de l'heureuse victoire qu'il luy a pleu donner à vostre majesté [1], elle me permettra luy tesmoingner par cette-cy avec combien de contentement j'ay receu cette desirée nouvelle, et avec combien de vœux je souhaite que ce qui reste separé de son obeyssance y soit remis; que si j'estois de sexe propre à y hazarder ma vie, vostre majesté croira, s'il luy plaist, que nulle ne luy seroit offerte avec plus de zele et de desvotion à son service; mais en tel qu'il a pleu à Dieu me faire naître, je supplie tres-humblement vostre majesté faire estat de mon tres-humble service, qu'avec une entiere et parfaite affection et fidelité luy rendra pour jamais vostre tres-humble et tres-obeyssante servante, femme et subjecte, MARGUERITE.

[*Autogr.* — Coll. Dupuy, t. 217, fol. 55.]

[1] En ce mois (octobre 1597), allégresses et feux de joie furent faits partout en congratulation des victoires du Roy et reprise d'Amiens, avec resjouissance de tout le peuple de la France, lequel peult bien dire qu'après Dieu, il tient sa délivrance de la main de son Roy. (LESTOILE, *Journal de Henri IV.*)

## A MONSIEUR DE SULLY.

(De Usson, ce 20 septembre 1598.)

Mon cousin, j'ay reçeu une lettre de vous [1] qui contient plusieurs choses qui meritent consideration, d'aucune desquelles il m'estoit quelquefois bien souvent souvenu; des aultres, vostre lettre m'en a rafrechy la memoire, et touttes donné subject de cherir vostre affection à mon bien et repos, dont les felicitez me sont encores incognues, le pelerinage de mes jours ayant esté incessamment triste et langoureux. Partant ne doutez point que je n'aye reçeu vos propositions d'une esperance de mieux comme elles meritent, et ne tiendra point à ce qui despend de moy, que le succez n'en soit tel que vous tesmoignez

---

[1] Sully écrivit cette lettre à la Reine « pour veoir si ses raisons la pourroient persuader à faire les choses nécessaires pour faciliter le desmariage du Roy et d'elle. » Ce sont ses propres expressions; mais les termes de la lettre sont loin d'être aussi explicites. Je citerai le passage suivant, qui est le plus clair, comme un chef-d'œuvre d'insinuation et de circonlocution : « Quoy que je voye bien que les choses dont la France a tant de besoin ne se puissent pas trouver entierement en la réunion de vos personnes, qui est une succession legitime à cette couronne, j'ay estimé que vostre esprit, que j'ay tousjours recogneu tant excellent, vostre prudence et grand jugement seroient capables de bien recevoir les ouvertures que je luy proposerois, pour vous faire vivre et converser ensemble, avec de tels temperaments et assaisonnements que vous y trouveriez tous deux de quoy raisonnablement vous contenter, puisqu'il n'y a rien qui vous doive maintenant estre devenu tant agreable que de vous pouvoir veoir continuellement et vivre ensemble en toute confiance et sincérité, comme un bon frere et une bonne sœur doivent faire ensemble, chose que je vous puis asseurer d'estre fort facile. » (*Mémoires de Sully*, t. I, p. 469.)

de le desirer, mettant à ung si haut prix les vertus heroïques du Roy, et les moyens qui me seront presentés pour me faire trouver quelque part en ses bonnes graces, que toutes sortes de conditions où il sera besoing de me soumettre, me seront tousjours tres-agreables, puisque c'est vous qui m'en parlez avec tant d'affection; vous reputant si vertueux que je ne receveray jamais conseil de vous qui ne me soit honnorable et utile, ny loy d'un Roy si prudent et si genereux que le nostre, qui ne soit equitable et juste, et partant pouvez-vous donner commencement à un si bon œuvre toutes les fois que le jugerez à propos. J'en laisse donc la conduicte à vostre prudence et à vostre affection, des quels j'attendray les effets avec impatience, et aussi les occasions de vous tesmoingner que je suis, mon cousin, vostre tres-affectionnée et fidelle cousine, MARGUERITE.

[*Mémoires de Sully*, t. I, p. 470.]

### A MON COUSIN, MONSIEUR LE CONNESTABLE.

(D'Usson, ce 14 décembre 1598.)

Mon cousin, l'assistance que m'avez promise et de laquelle m'avez obligée aux occasions où je vous en ay requis me fera maintenant, en celle qui se presente si importante pour mon repos, vous supplier vouloir embrasser ma protection et m'obliger tant de supplier le Roy de vouloir, en recompense de l'obeissance que si franchement je luy ay rendue, qu'il luy plaise que ce qu'il luy a pleu m'accorder me soit asseuré; en sorte que, cet acte passé, je ne sois plus contrainte, par les importunes sollicitations que j'ay esté forcée jusques ici faire pour ma pension et assignations, de me rendre desagreable à sa majesté, que je desire servir et honorer et non importuner. La memoire du feu Roy mon pere me promet tant d'appuy de vous qu'en chose de telle importance, je ne pense rechercher autre protection, l'affection que luy avez eue et le lieu que tenez en ce roiaume me promettant que ne sçauriez permettre que cette separation se passe aultrement qu'avec la dignité requise à ma qualité. C'est l'honneur du Roy et du roiaume que je maintienne un train digne de ma naissance. Je vous supplie le voulloir remontrer au Roy, ainsi que plus particulierement ma sœur vous en parlera, la quelle me faict ce bien d'avoir tant de soin de moy, que je m'en remettray à ce quelle vous saura trop mieulx representer pour vous supplier croire que n'obligerez jamais personne qui vous honore tant et vous ait tant d'affection que vostre très-affectionnée et tres-fidele cousine. MARGUERITE.

[ *Autogr.* — Coll. Béthune, t. 9086, fol. 27. ]

### A MONSIEUR DE LOMENIE.

( D'Usson, ce 22 mars 1599. )

Monsieur de Lomenie, j'escris une lettre au Roy que ma sœur, madame d'Angoulesme luy baillera. Elle est longue, le sujet ne m'a permis la faire plus courte. C'est au contentement du Roy et plus que pour mon particulier; je vous prie faire qu'il la voie, car il importe pour l'avancement de ce que sa majesté desire le plus[1] et croyez que ne renderez jamais ces bons offices à personne qui desire davantage s'en revancher en quelque bonne occasion, et se tesmoingner pour jamais vostre plus affectionnée amye,   MARGUERITE.

[*Autogr.* — Coll. Dupuy, t. 217, fol. 60.]

**AU ROY MON SEIGNEUR.**

(Ce 9 avril 1599.)

Monsieur, si Dieu a permis que depuis quelques années j'aye souffert beaucoup de peines et d'ennuis, il m'en a trop en un coup recompensée par l'honneur qu'il vous a pleu me faire par le sieur Erart, de m'asseurer de vostre bonne grace, bien que je desire, cheris et honnore tant que, si j'eusse pensé que les artificieuses calomnies et mauvais offices de mes ennemys m'eussent laissé aucune voie pour y aspirer, je n'eusse depuis la mort du feu Roy mon frere tant demeuré à rechercher l'honneur de vos commandements, aux quels je vous supplie tres-humblement, monsieur, de croire que je rendray tousjours l'obeissance que j'y dois, estant mon principal but, apres l'honneur et service que je dois à Dieu, que de vous complaire et tesmongner par tous effects qu'il n'y a rien au monde qui desire tant vostre accroissement et l'asseuré establissement de vostre grandeur que moy, qui le prefereray tousjours à ma gloire et à mon contentement, de quoy il me restera assez, pourveu que l'heur de vostre amitié me soit conservé, et la protection et

---

[1] C'était le divorce.

support qu'il vous plaist me promettre, de quoy faisant estat, sous l'asseurance qu'il vous plaist que j'en prenne, j'ay ballé suivant vostre commandement un memoire au dit Erart, au quel je me suis retranchée et acommodée, autant que j'ay peu, à la necessité où ce miserable temps reduit nos affaires, des quelles je desire tant la prosperité que la plus grande affliction depuis toutes mes aversités a esté de me congnoistre si miserable que je fusse, en cette saison, l'ung des obstacles de vostre establissement, ce qui m'eust conviée il y a longtemps (si je n'eusse craint que, par le malheur qui m'accompagne et l'ennuy de mes ennemys qui veillent tousjours à me nuire, mon zele et bonne intention ne fust interpretée au contraire), de vous proposer le moyen que j'estimois propre pour lever cet empeschement au contentement universel d'ung chascun, que je loue Dieu, monsieur, avoir mis en vostre voulonté; et le supplie conduire le tout à sa gloire, et qu'il vous rende glorieux de toutes les couronnes que vostre vertu et valeur merite, me donnant l'heur de vous tesmoingner la tres-humble affection et fidelité de vostre tres-humble et tres-obeissante servante et subjecte, MARGUERITE.

*P. S.* Monsieur, si je n'estois certaine que vous savez que la pluspart de ceux qui ont esté emploiés pres de moi en mes affaires, contrefont mon escriture tellement que n'y seroit trouvé difference, je resterois en extresme peine des lettres que Herart m'a dit que l'on m'a supposées; mais j'espere tant en Dieu, qu'il vous fera recongnoistre l'artifice de telles calomnies, qui sont inventées de personnes qui ne desirent moins vostre mal que le mien ; je vous supplie donc tres-humblement, Monsieur, n'y ajouter foi, et vous assure de ma tres-humble affection.

[*Autogr.* — Coll. Dupuy, t. 217, fol. 29.]

### A MONSIEUR DE SULLY[1].

(A Usson, ce 29 juillet 1599.)

Mon cousin, je commence à prendre bonne esperance de mes affaires, puisque j'ay tant d'heur que vous les voulez prendre en vostre protection comme vos lettres m'en asseurent. J'en desire l'advancement avec bon succez, pour advancer le contentement du Roy et celuy de tous les bons François, que vous m'escrivez desirer si ardemment de veoir des enfants legitimes au Roy qui luy puissent, sans dispute, succeder à cette couronne qu'il a retirée de ruyne et de dissipation avec tant de labeurs et perils. Que si j'ay ci-devant usé de longueurs et interposé des doutes et diffi-

[1] A l'époque où cette lettre fut écrite, Gabrielle était morte depuis quatre mois environ, à la grande douleur du bon Henri, à la grande satisfaction d'une foule de personnages, et notamment de la Reine, de Sully et du Pape; de la Reine, qui était délivrée par là d'une rivale détestée ; de Sully, qui pouvait enfin réaliser sans obstacle son projet de *démarier* et de remarier le Roi ; du Pape, qui était vivement sollicité et même obsédé par Sillery et d'Ossat, et qui refusait son consentement au divorce de Henri IV et à son mariage avec Gabrielle. Plus les désirs de Henri étaient pressants, plus les refus de la cour de Rome étaient obstinés. On alléguait et la disproportion de rang entre le Roi et sa maîtresse, et le défaut de consentement de la Reine, qui n'était pas étrangère à ce qui se passait à Rome. La mort inattendue de Gabrielle aplanit toutes les difficultés, et eut pour premier résultat le consentement presque spontané de Marguerite au divorce. La lettre que nous donnons ici témoigne de sa satisfaction et de son empressement.

cultez, vous en sçavez aussy bien les causes que nul aultre, ne voullant voir en ma place une telle descriée bagasce¹, que j'estimois subject indigne de la posseder, ny capable de faire jouir la France des fruicts par elle desirez. Mais maintenant que les choses sont changées par un benefice du ciel, et que je ne doubte nullement de la prudence du Roy et du sage conseil de ses bons serviteurs pour faire une bonne election, lorsque je la verray faire une seureté à mes affaires, à mes titres et à ma condition et forme de vivre (car je veux achever le reste de mes jours en repos de corps et tranquillité d'esprit; en quoy le Roy et vous pouvez tout), je m'accommoderay à tout ce qui sera convenable et que vous-même me conseillerez. Surtout asseurez-moy ma pension et l'argent pour payer mes creanciers, afin qu'ils ne me tourmentent plus, ainsy que j'ay donné charge à monsieur Langlois de vous le requerir en mon nom, et vous m'obligerez à le recongnoistre en tout ce qui dependra de moy. Prenez-en donc asseurance, et me tenez pour vostre plus affectionnée et fidelle cousine, MARGUERITE.

[*Mémoires de Sully*, t. I, p. 537.]

¹ *Bagasce.* L'abbé Mongez assure que « ce mot, ainsi que celui de *garce*, n'était pas déshonnête dans ce temps-là. » C'est ce qui paraît fort douteux. Le même auteur fait dériver ce mot de l'allemand *bag* (femme de mauvaise vie), ce qui est plus vraisemblable. C'est une expression qui est encore en usage dans les patois du midi de la France. Quoi qu'il en soit, il est curieux de comparer ce passage avec la lettre écrite deux ans auparavant par la Reine à cette *descriée bagasce*, dont elle implorait alors la protection et vantait la belle bouche. (Voyez ci-dessus, p. 326.)

## AU ROY MON SEIGNEUR [1].

(D'Usson, ce 1ᵉʳ d'octobre 1599.)

Monseigneur, je n'eusse jamais pensé que mon ame tant nourrie de tristesse eust esté capable de ressentir tant de joie comme j'en ai reçeu par la lettre dont il vous a pleu m'honorer. J'estois, monseigneur, paravant de devoir et de voulonté desdiée à vostre service; maintenant, je m'y reconnois par une si estroite obligation liée, que je vous supplie tres-humblement de croire que rien au monde ne vous est voué avec tant de subjection, d'obeissance et de fidelité que ma voulonté, qui n'aura jamais autre but que de vous complaire. Que si mon tres-humble service se pouvoit rendre aussi utile à l'avancement de vostre desir et establissement de vostre grandeur, comme il y est plein de desvotion et de zelle, vostre felicité, monseigneur, seroit par sa perfection autant enviée que la

---

[1] « La mort de la duchesse de Beaufort ayant fait cesser les difficultez que plusieurs avoient faites de parler au Roy de se vouloir marier, peu de gens de bien voulants parler en faveur d'elle, et tous craignans d'attirer sa malveillance sur eux en parlant pour une autre, chacun commença lors d'en presser le Roy ouvertement; le parlement en corps par la bouche de son procureur general et plusieurs autres corps et compagnies luy en firent des remonstrances.... Et d'autant que la Reine, duchesse de Vallois estoit celle qui pouvoit le plus advancer ou retarder un si bon œuvre.... le Roy luy escrivit une lettre de complimens et civilitez, et pour fin disoit luy avoir bien voulu donner advis des grandes instances qui luy estoient faites. » (*Mémoires de Sully*, t. I, p. 536.) — La lettre que nous donnons ici est la réponse de Marguerite au Roi.

gloire de vos victoires, m'estimant trop recompensée, (bien que le bien que j'abandonne, pour le seul respect de vostre merite, ne se puisse estimer) de l'asseurance qu'il vous plait me donner de vostre bonne grace et de vostre protection, sans les quelles je hairois ma vie, et avec les quelles je la tiendrai heureuse, pourveu qu'elle se rende utile à servir à cette seule fin où seullement, apres le service de Dieu, je la consacre. Guidée de cette mesme intention, je m'emploieray, monseigneur, au commandement qu'il vous a pleu, par la lettre de monsieur Erart, me faire, comme par celle que je luy escris, de peur de vous estre par ceste-cy trop importune, je lui discours le moyen qu'il me semble y falloir tenir, où je vous supplie tres-humblement de croire que j'y procederay avec plus d'affection que si c'estoit pour l'acquisition du repos de ma vie, qui est, apres l'honneur de vostre amitié, mon plus grand souhait; et bien que je sache qu'y pouvez estre servi d'autres personnes plus capables, j'oseray bien dire, monseigneur, que nul n'en desirera l'accomplissement tant que moy, comme j'espere que mes effets le vous tesmongneront, et non seulement en ce, mais en tout ce qu'il vous plaira m'honorer de vos commandements, vous rendant tres-humbles graces du bien qu'il vous plait me faire, m'ayant accordé ce que je vous requerois par le memoire que j'avois ballé au sieur Erart. Je prendray la hardiesse, monseigneur, seur l'asseurance de la faveur qu'il vous plait me promettre, de vous supplier tres-humblement m'accorder ma pension, telle que je l'ai toujours euë des rois mes freres, ce retranchement qui s'y fait, la remettant à douze mille escus, n'est que de quatre mille six cents escus, qui est peu de chose pour vous, mais beaucoup pour moi, qui, diminuant mon revenu de vingt mille escus par les terres de Picardie qui vous retournent, n'aurois moyen d'entretenir mon train en la qualité qu'il a pleu à Dieu me faire naitre, et en laquelle il vous plait m'asseurer me vouloir maintenir, comme je vous en supplie tres-humblement, et de me permettre, monseigneur, de vous baiser tres-humblement les mains, priant Dieu, monseigneur, vous donner parfaite gloire et felicité. Vostre tres-humble et tres-obeissante servante, femme et subjecte,

MARGUERITE.

[*Autogr.* — Coll. Dupuy, t. 217, fol. 24.]

### A MONSIEUR DU PLESSIS [1].

(Ce 21 octobre 1599.)

Monsieur Duplessis, ayant le contentement du Roy non moins cher que le mien propre, j'ay loué Dieu

---

[1] Par un bref du 24 septembre 1599, Clément VIII avait délégué le cardinal de Joyeuse, l'évêque de Modène, son nonce en France, et Horatio del Monte, archevêque d'Albe, pour juger la question du divorce. La bulle fut ouverte le 15 octobre suivant, en présence du procureur-général de la Guesle et des deux procureurs de la reine Marguerite, Martin Langlois et Édouard Molé; et une longue procédure s'ouvrit alors, dont les principales pièces remplissent un volume entier de la collection du président Bouhier (vol. 20). Le Roi et la Reine devaient subir l'un et l'autre un interrogatoire. Par la lettre ci-dessus, Marguerite exprime le désir d'être interrogée par *personnes plus privées* que les cardinaux.

que sa majesté eust obtenu de Rome ce qu'il desiroit pour le faict de ma procuration. J'escris à sa majesté pour l'asseurer que la volonté ne me changera jamais au vœu que je luy ay faict d'une entiere et parfaicte obeissance, et que s'il reste à cet effect chose qui despende de moy, que je la supplie tres-humblement croire que j'accompliray tout ce que sa majesté m'ordonnera. Bien desirerois-je, s'il fault que je sois ouye sur ce faict, que ce fust de personne plus privée, mon courage pour vous en parler, comme à mon intime amy, n'estant composé pour supporter si publicquement une telle diminution. Je le fais, je le proteste, tres-volontiers et sans aucun regret, cognoissant que c'est le contentement du Roy, qui m'est devant toute chose, le bien de ce royaume, mon repos, ma liberté et ma seureté; mais l'opinion que j'aurois, que tout ce qui y assisteroit ne seroit de mesme opinion que moy, me seroit une confusion et un desplaisir sy grand, que je sçay bien que je ne le sçaurois supporter, et craindrois que mes larmes ne fissent juger à ces cardinaulx quelque force ou quelque contraincte, qui nuiroit à l'effect que le Roy desire. Pour eviter cet accident, il seroit bon de faire que messieurs les commissaires commissent, comme ils le peuvent, monsieur l'archidiacre Bertier[1], personne qualifiée en

---

[1] Le Roi accéda à ce désir de Marguerite; et Dupleix dit avoir appris du chancelier Bertier lui-même, que le Roi en apprenant le consentement de Marguerite ne put retenir ses larmes, et s'écria : « Ha! « la malheureuse, elle sçait bien que je l'ay tousjours aimée et honorée, « et elle point moy, et que ses mauvais deportemens nous ont fait « separer il y a longtems l'un de l'aultre. » (Dupleix, t. IV, p. 264.)

l'eglise et syndic du clergé; car cependant qu'eulx feront avec le Roy ce qui est de leur commission, monsieur Bertier viendra icy en poste, et, en huict ou dix jours, il reportera à sa majesté tout ce qu'il faudra; car, soit par notaire ou de ma main, je ferai tous les actes qu'il plaira au Roy m'ordonner. Vous m'obligerez, autant que sy vous me donniez la vie, de faire que cela se passe ainsy, et c'est le meilleur; car je sçay bien que mes larmes feroient quelque acte contraire à ce qui est necessaire. Vous le sçaurez trop mieulx representer au Roy que cette lettre que je desire que sa majesté eust veue, ne luy en ayant osé escrire sy au long. Apres, sur la conclusion, il faudra asseurer tout ce qu'il a pleu au Roy m'accorder; lors je vous importuneray de nouveau, comme le protecteur de mon bien. Je remets donc alors à vous en parler, vous priant croire que ne conserverez jamais personne, qui vous conserve et ait voué tant d'amitié, et qui admire tant vostre vertu que vostre tres-affectionnée et plus fidelle amie, MARGUERITE.

[Coll. Brienne, t. 295, fol. 241.]

**HENRY IV A LA ROYNE MARGUERITE** [1].

(11 novembre 1599.)

Ma sœur, les delleguez de nostre Saint-Pere pour juger la nullité de nostre mariage ayant enfin donné

[1] « Le mercredy 10 de novembre, les trois commissaires, apres plusieurs conferences tenues sur cette grande affaire (le divorce) dans la maison d'Henry de Gondy, evesque de Paris, ont jugé le mariage nul des le commencement, à cause de la parenté dans un degré prohibé;

leur sentence à nostre commung desir et contentement, je n'ay voullu differer plus longtems à vous
visiter sur telle occasion, tant pour vous en informer
de ma part que pour vous renouveller les asseurances
de mon amityé. Partant, j'envoye vers vous le sieur
de Beaumont exprez pour faire cet office, auquel j'ay
commandé vous dire, ma sœur, que sy Dieu a permis
que le lyen de nostre conjonction ayt esté dissous, sa
justice divine l'a faict autant pour nostre particulier
repos que pour le bien public du royaume. Je desire
aussy que vous croyez que je ne veux pas moins vous
cherir et aymer, pour ce qui est advenu, que je fesois
devant; au contraire, vouloir avoir plus de soing de
tout ce qui vous concerne que jamais, et vous faire
veoir en toutes occasions que je ne veux pas estre
doresnavant vostre frere seullement de nom, mais
aussy d'effects, dignes de la confiance que j'ay entendue par Berthier et recongneu, par la lettre que vous
m'avez escripte par luy, que vous avez prise de la secu-
rité de noz effectz. Aussy suis-je tres-satisfaict de l'in-

que la duchesse Marguerite de Valois avoit esté forcée par le roy
Charles IX son frere, et par la Royne sa mere, et qu'elle n'avoit apporté autre consentement que la parole et non le cœur, laissant à l'ung
et à l'autre la liberté de se marier à qui bon leur semblera. — Le
lendemain le Roy envoya le comte de Beaumont en Auvergne, pour
donner avis à la royne Marguerite de ce jugement, et l'assura par
lettres que, quoique leur mariage fut dissous pour le bien de la
France, son desir etoit toutefois de l'aimer non seulement comme
son frere de nom, mais en lui faisant dorenavant connoistre les
effets de sa bonne affection. » (LESTOILE, *Journal de Henri IV*, 1599.)
— Si les dates de Lestoile sont exactes, la lettre de Henri IV que
nous donnons ici est du 11 novembre 1599.

genuité et candeur de vostre proceddeure, et espere que Dieu benira le reste de noz jours d'une amytié fraternelle accompagnée d'une felicité publicque, qui les rendera tres heureux. Consolez-vous donc, je vous prie, ma sœur, en l'attente de l'une et de l'autre, sur l'asseurance que je vous donne d'y contribuer de mon costé ce que vous debvez esperer et sera en la puissance de, etc.

[ Coll. Béthune, t. 8955, fol. 46. ]

**RESPONCE DE LA ROYNE MARGUERITE.**

Monseigneur, vostre majesté, à l'imitation des Dieux, ne se contente de consoller ses creatures de biens et faveurs, mais daigne encore les regarder et consoler en leur affliction. Cet honneur qui tesmoingne celluy de sa bienveillance est sy grand qu'il ne peult estre esgallé que de l'infinie volonté que j'ay vouée à son service. Il ne me falloit, en ceste occasion, moindre consollation ; car bien qu'il soit aizé de se consoller de la perte de quelque bien de fortune que ce soit, d'une pourtant qui a sa vie et sa naissance telle que je l'ay, le seul respect du merite d'un roy si parfaict et sy valleureux en doibt retrancher par sa privation toute consollation; et est marque de la generosité d'une belle ame d'en conserver ung immortel regret, tel que seroit le mien, sy la felicité qu'il luy plaist me faire ressentir, en l'asseurance de sa bonne grace et protection, ne le banissoit, pour changer ma plainte en louange de sa bonté et des graces qu'il luy plaist me departir, de quoy vostre majesté n'honnorera jamais personne qui les ressente avec tant de reverance par tres-humbles et tres-fidelz services, qui me rendent digne d'estre tenue de vostre majesté pour vostre tres-humble et tres-affectionnée servante, sœur et subjecte,

MARGUERITE.

[Coll. Béthune, t. 8955, fol. 47, recto.]

### A MON COUSIN MONSIEUR LE CONNESTABLE.

(D'Usson, ce 17 novembre 1599.)

Mon cousin, c'est à cette heure le temps de l'accomplissement des promesses que le Roy vous a faictes [1] pour moi. Puisque m'avez voulu tant obliger, je vous supplie mettre cette affaire à sa perfection comme y avez donné un heureux commencement. Monsieur Bertier vous fera entendre ce qui y est necessaire, envoiant par luy tout ce que le Roy a desiré de moy pour cest effect, et vous supplieray croire que ne prendrez jamais la protection du bien de personne qui vous honore et vous ait tant d'affection que vostre tres-affectionnée et fidelle cousine, MARGUERITE.

[ *Autogr.* — Coll. Béthune, t. 9086, fol. 25. ]

[1] Il s'agit sans doute ici des avantages considérables que le Roi assura à Marguerite, le 29 décembre suivant. Par ses lettres-patentes, datées de ce jour, il déclara que Marguerite conserverait le titre de Reine et de duchesse de Valois, et lui confirma en même temps, la jouissance des domaines d'Agenois, Condomois et Rouergue, des quatre jugeries de Verdun, Rieux, Rivière et Albigeois, et du duché de Valois, qui lui avaient été donnés pour sa dot, à quoi il ajouta le paiement de ses dettes. ( Voyez D. VAISSETE, *Histoire du Languedoc*, t. V, p. 503.)

#### A MON COUSIN MONSIEUR LE CONNESTABLE.

(D'Usson, ce 15 décembre 1599.)

Mon cousin, je tiens les obligations que je vous ai en tel degré, qu'il n'y a effect que puissiez desirer de moy que je ne pense vous debvoir davantage, et remettrai tousjours à l'arbitrage de vostre prudence tout ce qui me concernera. Lorsque je pourrai disposer de la succession de la Royne ma mere, et que la substitution de son contract de mariage, par laquelle elle m'est acquise, me sera adjugée, je remettrai à vostre avis et voulonté non seulement le comté de quoi m'escrivez, mais tout ce qui m'appartiendra, m'assurant que me voulez tant de bien que ne me conseillerez de faire chose qui me puisse faire perdre l'amitié de mes niepces et nepveux, de qui je n'ay jamais receu qu'honneur et amitié, et qui sont de telle qualité et pouvoir, que le support ne m'en est moins estimable que necessaire. Trois causes, à la verité, me font desirer de gratifier mon nepveu, vostre beau-fils; le commandement que le roi Charles mon beau-frere m'en fit à sa mort, l'honneur qu'il a de vostre alliance, et la recommandation de ma sœur; mais il n'est pas tems de faire telles declarations, qui peuvent offenser des personnes de qui le support m'est necessaire. Vostre prudence approuvera, je m'assure, ma raison : outre ce que nul ne peut donner ce qu'il n'a pas, mon nepveu me demande chose qu'il dit et qu'il jouit comme sienne; il faut, premier, que la substitution me soit adjugée, car mon courage ne pourroit permettre de donner chose de quoi l'on ne me seut gré. Je supplie vostre prudence de peser toutes ces considerations, et de croire que j'embrasserai tousjours ce que je penserai vous estre agreable, et estimerai l'occasion heureuse qui vous pourra tesmoigner que n'avez jamais obligé personne qui vous honnore tant que moy, et qui prie Dieu avec plus d'affection qu'il vous donne, mon cousin, tres-heureuse et tres-longue vie. Vostre tres-affectionnée et tres-fidele cousine, MARGUERITE.

[*Autogr.* — Coll. Béthune, t. 9086, fol. 9.]

### AU ROY MON SEIGNEUR ET FRERE.

(D'Usson, ce 17 mars 1600.)

Monseigneur, l'heureuse et bonne nouvelle, de quoy il a pleu à vostre majesté m'honorer, de la grossesse de la Roine ne sera receue de nulle avec tant de joie et de contentement que de moy, comme celle qui y a le plus contribué, et qui a plus d'obligation et d'occasions de se rejouir du bien et contentement de vostre majesté, et de lui desirer ce que le vœu de tous ses sujets lui souhaite, qui sont des enfants, l'appui et l'esperance de tous ceux qui, comme moy, ne despendent que d'elle, pour en voir la vie de vostre majesté et le repos de son estat d'autant plus asseurés que le dessein des brouillons en sera renversé. Je rends tres-humbles graces aussy à vostre majesté de l'avis qu'il luy a pleu me faire donner par monsieur de Rieux[1] du mauvais dessein de mon

---

[1] René de Rieux, second fils de Jean de Rieux, seigneur de Chateau-

mauvais nepveu[1]. Le principal soin que j'ay de conserver ceste place est pour, en partant, en faire un present à vostre majesté à qui je l'ay desdiée, et n'en suis ny ne veulx estre, jusqu'à ce que j'en parte, que le cappitaine et la concierge de vostre majesté. Ce mal conseillé garçon tient plusieurs places en ce pays, des maisons qu'il m'usurpe du bien de la feue Royne ma mere, qui sont presqu'aussy fortes que ceste-cy, chasteaux, rochers, enceintes qui, pour le bien de son service, seront mieux par terre que debout. Pour ceste-ci elle s'assurera, s'il lui plaist, qu'avec l'aide de Dieu il n'y mettra jamais le pied; il se vante qu'elle la lui a promise quand j'en seray partie; je la supplie tres-humblement de ne me faire recevoir ce desplaisir qu'ung lieu que j'ay tant pris de peine de rendre beau vienne entre telles mains. Vostre majesté ne le doit pas faire pour le bien de son service. J'ay aussy à la remercier tres-humblement du tesmongnage qu'il lui a pleu me donner de la continuation de sa bonne volonté avec estat des assignations de ceste année; elle n'honorera jamais personne de pareille faveur qui lui ait voué une plus tres-humble et fidelle

---

neuf, chef d'une compagnie de chevau-légers sous Henri III. Après la mort de ce prince il s'attacha au roi Henri IV, tint constamment son parti pendant la ligue, et fut fait chevalier des ordres du Roi, en récompense de ses services.

[1] Charles de Valois, comte d'Auvergne, fils de Charles IX et de Marie Touchet. Marguerite avait mille raisons pour le nommer son *mauvais neveu;* mais une surtout, c'est qu'elle avait été déshéritée par sa mère, à l'instigation de Henri III, et au profit de ce même neveu, qui était en possession des immenses biens de Catherine.

servitude que vostre tres-humble et tres-obeissante servante, sœur et subjecte, MARGUERITE.

[ *Autogr.* — Coll. Dupuy, t. 217, fol. 168. ]

### AU ROY MON SEIGNEUR ET FRERE [1].

(Du 27 avril 1600.)

Monseigneur, puisqu'il faut deferer à Dieu la gloire des heureux evenemens, comme à l'auteur de tous biens, je le loue donc qu'au plus fort de mes desplaisirs, et lorsque mon repos estoit desesperé, il m'envoye sa benediction en me donnant vostre paix, de laquelle vostre majesté faict reluire sa clemence. C'est un vray office de frere, et pardonnez-moy sy j'use de ce mot, vostre faveur m'y ayant transporté par le comble de tant de felicité, le coup qui vient de vous mesme estonne mon malheur et asseure ma tranquillité, que je n'eusse jamais recouvrée, si vous ne m'eussiez remise en l'honneur de vos bonnes graces. Je les ay esperées tant que cet espoir a pu accompagner mon desir, et ne les ay desirées lorsque vous avez voulu que j'en fusse privée, ayant tousjours vu que ce m'estoit une espece d'honneur de m'accommoder à vos desseins, bien qu'ils fussent contraires à mon contentement, et que vostre belle ame pouvoit estre autant contraincte en ses passions que la mienne tourmentée

---

[1] On retrouve une paraphrase de cette lettre dans l'historien Scipion Dupleix, qui l'a prodigieusement embellie et ornée d'antithèses. Il la place sous l'année 1199, qui paraît être sa véritable date. Toutefois les manuscrits lui assignent celle du 27 avril 1600 que nous lui conservons ici.

en son obeissance. Si vous avez autresfois consenti à mes afflictions, ce sont plus tost des exces du temps que des effects de vostre humeur, qui repare à present le tort qu'elle avoit faict à ma qualité en me gratifiant de vostre protection, à l'objet de laquelle je mets le reste de ma vie. Il est vray qu'en ce gain je perds beaucoup, et le contrepoids du mal, que je trouve en la conqueste, affoibliroit ma consolation, et me feroit mesconnoistre le changement de ma fortune, si je ne considerois que ce sont vos volontés, et que vous croyez que mon dommage reussist au bien du public. Je me rends donc à cette loi, non pour vous contenter, mais pour vous obeir, et changeant mes plaintes en louanges, je glorifieray Dieu, comme vostre Roy, je vous louerai comme le mien, de la grace qu'il m'a faicte par celles que je reçois de vos royales et fraternelles offres; et prie sa divine majesté de maintenir la vostre en sa grandeur, et me conserver la bienveillance que vous promettez à vostre treshumble, tres-fidelle et tres-affectionnée sœur, servante et subjecte, M.

[Coll. Dupuy, t. 217, fol. 185, recto. — Coll. Brienne, t. 295, fol. 243.]

**AU ROY MON SEIGNEUR ET FRERE.**

(D'Usson, ce 19 mai 1600.)

Monseigneur, j'ay su qu'imitant le roy vostre grand pere, comme j'ay souvent ouy dire à vostre majesté qu'elle feroit estant de son aage, qu'outre ses bons menages elle a desiré faire un menage de soies en ma maison de Boulongne [1] ; et parce que l'on m'a averti que le sieur Balbani, à qui vostre majesté en avoit donné la charge, l'avoit intremis [2], ayant su que la maison estoit à moy, j'en ay esté tres-marrie, n'estimant et mes maisons et tout ce qui est mien pouvoir servir à plus digne office, ni qui me soit plus agreable que ce qui est du plaisir de vostre majesté. Honorez-moy donc tant, monseigneur, d'en disposer à vostre volonté et de croire que le changement de condition ne changera jamais en moy ce devoir et cette voulonté. Je suis, monseigneur, vostre creature qui ne despend et n'espere, apres Dieu, que de vous; vous m'estes et pere et frere et roi; la nature, la fortune et ma volonté m'ont rendue telle, et jamais mes intentions ne s'en eslongneront ; rendez-moy sy heureuse de le croire ainsy et de m'honorer de vos bonnes graces, baisant tres-humblement les mains de vostre majesté, priant Dieu, monseigneur, lui donner tres-heureuse et tres-longue vie. Vostre tres-humble et tres-obeissante servante, sœur et subjecte,   MARGUERITE.

[ *Autogr.* — Coll. Dupuy, t. 217, fol. 63. ]

[1] Cette maison était ainsi appelée parce qu'elle était située dans le bois de Boulogne. Elle portait aussi le nom de Madrid, qui est encore aujourd'hui celui de l'emplacement occupé naguère par cette habitation royale. (Voyez, sur l'origine de cette dénomination, le P. HILARION DE COSTE, et MONGEZ, *Histoire de Marguerite de Valois*, p. 392.)

[2] *Intremis,* interrompu.

#### A LA ROYNE MARIE DE MEDICIS.

(D'Usson, ce 9 décembre 1600.)

Madame, estant par deux devoirs conviée à honorer vostre majesté, pour le respect du Roy à qui je dois, et pour la nature et pour l'obligation, tout ce qui peust estre rendu de respect et service à sa majesté, et pour l'heur que j'ay d'appartenir à la vostre, je n'ay voulu manquer à ouvrir à vostre majesté ce qui lui est acquis en moy, une volonté toute desdiée à la servir et honorer, que je supplie tres-humblement recevoir comme de la plus affectionnée de celles qui ont l'honneur de lui appartenir. M. Berthier saluant vostre majesté de ma part lui confirmera ces veritables paroles, que je lui tesmoingneray en tout ce que le ciel me fera si heureuse d'estre propre à lui rendre quelque tres-humble service, où j'apporteray tousjours, madame, l'affection et fidelité digne de sa qualité. Vostre tres-humble et tres-obeissante servante, sœur et subjecte,   MARGUERITE.

[Coll. Dupuy, t. 217, fol. 186, recto. — Coll. Brienne, t. 295, fol. 245.]

#### RESPONCE.

(A Lion, ce premier jour de janvier 1601.)

Ma sœur, j'ay tres-volontiers reçu les offres de vostre bonne volonté, que vous m'avez faictes par vostre lettre et par le porteur d'icelle, et vous prie prendre telle asseurance de la mienne que merite vostre proximité et l'affection que je scay que le Roy mon seigneur vous porte, en attendant qu'il se presente occasion de vous pouvoir tesmoingner par bons effects ce qui est de la mienne, en tout ce qui vous conviendra, le desir que j'ay d'estre et demeurer à jamais vostre bien bonne sœur à vous servir.

[Coll. Dupuy, t. 217, fol. 186, recto. — Coll. Brienne, t. 295, fol. 246.]

### AU ROY MON SEIGNEUR ET FRERE.

(D'Usson, ce 4 d'octobre 1601.)

Monseigneur, comme la plus obligée de toutes celles qui ont voué tres humble service à vostre majesté, elle me permettra, apres en avoir rendu de tout mon cœur graces à Dieu, de me rejouir avec elle de la grace que Dieu lui a faicte de lui donner un fils[1]. Le bien de cet estat convie tout bon François à s'en rejouir; mais le contentement que je sais qu'en reçoit vostre majesté, auquel je joindrai tousjours tous mes vœux et toutes mes volontés, m'en fait recevoir une particulière joie, imaginant la sienne qui ne se peut, ce me semble, ressentir, après ceux qui y ont le principal interest, d'autre tant que de moy, qui en rendant mille et mille graces à Dieu, requiers et prie vostre majesté me conserver les vostres comme à vostre tres-

---

[1] « Le jeudi 27 septembre, fête des saints Cosme et Damien, à dix heures et demie du soir, neuf mois quatorze jours après la consommation du mariage du Roi et de la Reine, après vingt-deux heures et un quart de douleurs d'enfantement, la Reine étant à Fontainebleau, a donné un dauphin à la France. » (LESTOILE, *Journal de Henri IV*, 1601.)

humble et tres-obeissante servante, sœur et subjecte, MARGUERITE.

[*Autogr.* — Coll. Dupuy, t. 217, fol. 64. ]

### AU ROY MON SEIGNEUR ET FRERE.

(D'Usson, ce 17 avril 1602.)

Monseigneur, entre tous les desservices que j'ay receus de quelques chanceliers et tresoriers que vostre majesté m'a veus, celuy duquel je leur veux le plus de mal est de m'avoir contrainte et me contraindre encore de l'inportuner, pour me desgager de l'incommodité ou leurs larcins et mauvais menages m'ont mise, où je n'ay coulpé que de nonchalance, vice commun à ceux de nostre qualité. Mais si c'est une marque de grandeur, ils m'ont bien fait payer l'interest de cette vanité. Je recours donc à vostre majesté comme à celuy seul à qui, apres Dieu, je dois avoir et ay tout mon espoir et qui me represente tous les rois desquels je suis sortie. Vostre majesté m'ofrit de paier toutes mes debtes, lorsqu'il luy pleut que je consentisse à la separation; je feus si mal conseillée que j'aimay mieux deux cens mil escus paiables en quatre ans, estimant que mes debtes, qui ne montoient l'an 85 qu'à quatre vint mil escus ne pourroient exceder cette somme; toutesfois les interests des années qui ont couru les ont tellement accreues que les commissaires, qui les ont verifiées à Paris et à Bourdeaux pour France et Gascongne, les ont trouvées monter un tiers plus que la susdicte somme, de laquelle, outre ce, il reste une partie des quatre derniers quartiers des quatre années susdictes, de quoi il me faudroit remplacement pour parfaire ladite premiere somme qu'il pleut à vostre majesté m'accorder pour l'acquit de mes debtes; à quoy je supplie tres-humblement vostre majesté avoir esgard, et ne vouloir laisser en telle peine celle qui loue tous les jours Dieu d'avoir peu servir à establir le contentement de vostre majesté. Il me seroit besoing, et, si j'osois, j'en requerrois tres-humblement vostre majesté, qu'il luy pleust me continuer encore cete mesme assignation pour trois ans, tout ce que dessus revenant à cete somme. S'il luy plaist me faire tant d'honneur de le faire, voir il se trouvera. La bonté de vostre majesté et l'asseurance qu'il luy a pleu me donner d'affectionner mon bien, me donnent hardiesse d'oser lui representer ma necessité, ainsy que je la supplie tres-humblement se souvenir que, hormis cete assignation pour mes debtes, je n'ay que cinquante mille francs de pension de vostre majesté; car les autres cinquante mille, je les avois des rois mes freres, et il y a plusieurs princes, qui ne sont de ma qualité, qui ont cent mille francs de pension; outre ce que je n'ay eu nulle rescompense des terres de Picardie, qui me valoient soixante et trois mille francs, bien que vostre majesté m'ait souvent asseuré qu'en ce changement de condition, elle ne vouloit que j'y diminuasse de moyens, mesme les vouloit plustost augmenter. Me voyant ladite assignation qu'il luy plaisoit me bailler pour mes debtes, je me suis tenue trop satisfaite, comme je feray encore, s'il plait à vostre majesté me continuer ladite assignation encore pour trois ans. Ce sont bienfaicts qui passent mon merite, mais non l'affection que j'ay à son service, en laquelle je luy supplie tres-humblement me permettre de luy baiser les mains, priant Dieu, monseigneur, donner à vostre majesté tres-longue, tres-heureuse vie. Vostre tres-humble et tres-obeissante servante, sœur et subjecte, MARGUERITE.

[*Autogr.* — Coll. Dupuy, t. 217, fol. 75.]

### A MONSIEUR DE LOMENIE.

(D'Usson, ce 21 juin 1602.)

Monsieur de Lomenie, j'ay recongneu par la response qu'il a pleu à sa majesté me faire, sur la tres-humble requeste que je luy avois faicte, que sa majesté n'a esté bien informée de ma demande, ayant estimé qu'en cette année je demandois quelque plus grande assignation; car je ne luy ay requis sinon qu'il luy pleust, à la fin de cette année, en achever le paiement de l'assignation que, des quatre ans, sa majesté n'a donnée pour mes debtes, de me continuer ladite assignation seulement par autant de temps que messieurs de son conseil connoistroient, verifiant mes debtes, qu'il en seroit besoing; car je n'y veux rien gagner. Pourveu que je me voie quitte je ne demande que cela, et n'eusse pris la hardiesse d'en oser requerir sa majesté, en ayant receu tant de bien que je m'y connois trop redevable, si sa majesté ne m'eust faict tant d'honneur que de me l'offrir par monsieur Erart, et si je n'y estois contrainte par la necessité qui m'y force; car, si l'année prochaine commence sans que mes creanciers se voient cette assignation continuée, sans doute ils recommenceront encore leurs saisies, qui me seroient un martyre insupportable, à cette heure que, par la bonté de Dieu et du Roy, j'ay gousté ces quatre années de repos. Je sais les bons offices que m'y avez desja faicts; je vous prie me les continuer, et faire que promptement je sorte de cette apprehension, qui me travaille tant que j'estimeray que m'aurez redonné la vie. Monsieur de Rieux presentera à monsieur de Rosny, à monsieur le chancelier et à monsieur de Villeroi les verifications faictes par les commissaires des parlements de Paris et Bordeaux, ainsi qu'il m'escrit que le Roy luy a commandé. Obligez-moy tant de faire qu'il les voie promptement, et de disposer le Roy à me continuer les effects de sa bonté, où, apres Dieu, j'ay mis toute l'esperance de ma [vie], comme aussy j'ay desdié tout ce que je possede à sa majesté et messieurs ses enfants. Vous n'y rendrez jamais pareils offices à personne qui vous ait voué tant d'amitié que moi, qui me tesmongneray pour jamais vostre plus affectionnée et fidelle amie, MARGUERITE.

[*Autogr.* — Coll. Dupuy, t. 217, fol. 73.]

### AU ROY MON SEIGNEUR ET FRERE.

(D'Usson, ce 21 juin 1602.)

Monseigneur, je rends tres-humbles graces à vostre majesté de l'asseurance qu'il luy plait me donner de la continuation de sa bonne grace et de ses bienfaicts, desquels je me reconnois trop redevable pour luy vouloir estre importune, n'ayant jamais eu intention de luy demander aucune chose sur cette année; mais pour ce qu'en fin d'icelle l'assignation, qu'il luy a pleu me donner pour l'acquit de mes debtes, acheve, et que, par la verification qu'en ont faicte les commissaires des parlements de Paris et de Bordeaux, mesdites debtes montent davantage, craignant que mes creanciers à la fin de cette année ne resaisissent tout mon bien, j'ay tres-humblement supplié vostre majesté avoir agreable que monsieur de Rosny ou tel qu'il luy plaira fasse revoir ladite verification, et qu'il luy plaise me continuer la susdite assignation pour autant de temps qu'il sera necessaire pour m'achever d'acquitter, ainsy qu'il a pleu à vostre majesté m'offrir par monsieur Erart de me descharger de toutes mes debtes. Jusqu'alors je n'en demande pas davantage, ny n'y veux rien gagner, ce que j'avoue que je pensois bien faire, lorsque je choisis plus tost les deux cents mille escus payables en quatre ans que l'offre qu'il plaisoit à vostre majesté me faire de m'acquitter; car je ne pouvois croire que, ne debvant, en l'an quatre vingt cinq, que quatre vingt mille escus, les ans et les interests les eussent peu de tant augmenter; mais les susdicts commissaires l'ont trouvé autrement à mon extresme regret, puisque cela me rend si miserable d'estre contrainte d'importuner encore vostre majesté, de laquelle je me reconnoistray tousjours servante inutile et plus redevable et obligée que tous les services que j'ay peu ou pouvois rendre à vostre majesté ne sçauroient meriter, et tiendray, apres Dieu, ce bienfaict de la seule bonté de vostre majesté, à laquelle je supplie tres-humblement de croire que je n'ay eu jamais intention de luy demander rien en cette année, mais seulement, aux suivantes, la continuation de l'assignation qu'il luy a pleu me donner depuis quatre ans, et pour tant de temps seulement que monsieur de Rosny et messieurs de vostre conseil connoistront, par la verification de mes debtes, estre necessaire pour m'achever d'acquitter. J'ay un si grand desplaisir d'estre contrainte de luy faire cette importunité, que je ne seray jamais à mon aise que, par quelque signalé et tres-humble service, je ne puisse tesmongner à vostre majesté que je n'ai rien au monde qui ne lui soit desdié et à messieurs ses enfans. Vostre majesté sait la volonté que j'en ai eue pour M. de Vendosme, qui n'estoit que pour le respect de vostre majesté. Combien plus me sera-ce d'heur et d'honneur qu'elle ait agreable que je la continue à ceux que Dieu lui a donnés en aultre qualité[1] ! Comme il est tres raisonnable que, tenant tout d'elle, tout retourne aussi à ceux qui sortent d'elle, c'est mon plus grand desir. Prenez-en donc, monseigneur, je vous supplie, tres-humblement asseurance de la plus affectionnée sœur et tres-humble servante qu'ait vostre majesté, qui prie Dieu de tout son cœur, monseigneur, donner à vostre majesté tres-heureuse et tres-longue vie.

---

[1] C'est-à-dire aux enfants légitimes de Henri IV. On sait que le duc de Vendôme n'était que le fils naturel du Roi et de la duchesse de Beaufort.

Vostre tres-humble et tres-obeissante servante, sœur et subjecte, MARGUERITE.

[*Autogr.* — Coll. Dupuy, t. 217, fol. 69.]

### AU ROY MON SEIGNEUR ET FRERE.

(D'Usson, ce 7 d'aoust 1602.)

Monseigneur, entre tous ceux de vostre royaume qu'il a pleu à vostre majesté d'obliger, j'ay tousjours reconnu et avoué estre celle qui luy est plus redevable et obligée de desdier à son service tout ce que je puis avoir qui y soit propre. Je me suis acquittée de ce debvoir en tout ce qu'il a pleu à vostre majesté me le permettre, la suppliant tres-humblement se souvenir que, par son commandement, reiteré par deux fois, par monsieur Erart, je retins le nom de quoy j'avois volontairement cedé l'effect, pour l'affection et zele tres-grand que j'auray toute ma vie au bien et contentement de vostre majesté, à laquelle je n'osay pour lors davantage contrarier. Mais, à cette heure que Dieu vous a fait la grace de lui donner des enfans, et que l'on voit, ce que l'on n'eut jamais pensé, des ames si monstrueuses qu'elles conçoivent des volontés parricides contre un prince tel que vostre majesté, de qui ils ont tant esprouvé la bonté et connu la valeur[1], je la supplieray tres-humblement avoir agreable que je laisse ce nom de Royne[2], afin que tels pernicieux esprits ne

[1] Allusion au maréchal de Biron, qui avait eu la tête tranchée huit jours auparavant.

[2] Par ses lettres-patentes du 29 décembre 1599, Henri IV avait déclaré que Marguerite conserverait le titre de Reine et de duchesse de Valois.

prissent à l'avenir quelque pretexte sur ce nom qui peust, en quoy que ce fust, troubler le repos de messieurs vos enfants, et trouver bon que je me nomme de mon duché de Valois, qui est aussy le nom de ma maison, et comme fist madame Jeanne de France, fille du roy Louis Onziesme, lorsqu'elle fust separée du roy Louis Douziesme, qui se nomma duchesse de Berry de sa duché, et qu'il plaise à vostre majesté commander qu'es patentes qu'il faudra à cette heure refaire, pour l'assignation qu'il luy plaist m'octroyer pour l'année prochaine pour mes debtes, de quoy je luy rends tres-humblement graces, que j'y prenne ce nom de duchesse de Valois; car je supporterois trop impatiemment que moy, qui voudrois au prix de ma vie accroistre la grandeur de vostre majesté et de messieurs ses enfants, servisse de subject pour une telle vanité à vos ennemys, monseigneur, et aux miens pour troubler vostre estat, à quoy je n'eusse pensé si je n'eusse veu la prodigieuse entreprise de ce miserable ingrat, qui m'a conviée soudain de faire cette tres-humble requeste à vostre majesté, à qui, avec sa permission, je baiseray tres-humblement les mains, priant Dieu, monseigneur, lui donner tres-heureuse et tres-longue vie. Vostre tres-humble et tres-obeissante servante, sœur et subjecte, MARGUERITE.

[*Autogr.* — Coll. Dupuy, t. 217, fol. 80.]

### A LA ROYNE-MARGUERITE.

(De Nancy, ce 17 septembre 1602.)

Madame, j'ay receu la lettre qu'il vous a pleu m'escrire et veu par icelle les considerations que vostre majesté a pour prendre le nom de duchesse de Valois, qui me semble, Madame, avoir raison, et tiens qu'il vous est plus avantageux que celuy de Royne et me semble qu'aviez raison des la separation de le prendre, pour beaucoup de raisons que vostre majesté juge tres-prudemment; et me semble qu'elle ne sçauroit juger plus prudemment pour oster tout subject aux esprits malins que d'en user comme elle le dit. J'ay sceu que le Roy ne le pourra trouver que tres-bon, parce que c'est change qui ne peut que lui apporter que du repos et à vous aussy. Enfin, Madame, ce sera couper le chemin à ceux qui voudront prendre sujet pour rompre le repos du Roy et de son royaume; et comme vostre serviteur, je vous en parle librement, comme je crois estre vostre bien et repos. Je ne changerai jamais l'affection que j'ai vouée à vostre service, ne desirant rien tant que d'avoir un jour cet honneur de la pouvoir veoir et lui baiser les mains et lui rendre le service tres-humble que je lui ai voué, à quoi ne manquerai jamais, comme sçait le Createur, auquel je supplie qu'il doint à vostre majesté, Madame, tres-heureuse et tres-longue vie. Vostre tres-humble et obeissant frere et serviteur. CHARLES DE LORRAINE [1].

[*Autogr.* — Coll. Dupuy, t. 217, fol. 79.]

[1] Il avait épousé Claude de France, sœur de Marguerite.

#### AU ROY MON SEIGNEUR ET FRERE.

(D'Usson, ce 16 d'octobre 1602.)

Monseigneur, la faveur et les bienfaicts de vostre majesté accroissent tellement les obligations où la nature et vostre bonté m'ont de tous temps liée, que le seul regret de ma vie est de ne me voir aussy utile à en rendre les tres-humbles services que j'en doibs à vostre majesté, comme j'y suis redevable et portée de toutes les affections de mon ame; et puisque mon sexe ne permet que j'offre autre chose à vostre majesté qu'une voulonté toute soumise aux siennes, et une resolution de n'avoir jamais autre loi à mes actions que ses commandemens, je la supplie tres-humblement me tenir comme sa creature, et me commander absolument comme à telle, la suppliant tres-humblement, s'il est besoin, pour me faciliter la jouissance des cent mille escus qu'il luy a pleu m'accorder en deux ans pour l'acquit de mes debtes, qu'il luy plaise me continuer sa faveur, commander ce que j'auray besoin pour tel effect, et se souvenir de me faire comprendre en l'estat de l'année prochaine pour la moitié, comme il luy a pleu m'accorder. J'avois proposé à vostre majesté combien j'estimois utile à son service et de messieurs ses enfans que je prisse le nom de duchesse de Valois, qui me seroit, en la condition où je suis, trop mieux seant; j'ay pris la hardiesse d'enclore dans cette-ci la response que mon frere, monsieur de Lorraine, m'en a faicte, luy en demandant avis, où il tesmongne combien il est zelé à la grandeur et repos de vostre majesté et de messieurs ses enfans. Je supplie tres-humblement vostre majesté de prendre la peine de la voir et de la considerer, et je m'asseure qu'elle approuvera la proposition que je luy en ay faicte, et mon intention qui ne veut que le repos et service de vostre majesté et de messieurs ses enfans, où les infinies obligations que je luy ay me rendent par debvoir estroitement liée. Je requiers donc encore tres-humblement vostre majesté me permettre de luy rendre ce second service, qui m'apportera trop plus de contentement que toutes les plus eslevées qualités du monde, et esperant qu'elle m'octroyera cette tres-humble requeste avec sa permission, je luy baiseray tres humblement les mains, priant Dieu, monseigneur, donner à vostre majesté tres-longue et tres-heureuse vie. Vostre tres-humble, tres-obeissante servante, sœur et subjecte, MARGUERITE.

[ *Autogr.* — Coll. Dupuy, t. 217, fol. 77. ]

### A MONSIEUR SEGUIER.

(D'Usson, ce 5 novembre 1602.)

Monsieur Seguier, j'ay esté infiniement aise de sçavoir que le proces que j'ay contre Choisnin est entre vos mains pour le raporter, n'ayant besoing, en ceste affaire-là, que d'un rapporteur homme de bien et de mes amis, comme je me le promettray tousjours de tous ceux qui portent vostre nom. Je crois que monsieur de Rieux vous aura faict entendre tout ce que je luy ay escrit sur ce faict; toutesfoys, estant chose que j'affectionne infiniement pour les ingratitudes et perfidies de ce meschant homme, je ne me sçauroys empescher de vous discourir ce faict. Je pris ce meschant homme pour me servir de precepteur, lorsque je partis de Paris la premiere foys, pour la reputation qu'il avoit d'estre docte. Cette qualité trouvay-je bien en luy, mais en une ame tres-meschante, qu'il desguisa neanmoings de telle façon, que je ne peux qu'à la fin descouvrir ny son heresie hereditaire, estant né de Chastelerault où ils sont tous huguenots, ny sa perfidie, que par une si prodigieuse malice il s'est essayé de me faire tant ressentir. S'estant ainsy couvert et desguisé un fort long temps en bon catholique et fidelle serviteur, me trouvant en Gascongne du temps des premiers troubles de la Ligue et des huguenots, où tout estoit en armes, ayant esté contrainte de me retirer en une ville mienne nommée Agen, laquelle, bien qu'elle fust mienne, tenoit neanmoings le party de la Ligue, de telle sorte qu'il m'eust esté malaisé de m'y conserver sans l'apuy de feu monsieur de Guise, j'eus besoin d'envoyer vers luy, regardant de choisir entre mes serviteurs quelqu'un capable et fidelle. Le malheur voulut que je feis eslection de ce meschant homme, et luy ayant baillé des instructions et des lettres, selon le temps et le besoin que j'en avois, lors il faict le voiage et m'en raporte responce. Neanmoings, couvant tousjours une mauvaise intention contre moy, à qui il ne pouvoit avoir d'affection, pour me congnoistre tant catholique et si ennemie de ceux de sa religion, il ne se dessaisit point des susdites instructions que je luy avois baillées, et les garda à intention de m'en rendre un jour du desplaisir, ce que j'ignoroys, et le tenoys pour fort zelé à mon service comme son apparence fainte le monstroit. La prise d'Agen avenant, et ayant esté constrainte de me retirer en Auvergne, mon tresorier et mon controlleur ne m'ayant peu suivre si tost, pour avoir esté necessaire qu'ils demeurassent pour m'amener le reste de mon train, n'ayant personne aupres de moy qui, en leur absence, me peust servir de l'un et de l'aultre plus propre que ce meschant homme de Choisnin, je luy commandé en leur absence de faire leurs charges jusques à tant qu'ils fussent venus, ce qu'il trouva si doux, maniant les deniers et tout luy passant par les mains, qu'au bout de cinq ou six semaines que mon tresorier et mon controlleur arriverent, et qu'il fallut qu'ils se remissent chacun à faire leur charge, il en prist un si grand desespoir, qu'ayant le naturel comme le visage de More, il ne machinoit que trahisons et vengeances, encore que au compte qu'il me rendist lors des deniers qu'il avoit maniés, montant environ à quatorze ou quinze mil escus, il y demeurast redevable de grandes parties, et qu'il s'en fut fort mal acquitté, et que je aye passé par-dessus ne l'en aiant voulu rechercher. Il comencea à descouvrir son mescontentement par de grandes plaintes qu'il me fit d'avoir employé plusieurs années à mon service, et qu'il voyoit bien qu'il n'en pouvoit plus esperer aucun avancement, puisque je luy avois osté le maniement de mes deniers, et la charge qu'il avoit faicte depuys six sepmaines. Je luy representay que mon tresorier et mon controlleur estant arrivés, je ne pouvois pas empescher qu'ils feissent leur charge, et qu'il sçavoit que ce n'estoit qu'en leur absence que je la luy avoys faict faire, et que s'il desiroit quelque aultre chose de moy qui fust en ma puissance, je le feroys de bon cœur. Lors il me demanda six mil escutz de recompense qu'il vouloit avoir contens, sçachant bien qu'alors j'en estois incommodée. Je luy dis qu'il sçavoit bien que je ne pouvois faire cela, et que je luy en feroys expedier un bon pour le payer à ma commodité. Cela ne pouvant contenter son avarice et son ambition, sa rage allant tousjours croissant, il ne passoit jour qu'il ne taschast de m'offencer ou me desplaire en quelque chose; enfin, il fust si oultrecuidé, qu'il bailla un soufflet à mon huissier, à la porte de ma chambre. Voyant son insolence, pour le chastier et reprimer un peu cette audace, je luy feis deffendre de n'entrer en ma chambre de huict jours, lesquels il employa à vomir sa rage contre moy par un pasquin qu'il fist, le plus sale et le plus vilain qui se soit jamais veu, lequel il fut si effronté de m'envoyer, faisant accroire à celuy qui me l'apporta que c'estoient des fruicts de ses estudes pour se remettre en grace avec moy, sçachant que je me plaisois aux œuvres doctes et belles. Il me fust presenté devant quelques-uns des gentilzhommes qui m'accompagnoient lors, et l'aiant faict lire, voiant les injures et calomnies de quoy en parolles couvertes il m'offensoit, ils en furent tous si esmeus, qu'à peine les peux-je retenir qu'à l'heure mesme ils ne l'allassent traicter comme une telle insolence et meschanceté le meritoit; mais ne m'estant jamais pleue à telle violence, et estimant me vanger assés de ceux qui m'offencent quand je les esloigne de mon service, je leur priay et commandé de ne luy rien faire, et que je le punirois assés en le chassant, et luy feis commander de s'en aller. Il demanda jusques au lendemain pour partir, et le matin, comme il sortoit usant de son arrogance accoustumée, il passa par devant quelques-uns de mes gentilz-hommes, de ceux qui avoient esté lorsqu'on me lisoit ledict pasquin, et se plaignant de moy avec parolles indignes, ces gentilz-hommes ne le pouvant souffrir, emportés de colère, luy donnerent quelques coups de baston, lesquels mirent sa malice à son periode, et se resolut d'effectuer son premier dessaing, pour lequel il avoit gardé les susdites instructions que je luy avois baillées pour feu monsieur de Guyse; et estimant qu'avec cela il me ruineroit avec le feu Roy, il les luy porta, et y adjoustant toutes sortes de calomnies, il n'obmist rien en quoy il me peust nuire. Je vous laisse à juger si cette ingratitude et meschanceté ne le rend indigne de tous les dons qu'estimant qu'il fust mon serviteur je luy avois faicts, et si ce ne seroit un trop mauvais exemple qu'au lieu de la punition que merite une telle perfidie, il en receust recompense. Je vous prie donc m'obliger tant, en representant ceste verité à messieurs de vostre court, de faire en sorte que ceste prodigieuse perfidie serve d'exemple à tous les mauvais serviteurs, qui, aiant l'ame aussy corrompue, vouldroient faire pareils traicts à leurs maistres; et vueillés prendre asseurance par ceste-cy en vostre particulier de l'amitié que j'ay vouée à toute vostre maison, et que je veux conserver à la memoire de feus messieurs les presidents vostre pere et vostre frere pour me tesmoingner en vostre endroict, et de tout ce qui porte vostre nom, en toutes les dignes occasions qui s'en presenteront...[1].

[Coll. Dupuy, t. 217, fol. 71.]

### AU ROY MON SEIGNEUR ET FRERE.

(D'Usson, ce 10 d'octobre 1603.)

Monseigneur, j'ay veu par celle qu'il a pleu à vostre majesté escrire à monsieur de Rieux, qu'estimant madame du Monastere morte, elle desire son abbaye pour la fille de monsieur de Roquelaure. Plus agreable commandement sa majesté ne me peut-elle faire; car rien ne sera jamais tant affectionné de moy que ceux que je sais l'estre si fidellement à vostre majesté, comme monsieur de Roquelaure. J'ay envoyé en Roergue savoir en quel estat elle est, parce que j'ay receu de ses lettres datées du 7 septembre, escrites de sa main, que j'envoie à monsieur de Roquelaure avec une d'un de ses amis, qui me prioit lui bailler un brevet pour resigner, ce que je feis, n'estimant pas qu'aucun de mes amis put desirer cela; mais il n'empeschera, lors qu'elle mourra, soit à cette heure ou quant que ce soit, que je n'obeisse à vostre majesté, la suppliant tres-humblement s'asseurer que, si elle est encore vivante, qu'elle n'aura jamais de moy les provisions

[1] La date seule est de la main de Marguerite.

qu'estre n'aura jamais de moy que la fille de monsieur
de Roquelaure. Tout l'heur de ma vie, monseigneur,
est d'estre commandée de vostre majesté, et ma seule
ambition d'estre reconnue pour la plus fidele et affectionnée à son service de ses creatures; telle me puis-je
nommer; car, apres Dieu, je ne tiens l'estre ni le bien-
estre que de vostre majesté, à qui je requiers tres-
humblement me continuer la faveur de sa protection,
en ne permettant qu'il soit contrevenu à la desclaration de nonante et neuf [1], qu'il a pleu à vostre majesté faire en ma faveur, en confirmation du deslaissement que le feu Roi mon frere me fist des terres de
mon dot, qu'il ne me permet estre retirées durant ma
vie. Vostre majesté l'a si exactement faict observer,
que je me promets qu'elle ne permettra par aucune
surprise qu'il luy soit prejudicié, comme l'on a tasché
faire en l'erection du duché d'Aiguillon [2], de qui

[1] Cette déclaration du 29 décembre 1599 portait que le titre de
Reine et de duchesse de Valois demeurerait à Marguerite malgré la
dissolution du mariage, et lui confirmait la jouissance paisible, pour
elle et ses successeurs, des domaines d'Agenois, Condomois et Rouergue, des quatre jugeries de Verdun, Rieux, Rivière et Albigeois, et
du duché de Valois, qui lui avaient été donnés pour sa dot. (*Histoire
du Languedoc*, t. V, p. 503.)

[2] Aiguillon, ville de l'Agenois, en Guyenne, sur le confluent du
Lot et de la Garonne, n'avait d'abord que le titre de baronnie. Le roi
Henri IV, par lettres-patentes données à Blois au mois d'août 1599,
enregistrées au parlement de Paris le 2 mars 1600, érigea les baronnies
d'Aiguillon, Montpezat, Sainte-Livrade et d'Olmerac en duché-
pairie en faveur d'Henri de Lorraine, fils aîné de Charles de Lorraine, duc de Mayenne, pair de France, et de ses successeurs et ayants
cause. Marguerite nous apprend elle-même que ces lettres ne furent
pas enregistrées immédiatement au parlement de Bordeaux, ce qui

toutes les justices que l'on y mettoit sont de ma justice d'Agen, comme plus particulierement je l'ay faict entendre à vostre majesté par une autre lettre que j'ay envoyée il y a deux mois à monsieur de Rieux, pour presenter à vostre majesté. L'on a usé en cela de tel artiffice, que je n'ay jamais peu sçavoir au vrai l'interest que j'y avois que la verification n'en ait esté faicte à Bordeaux, ce qui m'a empesché d'en recourir plus tost à vostre majesté, qui peut transferer cette duché en quelque autre terre de monsieur du Maine, qui ne depend que de la justice de vostre majesté, m'asseurant qu'elle ne me voudroit oster pour donner à autruy, et ne voudroit permettre que telle indignité me feust faicte, que je tiendrois pour la plus grande que je sçaurois recepvoir; car la susdite declaration de nonante et neuf aiant esté verifiée, paravant cette erection, aux parlements de Paris et Bordeaux, il ne peuvent donner aucun arrest qui ait lieu au prejudice de la precedente verification, veu la qualité de ladicte declaration que vostre majesté sçait avoir esté mise au lieu de mon contrat de mariage. Par quoy je la supplie tres-humblement y apporter le remede qui est en sa seule puissance, transferant cette erection de du-

---

retarda les réclamations qu'elle crut devoir élever contre l'érection du duché d'Aiguillon. Ce ne fut qu'en 1603 qu'elle commença à protester de la manière la plus énergique contre cette érection, qui portait préjudice à ses droits comme comtesse d'Agenois. Les lettres qui suivent montrent l'intérêt qu'elle attachait à la faire annuler, *comme inconciliable avec la déclaration faite en sa faveur par le Roi, le 29 décembre 1599.* Elle ne gagna sa cause qu'à moitié, comme on le verra plus loin.

ché, ne me desniant cette justice, que vostre majesté ne desnieroit au moindre de son royaume, me conservant le bien qu'apres Dieu je ne tiens que de vostre majesté, à qui, avec sa permission, je baiseray treshumblement les mains, priant Dieu, monseigneur, donner à vostre majesté tres-longue et tres-heureuse vie. Vostre tres-humble et tres-obeissante servante, sœur et subjecte, MARGUERITE.

[*Autogr.* — Coll. Dupuy, t. 217, fol. 81.]

#### AU ROY MON SEIGNEUR ET FRERE.

(D'Usson, ce 26 d'octobre 1603.)

Monseigneur, je rends tres-humbles graces à vostre majesté de l'asseurance qu'il luy plaist me donner, que, si elle eust sçeu que les justices d'Esguillon et autres que l'on y voudroit attribuer sont à moy, qu'elle n'eust accordé l'erection pretendue. Je l'ay tousjours cru ainsy, monseigneur, comme aussy je m'asseure que, sçachant que vos cours de parlement de Paris, Toulouse et Bordeaux ont donné arrest de verification de la desclaration qu'il pleut à vostre majesté faire en nonante et neuf, pour estre subrogée, lors de la separation, en la place de mon contract de mariage, et laquelle confirmant le deslaissement que le feu Roy mon frere me fit des terres de mon dot, porte qu'il ne me peut rien estre osté ni retiré durant ma vie des terres, justices, ni autres choses de mon dot, que vostre majesté, suivant ce qu'il lui plait m'escrire qu'il n'est en son pouvoir de faire rien au contraire des arrests donnés par ces parlemens, ne voudroit rendre les susdits arrests de verification de ladicte desclaration de nonante et neuf de pire condition que les autres, n'estant les arrests des verifications des erections de duchés plus sacrés ni plus authentiques que les arrests donnés par les mesmes cours sur la verification de la susdite desclaration de nonante et neuf; lesquels arrests estant paravant celuy de ce pretendu duché, vostre majesté voit que le premier renverse le dernier et le rend nul, puisque, comme il luy plait de m'escrire, elle veut estimer avoir les mains liées par les arrests des parlemens. Je supplieray donc tres-humblement vostre majesté de reconnoistre que c'est à monsieur du Maine à qui vostre majesté doit user de cette raison et non à moy; car c'est luy qui, par surprise, veut renverser les arrests de parlement de Paris, Toulouse et Bordeaux donnés sur la verification de ladicte desclaration de nonante et neuf, me voulant oster, contre ce qu'il est porté par icelles, mes justices; et moy, je ne fais que defendre le mien et supplier tres-humblement vostre majesté ne permettre que pour telle surprise l'on contrevienne à ladicte desclaration de nonante et neuf et aux arrests de verification donnés de tant de parlemens sur icelle; que, suivant ce qu'il luy plaist m'en escrire, vostre majesté n'y peut toucher : par quoy monsieur du Maine ne se peut plaindre que de luy mesme, et ne peut que rester tres-content quand vostre majesté luy transferera ce mesme honneur en quelque autre de ses terres, comme j'en supplie tres-humblement vostre majesté, et de se souvenir de quelle importance m'est l'entretenement de ladicte declaration de nonante et neuf, d'où despend la conservation de tout ce que je possede, et combien vostre majesté m'a promis, lors de la separation, de la faire entretenir, comme il luy a pleu exactement faire jusqu'ici; et puisque mesme raison fait pour moy que pour monsieur du Maine, qui ne s'appuie que sur les arrests, que les miens sont premiers que les siens, et pour une cause trop plus importante et recommandable, vu ma qualité, et qu'elle me tient lieu de contrat de mariage, et qu'au contraire les siens ne sont que par surprise et usurpant ce qui n'est pas à luy, je supplie tres-humblement vostre majesté me maintenir en ce que ladicte desclaration de vostre majesté et les arrêts des parlemens de Paris, Toulouse et Bordeaux m'y ont acquis, et transferer cette qualité de duché et pairie en quelque autre terre de monsieur du Maine, me pardonnant si j'ay osé importuner sur ce subject vostre majesté d'un si long plaider. La desfaveur de telle injustice me seroit une si grande indignité, qu'elle me seroit insupportable; aussy je me promets tant de l'equité et bienveillance de vostre majesté, que, me continuant sa protection, elle me voudra maintenir en mon droit et aux clauses de ladicte declaration de nonante et neuf, comme je l'en requiers tres-humblement, et me permettray de luy baiser tres-humblement les mains, comme celle qui avec plus d'affection prie Dieu, monseigneur, donner à vostre majesté tres-longue et tres-heureuse vie. Vostre tres-humble et tres-obeissante servante, sœur et subjecte, MARGUERITE.

[*Autogr.* — Coll. Dupuy, t. 217, fol. 85.]

### A MON COUSIN MONSIEUR LE CONNESTABLE.

(D'Usson, ce 16 novembre 1603.)

Mon cousin, j'ay sçeu qu'estes à Fontainebleau, où peut-estre vous oirez parler de l'opposition que j'ay faicte au pretendu duché d'Esguillon. Le fait est tel : les justices d'Esguillon, de Monpesat et de plusieurs autres terres de madame du Maine sont à moy à cause de mon comté d'Agenois. Par surprise, le Roy l'ignorant en a erigé une duché, et le parlement de Paris, l'ignorant aussy, l'ont verifié. Quant ils l'ont voulu faire verifier à Bourdaux, mon conseil de Bourdaux s'y est opposé, qui a esté cause que la court de Bourdaux a bien verifié le duché, estimant, comme madame du Maine leur persuadoit, que nous en serions d'accord, mais a ordonné au moins que toutes lesdictes terres iroient tousjours plaider à Agen, comme ils l'ont tousjours faict jusques tant que j'en feusse indemnisée; et pour cette cause l'ont renvoyé au Roy. Or, maintenant j'ay declaré à sa majesté que je ne veux ni vendre ni donner mes dictes justices; par aussy le Roy ne m'y voulant ny pouvant forcer, il faut que sa majesté transfere l'honneur de cette qualité en quelque autre des terres de monsieur du Maine. Je crois qu'estes amis; mais je me promets que la memoire du Roy mon pere vous fera tousjours preferer en vostre amitié ce qui reste de luy, et qui a tant herité de son inclination à vous honorer; que je ne craindray jamais les mauvais offices que mon neveu, vostre beau fils, me pourroit faire, me privant de l'heur de vostre amitié, comme je vous en requiers, et de representer au Roy ce que je vous escris de ce faict, qui est que ne veux ni donner ni vendre mes justices, et que l'arrest de verification de Bourdaux y a mis cette condition, reconnoissant et avouant lesdictes justices estre à moy, ainsy que je supplie sa majesté me conserver en ce peu de bien que les Rois mes pere et freres m'ont laissé pour mon dot, comme sa majesté s'y est obligée par la declaration que vous sçavez, qui fust mise au lieu de mon contrat de mariage; que c'est chose inaudite que l'on oste le bien d'une fille de France pour le donner à un autre; que si cela avoit lieu, il n'y auroit courtisan qui par surprise n'en peust obtenir du Roy, et faire verifier sans mon sçeu aux parlemens; et apres il se faudroit laisser ravir son bien, parce qu'il y en auroit eu arrest : cela seroit trop injuste. J'estime aussy le Roy trop equitable pour le permettre; mais sçachant qu'estiez à la court, j'eusse pensé ne meriter l'amitié qu'il vous plait me porter, de ne vous en escrire, et par cette occasion, vous renouveller les vœux de mon amitié, et le desir que j'ay de me tesmongner pour jamais, vostre tres-affectionnée et fidelle cousine, MARGUERITE.

[ *Autogr.* — Coll. Béthune, t. 9086, fol. 6.]

### A MONSIEUR DE LOMENIE.

(D'Usson, ce 16 novembre 1603.)

Monsieur de Lomenie, estant certaine que verrez celle que j'escris au Roy, je ne vous en feray redite; seulement vous prieray-je que si, pour estre trop longue, sa majesté ne m'honore tant de la lire, que m'obligiez tant de luy representer ce qui y est, où sa majesté connoistra que cela se fait plus pour faire perdre à sa majesté ceux qui luy ont de l'affection, et pour luy donner le blasme d'avoir si indignement traité une fille de France que pour autre chose; mais quoique, par les responses du Roi, l'on me veuille desesperer, l'on ne m'arrachera jamais du cœur le service que j'ay voué à sa majesté, à qui je ne puis croire que l'on baille mes lettres, à qui j'en ay avec celle-ci escrit quatre sur ce subject; vous m'obligerez beaucoup de m'escrire s'il les a reçues. Je connois bien qu'il n'y a nul qui ne connoisse mon droict et le tort que l'on me faict, et que l'on me mene comme cela pour penser me contraindre de consentir à vendre ou changer mes justices; mais j'ay plus de courage et de resolution que l'on ne me sauroit donner de tourment; je sçais que le Roy, juste et bon comme il l'est, ne me peut oster mon bien ni me forcer à y consentir; et faut enfin que monsieur du Maine cesse de desirer l'impossible en voulant le bien d'aultruy, et qu'il requiere du Roy ce que l'on doit attendre d'un roy, non d'un tyran. C'est faire tort à sa majesté de la requerir de choses telles, et de luy vouloir faire offenser personne de ma qualité. Que si telle violence avoit lieu, je ne me ferois plus estat de chose que j'eusse au monde. Bon Dieu! faut-il avoir tant de peine pour conserver le sien. Certes, cette persecution a assez duré; j'ay esté malade de desplaisir des deux responses du Roy, les voiant si eslongnées de la justice et du support que sa majesté m'avoit promis pour me conserver en tout mon bien, et en ce qu'il m'a promis par la declaration qui fut mise au lieu de mon contract de mariage, de laquelle il y a eu arrest de verification aux trois principaux parlemens de la France. Je vous prie donc encore, si le Roy ne lit ma lettre, la lui representer, et croire que n'obligerez jamais personne qui soit si desireuse de vostre amitié, et de qui puissiez faire plus d'estat que de vostre plus affectionnée amie,

MARGUERITE.

[*Autogr.* — Coll. Dupuy, t. 217, fol. 87.]

### AU ROY MON SEIGNEUR ET FRERE [1].

(Du 19 novembre 1603.)

Monseigneur, à vous seul, comme à mon superieur à qui je dois tout, j'ay tout cedé; à mes inferieurs, à qui je ne dois rien, je ne cede rien. J'ay cedé à vostre majesté ce qui entre les humains est estimé de meilleur et plus excellent, qui est la grandeur, non par faulte de courage et de connoissance, mais par la tres-grande affection que j'ay au service de vostre majesté et bien de son estat. Mais, de ce qui m'est resté pour tesmoignage de la bienveillance de vostre majesté, qui est la

---

[1] A la marge du premier feuillet est écrit : « Je supplie vostre majesté, au nom de Dieu, de lire cette lettre. »

declaration qu'il lui a pleu faire en la place de mon contract de mariage, où le dot que les Rois mes peres et freres m'ont laissé m'est confirmé en termes et privileges respondans à ma qualité, il n'est en la puissance de creature qui vive, non pas mesme de vostre majesté, à qui je ne voudrois refuser mon sang ni ma vie, de m'en faire jamais rien ceder, connoissant que ce me seroit une indignité irreparable et une marque de desfaveur de vostre majesté, qu'aussy l'on ne pourra faire une seule breche à ladicte declaration de nonante et neuf, qui me tient lieu de contract de mariage, qu'elle ne soit du tout annullée, et par consequent le peu de bien que les Rois mes peres et freres m'ont laissé pour dot, qui n'est en terres que quarante-quatre mille livres de rente, à l'abandon, sans qu'il me reste aucune asseurance de vostre majesté qui m'en conserve la jouissance : indignité et cruauté aussy inaudite à personne de ma qualité que peu convenable à l'accoustumée bonté de vostre majesté, et au respect qu'il a pleu à vostre majesté porter à la maison des Rois dont je suis sortie, de qui vostre majesté a esté cherie et honorée comme fils et comme frere; et d'elle tenant maintenant le lieu, me doit comme tel une protection telle que je l'ay jusqu'icy ressentie, et que Dieu me fera la grace qu'elle me la continuera; et cognoistra que ceux qui luy veulent faire faire chose si inaudite que de manquer à la parole de sa majesté, à la foi publique, annullant une declaration si authentique, qui tient lieu de contract de mariage d'une fille de France, et renverser les arrests de verification donnés sur icelle en vos cours de parlemens de Paris, Toulouse et Bourdeaux, veulent attirer sur vostre majesté le blasme d'une violence si injuste, et luy faire perdre l'affection des plus obligées et fidelles creatures. Mais ils y travaillent en vain ; car l'affection que j'ay vouée à vostre majesté m'est si naturelle et tellement innée en mon cœur, qu'il faut qu'elle ait durée autant comme il respirera, ne m'offensant nullement de vostre majesté de ce que, par faux donné à entendre, l'on luy a fait m'escrire, me appelant hardiment de vostre majesté à vostre majesté mieux informée du faict, qui est tel. Si j'ay l'heur que vostre majesté ait leu ma lettre jusqu'icy, je la supplie encore tres-humblement en lire ce peu de lignes. Les duchés ne peuvent estre ni subsister sans justices ; toutes les justices du duché d'Esguillon, mesme celle d'Esguillon de quoy il porte le nom, sont à moy, comme il appert par l'arrest de verification que la cour de Bourdeaux a donné sur cette erection de duché, qui porte ces mots : « Que les terres d'Esguillon, Montpesat, d'Olmerac, Madallan, Granges, Sainte-Liverade et autres attribuées audict duché, iront tousjours plaider à Agen, comme ils l'ont fait de tout temps, jusqu'à tant que j'en aye receu l'indemnité ; qu'il renvoyoit à vostre majesté pour l'ordonner. » Or, vostre majesté, qui n'a jamais usé de violences à aucun de ses subjects, ne me voudroit ni sçauroit forcer, veu ma qualité et celle de ladicte declaration de nonante et neuf, mise au lieu de mon contract de mariage, qui porte ces mots : *qu'il ne me peut estre rien osté ni retiré durant ma vie des terres, justices, ni autres choses qui m'ont esté deslaissées pour mon dot.* Or, pour ces causes, ne me voulant ni pouvant vostre majesté forcer à donner ou vendre mes susdictes justices à monsieur du Maine, desclarant à vostre majesté, comme j'ay fait par cette-cy, et comme j'ay fait par toutes les autres, que je ne veux aucunement vendre ni eschanger mes susdictes justices, qui, faisant partie de mon dot, ne me peuvent estre ostées, si ce n'estoit par violence indigne de ma qualité et d'un Roy puissant et juste comme vostre majesté; et à laquelle declarant encore qu'il n'y a chose au monde en quoy je ne l'obeysse, et jusques au hazard de ma vie, fors en cecy où l'indignité me seroit un affront trop cuisant et une trop grande marque de la desfaveur de vostre majesté, elle ne peut me desnier de me laisser jouir entierement de mon dot, de quoy lesdictes justices font partie, ainsy et en la mesme façon que le porte ladicte declaration de nonante et neuf, confirmant le deslaissement qui m'en feut fait par le Roy mon frere; et ne peut vostre majesté faire une duché sans justices, pour quoy monsieur du Maine ne peut requerir l'impossible de vostre majesté, de qui il faut que monsieur du Maine requiere et attende ce qu'il a à esperer d'un roy et non d'un tyran; car vostre majesté ne peut forcer une personne libre à quitter ni vendre son bien. De se fonder sur l'arrest de verification, que, par surprise il en a eu, les arrests de verification de ladicte declaration qui me tient lieu de contract de mariage, sont precedens, et trop plus authenticques pour estre donnés pour cause trop plus importante que l'erection d'un duché; et oultre ce, vous voyez, monseigneur, que l'arrest de Bourdeaux est conditionné, ordonnant que je seray, avant l'establissement du duché, indemnisée de mes justices, qui sont toutes celles qui luy ont esté attribuées comme j'ay dict; et moy declarant n'en vouloir recevoir aucune recompense, vostre majesté ne m'y pouvant forcer, il faut que monsieur du Maine reconoisse l'impossibilité de ses desraisonnables desirs, et que vostre majesté transfere en quelque autre de ses terres ce nom superficiel de duché, de quoy mes justices estoient la base; et moy les tirant de dessous, comme vostre majesté ne m'en voudroit ni sçauroit empescher, il faut par necessité qu'il renverse. Mais vostre majesté le peut relever en quelque autre de ses terres, où il ne prenne rien sur moy, qui ne veux ni vendre ni changer aucune chose de mon dot. Il se doit contenter qu'en sa faveur vous m'en ayez escrit comme vostre majesté a fait, qui eust esbranlé toute autre affection à vostre service que la mienne; mais en ce martyre non merité, j'ay tousjours prié Dieu comme je fais encore, pour la tres-heureuse et treslongue vie de vostre majesté, de qui je seray à jamais, quoy que mes ennemis s'essaient de faire, plus que tout autre, vostre tres-humble et tres-obeyssante et tres-fidelle sœur et subjecte, MARGUERITE.

*P. S.* Pour ne retourner le feuillet, j'use de cette incivilité [1].
[*Autogr.* — Coll. Dupuy, t. 217, fol. 83.]

[1] Par ce *post-scriptum*, Marguerite s'excuse d'avoir écrit la fin de sa lettre à la marge de la troisième page.

#### AU ROY MON SEIGNEUR ET FRERE.

(D'Usson, ce 27 mars 1604.)

Monseigneur, je loue Dieu qu'il m'ait fait cette grace de faire entendre à vostre majesté mon droit en la surprise qui avoit esté faite, et à elle et à moy, pour l'erection du duché, ou plus tost corneille d'Horace que l'on vouloit parer de mes plumes, et rends tres-humbles graces à vostre majesté de la justice qu'il luy a pleu m'y rendre, que je tiens à une tres-grande faveur; car bien qu'elle ne soit du tout entière[1], je sais la peine que vostre majesté y a eue, et les importunités et responses qu'il luy a fallu combattre et surmonter pour me maintenir en ce qui m'appartient; de quoy encore je remercie tres-humblement vostre

---

[1] Voici le dispositif de l'arrêt du conseil d'État qui avait statué sur les réclamations de la reine Marguerite, un mois avant que cette lettre fût écrite.

« Le Roy en son conseil a ordonné et ordonne pour bonnes consi-
« dérations, que la qualité et rang de duc et pair demeurera audit
« sieur d'Aiguillon, et néanmoins, ladicte dame Reine ne pourra être
« contrainte de prendre récompense pour les droits à elle apparte-
« nant, et jouira de la justice et de tous autres droits et devoirs, même
« du droit d'hommage et vasselage qui lui appartient sur la terre d'Ai-
« guillon, et autres terres jointes et annexées en icelle, comme elle en
« a jouy auparavant ladite érection en duché et pairie, suivant le dé-
« laissement qui lui a esté fait du comté d'Agenois, sans que, pour cause
« et occasion que ce soit, il puisse être rien innové ni retranché, con-
« formément à la déclaration faite par sa majesté en faveur de ladite
« dame Reine, le vingt-neuvième jour du mois de décembre mil cinq
« cent quatre vingt dix neuf, et par conséquent il ne pourra estre
« establi aucun siége ducal audit Aiguillon. » (ANSELME, t. IV, p. 201.)

majesté, et la supplie commander que l'arrest, de quoy l'on m'a envoié seulement un extraict, soit baillé à monsieur de Rieux en forme pour m'en pouvoir servir; car l'indignité aiant esté si publicque, je desire que l'on reconnoisse que ma condition n'est si miserable que je ne puisse avoir justice de vostre majesté, qui la rendez à tous, en chose de soi mesme si favorable qu'est la conservation des droits d'une personne de ma qualité. Je loue encore Dieu, monseigneur, que vostre majesté ait entendu les raisons que j'avois de l'affectionner, que, s'il ne m'eust esté de telle importance, je n'en eusse importuné vostre majesté comme j'ay fait, ne desirant que de luy plaire et rendre tres-humble service, comme celle de ses plus obligées et affectionnées servantes, qui prie Dieu avec plus d'affection donner à vostre majesté, monseigneur, tres-heureuse et tres-longue vie. Vostre tres-humble et tres-obeyssante servante, sœur et subjecte,

MARGUERITE.

[*Autogr.* — Coll. Dupuy, t. 217, fol. 95.]

### A MONSIEUR DE SULLY.

(D'Usson, ce 19 juillet 1604.)

Mon cousin, vous estes tousjours mon recours, et, apres Dieu, l'appuy de qui je fais tousjours le plus d'estat. Ne vous sentez donc, je vous supplie, importuné, si en choses petites aussy bien qu'aux grandes, j'y requiers l'ayde de vostre authorité, et si comme Dieu, qui ne se contente de creer les choses, mais a un perpetuel soin de les conserver, je vous supplie vouloir tenir la main à ce que je sente l'effet des biensfaits du Roy, comme je sçay que c'est l'intention de sa majesté, et la vostre, commandant à monsieur Lefebvre, receveur de Bourdeaux, de payer promptement le troisiesme quartier de l'assignation des vingt-cinq milles escus de mes creanciers, qu'il leur doit depuis l'autre année, et avoit promis de le payer, il y a un mois, disant l'avoir tout prest; mais depuis, certains brouillons, qui ne tendent qu'à retarder le payement de mes debtes, pour pescher en eau trouble, et mieux faire leur main, lui ont fait changer de langage, s'excusant qu'il a payé d'autres parties, qui estoient après la mienne, et voulant bailler de mauvaises rescriptions sur des receveurs particuliers, de quoi l'on ne seroit jamais payé : je vous supplie m'obliger tant, s'il est à Paris, comme l'on dit qu'il y est cy-devant allé, de luy faire cognoistre que c'est l'intention du Roy et la vostre, que je sois mieux traittée; et s'il n'y est, je vous supplie m'obliger tant, que de luy escrire de bonne ancre, et luy ordonner d'acquitter promptement le susdit troisieme quartier.

J'ay aussy à vous requerir pour l'exemption d'Usson, où je ne vous demande rien que de justice; car ce bourg n'est pas de qualité de villes cottizées, qui ont foire et marché. Il vous a esté tesmoigné par les enquestes des lieux circonvoisins et bureau des tresoriers, que le bourg d'Usson n'eut jamais ny foire ny marché, et outre c'est prevenir au prejudice de ma qualité, qu'il a pleu au Roy, par la declaration de sadite majesté, accorder au lieu de ma demeure, soit

Usson ou Villers-Coterest, d'estre exempts pendant mon sejour : l'on leur en a desja accordé la moitié; le reste est si peu de chose qu'il ne se monte cent cinquante escus. Je vous supplie m'accorder cette juste demande, et me conserver le bien de vostre amitié, comme à celle qui honore davantage vostre merite, et qui recherchera avec plus d'affection une digne occasion pour se tesmoigner, mon cousin, etc.

[ *Mémoires de Sully*, t. II, p. 464. ]

### A MADAME MA COUSINE, MADAME LA PRINCESSE DE CONDÉ.

(D'Usson, ce 17 novembre 1604.)

Ma cousine, tant que je me suis veue inutile à vous servir, j'ay estimé que vostre prudence approuveroit que je ne vous importunasse de mes lettres; mais à cette heure que ce triste subject de la perte de monsieur de La Trimouille, vostre frere, m'oblige à cet office de devoir, vous recevrez, s'il vous plaît (en m'en acquittant par ce peu de paroles, pour en consolant n'affliger, où je vous protesteray compatir à vostre ennuy plus que parente que ayez au monde), cette tres-veritable asseurance que j'ay tousjours gardée vive en mon ame la souvenance de vos merites et l'affection que je leur voue, avec telle perfection, que le temps si long ni ses cruels accidens n'ont pu la rendre capable de diminution. Que je soie si heureuse que ces verités s'impriment pour tousjours en vous, comme en moy elles s'y conserveront immortelles pour vous en rendre les effects, lorsqu'il vous plaira vous servir de moy, qui vous baise les mains, desirant pour jamais estre reconnue de vous pour vostre tres-affectionnée et tres-fidelle cousine à vous servir, MARGUERITE.

[*Autogr.* — Coll. Dupuy, t. 217, fol. 94.]

### AU ROY MON SEIGNEUR ET FRERE.

(D'Usson, ce 21 novembre 1604.)

Monseigneur, bien que, sous la faveur de vostre majesté, j'aye tousjours creu pouvoir tout entreprendre de juste et raisonnable comme le restablissement en mon bien, que insolemment m'usurpoit Charles M$^r$, que je ne nomme plus neveu, puisqu'il s'est montré ennemi de vostre majesté [1], ne tenant pour parens ou amis que ceux qui sont affectionnés à vostre majesté, la crainte neantmoins de sa malice, et le pouvoir qu'il avoit en cette province, m'a tousjours fait retarder de poursuivre la possession du bien de la feue Royne ma mere, qui m'est justement acquis par la substitution de son contrat de mariage [2], qu'il a pleu à vostre majesté me faire recouvrer, obligation tres-grande que je luy ay entre un milion d'autres; mais voyant, à cette heure, qu'il sera tres-aisé, avec

---

[1] La veille du jour où Marguerite écrivait cette lettre, Charles de Valois, comte d'Auvergne, ayant été « arresté prisonnier par le sieur de Nérestan, en Auvergne, qui s'en saisit par un brave et subtil stratagême, fut amené à la Bastille. » (LESTOILE, *Journal de Henri IV*, 1604.)

[2] Le comte d'Auvergne était détenteur de ces biens, qu'il avait reçus d'Henri III à titre de donation. Tant qu'il avait eu quelque puissance, Marguerite n'avait osé l'attaquer; on voit qu'elle ne perdit pas de temps, après sa disgrâce, pour commencer les poursuites.

l'arrest de la cour en ma faveur, qui ne peut estre desnié à un droit si clair que le mien, accompagné ledit arrest du commandement de vostre majesté à ceux qu'il a mis dans les places, niches à perturbateurs de vostre estat, de les en tirer, lesquelles, si vostre majesté le trouve bon, je desire faire soudain raser, je me suis resolue commencer la poursuite de ce proces, où je supplie tres-humblement vostre majesté commander à mes juges qu'ils m'y fassent prompte et bonne justice; car mon droit est si clair, ne consistant qu'en cette seule piece du contract de mariage de la Royne ma mere : or, il ne faut que des yeux pour conoistre qu'elle ne pouvoit disposer de son bien ni aussy peu le feu Roy mon frere, dernier mort, sur la donation duquel ce perdu s'appuie, la substitution ne finissant pas à luy, et venant des fils aux filles. Je supplie donc encore tres-humblement vostre majesté de commander à messieurs les presidents et procureurs et avocats de vostre majesté de m'y faire prompte et bonne justice, et, s'il luy plait me tant honorer, que monsieur de La Varenne aille à tous mes juges leur faire ce commandement de la part de vostre majesté d'oster ces places fortes à ce meschant homme et à ses enfans, qui peut estre seront un jour semblables à luy, et donneront autant de peine à messieurs vos enfans que le pere luy en a donné. Il y a quatre chasteaux, Mercurol, Iboi, Crains et Busen, qui sont presque aussy forts que cestui-cy, où les capitaines ne savent d'autre chose que de manger le revenu, qui est fort petit. A moy qui n'en veux que le revenu, estant à cette heure sur le mesnage, comme mon aage le porte, il me sera aussy utile que necessaire au service de vostre majesté de les faire abattre, ce que je feray soudain que par un arrest accompagné de l'autorité de vostre majesté j'en seray en possession, et tiendray ce bien de vostre majesté, apres Dieu, comme tout celuy que j'ay au monde, pour luy desdier et ma vie et mon tres-humble service, et tout ce qui deppendra jamais de moy, de mesme affection que je prie Dieu continuellement pour la tres-heureuse et treslongue vie de vostre majesté. Vostre tres-humble et tres-obeyssante servante, sœur et subjecte[1],

MARGUERITE.

[*Autogr.* — Coll. Dupuy, t. 217, fol. 91.]

### AU ROY MON SEIGNEUR ET FRERE.

(D'Usson, ce 30 janvier 1605.)

Monseigneur, par un million de graces, je n'en puis assez rendre à vostre majesté de la faveur qu'il luy plait me promettre en la juste poursuite de mon proces pour la succession de la Royne ma mere. Vous faites, monseigneur, pour vostre creature, qui, apres Dieu, reconoissant tout son bien venir de vostre majesté, desdie aussy tout à ce qui est de vostre majesté, qui est monsieur le Dauphin[2], esperant estre bien-

---

[1] Marguerite avait adressé, la veille, à Sully, une autre lettre pour le même objet et presque dans les mêmes termes. (Voyez les *Mémoires de Sully*, t. II, p. 465.)

[2] Lorsque Marguerite eut gagné son procès contre le comte d'Auvergne, elle disposa en effet des biens qu'elle recouvrait en faveur du Roi et du Dauphin.

tost à Villers-Cottret, où je m'achemineray, Dieu aidant, soudain que je seray un peu remise des grandes et violentes maladies que j'ay eues toute l'année passée, pour luy offrir tout ce qui despend de moy, comme plus particulierement monsieur de Rosny à qui j'en escris le fera entendre à vostre majesté, de la proximité de laquelle je tire toute la gloire de mon estre, et à qui, par ce debvoir et les tres-grandes obligations et bienfaicts que j'ay reçus de sa majesté, je me reconnois non moins obligée à tel effect que ma volonté y a tousjours esté portée, et de prier Dieu, monseigneur, qu'il donne à vostre majesté tres-heureuse et tres-longue vie, et à moy l'honneur de ses bonnes graces, comme à vostre tres-humble et tres-obéyssante servante, sœur et subjecte, MARGUERITE.

[ *Autogr.* — Coll. Dupuy, t. 217, fol. 101. ]

### AU ROY MON SEIGNEUR ET FRERE.

( D'Usson, ce 12 mai 1605. )

Monseigneur, ayant veu une lettre qu'il a pleu à vostre majesté d'escrire à monsieur de Rieux sur le subject de la poursuite qu'il fesoit pour recouvrer ce qui avoit esté levé du marc d'or sur les officiers de mes terres, je luy ay soudain escrit de la cesser, suppliant tres-humblement vostre majesté de croire que j'affectionne tant ce qui est de son plaisir et contentement, que j'y voudrois plustost contribuer qu'en diminuer les moyens. Je fesois cette poursuite, pensant en retirer quelque chose pour m'aider aux frais de mon esquipage pour mon voyage de France. Il s'offre une autre occasion, s'il plait à vostre majesté, qui me pourra servir au mesme effect sans incommoder vostre majesté, qui est pour quelque heredité de notaires de mes terres où j'ay la moitié, s'il plaist à vostre majesté me donner la sienne, comme monsieur de Rieux luy fera entendre : de quoy je la supplie tres-humblement et d'avoir agreable, à cette heure que ma maison de Boulogne n'est plus necessaire aux feseurs de soie ¹, qu'elle me soit remise ; l'air de cette demeure m'estant plus sain que celuy de Villers-Cottret, lequel, monseigneur, comme tout ce qui est à moy, est à vostre majesté, et luy sera plus propre pour la chasse. S'il luy plaist donc me la faire remettre, je la feray meubler et accommoder, et m'y rendray, Dieu aidant, avant que le mois de septembre passe, pour y recevoir les commandemens de vostre majesté, et luy offrir, pour tesmongnage de ma fidelité, tout ce que peut pretendre et posseder vostre tres-humble et tres-obeyssante servante, sœur et subjecte, MARGUERITE.

[*Autogr.* — Coll. Dupuy, t. 217, fol. 89.]

### AU ROY MON SEIGNEUR ET FRERE.

(D'Artenay, ce .... juillet 1605.)

Monseigneur, j'ay faict parler à monsieur de Rosny le gentilhomme qui m'avoit donné l'avis qui estoit si precipité, disant que le mal en debvoit esclater dans le mois d'aoust, que j'eusse esté indigne de tant d'hon-

---

¹ Voyez ci-dessus, p. 349, la lettre où il est question de l'établissement d'un *menage de soie* dans cette maison.

neur et de bien que je reçois de vostre majesté, si promptement je ne luy eusse faict entendre [1]. Il vouloit le dire à vostre majesté en ma presence, pour obtenir d'elle, par mon moyen, que ses parens qu'il n'eust voulu mettre en peine n'en pastissent. L'ayant consideré, monsieur de Rosny, monsieur de La Varenne et moy, nous croions que la promesse que cet ingrat leur faict de se rendre dans le mois d'aoust en sa maison pour effectuer leur entreprise, n'est que pour embarquer les plus fous; et ne pouvons croyre qu'il se veuille jamais hazarder à tel retour. Toutesfois vostre majesté en jugera trop mieulx; mon debvoir ne permettoit que je le luy peusse taire. Je vais, avec la permission de vostre majesté, en ma maison de Boulongne, pour y faire ma demeure en l'obeyssance de ses commandemens, et, lorsqu'il plaira à sa majesté, je presenteray à monsieur le Dauphin ce que je luy ay desdié, ainsy que plus particulierement je l'ay discouru à monsieur de Rosny. J'ay laissé vostre chasteau d'Usson en seure garde entre les mains d'un vieux gentilhomme, mon maistre d'hostel, de tous mes Suisses et soldats qui m'y ont servie, le temps qu'il a pleu à Dieu que j'y aye esté; et j'ay laissé aussy madame de Vermont, pour les tenir tous sollicités de leur deb-

---

[1] Résolue de quitter Usson et de revenir à Paris, mais craignant que le Roi ne s'opposât à ce voyage, Marguerite était partie secrètement d'Auvergne. Ce fut pendant la route qu'elle écrivit cette lettre à Henri IV, pour l'instruire des manœuvres que faisaient dans le Quercy et le Limousin les partisans du duc de Bouillon. — Voyez sur ce point, sur les révélations de la reine Marguerite et sur son retour, les *Mémoires de Sully*, p. 585 et suiv.

voir. C'est une place d'importance : j'ay pris asseurance d'eulx de n'y laisser entrer personne qu'ils ne vissent homme de la part de vostre majesté, accompagné de lettres scellées de son sceau. Il seroit necessaire que vostre majesté y pourveust promptement de quelque personne qui luy soit fidelle¹. Je l'ay eu de vostre majesté, je le luy rends; c'est une place qui ruineroit tout le pays, si elle estoit en mauvaises mains; je supplie donc tres-humblement vostre majesté d'y pourvoir promptement, et de croire que mes ambitions, apres l'honneur des bonnes graces de vos majestez, sont bornées à Boulongne; l'habitude que j'ay faicte d'aimer le repos en un sejour de dix-neuf ans, ne me permettant, ayant trouvé une demeure en bel air comme Boulongne, de desirer autre chàngement, tres-heureuse qu'elle soit en lieu où mes actions puissent estre recogneues, qui ne tendirent jamais qu'à honorer et servir vostre majesté comme la plus obligée et fidelle de ses creatures, qui, apres luy avoir tres-humblement baisé les mains, prie Dieu, monseigneur, luy donner tres-heureuse et tres-longue vie. Vostre tres-humble et tres-obeyssante servante, sœur et subjecte,

MARGUERITE.

[ *Autogr.* — Coll. Dupuy, t. 217, fol. 96. ]

#### AU ROY MON SEIGNEUR ET FRERE.

(D'Etampes, ce 15 juillet.)

Monseigneur, bien que j'eusse resolu, pour n'importuner vos majestez, d'attendre à leur despescher,

---

¹ Voyez, dans les *Mémoires de Sully*, t. II, p. 596, une lettre de Henri IV à ce sujet.

pour m'acquitter de mon debvoir, que je feusse à Boulongne, monsieur de La Varenne m'ayant escrit que vostre majesté vouloit parler aux gentilz-hommes qu'il a nommés, j'ay soudain faict partir le sieur de Rodelle pour aller recevoir ses commandemens. Je les eusse envoyés tous deux, sans l'occasion que ledit Rodelle fera entendre à vostre majesté. Que si elle trouve que l'autre luy soit necessaire, je le luy envoieray soudain, desdiant et moy et tout ce qui en despend à l'obeyssance et tres-humble service de ses commandemens, comme sa plus obligée creature et plus zelée au service de sa majesté, qui, apres luy avoir tres-humblement baisé les mains, prie Dieu, monseigneur, donner à vostre majesté tres-heureuse et tres-longue vie. Vostre tres-humble et tres-obeyssante servante, sœur et subjecte, MARGUERITE.

> *P. S.* Monseigneur, je supplie tres-humblement vostre majesté aviser à Usson. Si j'osois prendre tant de hardiesse, je luy dirois que j'ay appris que sa majesté avoit eu quelque voulonté de mettre ce miserable qui est à la Bastille, ennemi du repos, mais plus de soy-mesme, à Amboise [1]. Si vostre majesté en vouloit tirer le Gas, elle pourroit bailler audict Gas Usson pour sa seureté, qui est la plus forte place de France.

[*Autogr.* — Coll. Dupuy, t. 217, fol. 150.]

### AU ROY MON SEIGNEUR ET FRERE.

(D'Etampes, ce 18 juillet 1605.)

Monseigneur, c'est trop honorer ce qui est tout à vostre majesté, et rendre sans merite tous les services

---

[1] Charles de Valois, comte d'Auvergne.

de ma tres-humble servitude, surpassant, par l'honneur et faveur qu'il luy a pleu me faire par M. de Roquelaure, tout ce que je pouvois jamais offrir et desdier à vostre majesté, à qui j'ay voué et voue de nouveau tout ce que vostre majesté doit attendre de la plus obligée et tres-humble servante, qui plaint la peine qu'elle a donnée à cet honneste homme mon ancien ami, bien que ce m'ait esté un double contentement d'avoir receu cet honneur par luy. Je m'advanceray demain le plus avant que je pourray pour donner moings de peine à monsieur de Vendosme[1], qu'entre tout ce qui est né de vostre majesté à qui je dois service j'affectionneray et j'honoreray tousjours d'une affection particuliere. Je ne merite point, monseigneur, que vostre majesté luy donne cette peine, que je recevray à non moings de contentement que d'honneur, en ressentant une telle joie et obligation à vostre majesté, que, si je possedois cent vies, je les voudrois sacrifier pour me tesmongner vostre treshumble et tres-obeyssante servante, sœur et subjecte,

MARGUERITE.

[*Autogr.* — Coll. Dupuy, t. 217, fol. 90.]

### AU ROY MON SEIGNEUR ET FRERE.

Monseigneur, j'ay esté priée par le fils de ce mise-

---

[1] Le Roi envoya recevoir Marguerite à Madrid par le duc de Vendosme. S'il faut en croire Dupleix, il envoya aussi au devant d'elle le sieur de Chamvallon, « lequel elle avoit autrefois plus aimé qu'elle ne devoit, de sorte que l'on estimoit cet accueil honteux à une si grande princesse. » (DUPLEIX, t. IV, p. 367.)

rable Calverac, qui a esté desfaict à Limoges¹, de supplier tres-humblement vostre majesté le faire ressentir de sa naturelle bonté, en luy accordant la confiscation de son pere, qui apporteroit peu de profict à un autre, d'autant que le bien luy est en partie substitué et en partie acquis à sa femme, ainsy que Saincte-Colombe, present porteur, le fera entendre à vostre majesté, qui obligera infiniment le bon homme monsieur de Marin et tous les siens de luy accorder cette tres-humble requeste, estant ledict Calverac son neveu. Je participeray, monseigneur, à cette grace, que vostre majesté n'accordera jamais à personne qui luy ait voué son tres-humble service avec tant d'affection et fidelité, et qui prie Dieu pour la conservation et tres-longue vie de vostre majesté avec tant de devotion que vostre tres-humble et tres-obeyssante servante, sœur et subjecte, MARGUERITE.

> *P. S.* Je suis, suivant ce que je promis à vostre majesté, à ma maison de Paris, mais ne l'ayant trouvée encore logeable, je suis contrainte m'en retourner à Boulongne jusqu'apres les festes, temps qui me sera fort long.

[*Autogr.* — Coll. Dupuy, t. 217, fol. 183.]

### AU ROY MON SEIGNEUR ET FRERE.

(De Boulogne, 20 juillet ² 1605.)

Monseigneur, toutes paroles sont au dessous de ce

---

¹ *Desfaict à Limoges*, c'est-à-dire mis à mort pour avoir trempé dans la conspiration qui compromit le duc de Bouillon. — Voyez, sur l'exécution qui eut lieu à Limoges, Dupleix, t. IV, p. 363.

² Ce ne fut que le mois suivant que Marguerite vint à Paris. « En

que je ressens de l'honneur dont il a pleu à vostre majesté m'honorer par monsieur de Vendosme, digne effect d'une royale naissance, tant en corps parfaict en beauté qu'en l'esprit qui surpasse son aage. Je crois, monseigneur, que Dieu l'a donné à vostre majesté pour en recevoir quelque grand service et contentement. Je n'eus jamais plus agreable ravissement que l'admiration de la merveille de cette enfance toute prudente et pleine de serieux discours. C'est à la vérité une royale production digne de vostre majesté, qui ne faict rien d'animé ou inanimé qui ne surpasse l'ordinaire, comme ces beaux bastiments que j'ay veus passant l'eau, et comme l'honneur dont il luy plait combler ceux qu'il luy plait rendre dignes de sa fa-

ce mois, la venue de la Royne Marguerite à Paris, où on ne l'avoit vue depuis vingt-quatre ou vingt-cinq ans, et son arrivée à la cour, tant soudaine et précipitée qu'il sembloit qu'elle n'y dût jamais être assez à temps, réveillèrent les esprits curieux, et fournirent d'ample matière de discours à toute sorte de personnes.

« Elle prit son logis à Paris en l'hôtel de Sens, joignant l'*Ave-Maria*,....

« On disoit qu'à son arrivée le Roy l'avoit requise de deux choses : l'une, que pour mieux pourvoir à sa santé, elle ne fît plus comme elle avoit de coutume, la nuit du jour et le jour de la nuit ; l'autre, qu'elle restreignît ses libéralités et devînt un peu ménagère. Du premier, elle promit au Roy d'y apporter ce qu'elle pourroit pour contenter sa majesté, encore qu'il lui fût fort malaisé, pour la longue habitude et nourriture qu'elle en avoit prise ; mais qu'au regard de l'autre, il lui étoit du tout impossible, ne pouvant jamais vivre autrement, et tenant cette libéralité de race, comme à la vérité, du côté de sa mère, les Médicis ont été tous notés de prodigalités démesurées ; et si pour cela n'en ont pas été estimés plus gens de bien. » (LESTOILE, *Journal de Henri IV*, août 1605.)

veur. Je l'esprouve aujourd'hui, n'en pouvant rendre assez de tres-humbles graces à vostre majesté, n'ayant rien en moy ni de moy qui puisse esgaler l'obligation d'ung tel honneur qui me croistra, non l'affection tres-humble et fidelle à son service, l'ayant de long-temps mise à son periode, mais le courage de m'en rendre digne pour me faire en toutes les actions de ma vie paroistre vostre tres-humble et tres-obeyssante servante, sœur et subjecte, MARGUERITE.

*P. S.* En l'honneur que j'ay receu, monseigneur, j'ay eu ex-tresme la precaution que la tournée que faisoit ce petit ange tout delicat ne luy fist mal, et l'ay importunement supplié de ne passer Paris, et aussy certes cela ne se debvoit pas, et s'en est pensé trouver mal. Vostre majesté me pardonne, si j'ose luy dire qu'il en faut avoir plus de soin.

[*Autogr.* — Coll. Dupuy, t. 217, fol. 92.]

### AU ROY MON SEIGNEUR ET FRERE.

(De Bonneval, ce 25 d'octobre 1605.)

Monseigneur, l'honneur que vostre majesté m'a faict a esté suffisant de me relever des traits de la mort. Je m'estois acheminée pour accomplir mes vœux venant de Choisy. J'y pris à mon [arrivée] la dyssenterie, si cruelle qu'elle m'a arrestée quatorze jours en ce lieu [1], où le sieur Dujou vous dira le miracle que

---

[1] « Plusieurs étranges et diverses maladies régnèrent à Paris en cette saison, et avec l'éclipse qui advint le 12 de ce mois, éclipsèrent beaucoup de personnes, qui depuis n'ont été vues. Les dyssenteries surtout furent dangereuses et mortelles à ceux qui s'en trouvèrent

l'honneur de vostre souvenance a faict en moy, m'ayant donné la force à la premiere sortie du lict de faire une allée de mille pas. Dieu m'a conservé la vie pour rendre tres-humbles services à vostre majesté; car je ne la cheris que pour cela, louant Dieu de l'heureux succes du voyage de vostre majesté, et le suppliant luy donner en santé ( car j'y mets à cette heure le souverain bien), tres-heureuse et tres-longue vie, et à moy l'honneur de ses bonnes graces, comme à vostre treshumble et tres-obeyssante servante, sœur et subjecte,

MARGUERITE.

*P. S.* Mon mal m'a empeschée de despescher Rodelle à vostre majesté : je le despescheray, Dieu aidant, de Chartres.

[ *Autogr.* — Coll. Dupuy, t. 217, fol. 66. ]

### AU ROY MON SEIGNEUR ET FRERE.

( De Chartres, ce 29 d'octobre 1605. )

Monseigneur, vostre majesté entendra par Rodelle l'occasion de son retardement; je la supplie tres-humblement me pardonner si je l'ay trop retenu; j'attendois tousjours de la force pour luy pouvoir escrire de ma main, ce qu'ayant pensé pouvoir faire icy, la journée que je fis, après avoir faict responce à vostre majesté par Dujou, me remit si bas, que je n'ay pu satisfaire à cet agreable debvoir jusqu'à cette heure, ce qui m'a donné une impatience extresme, pour le desir que j'ay d'entendre des nouvelles du bon estat de vostre

atteints, et plus ailleurs qu'à Paris, car il en réchappoit fort peu. »
( LESTOILE, *Journal de Henri IV*, octobre 1605.)

majesté, pour la peine en quoy Dujou me laissa,
m'ayant dict qu'elle s'estoit quelques jours ressentie
de ce mauvais mal, de quoy je supplie Dieu garantir
sa majesté, et luy donner tres-heureuse et tres-longue
vie, et à moy l'honneur de ses bonnes graces. Vostre
tres-humble et tres-obeyssante servante, sœur et subjecte, MARGUERITE.

[ *Autogr.* — Coll. Dupuy, t. 217, fol. 67.]

**AU ROY MON SEIGNEUR ET FRERE.**

(De Boulongne, 14 décembre 1605.)

Monseigneur, comme toutes mes actions prennent
loi des voulontés de vostre majesté, je la supplieray
tres-humblement m'ordonner ce qu'il luy plait que
je fasse à l'importunité de l'ambassadeur de l'archiduc,
qui sans cesse, depuis quatre mois, demande la responce de la lettre qu'il me bailla de l'Infante, que je
mis entre les mains de monsieur le garde-sceaux. Hier
il m'envoia son secretaire pour me demander au-
dience; me doutant que c'estoit pour cela, je le remis quand je serois à Paris pour avoir temps d'en advertir vostre majesté. Le subject de la lettre étoit de
la succession de la Royne ma mere, que je suis cu-
rieuse de conserver seullement pour monsieur le Dauphin, comme tout ce que j'ay au monde. Commandez-
moy donc comme il plait à vostre majesté que j'en
use; car je ne me soucie ni de parens ni de rien qui
soit au monde, pourveu que j'aye l'honneur des bonnes
graces de vos majestez, et que Dieu me fasse celle
que tousjours je luy requiers, de nous conserver la vie

de vostre majesté à tres-longues années, tres-heureux et content, et moy reconnue pour vostre tres-humble et tres-obeyssante servante, sœur et subjecte,

MARGUERITE.

*P. S.* J'ay estimé, monseigneur, debvoir pour ce subject envoier monsieur le comte de Choisy, craingnant que vos belles allées eussent trop retardé la responce de ma lettre.

[*Autogr.* — Coll. Dupuy, t. 217, fol. 65.]

### A MONSIEUR DE LOMENIE.

(De Paris, ce 25 mars 1606.)

Monsieur de Lomenie, j'ay receu par Rodelle toutes les lettres et expeditions de quoy je vous avois escrit; je vous en ressens une obligation si particuliere et si grande, que je vous prie croire que jamais personne ne le pourra davantage ressentir, et que je m'en revancheray en tout ce qui despendra jamais de moy. J'ay encore infiniment besoin que le Roy escrive à monsieur de Rosny qu'il escrive à messieurs du parlement de Rouen, pour leur confirmer que c'est l'intention du Roy; car cela les en assure plus que toute autre chose; et monsieur de Rosny m'a dict que quand il leur escrit, c'est que le Roy luy commande et qu'il le fera soudain que le Roy luy aura commandé. Je vous prie donc en faire la lettre bonne de la main du Roy, et joindre encore cette obligation aux tres-grandes que je vous ay. Vostre tres-affectionnée et plus fidelle amye,

MARGUERITE.

[*Autogr.* — Coll. Dupuy, t. 217, fol. 100.]

### A MONSIEUR DE LOMENIE.

(De Paris, ce 3 avril 1606.)

Monsieur de Lomenie, je renvoie ce porteur pour sçavoir des nouvelles du Roy et la certitude de l'heur de sa bonne fortune, à fin d'en rendre graces à Dieu, comme celle de toutes ses servantes qui desire avec plus de passion l'accroissement de sa grandeur et tres-longue vie. Je vous prie m'obliger tant de faire que sa majesté dise à monsieur de Sully de me bailler les lettres pour Rouen qui me sont necessaires, car cette cour prend aux lettres de monsieur de Sully une fort grande creance de l'intention du Roy. Je vous en auray une extresme obligation, et m'en revancheray en tout ce que je seray propre à vous servir et me faire paroistre vostre tres-affectionnée et plus fidelle amye,

MARGUERITE.

[*Autogr.* — Coll. Dupuy, t. 217, fol. 105.]

### AU ROY MON SEIGNEUR ET FRERE.

(5 avril 1606.)

Monseigneur, un courrier de vostre majesté apporta hier une si bonne nouvelle, asseurant que Sedan estoit en la puissance de vostre majesté [1], qui resjouit tous vos serviteurs, et moy plus que tout autre; mais ne pouvant croire que vostre majesté eust voulu que vostre tres-humble servante n'eust participé à cette

---

[1] « Le mardi 4 avril furent apportées les nouvelles à Paris de la réduction de la ville de Sédan, et accord du duc de Bouillon. » (LESTOILE, *Journal de Henri IV*, avril 1606.)

joye, j'ay attendu à en rendre graces à Dieu que vostre majesté me commande. Nous luy en devons, ce me semble, doublement : et pour avoir donné la place et l'obeyssance qui est deue à vostre majesté, et pour luy avoir donné promptement; car vostre majesté peut dire comme Cesar : « Je suis venu, j'ay veu, j'ay vaincu [1]. » Je prie Dieu de tout mon cœur continuer ses bonnes fortunes à vostre majesté, et le rendre le plus grand prince de la terre, à tres-longues et heureuses années, et l'honneur de vos bonnes graces à vostre tres-humble et tres-obeyssante servante, sœur et subjecte, MARGUERITE.

[*Autogr.* — Coll. Dupuy, t. 217, fol. 149.]

### AU ROY MON SEIGNEUR ET FRERE.

(6 avril 1606.)

Monseigneur, si les prieres de vos servantes sont ouïes de Dieu, je m'oseray persuader la bonne nouvelle qui court depuis hier [2], que toutes choses contraires ayant cedé à vostre bonne fortune, monsieur de Bouillon se mettant à son debvoir, que nous aurons l'honneur de revoir icy bientost vostre majesté. Je me le suis laissé aisement persuader pour le desir que j'en ay, souhaitant infiniment d'en estre certaine. J'en-

[1] C'est en effet ce que dit Henri IV, dans une lettre adressée à la princesse d'Orange, qui était alors à Paris. « Ma cousine, je dirai, « comme fit César, *veni, vidi, vici*, ou comme la chanson : *Trois « jours durèrent mes amours, et se finirent en trois jours*, tant j'étois « amoureux de Sédan! » (LESTOILE, *Journal de Henri IV*, avril 1606.)

[2] Les premiers mots de la lettre du 5 avril qui précède, donnent la date précise de celle-ci, qui est du 6 avril 1606.

voye Rodelle, qui apres retournera s'acquitter du tout de son debvoir en l'honneur qu'il a pleu à vostre majesté luy faire de se servir de luy. Je supplieray tres-humblement vostre majesté en cette trop fascheuse absence, me continuer l'honneur de ses bonnes graces comme à celle de ses servantes, qui, avec plus de zele et d'affection, prie continuellement Dieu pour la prosperité et tres-longue vie de vostre majesté, à qui j'oseray tres-humblement baiser les mains comme vostre tres-humble et tres-obeyssante sœur et subjecte, MARGUERITE.

> *P. S.* Je supplie tres-humblement vostre majesté m'accorder une lettre de sa main à monsieur le mareschal de Fervaques [1], où vostre majesté luy commande s'employer pour la verification de l'edit des vicomtés qu'il a pleu à vostre majesté m'accorder, et commander à monsieur de Lomenie qu'elle soit expresse et favorable, et qu'il m'expedie toutes autres choses qui me sont necessaires.

[*Autogr.* — Coll. Dupuy, t. 217, fol. 142.]

### A MONSIEUR DE LOMENIE.

(Avril 1606.)

Monsieur de Lomenie, il m'est extremement necessaire d'avoir une lettre de la main du Roy à monsieur le mareschal de Fervaques, où il luy commande de faire entendre à messieurs du parlement de Rouen que c'est sa volonté que l'edit des vicomtés passe pre-

[1] Guillaume de Hautemer, comte de Grancey, baron de Mauny, seigneur de Fervaques, chevalier des ordres du roi, maréchal de France, lieutenant-général au gouvernement de Normandie, mort en 1613.

sentement. Je vous prie m'obliger tant que cette lettre soit fort favorable, et vouloir aussi me signer la provision que le sieur de Lafon present porteur vous baillera, et aussi toutes les autres lettres qui m'y sont necessaires, comme il vous dira. Je vous en aurai une obligation infinie, de laquelle meue vous pouvez croire que je ne resterai ingrate et que ne ferez jamais pour personne qui ait plus de volonté de le tesmoigner par dignes effects. Vostre plus affectionnée et plus fidelle amie, MARGUERITE.

[*Autogr.* — Coll. Dupuy, t. 217, fol. 135.]

### AU ROY MON SEIGNEUR ET FRERE.

(De Paris, le 5 avril 1606.)

Monseigneur, il vient d'estre fait un assassinat à la porte de mon logis, à ma veue, tout contre mon carrosse, par un fils de Vermont, qui a tiré un coup de pistolet à un de mes gentilz-hommes nommé Saint-Julien [1]. Je supplie tres-humblement vostre majesté

---

[1] « Le mercredi 5 (avril 1606), fut tué à Paris un gentilhomme favori de la roine Marguerite, par un autre jeune gentilhomme âgé de dix-huit ans seulement, qui le tua d'un coup de pistolet tout joignant la Roine. Le meurtri se nommoit Saint-Julien, lequel ladite Roine aimoit passionnement; et, pour ce, jura de ne boire ni manger qu'elle n'en eust vu faire la justice, comme aussi, dès le lendemain, il eust la teste tranchée devant son logis, qui estoit l'hostel de Sens, où elle assista; et, dès la nuit même, toute effrayée, en deslogea, et le quitta avec protestation de jamais n'y rentrer. Le criminel marcha gaiment au supplice, disant tout haut qu'il ne se soucioit de mourir, puisque son ennemi estoit mort, et qu'il estoit venu à bout de son dessein. On lui trouva trois chiffres sur lui, l'un pour la vie, l'autre pour l'amour et l'autre pour l'argent, qui sont trois deités fort reverées de nos courtisans d'aujourd'hui. » (LESTOILE, *Journal de Henri IV*, avril 1606.)

vouloir commander qu'il en soit fait justice et n'en vouloir point donner de grace. Si cette meschanceté n'est punie, il n'y a nul qui puisse vivre en seureté. Je supplie tres-humblement encore vostre majesté vouloir faire punir cet assassin. J'envoye monsieur de Fourquevaut pour en requerir vostre majesté, à qui je baise tres-humblement les mains, et prie continuellement Dieu pour sa tres-longue vie et tres-heureuse fortune. Vostre tres-humble et tres-obeissante servante et subjecte, MARGUERITE.

[*Autogr.* — Coll. Dupuy, t. 217, fol. 141.]

### AU ROY MON SEIGNEUR ET FRERE.

(De Paris, ce 9 avril 1606.)

Monseigneur, je loue Dieu du bon succes qu'il a donné au voiage de vostre majesté. Je ne reçeus jamais nouvelle qui m'apportast plus de joie, jugeant le contentement qu'elle en reçoit, ayant faict double gain d'une bonne ville et d'un bon serviteur[1]; tel le nommé-je, puisque vostre majesté l'estime tel, et souhaite de tout mon cœur qu'il reconnoisse bien la grandeur de la bonté de vostre majesté et l'obligation qu'il luy a, car il faut avouer qu'il est capable; et, ayant reconnu l'inclination qu'elle a eue de luy vouloir du bien, je sens la joie qu'elle a ressentie de le racquerir. Je m'en resjouis aussi infiniment pour le desplaisir qu'en recevront les ennemis de vostre majesté, le roy d'Espagne

[1] Cette bonne ville était Sedan, et ce bon serviteur le duc de Bouillon. « M. de Bouillon, disait Henri IV à cette occasion, a promis de me bien et fidelement servir, et moi d'oublier tout le passé. »

et tous ses autres voisins, à qui cet effect rendra vostre majesté redoutable et nous fera jouir d'une longue paix. Le retour de vostre majesté nous sera aussi joyeux que son partement nous feut triste, quoique j'ay tousjours creu ce qui en est reussi; car vostre majesté sçait que je le luy ai tousjours disputé; mais elle croyoit son obstination. Je loue Dieu d'y avoir esté prophete. Soudain que Rodelle est arrivé, j'en ai esté rendre graces à Dieu, transportée de joye pour tant d'apprehensions de maux convertis en bien. J'estime ma maison de Villers-Cottret heureuse d'y avoir vostre majesté si contente. J'eusse extresmement desiré avoir l'honneur d'y participer si ma cuisse me l'eust permis; mais si je n'y suis de presence, j'y serai de volonté. Madame de La Tremouille s'est trouvée en ma chambre à l'arrivée de Rodelle, qui n'eust jamais une telle joie, qui a soudain paru à son visage. Cette nouvelle, transformant en un instant et non seulement elle, mais toute cette ville, a soudain changé d'une extresme tristesse à une extresme allegresse, et tout retentit de louanges à Dieu et de benedictions à la prudence et bonté de vostre majesté. Je crois qu'elle scait que madame la marquise[1] est en cette ville; elle trouva hier aux Jesuites madame de Salignac, par qui elle me manda qu'elle desiroit me veoir. Je dis à madame de Salignac que je la suppliois trouver bon que j'en sceusse vostre volonté : je ne sais si cela l'arrestera. Je supplie tres-humblement vostre majesté me commander ce qu'il luy plait que je fasse; je ne suis

---

[1] La marquise de Verneuil, maîtresse du Roi.

née que pour la servir; commandez-donc à vostre tres-humble servante vostre volonté, que j'observerai toute ma vie en cela et en tout. J'ai tres-humble graces à rendre à vostre majesté de la bonne justice qui m'a esté faicte de l'assassinat faict en ma presence : le meschant ayant confessé à la justice que son frere aisné, qui est en Espagne, luy avoit ballé, et à tous ses autres freres, le caractere de magie[1] par lequel il avoit parlé au Diable, et que sa mere et son frere de Torsay luy avoient faict faire cet assassinat, ils l'ont banni, la mere et les enfans, pour neuf ans, avec defense d'approcher de vostre cour ni du lieu où je serois de vingt lieues, seul moyen d'asseurer ma vie; car cette meschante femme[2] ayant encore trois fils aussi mal nés que celuy-ci, il faut s'asseurer qu'elle les emploieroit tous à venger la justice qui en a esté faicte, si ce bannissement ne l'en eslongnoit; qui me faict supplier tres-humblement vostre majesté, pour asseurer la vie de la plus tres-humble et fidelle servante qu'elle aura jamais, vouloir commander au prevost de faire executer l'arrest de ce dict bannissement, et de la conduire jusqu'en l'abbaye de Salvanes[3] qu'elle a de moi, qui est en Rouergue, et qu'elle et ses enfans n'en bougent sur peine corporelle. Je nomme cet abbaye parce que, par le bon mesnage de son mary et d'elle, elle n'a poinct

---

[1] Il paraît que la reine Catherine avait transmis à sa fille sa croyance à la magie et aux sortiléges.

[2] Madame de Vermont, mère du meurtrier de Saint-Julien.

[3] Salvanez ou Silvanez, abbaye d'hommes de l'ordre de Citeaux. — Olivarius de Diovago, comes Vermundi breve regium a Margarita regina et comitissa Ruthenensi accipit 1591. (*Gall. christ.*, t. I, p. 290.)

d'autre bien. Son ingratitude est un prodige si estrange, qu'autre qu'elle n'en estoit capable. Lorsque j'auray l'honneur de voir vostre majesté, je luy en feray l'histoire tout au long, la suppliant tres-humblement de m'excuser si ces deux passions contraires, la joye de l'heureux effect de Sedan et la crainte des attentes de sa mauvaise personne et de leurs sorcelleries, m'ont faict importuner vostre majesté d'une si longue lettre, que je finiray avec les prieres à Dieu, qui me sont ordinaires, de donner à vostre majesté avec parfaict accroissement de grandeur tres-heureuse et tres-longue vie, et à moi l'honneur de ses bonnes graces, comme à vostre tres-humble et tres-obeissante servante, sœur et subjecte, MARGUERITE.

> *P. S.* Monseigneur, cette mauvaise femme affectionne fort mon neveu Charles M[r], qui me donne crainte, à cette heure qu'il voit que je sollicite vostre proces, qu'il ne se servist de la malice de cette femme et de ses enfans pour attenter contre moi, qui me fait encore supplier vostre majesté de m'en delivrer en l'eslongnant.

[ *Autogr.* — Coll. Dupuy, t. 217, fol. 106. ]

### AU ROY MON SEIGNEUR ET FRERE [1].

(Avril 1606.)

Monseigneur, j'ai tant d'occasions de rendre tres-humbles graces à vostre majesté que j'estime non seulement toutes paroles, mais tout service au dessous de

[1] Cette lettre, sans date, est postérieure à l'assassinat de Saint-Julien, et antérieure au retour du Roi à Paris, après la prise de Sedan, retour qui eut lieu le 28 avril 1606. Elle est donc comprise entre le 5 et le 28 avril.

ce que j'en dois à vostre majesté, à qui ayant tout voué, il ne me reste qu'une affection renaissant et croissant à toute heure de la tres-fidellement servir et d'y employer tout ce que Dieu me donnera de vie et de moyens. Je renvoye M. de Fourquevaux pour rendre à vostre majesté autant de tres-humbles graces que je puis du tesmongnage qu'il lui a pleu rendre de ressentir l'injure qui m'a esté faite, et pour lui faire entendre que cette meschante femme qui a si bien instruit ses enfans au meurtre et à la magie, se vante que par le moyen de ses amis elle obtiendra de vostre majesté un rappel de son bannissement, desfaveur que je ne craindray jamais recevoir de vostre majesté, ayant reçeu trop d'honneur d'elle; mais aussi, pour son service, il importe qu'elle et son mary soyent en lieu où ils ne puissent faire de pratiques, et principalement avec les ambassadeurs; car, à cause de sa sœur qui est mariée en Espagne, où est à cette heure son fils aisné, elle a eu tousjours telle intelligence avec les ambassadeurs d'Espagne que les meilleurs avis qu'ils eussent estoient de son mary et d'elle, estant des miserables qui ne gangnent leur vie qu'à ce mestier. Pour cette cause et pour la seureté de ma vie qu'elle menace en toutes sortes, je supplie tres-humblement vostre majesté commander au prevost de la conduire à son abbaye de Rouergue, car j'ay descouvert que ma sœur d'Angoulesme[1] la veut retirer au bois de Vincennes. Pensez qu'elle a tousjours esté affectionnée à mon nepveu

---

[1] Diane, légitimée de France, duchesse d'Angoulême, veuve de François de Montmorency, pair et maréchal de France.

Charles M^r. Vostre majesté connoist son esprit et sa meschanceté; telles personnes ne peuvent produire que mal. Je la supplie donc encore faire ce commandement au prevost, afin qu'elle n'arreste poinct ici autour, et excuser cette importunité causée avec tant de raison, et pour vostre service et pour ma seureté, et m'honorer que croire qu'elle n'aura jamais soin de la conservation d'aucune de ses servantes qui luy rende service avec autant de passion et de fidelité que moi, qui n'aimerai ma vie qu'autant qu'elle y pourra estre utile, dressant toutes mes actions à l'obeissance de ses commandemens. Nous attendons le retour de vostre majesté comme ces peuples qui ont six mois de nuit, le retour du jour; et faut avouer que Paris n'est poinct Paris, privé de l'honneur de la presence de vos majestés. Je prie Dieu les ramener bientost, et donner à vostre majesté tres-longues années, tres-heureuse et tres-contente vie, et à moi l'honneur de ses bonnes graces comme à vostre tres-humble et tres-obeissante servante, sœur et subjecte,

MARGUERITE.

[ *Autogr.* — Coll. Dupuy, t. 217, fol. 145. ]

### A MONSIEUR DE LOMENIE.

( Avril 1606.)

Monsieur de Lomenie, je vous ai une extresme obligation de la peine qu'avez pour tirer cette lettre de monsieur de Sully. Je crois que Dieu veut que j'en aye la seule obligation au Roy, de quoy je me resjouis, et le tiens à beaucoup d'heur et d'honneur. Sa majesté s'en souviendra donc, s'il lui plaist, de faire passer cet édit ¹ comme il lui plaist me le promettre. Vous avez entendu de monsieur de Fourquevaut l'assassinat qui a esté faict en ma presence ². J'ai rendu tres-humbles graces au Roy de la justice qui en a esté faicte ³, je le supplie, pour l'asseurance de ma vie que ces meschantes personnes menacent encore, qu'il plaise à sa majesté commander au prevost, monsieur Jouy, d'executer l'arrest de bannissement et luy faire commander de s'en aller à l'abbaye qu'elle a de moi, qui est le seul bien que leur bon mesnage leur a laissé. Il seroit besoin que le Roy le commandast par une lettre audict prevost: vous m'obligerez infiniment. Vous n'aurez jamais soin de la conservation de personne qui vous soit plus

¹ L'édit des vicomtés, comme elle l'appelle dans le *post-scriptum* de la lettre du 5 ou du 6 avril, qui précède, adressée au Roi.

² L'assassinat de Saint-Julien. « On publia des *regrets amoureux* sur ladite mort, faits par Mesnard, au nom et commandement de la roine Marguerite, qui les portoit ordinairement dans son sein, et les disoit tous les soirs comme elle eust fait ses Heures. » (LESTOILE, *Journal de Henri IV*, 1606.)

³ Non content de faire cette justice, « le Roy, pour réconforter ladite Roine sur cest accident, qu'elle prenoit si fort à cœur, lui disoit qu'il y avoit dans la cour d'aussi braves et galants escuyers que Saint-Julien; et quand elle en auroit affaire, on lui en trouveroit encore plus d'une douzaine qui le valoient bien. » Voici la reproduction poétique de cette pensée:

### A LA ROINE MARGUERITE,

#### SUR LA MORT DE SAINT-JULIEN, SON MIGNON.

Roine de qui l'amour surpasse la vertu,
Cadette de Venus, deesse demi-morte,
Ne regrettez point tant un laquais revestu;
L'on vous en trouvera au palais de la sorte.

(LESTOILE, *Journal de Henri IV*.)

acquise et vous ait tant voué d'amitié que vostre tres-affectionnée et plus fidelle amye, MARGUERITE.

[*Autogr.* — Coll. Dupuy, t. 217, fol. 138.]

A MONSIEUR DE LOMENIE.

(Avril 1606.)

Monsieur de Lomenie, j'ai sçeu de monsieur de Fourquevaut la bonne volonté que tesmongnez en ce qui me touche, comme de tout temps me l'avez faict paroistre. Je vous en ai une si particuliere obligation que je ne le vous puis assez tesmongner, et desirerois que ce feust plus tost d'effect que de parole. Je vous prie me la continuer et faire que monsieur de Fourquevaut m'apporte la lettre que je requiers au Roy, par où il commande au prevost de conduire cette meschante femme en son abbaye de Rouergue, pour les causes que verrez par la lettre que j'escris au Roy, qui importent autant à son service qu'à ma seureté[1]. Je vous prie donc que je l'aye promptement. Il faut que ce soit une lettre de commandement et non pas une de cachet. Je sçai que ces deux causes vous sont si recommandées que il ne vous les faut recommander. Pour celle qui me regarde, je vous prierai croire que n'aurez jamais soin de la conservation de personne qui vous soit tant acquise que moi, et qui en toute occa-

[1] L'acharnement avec lequel Marguerite poursuit la famille du meurtrier de Saint-Julien fait juger de la vivacité de son ressentiment et de l'affection qu'elle portait à la victime. On a déjà vu, par le passage de Lestoile rapporté plus haut, qu'elle délogea la nuit même de la maison devant laquelle le meurtre avait été commis. Cet éclat fit

sion desire plus se faire paroistre vostre tres-affectionnée et plus fidelle amye, MARGUERITE.

[ *Autogr.* — Coll. Dupuy, t. 217, fol. 143. ]

du bruit, et donna lieu aux vers suivants, conservés par l'auteur du *Journal de Henri IV* :

>La roine Venus, demi-morte
>De voir mourir devant sa porte
>Son Adonis, son cher Amour,
>Pour vengeance a, devant sa face,
>Fait desfaire en la mesme place
>L'assassin presque au mesme jour.
>
>Là, de ce sang jugeant coulpable
>Son œil, et ce lieu miserable,
>Elle quitte l'hostel de Sens,
>Comme un hostel de sang infame
>Où a laissé la bonne femme
>Les reliques de son bon sens.
>
>La rage en cest estat l'incite
>D'aller loger à l'opposite,
>S'exposant aux yeux de la cour,
>Afin qu'en sa laide vieillesse
>Le Louvre, comme en sa jeunesse,
>Lui voie encor faire l'amour.
>
>N'estant plus Venus qu'en luxure,
>Ni roine non plus qu'en peinture,
>Et ne pouvant, à son advis,
>Loger au Louvre comme roine,
>Comme p..... au bord de Seine
>Elle se loge vis-à-vis.
>
>Ceste vieille sainte plastrée,
>Pour estre encore idolastrée,
>Bastit son temple au bord de l'eau,
>Affin qu'à toute heure, du Louvre,
>Qui de l'autre bord la descouvre,
>Le Roy puisse voir le bordeau.

## AU ROY MON SEIGNEUR ET FRERE.

(Mai 1606.)

Monseigneur, j'ay depuis quelques jours commencé le proces de la succession de la Royne ma mere, où l'avocat de mon neveu ne voulut poinct respondre, delayant sous l'esperance qu'il disoit avoir de faire gangner vostre majesté pour eux, ce que je ne craindray jamais, croyant que vostre majesté aimera tousjours mieux le bien de monsieur le Dauphin que celuy des enfans de ce miserable qui l'y a si peu obligée, mais se desfaire de leur importunité. Vostre majesté se souviendra, s'il lui plait, que ce que j'ay donné à monsieur le Dauphin, est uni à la couronne, et par consequent inseparable. J'ay prié monsieur de Metz, à qui vostre majesté fist traicter cette affaire, de luy faire ressouvenir des termes du contract. Il publioit aussi ce que je dis à vostre majesté, et disoit qu'à Fontainebleau la conclusion en doit estre faicte sous la caution de ma sœur [1]. Je crois que ce seroit faire tort à la prudence de vostre majesté de le croire. Il prenoit l'exemple de monsieur de Bouillon pour esperance, mais il n'y est semblable, car cestuy-ci n'avoit offensé qu'une fois, avoit fort servi de long-temps vostre majesté, et

---

[1] Il s'agissait probablement d'une réconciliation entre Charles de Valois et Henri IV ; ce qui suit rend cette conjecture presque évidente. Cette lettre est sans date, mais il est facile de la dater : puisqu'il y est fait mention de la rentrée en grâce de M. de Bouillon, elle est postérieure au 4 avril 1606. D'un autre côté, le procès de Marguerite contre son neveu se termina le 30 mai suivant. Cette lettre fut écrite, par conséquent, dans les premiers jours de mai.

est capable pour l'avenir de luy rendre beaucoup de services; et l'autre, je le laisse au jugement de vostre majesté, pour luy dire que j'ay veu depuis son partement cette naissante beauté au milieu de tous ses adorateurs, où, pour le respect de vostre majesté, j'ay faict à la mere et à la fille toute la bonne chere et l'honneur que j'ay peu, comme ne vivant que pour servir et complaire à vostre majesté, et prier Dieu sans cesse, monseigneur, qu'il donne à vostre majesté tres-longue et tres-heureuse vie, et à moi l'honneur de ses bonnes graces. Vostre tres-humble et tres-obeissante servante, sœur et subjecte, MARGUERITE.

[*Autogr.* — Coll. Dupuy, t. 217, fol. 164.]

### AU ROY MON SEIGNEUR ET FRERE.

(Mai 1606.)

Monseigneur, j'ay estimé estre de mon devoir, ne travaillant à la liquidation de la succession de la feue Royne ma mere que pour l'honneur que monsieur le Dauphin m'a faict de l'accepter [1], d'avertir monsieur le chancelier, pour le faire entendre à vostre majesté, du progres qu'a pris le proces des terres de Limousin. J'y ai presque esprouvé ce que j'ay quelquefois ouï dire à vostre majesté, qu'elle y reçoit moins de justice que les seigneurs particuliers. J'espere neanmoins, avec l'aide de Dieu, avoir bien tost des pieces qui conserveront nostre droit, et ne plaindrai jamais ma peine,

[1] Comme on l'a déjà dit, Marguerite fit donation au Dauphin des biens provenant de la succession de sa mère, sous réserve d'usufruit; mais elle s'en dessaisit plus tard pour une forte pension.

quant je pourrai rendre à vostre majesté et à monsieur le Dauphin le service très humble que je leur dois, qui sera tousjours accompagné d'une tres-fidelle affection, en laquelle je prierai Dieu, monseigneur, donner à vostre majesté tres-heureuse et tres-longue vie, et à moi l'honneur de vos bonnes graces comme à vostre tres-humble et tres-obeissante servante, sœur et subjecte, MARGUERITE.

[*Autogr.* — Coll. Dupuy, t. 217, fol. 132.]

### AU ROY MON SEIGNEUR ET FRERE.

(De Paris, ce 17 mai 1606.)

Monseigneur, j'envoie Rodelle pour me rapporter vos commandemens sur le temps qu'il vous pleut me commander d'aller à Fontainebleau, parce qu'il se parle ici diversement du retour de vostre majesté, que l'on dict y devoir estre dans peu de jours. Dans la semaine prochaine, j'espere, avec l'aide de Dieu, que le delai finira, et avoir arrest de mon proces. Je crois que vostre majesté aura agreable que je l'attende, et que je rende ce petit service à monsieur le Dauphin, auquel j'ay eu l'honneur de baiser les mains il y a deux jours. J'assurerai vostre majesté qu'il se porte tres-bien et Mesdames aussi, et croissent en grandeur et beauté, et tout le reste de la petite troupe, mais surtout monsieur le Dauphin qui porte au visage et en toutes ses royales actions la vraie marque de ce qu'il est. Y allant, je passai à Boulongne où j'ai trouvé un si grand desgast du bois, qu'ont fait les enfans de la gruyere, comme vous dira Rodele, que si elle y estoit encore trois mois, je crois qu'il n'y auroit plus de bois. Je desire conserver et embellir cette maison pour monsieur le Dauphin; j'aurois extresme regret de la voir ainsy ruiner, qui me faict tres-humblement supplier vostre majesté d'avoir agreable que je l'en oste. J'ay donné l'estat de gruier à un honneste homme, cousin de monsieur Paquier; il tiendra la casine meublée et propre, et la porte ouverte quand il plaira à vostre majesté d'y aller, ne voulant avoir chose qui ne soit pour servir à vostre majesté et lui rapporter du plaisir, la suppliant tres-humblement me conserver l'honneur de ses bonnes graces comme à celle de toutes ses servantes qui lui a voué plus de fidélité, et qui prie Dieu avec plus d'affection donner à vostre majesté, monseigneur, tres-heureuse et tres-longue vie. Vostre tres-humble et tres-obeissante servante, sœur et subjecte, MARGUERITE.

[*Autogr.* — Coll. Dupuy, t. 217, fol. 99.]

**AU ROY MON SEIGNEUR ET FRERE.**

(Du 17 au 20 mai 1606.)

Monseigneur, j'ay à rendre tres-humbles graces à vostre majesté de ce qu'il luy a pleu se faire obeir à messieurs du parlement de Rouen pour luy envoyer leurs remonstrances. Je la supplie tres-humblement, en me continuant cette faveur, me vouloir obliger du tout en leur faisant par l'autorité et expres commandement de vostre majesté passer l'édit, ainsy qu'il luy a pleu par ses lettres m'en asseurer, et de me tirer de la despense et peine que leur longueur depuis quatre mois m'a apportée. Deleus s'en est fort bien acquitté. Je supplie vostre majesté luy commander de porter encore cette jussion. En leurs remonstrances, ils ne disent rien que ce que monsieur le procureur general representa à monsieur le garde sceaux, qui trouva ses raisons si foibles qu'il n'y avoit nulle apparence. Dieu veut, monseigneur, que j'en aie toute l'obligation à vostre majesté, et comme je reçois ce bienfaict d'elle, qu'aussi par elle seule ces Normands obeissent. Je la supplie donc tres-humblement obliger encore en cet effect sa creature, qui ne despend et ne reconnoit que vostre majesté. Deleux lui dira comme je sollicite mon proces qui a esté plaidé trois ou quatre jours [1]; et plus il va avant, plus mon droit s'esclaircit, et mes parties en sont eslongnées. Soudain que j'en aurai arrest, je ne faudrai, suivant son commandement, d'aller à Fontainebleau; mais puisqu'il y va du service de monsieur le Dauphin, vostre majesté trouvera bon que je mene cette œuvre jusqu'à sa perfection, ma presence y estant plus necessaire qu'au commencement, pource que mon neveu, qui au commencement faisoit semblant de ne dire mot, fait solliciter à cette heure par sa femme et par monsieur le connestable, et cherche tous ceux qu'il peut pour les faire joindre à sa cause. Mais, avec l'aide de Dieu, mon droit qui est si clair me sera conservé, ce que je desire passionnement,

---

[1] L'arrêt fut rendu le 30 mai 1606; le 23, Marguerite écrivit au Roi que les plaidoiries dureraient encore pendant trois audiences. La lettre que nous donnons ici est antérieure à celle du 23; elle doit être du 17 au 20 mai 1606.

l'ayant voué à monsieur le Dauphin. J'ai trop arresté vostre majesté sur cette longue lettre; je la supplie tres-humblement m'en excuser et m'honorer de ses bonnes graces comme celle du monde, qui avec plus d'affection prie Dieu donner à vostre majesté, monseigneur, tres-heureuse et tres-longue vie. Vostre tres-humble et tres-obeissante servante, sœur et subjecte,

MARGUERITE.

[*Autogr.* — Coll. Dupuy, t. 217, fol. 161.]

**AU ROY MON SEIGNEUR ET FRERE.**

(23 mai 1606.)

Monseigneur, j'ay esté infiniment aise de trouver cette occasion de mon cousin le comte de l'Hospital, qui va trouver vostre majesté pour luy donner avis qu'aujourd'huy le delay a fini par lequel mes parties avoient retardé et l'arrest et mon voiage de Fontainebleau, que je desire impatiemment, et pour avoir l'honneur d'estre aupres de vos majestés et pour veoir ce paradis terrestre, ce beau jardin de volupté. Aujourd'huy l'on a commencé à plaider nostre cause; dans demain et vendredi ou lundi [1] tout au plus tard, qui sont encore trois audiences, j'espere, avec l'aide de Dieu, en avoir l'arrest que je desire, auquel ma presence est fort necessaire pour le service de monsieur le Dauphin, nos parties usant de toutes sortes d'artifices pour embrouiller et retarder; mais nostre

---

[1] L'arrêt ne fut rendu que le mardi 30 mai, et non le 29, comme Marguerite l'espérait. Cette phrase donne la date précise de la lettre, qui est du 23 mai 1606.

droit est si clair qu'ils ne font que se faire moquer d'eux. Il y a fallu faire une recherche de fort loin de toute la genealogie de la maison de Boulongne que monsieur Servin [1] a faite fort exactement, et est une fort belle recherche, où il s'est trouvé, en plusieurs alliances des enfans de France aux filles de Boulongne, d'où la Royne ma mère est sortie, que j'ay l'honneur d'appartenir à vostre majesté, autant du costé maternel que paternel, ce qui fortifie tousjours davantage la donation que j'ay faicte à monsieur le Dauphin. Je rends tres-humbles graces à vostre majesté des lettres qu'il lui a pleu m'accorder par Deleux. Je la supplie tres-humblement si ceux de Rouen y font faire leurs remontrances, de s'y faire obeir comme il lui a pleu me promettre, et me conserver l'honneur de ses bonnes graces comme à celle de vos servantes qui avec plus d'affection prie Dieu, monseigneur, donner à vostre majesté tres-heureuse et tres-longue et tres-contente vie. Vostre tres-humble et tres-obeissante servante, sœur et subjecte, MARGUERITE.

[*Autogr.* — Coll. Dupuy, t. 217, fol. 157.]

[1] C'est le fameux Louis Servin, avocat général du parlement de Paris, qui mourut subitement aux pieds de Louis XIII, au parlement, où il tenait son lit de justice, en lui faisant des remontrances au sujet de quelques édits bursaux. Ce fut sur les conclusions de Servin que le parlement de Paris adjugea à Marguerite la possession de tous les biens de la succession de la reine Catherine.

## AU ROY MON SEIGNEUR ET FRERE.

(29 mai 1606.)

Monseigneur, je supplie tres-humblement vostre majesté croire qu'autre sujet ne m'eust seu retarder le contentement de voir les merveilles de vostre beau sejour que le respect du service de monsieur le Dauphin, en ayant tant de desir et d'impatience que sans cesse je suis à solliciter mes juges pour vuider cette affaire, l'estat de laquelle mon cousin, monsieur le comte de Choisi, fera entendre à vostre majesté. J'espere, avec l'aide de Dieu, en avoir demain, qui est mardy, arrest[1], de sorte que je ne pourrai partir que mercredi. Que si vostre majesté y demeure davantage, m'en faisant cet honneur de m'en faire savoir sa volonté, je ne faudrai de partir soudain, ne desirant rien tant au monde qu'avoir l'honneur de me voir pres de vos majestés pour leur rendre le tres-humble service que je leur dois. J'attends donc ses commandemens et la remercierai tres-humblement de la volonté qu'il lui plait me tesmongner de me tirer de la peine et de la despense où messieurs du parlement de Rouen m'ont tenue depuis quatre mois, d'où je n'espere sortir que par l'expres commandement de vostre

---

[1] Ce fut en effet le mardi 30 mai 1606 que Marguerite gagna son procès. « Le mardy 30, dit Lestoile, la roine Marguerite gagna sa cause à la cour pour la comté d'Auvergne, dont elle fut tellement resjouie, que M. Drieux (de Rieux), son chancelier, lui en estant venu dire les nouvelles à Saint-Severin, où elle oyoit la messe, se leva tout aussitost, et laissant là la messe, s'en alla aux Cordeliers y faire chanter le *Te Deum*. » (LESTOILE, *Journal de Henri IV*, mai 1606.)

majesté que j'en supplie tres-humblement, et de croire que je prie Dieu continuellement qu'il donne à vostre majesté, monseigneur, tres-heureuse et tres-longue vie, et à moi l'honneur de vos bonnes graces comme à vostre tres-humble et tres-obeissante servante, sœur et subjecte, MARGUERITE.

[*Autogr.* — Coll. Dupuy, t. 217, fol. 147.]

### AU ROY MON SEIGNEUR ET FRERE.

(De Paris, ce 21 juillet 1606.)

Monseigneur, c'est à cette heure que j'ay à rendre tres-humbles graces à vostre majesté du don qu'il luy a pleu me faire des esdits de Rouen où ils ont esté verifiés, ce que je reçois a une faveur si particuliere, pour l'affection de quoy il a pleu à vostre majesté en embrasser l'effect, que s'il me restoit quelque chose à luy desdier, je l'offrirois aux pieds de vostre majesté, à qui je me recognois toute acquise, et par devoir et par obligation : la suppliant tres-humblement de croire que j'y feray tellement respondre ma volonté en la fidelité de la tres-humble servitude que j'ay vouée à vostre majesté, qu'elle cognoistra n'avoir rien qui despende tant de ses commandemens ni plus absolument en sa puissance que tout ce qui despendra jamais de moi. Je depesche, apres Deleux, monsieur le comte de Choisy pour luy en rendre encore tres-humbles graces et pour luy faire entendre la soumission que j'ay envoyé rendre par les presidial et eschevins de Clermont, qui m'estoient venu reconnoitre, à monseigneur le Dauphin qui les a receus avec la majesté de sa naissance, les mains aux costés, et en sont demeurés en admiration. Je fais haster mon bastiment afin que vostre majesté le trouve avancé, m'y plaisant puisqu'il a esté agreable à vostre majesté, que je supplie tres-humblement m'honorer de ses bonnes graces comme sa tres-humble et plus fidele servante, qui prie Dieu, monseigneur, donner à vostre majesté tres-heureuse et tres-longue vie. Vostre tres-humble et tres-obeissante servante, sœur et subjecte, MARGUERITE.

[*Autogr.* — Coll. Dupuy, t. 217, fol. 103.]

### AU ROY MON SEIGNEUR ET FRERE.

(De Paris, ce 23 juillet 1606.)

Monseigneur, je continuerai tousjours à rendre tres-humbles grasces à vostre majesté comme à la divinité à qui nous en devons incessamment ; aussy apres Dieu tiens-je tout de la bonté de vostre majesté, et le veux rapporter tout à son service, ce que je laisseray mieux representer à l'eloquence de mon cousin, monsieur le comte de Choisy, ne voulant destourner vostre majesté des agreables complimens dont elle est occupée. Je la supplieray me continuer l'honneur de ses bonnes graces comme sa tres-humble et plus fidele servante qui prie Dieu, monseigneur, donner à vostre majesté tres-heureuse et tres-longue vie. Vostre tres-humble et tres-obeissante servante sœur et subjecte,
MARGUERITE.

[*Autogr.* — Coll. Dupuy, t. 217, fol. 104.]

AU ROY MON SEIGNEUR ET FRERE [1].

(D'Isi, ce 12 septembre 1606.)

Monseigneur, avant que le commissaire qui va executer mon arrest partist, monsieur le procureur-general me vint prier de continuer monsieur de La Guesle son cousin à la capitainerie de Mercurol, où il estoit par le commandement de vostre majesté. A cette consideration, et sachant combien ceux de La Guesle sont fideles au service de vostre majesté, je luy en fis baller les provisions, estimant que vostre majesté l'auroit agréable, comme je veux croire encore qu'en estant avertie elle l'approuvera. Je fais par obeissance et respect cette response, ayant neantmoins prié ce porteur ne la mettre pas entre vos mains, à cause de l'accident qui me fait tenir la campagne [2], duquel s'il plaist Dieu me preserver, j'espere faire rire vostre majesté des fortunes que nous avons courues. Je despesche Rodelle qui me fera, apres avoir tres-humblement baisé les mains de vostre majesté, prier Dieu, monseigneur, luy donner tres-heureuse et tres-longue vie. Vostre tres-humble et tres-obeissante servante sœur et subjecte, MARGUERITE.

[*Autogr.* — Coll. Dupuy, t. 217, fol. 98.]

[1] A côté de la suscription se trouvent ces mots : *Faites parfumer cette lettre, et que le Roi ne la touche pas.*

[2] « La peste au logis de la roine Marguerite, dont deux ou trois de ses officiers meurent, et, entre autres, un miserablement, dans une pauvre mazure près les *Fratti Ignoranti*, la fait retirer à Issy, au logis de La Haye, se voiant, à raison de ceste maladie, abandonnée de ses officiers et gentilshommes. » (LESTOILE, *Journal de Henri IV*, 6 septembre 1606.)

## AU ROY MON SEIGNEUR ET FRERE.

D'Issy, ce 12 septembre (1606.)

Monseigneur, comme j'avois la main à la plume pour vous despescher Rodelle, il y a quatre jours, je sçeus que le pauvre Galeman et Anchise estoient frappés de la maladie, et qu'Anchise estoit desja passé; cela me le fit retenir; mais, ayant esté contrainte, par le commandement que monsieur le comte de Choisy m'a faict, de refuser pour Vilemain ce qu'elle me commandoit par une lettre qu'un de ses valets de chambre m'a baillée, j'ai voulu encore savoir mieux par ledict Rodelle sa volonté, auquel j'ay desfendu de s'approcher en aucune façon de vostre majesté, mais de le luy faire sçavoir par autre qui ne luy puisse donner soupçon de mauvais air. Nous tenons la campagne depuis quatre jours à la façon des Tartares, tousjours changeant de lieu, ayant separé tout mon train par bandes de tous costés. Je crois que pour la punition de mon incredulité je fais cette penitence. L'on secourt Galeman de tout ce que l'on peut. J'en ay plus de soin pour le plaisir que vostre majesté prenoit en sa voix. Saint-Martin en est, Dieu merci, exempt, mais ils sont tous aussy escartés qu'effrayés. J'espere que la bonté de Dieu arrestera ce fleau, et me conservera pour continuer à vostre majesté les fideles effects des tres-humbles vœux de ma servitude, que je la supplie honorer de la continuation de ses bonnes graces, comme celle qui avec plus de devotion prie Dieu de donner à vostre majesté, monseigneur, tres-heureuse et tres-longue vie. Vostre tres-humble et tres-obeissante servante, sœur et subjecte, MARGUERITE.

[*Autogr.* — Coll. Dupuy, t. 217, fol. 173.]

### AU ROY MON SEIGNEUR ET FRERE.

(Vers la fin de septembre 1606.)

Monseigneur, pour ne laisser perdre la souvenance à vostre majesté de vostre tres-humble servante, j'ay osé, par cette commodité, la luy ramentevoir et la supplier tres-humblement me continuer l'honneur de ses bonnes graces, comme à celle qui avec plus d'affection souhaite toutes prosperités à vos majestés, de qui je n'ay eu peu d'apprehension par ce qu'il lui a pleu m'escrire de la contagion de Fontainebleau; elle se passe, Dieu merci, à Paris; mais je seray la derniere à m'y fier comme j'ay esté la derniere à la croire, ayant resolu de tenir la campagne jusqu'à tant que le froid m'en chasse. En cette vie champestre, je fis hier, en une maison où je m'estois allé promener, un beau rencontre de mademoiselle Quelin, qui ne feust pas sans parler de vostre majesté qu'elle adore. Je luy dis que je le tesmongnerois à vostre majesté, que je n'ay voulu pour ces deux lignes effrayer de tourner le feuillet[1], craignant qu'elle ne la lust pas, la desirant servir et non importuner, qui me fait, apres luy avoir tres-humblement baisé les mains, prier Dieu de lui donner

---

[1] La fin de cette lettre, depuis les mots, *sans parler de vostre majesté*, est écrite à la marge.

tres-heureuse et longue vie. Vostre tres-humble et tres-obeissante servante, sœur et subjecte,

MARGUERITE.

[*Autogr.* — Coll. Dupuy, t. 217, fol. 165.]

### AU ROY MON SEIGNEUR ET FRERE.

(D'Issy, ce 22 d'octobre 1606.)

Monseigneur, vostre majesté entendra, par le fils de monsieur d'Aire, present porteur, comme Vilemain avoit surpris le chasteau de Mercurol[1], où monsieur d'Aire a remedié sy promptement et toute la noblesse. Apprehendant ce voleur là dedans, ils y ont sy promptement servy vostre majesté qu'il en a esté tiré et la place remise entre les mains de monsieur de La Guesle qui estoit seulement allé voir monsieur le procureur general son cousin, lorsque Vilemain fit cette entreprise. C'est une place presque aussy forte que Usson; je crois que le service de vostre majesté seroit que telles places fussent par terre. Si vostre majesté me le commande, elle sera soudain abattue; vostre majesté jugera sy cette entreprise a autre suite; car une place sy forte, s'il eust eu loisir d'y mettre des vivres, eust donné de la peine à reprendre, et peut-estre amené d'autres brouilleries. Monsieur d'Aire y a fort bien servy vostre majesté, que je supplie m'honorer de la continuation de l'honneur de ses bonnes graces comme celle de ses servantes, qui

---

[1] En Dauphiné, aujourd'hui département de la Drôme.

avec plus d'affection prie Dieu, monseigneur, donner à vostre majesté tres-heureuse et tres-longue vie. Vostre tres-humble et tres-obeissante servante, sœur et subjecte, MARGUERITE.

[ *Autogr.* — Coll. Dupuy, t. 217, fol. 110. ]

### AU ROY MON SEIGNEUR ET FRERE.

(D'Issy, ce 8 novembre 1606, et de ma maladie 22ᵉ.)

Monseigneur, l'honneur que vostre majesté me faict d'avoir tant de soin de la vie de sa creature seroit suffisant pour me retirer du tombeau, la suppliant tres-humblement de croire que le temps qu'il plaira à Dieu me conserver en ce monde ne sera employé que pour luy rendre le tres-humble et tres-fidele service que je luy dois, et puisqu'il luy plaist me commander de luy rendre conte du cours de ma maladie, je luy diray qu'il est tres-vray, ce que le sieur de Marillac luy a dit, qu'il y avoit huit jours que j'estois malade quand il plut à vostre majesté l'envoyer. J'estois allée, il y a dimanche huit jours, ouir la messe aux Augustins où je sentis un sy grand froid que des lors je fus saisie d'une tres-grande fievre et d'une pleuresie avec ses accidens ordinaires, une grande douleur de costé, courte haleine, et une extresme douleur de teste, qui me durerent jusqu'au septiesme, auquel je perdis la douleur de costé, mais non encore la courte haleine, le mal de teste et la fievre, que j'avois encore quand je vis ledit sieur de Marillac; mais la joie que je reçeus de l'honneur qu'il pleut à vos majestés de me faire par ledit sieur de Marillac, et Dieu benissant la medecine qui me fust baillée, le lendemain elle m'emporta la plus part de ces accidens ; elle a allé depuis tousjours amendant. Je perdis hier au soir la fievre du tout, ne me restant plus que la foiblesse d'un mal sy cruel, pour lequel l'on m'a tiré tant de sang que je crois que, quand j'auray l'honneur de baiser les mains à vostre majesté, vous me prendrez pour une anatomie, ayant à cette heure le nez aussy long que le Roy mon grand pere. Je feray neanmoins tout ce que je pourray pour me remettre le plus tost qu'il me sera possible, pour continuer le tres-humble service que vostre majesté se doit promettre de celle qui avec plus d'affection priera tousjours Dieu donner à vostre majesté, monseigneur, tres-heureuse et tres-longue vie, et l'honneur de vos bonnes graces à vostre tres-humble et tres-obeissante servante, sœur et subjecte, MARGUERITE.

> *P. S.* Je supplie tres-humblement me pardonner cette erreur d'emprunter une main ; ma foiblesse m'en excusera et sa bonté [1].

[ Coll. Dupuy, t. 217, fol. 102. ]

### A MONSIEUR DE LOMENIE.

(D'Usson, ce 14 février 1607.)

Monsieur de Lomenie, le tesmongnage que ce porteur m'a rendu de vostre part de la continuation de

---

[1] Le *post-scriptum*, la signature et la date sont seuls de la main de Marguerite.

vostre bonne volonté en ce qui me touche, m'a faict estimer ne le devoir laisser retourner sans celle-cy, pour vous prier croire que n'employerez jamais vos bons offices à personne qui les estime davantage et se plaise plus à le reconnoistre, desirant infiniment qu'il s'en presente quelque bonne occasion, où je vous puisse faire paroistre combien vous pouvez faire estat de mon amitié. J'ai reçeu un tres-agreable commandement du Roy pour monsieur de Roquelaure, que j'ay tousjours beaucoup estimé et qui est de mes anciens amis; je lui en envoie les provisions où j'ay faict revoquer celles que j'en avois données au sieur de Castelnau qui avoit esté plus diligent; et afin que le Roy n'en fust importuné, je l'ai averty de s'en despartir, et ay soudain redespeché ce porteur, par le quel j'ay eu un tres-grand contentement d'avoir reçeu l'honneur d'avoir des lettres du Roy, de quoy, depuis un long espace de temps, j'avois eu le malheur d'estre privée, ce qui me faisoit infiniment craindre que mes ennemis m'y eussent presté quelque charité, à quoy je me promets que vous vous opposerez, comme je vous en prie, et de m'obliger tant de faire que j'aye response du Roy et de madame la marquise¹. Je leur escris pour ce que ma necessité me contraint m'approcher de mes terres de France, n'ayant de l'année derniere rien reçeu de ma pension ny des assignations qu'il a pleu au Roy me donner, ce qui me fait tourmenter de mes creanciers, en sorte que mes

---

¹ La marquise de Verneuil, maîtresse du Roi.

affaires se ruinent par mon absence; toutefois je m'en remets à la volonté du Roy. Je vous prie m'en faire avoir reponse, et croire que je seray en eternité vostre affectionnée amie, MARGUERITE.

[*Autogr*. — Coll. Dupuy, t. 217, fol. 111.]

### AU ROY MON SEIGNEUR ET FRERE.

(De Paris, ce 9 mars 1607.)

Monseigneur, je supplie tres-humblement vostre majesté m'excuser sy, forcée du devoir d'une estroite obligation à un amy des plus utiles et fideles que j'eus, j'ose interrompre ses plaisirs pour luy faire cette tres-humble requeste, de quoy j'ay prié monsieur de Rieux de requerir vostre majesté de ma part : c'est pour monsieur Dusaut, avocat general de vostre majesté à Bordeaux et chef de mon conseil, qui, se trouvant en une grande maladie, supplie tres-humblement vostre majesté luy accorder la dispense des quarante jours; il a resigné à un conseiller de la grand chambre non moins capable de rendre du service à vostre majesté que luy. Il laisse force enfans plus riches d'honneur que de bien; il a tres-dignement servy vostre majesté, ce qu'il fera avec d'autant plus d'affection, s'il en rechappe, comme j'en supplie Dieu et vostre majesté tres-humblement de luy accorder cette recompense de ses fideles services, auxquels je joindray ma tres-humble supplication, et comme ne desirant avec moins de passion ce bien pour luy que si c'estoit pour ma propre vie, pour les estroites obligations que luy ay, qui me fait faire en cecy, ce que je n'eusse entrepris pour moi mesme, d'importuner vostre majesté en tel lieu. Je luy en demande mille pardons, et la supplie encore tres-humblement me tenir pour celle du monde qui avec plus de devotion prie Dieu donner à vostre majesté, monseigneur, tres-heureuse et tres-longue vie. Vostre tres-humble et tres-obeissante servante, sœur et subjecte,

MARGUERITE.

[*Autogr.* — Coll. Dupuy, t. 217, fol. 108.]

### AU ROY MON SEIGNEUR ET FRERE.

(De Paris, le 17 avril 1607.)

Monseigneur, je tiens la faveur qu'il a pleu à vostre majesté me faire de vouloir que j'aie reçeu la premiere la bonne nouvelle de la naissance de monsieur d'Orleans[1], que je ne puis dire quelle est en moy plus grande la joie ou l'obligation que j'en ay à vostre majesté. Je la supplieray tres-humblement croire que neul ne me devancera jamais en ressentiment de ce qui apporte ou accroissement ou contentement à vostre majesté. Monsieur de Lomenie tesmongnera à vostre majesté l'universelle joie de tout Paris telle qu'à la naissance de monsieur le Dauphin elle n'eust sceu estre plus grande. Les chants redoublés ont duré

---

[1] « Le mardi 17 de ce mois (avril 1607), arriverent à Paris, dès le matin, les nouvelles de la naissance de M. d'Orleans à Fontainebleau, dont furent faits force feux de joie, le *Te Deum* chanté, et l'alegresse grande partout pour une si heureuse venue, dès long-temps attendue et souhaittée de tous les gens de bien et bons serviteurs du Roi. » (LESTOILE, *Journal de Henri IV*.)

tout le jour, et, à cette heure, les feux de joie feront passer la nuit en mesme resjouissance. Ce sont effects, monseigneur, de vostre bonne fortune; mais plus tost des particulieres faveurs de Dieu qui vous traite en fils aisné, mais en fils chery et tendrement aimé. Vostre majesté le sçaura bien reconnoistre, comme elle le sçait dignement confesser. Pour moy je suis si ravie en cette joie que je ne fais que le louer sans cesse et prier que, pour combler le bonheur de ce qui n'espere apres luy qu'en vostre majesté, qu'il multiplie vos années en donnant à vostre majesté tres-heureuse et tres-longue vie, et à moy, monseigneur, l'honneur de vos bonnes graces, comme à vostre tres-humble et tres-obeissante servante, sœur et subjecte,

MARGUERITE.

[*Autogr.* — Coll. Dupuy, t. 217, fol. 154.]

### AU ROY MON SEIGNEUR ET FRERE.

(De Paris, ce 20 avril 1607.)

Monseigneur, je m'asseure que vostre majesté, se ressouvenant des fideles services qu'a faicts feu monsieur de Brezé[1] à la Royne ma mere et au roy Charles mon frere, qu'elle approuvera la tres-humble requeste que je luy fais pour ses enfants, d'avoir agreable de laisser faire la justice sur une grace que vostre majesté a donnée à ung qui a tué l'un de messieurs de

[1] Il s'agit ici d'Artus de Maillé, seigneur de Brezé et de Milly, chevalier de l'ordre du Roi, capitaine de ses gardes du corps, qui mourut fort âgé en 1592, et, dit le père Anselme, « en réputation d'homme sage et fidelle à son Roy. »

Brezé[1] tout autrement que l'on ne l'a donné à entendre à vostre majesté; car, s'estant battu en duel sur un sujet fort leger que ce Taluet[2] rechercha comme de gaité de cœur, monsieur de Brezé l'ayant fort blessé et porté par terre sans avoir aucun coup, luy demandant la vie et le priant le relever, monsieur de Brezé quitte ses armes, et le prenant pour le relever, Taluet luy donna un coup de dague, de quoy il mourust soudain. La mere du mort et tous ses freres et moi avec eux supplions tres-humblement vostre majesté se contenter de la grace qu'elle luy a donnée et ne luy donner plus autre chose, mais permettre que la justice juge si la grace contient verité ou non, et, en ce cas, permettre à la justice de la leur rendre. Vostre majesté hait tant les assassins et a l'equité en si grande recommandation, que je me promets qu'il luy plaira m'accorder cette juste requeste, comme encore je l'en requiers tres-humblement, et de me conserver l'honneur de ses bonnes graces comme à celle qui prie Dieu avec plus d'affection, monseigneur, donner à vostre majesté tres-heureuse et tres-longue vie. Vostre tres-humble et tres-obeissante servante, sœur et subjecte,

MARGUERITE.

[*Autogr.* — Coll. Dupuy, t. 217, fol. 109.]

[1] Claude de Maillé, seigneur de Cerisay, chevalier de Malte, tué en duel par le sieur de Talhoet en 1606. (ANSELME, t. VII, p. 416.) — Il était petit-fils d'Artus de Maillé.

[2] Lisez : *Talhouet*.

## AU ROY MON SEIGNEUR ET FRERE.

(De Paris, ce 19e jour de mai 1607.)

Monseigneur, ayant receu l'avis de la mort de l'abbé de Conques [1] qui tenoit deux abbayes en mes terres, aiant tousjours devant les yeux le desir de servir à ce que j'estime estre plus agreable à vostre majesté, j'ay desdié la meilleure à monsieur le garde-sceaux, et l'ay supplié l'accepter, m'estimant tres-heureuse, si je ne suis si favorisée du ciel de pouvoir rendre quelque service à vostre majesté, de servir à bien de ses plus dignes serviteurs. L'autre qui est la moindre, je l'ai donnée à monsieur de Bajomont [2], et

---

[1] Alexandre del Carretto Finale, qui était abbé commandataire de Conques et de Bonne-Combe, dans le diocèse de Rhodez.

[2] Ce Bajomont ou Bajaumont était un favori de Marguerite, fort aimé d'elle, et qui, à cette époque, était malade ou au moins convalescent, ce qui donnait de vives appréhensions à Henri IV. « Sa majesté, dit Lestoile, allant voir la roine Marguerite l'aiant trouvée toute triste de la maladie de Bajamont, son favorit, dit en sortant à ses filles qu'elles priassent toutes Dieu pour la convalescence dudit Bajamont, et qu'il leur donneroit leurs estrennes ou leur foire. « Car « s'il venoit une fois à mourir, ventre-saint-gris, dist-il, il m'en cous- « teroit bien davantage, pour ce qu'il me lui faudroit acheter une « maison toute neuve, au lieu de ceste-ci, où elle ne se voudroit plus « tenir. » (LESTOILE, *Journal de Henri IV*, avril 1607.) — Ces craintes n'étaient pas sans fondement. Lors de la mort de Saint-Julien, l'un des prédécesseurs de Bajaumont, la reine Marguerite avait pris son logis en haine, et n'y avait plus voulu rentrer. — A en croire Lestoile, on trouverait encore sur Bajaumont un témoignage intéressant, dans un poëme du temps intitulé : *le Petit Olympe d'Issy*, œuvre d'un nommé Bouteroue, dédiée à la reine Marguerite, et où l'on faisait l'éloge de ses beaux jardins d'Issy ; mais Bouteroue n'a jamais dit « que le dieu Priapus en estoit gouverneur, et Bajaumont son lieutenant. » C'est une malice ou quelque chose de mieux qu'il faut laisser à Lestoile.

dessus une pension de deux cents francs au maistre de ma musique, ce que je supplie tres-humblement vostre majesté avoir agreable et en commander les expeditions necessaires. Tous les siens ont tousjours servy le Roy vostre pere et vostre majesté; et ceux qui restent suivront tousjours ce mesme devoir, et moi, monseigneur, l'immortelle volonté de meriter, par tres-humbles services, l'honneur de vos bonnes graces, comme celle qui avec plus d'affection prie Dieu, monseigneur, donner à vostre majesté tres-heureuse et tres-longue vie. Vostre tres-humble et tres-obeissante servante, sœur et subjecte, MARGUERITE.

[*Autogr.* — Coll. Dupuy, t. 217, fol. 93.]

### AU ROY MON SEIGNEUR ET FRERE.

(Ce 25 avril 1608.)

Monseigneur, Dieu a voulu ma bonne fortune estre telle à l'heureuse nouvelle de la naissance de monsieur d'Anjou qu'à celle de monsieur d'Orleans, en aiant esté la premiere avertie par la lettre de quoy il a pleu à vostre majesté m'honorer par le docteur de la Palestine, qui, ne pouvant souffrir la poste, l'a baillée à un officier de la Royne, nommé Jean-Baptiste, qui me l'a rendue à trois heures apres midi[1]. Soudain j'ay publié ma joie à tous vos serviteurs et servantes, qui n'a esté moindre que de monsieur d'Orleans. Nous en ferons ce soir les feux de joie et demain le *Te Deum.*

[1] « Le vendredi 25, arrivèrent sur le soir les nouvelles, à Paris, de l'heureux accouchement de la Roine à Fontainebleau, à neuf heures du matin dudit jour, d'un troisiesme fils, qu'on appelle desja le duc d'Anjou. » (LESTOILE, *Journal de Henri IV*, avril 1608.)

Tous, petits et grands, en montrent un extresme contentement, comme à la verité, monseigneur, cette troisieme grace de Dieu doit estre ressentie et reconnue triplement; et, pour moy, j'en loueray Dieu perpetuellement dans mon cœur, et le supplieray, monseigneur, conserver vostre majesté, la Royne et messieurs vos enfans à tres-longues années et entiere felicité, et à moy l'honneur de vos bonnes graces comme à vostre tres-humble et tres-obeissante servante, sœur et subjecte, MARGUERITE.

[*Autogr.* — Coll. Dupuy, t. 217, fol. 122.]

### AU ROY MON SEIGNEUR ET FRERE.

(De Paris, ce 15 mai 1608.)

Monseigneur, sur l'asseurance certaine que j'ay que la bonté de vostre majesté m'aura reservé une oreille, je la supplieray tres-humble me faire cet honneur de lire cette lettre où vostre majesté entendra que, lorsque je fus mise en possession du comté d'Auvergne, Rodelle me demanda la capitainerie de la Tour, chasteau tres-fort et important, et me la demanda, croyant que le capitaine jouit du revenu, qui est beau et grand. Je le luy accorday, sous l'asseurance qu'il me donna d'y mettre un homme de quoy il me repondroit comme de lui mesme. Depuis, sachant que le capitaine ne jouissoit point du revenu comme il s'estoit persuadé et qu'il n'avoit que de petits gages, il a laissé couler un an et demi sans se soucier d'y pourvoir, mon chasteau demeurant cependant à l'abandon, si les habitans qui sont gens de bien, vos serviteurs et les miens, n'en eussent pris soin, y aiant mis un d'entr'eux, nommé Le Claux, qu'ils presenterent à monsieur d'Aîre, commissaire, qui l'y mit, attendant que ledict Rodelle y eust pourvu. Rodelle qui ne se soucioit qu'il y fust, ne cherchant que celuy qui luy en balleroit davantage, n'y mettoit personne et attendoit tousjours quelqu'un, quel qu'il fust. Enfin un nommé Corne, soldat de fortune, des plus confians, factieux et pernicieux qui eust esté auprès de mon neveu le comte, du temps de ses folies, et comme tel choisy de mondict neveu pour le laisser auprès de sa maitresse, son amazone, pour luy aider à chasser son mary hors de sa maison, cet homme de bien, porté de monsieur d'Estaing, intime amy de mondict neveu, presente de l'argent à Rodelle, lequel accepte et le met dedans la Tour. Soudain qu'il y est, monsieur de Fleurac, monsieur Savaron, monsieur Rigaut m'escrivirent que mon chasteau n'estoit pas en moindre hazard que celuy de Mercurol, lorsque Vilemain le prit; qu'il estoit besoin d'en tirer promptement cet homme, qui estoit creature de mon neveu. Soudain je leur escris qu'ils y pourvoient, afin que mondict chasteau demeurast en telle seureté que j'en pusse respondre à vostre majesté. Soudain monsieur de Fleurac, qui est pourvu de l'office de seneschal dudict comte par le feu Roy, confirmé par vostre majesté avant que j'eusse ses terres, y va avec ses amis, intimide ce galant, et faict tant qu'il l'en tire, au grand contentement de ses habitans qui pensoient estre perdus, et y remet ledict Claux que monsieur d'Aire y avoit mis paravant comme j'ay dict. Rodelle sachant cela, se vint plaindre à moy de ce que l'on en avoit tiré celuy qu'il y avoit mis; je luy en dis ces causes et le haras en quoy il avoit mis cette place d'importance, et, puisqu'il me l'avoit pensé perdre comme cela, qu'il ne meritoit plus d'en tirer recompense; qu'aussy ne voulois-je pas, ayant à en respondre à vostre majesté, que pour faire son profit il me perdist un tel chasteau. Il m'amena monsieur d'Estaing qui me dit qu'il me cautionneroit ce Corne. Je luy dis que je le reconoissois trop amy de mon neveu pour me fier à sa caution. Depuis, monsieur de Ferailles m'a dit que vostre majesté desiroit que cela demeurast à Rodelle, et Rodelle est revenu, qui se vante qu'il a commandement et commission de vostre majesté de se mettre dedans la place. Il pourroit aussy peu entrer en mon cœur de souffrir cette indignité qu'en ma creance que vostre majesté me l'a voulu faire. Rodelle ne quittera jamais l'honneur qu'il a de vostre service pour demeurer dans ce chasteau, puisqu'en dix-huit mois il n'a pas trouvé un homme assuré pour y mettre, et qu'il n'en cherche que la vente. Il n'y a nulle apparence qu'il y puisse mettre personne capable de le garder. Voyant ces difficultés, j'avois baillé cette capitainerie à Gaian, qui en a offert quatre cents escus à Rodelle, qui montra de s'en contenter, et luy dit qu'il s'en resoudroit le lendemain; et, au lieu de cela, il alla trouver vostre majesté pour me braver et me faire paroistre qu'il est plus favorisé de vostre majesté que moy. Chose qui me soit jamais arrivée ne m'a tant affligée que cela;

car si je pensois que ma qualité, mes services et mon affection eussent si peu merité de vostre majesté, que, pour Rodelle, elle me voulust faire un tel affront et une telle indignité de luy avoir, contre mon gré, donné commandement et commission de se mettre dans ma maison, j'aurois trop d'occasion de me plaindre. Je ne croiray jamais que vostre majesté, qui me faict tant d'honneur, me voulust avec tant d'injustice desesperer pour un tel homme. Rodelle est vostre serviteur; mais je suis vostre servante d'autre qualité et d'autre affection, et crois luy avoir plus rendu de service en une heure que Rodelle ne luy en sauroit rendre en toute sa vie; et puisqu'il en a usé de cette façon de vouloir [voir] qui auroit plus de faveur de vostre majesté, ou luy ou moy, je ne quitteray jamais cette partie, estant trop jalouse de l'honneur de la faveur et amitié de vostre majesté pour m'y laisser surmonter à un tel homme que Rodelle. Je supplie donc treshumblement vostre majesté me laisser disposer, comme elle a tousjours faict, des capitaineries de mes maisons, afin que je luy en puisse respondre, et defendre à Rodelle de n'entreprendre rien contre moi en vertu de vostre commission; car je ne le saurois supporter, et endurerois plustost la perte de mille vies que cette bravade de Rodelle. Vostre majesté trouvera donc bon, s'il luy plaist, que Gaian, de qui monsieur de Montespan et plusieurs autres seigneurs respondront à vostre majesté, ait ladicte capitainerie de la Tour, qui en baillera quatre cents escus à Rodelle, bien qu'il n'en merite rien, l'aiant perdu et aiant donné la peine à monsieur de Fleurac et autres de vos serviteurs et mes amis de la reprendre. Je supplieray donc vostre majesté, si je suis si heureuse d'estre reconnue d'elle pour ce que je luy suis, que monsieur de Ferailles en raporte commandement à Rodelle, et je prie Dieu, monseigneur, donner à vostre majesté tres-heureuse et tres-longue vie, et à moy la continuation de vos bonnes graces. Vostre tres-humble et tres-obeissante servante, sœur et subjecte,

MARGUERITE.

[*Autogr.* — Coll. Dupuy, t. 217, fol. 114.]

AU ROY MON SEIGNEUR ET FRERE.

(De Paris, ce 4 novembre 1608.)

Monseigneur, le desir passionné que j'ai que les tesmoingnages de ma fidelité soient tellement continués à vostre majesté qu'elle n'en puisse jamais estre en doute, et de fermer la bouche à mes ennemis en semblables charités que celles qu'il lui plust me dire à son partement que l'on m'avoit prestée, m'a fait solliciter monsieur de Sully d'achever l'eschange de mes terres d'Auvergne, qu'il plaist à vostre majesté de recevoir de sa tres-humble servante. Il m'a respondu qu'il n'y pouvoit toucher sans parler à vostre majesté, ce que je n'ay voulu manquer luy faire entendre, afin qu'elle voie qu'il ne tient pas à moy. Monsieur de Sully a eu et vu le denombrement qu'il en a faict faire aux tresoriers de France en Auvergne, qui n'est pas different du mien, que vostre majesté peut savoir que j'ay faict à la verité, et mesme qu'entre ses mains elles vaudront davantage, pour ce que, lorsque je les eus, elles sortoient des mains d'un mauvais mesnager, qui, connoissant qu'il n'y avoit point de droit, gástoit tout. Par mon memoire qui a esté respondu et approuvé des susdicts tresoriers d'Auvergne, elles reviennent à quarante quatre mille francs par an. S'il y a de la différence entre de grandes terres seigneuriales comme celles-là, remplies de si bonnes villes et de tels chasteaux, à des deniers assignés en pension, je le laisse à juger à vostre majesté, et qu'autre que moi, qui veux attacher ma vie et ma fortune à celle de vostre majesté, ne le feroit. Si cela merite que vostre majesté m'en baille jusqu'à cinquante mille francs (qui n'est que six mille francs de plus que ledict denombrement, et que sa majesté en retirera bien les ayant entre ses mains), sa bonté en ordonnera, et je le recevray et tiendray comme tout ce que j'ay au monde de sa seule grace et faveur. Je rends aussy à sa majesté la nomination de plusieurs benefices qui sont auxdictes terres, d'eveschés, abbayes et prieurés, de quoy je pourrois recompenser mes serviteurs. S'il luy plait y avoir quelque esgard, et me donner ce qu'il luy plaira pour m'aider à mes bastimens [1], ce sera tousjours obliger vostre treshumble servante, qui ne l'employera que pour parachever une maison qui puisse plaire à vostre majesté.

[1] Peu de temps après avoir reçu cette lettre de la reine Marguerite, « le Roy passant devant son logis, voyant la chapelle achevée toute « descouverte : « Ventre-saint-gris, dit-il, il faut bien que ma sœur « fasse besongner à cela, et qu'elle fasse couvrir sa chapelle. — Il est « vray, Sire, respond monsieur de Montb....., mais le couvreur de la « roine est malade. » (LESTOILE, *Journal de Henri IV*, 1609.)

Que si elle a ce que dessus agreable, et qu'il luy plaise en faire entendre à monsieur de Sully et à monsieur le chancelier sa volonté, et faire qu'ils achevent cette œuvre, il seroit d'autant plus à propos que tous mes gens qui manient mes affaires auxdictes terres sont icy, qui, s'en retournant, iroient mettre tout entre les mains de vostre majesté, laquelle je supplie tres-humblement avoir agreable le zele de ma tres-humble servitude, et le desir que j'ay d'en produire continuellement des effets, comme celle du monde qui avec plus d'affection prie Dieu, monseigneur, donner à vostre majesté et messieurs vos enfans tres-heureuse et tres-longue vie, et à moi l'honneur de ses bonnes graces. Vostre tres-humble et tres-obeissante servante, sœur et subjecte, MARGUERITE.

[ *Autogr.* — Coll. Dupuy, t. 217, fol. 112.]

### AU ROY MON SEIGNEUR ET FRERE.

( Octobre 1609.)

Monseigneur, il vient d'arriver un tres-fascheux accident à Balagni et au baron de Benac, pour lesquels je n'entreprendrois d'implorer la bonté de vostre majesté si ils estoient contrevenants à vos esdits; mais, estant une pure rencontre inopinée, et dont ils sont innocents l'un et l'autre, n'ayant aucune querelle ensemble, mais ayant tous deux pensé que l'on venoit pour les offenser, cela me fera en toute humilité et à genoux supplier tres-humblement vostre majesté donner la vie à ces deux gentilz-hommes qu'elle connoit braves, de bonne maison, et ses tres-humbles serviteurs qui, la tenant de vostre majesté, la sacrifieront pour son service et vostre majesté ne fera moins de grace à sa tres-humble servante, qui l'en supplie tres-humblement, que s'il alloit de la mienne mesme; car cet accident est si digne de compassion, pour estre si fortuit, que Balagni se desespere du mal de Benac, et ne m'a moins priée de demander la grace de Benac que la sienne. Je me jette donc encore à genoux devant vostre majesté, avec protestation que si cet accident estoit de qualité contrevenante à vos esdits, que quand ce seroit pour mon propre frere, je ne luy en voudrois requerir, mais estant un malheur fortuit, duquel personne ne se pourroit garder, il est si digne de la misericorde de vostre majesté, que je m'ose promettre qu'elle me pardonnera, et n'aura desagreable ma tres-humble supplication¹. Sugi sait comme tout s'est passé.

¹ Le fait est singulièrement altéré et atténué par Marguerite. Voici ce qui advint d'après Lestoile : « Le lundi 19, un gentilhomme nommé Termes, qui estoit à la roine Marguerite, et des amis de M. de Balagni, aiiant attaqué ung autre gentilhomme Périgourdin, nommé le baron de Benac, qui estoit à M. de Bouillon, et son parent (ainsi qu'on disoit), sur quelques propos qu'ils avoient eus ensemble quelques jours auparavant (dont toutefois on disoit que ledit du Benac avoit satisfait Termes); ledit de Balagni, passant dans un carrosse hors la porte de Bussy et tout contre icelle, l'aiiant entendu et assez inconsidérément et estourdiment (ainsi qu'on disoit) sans se donner la patience d'ouir ledit de Benac, le chargea de coups de pistolet et d'escopette, et fust blessé d'un coup de pistolet, et Balagni d'un coup d'espée à la cuisse. Une pauvre femme passant son chemin avec ung petit enfant portèrent la follenchère de tout ce combat et meslée; la femme aiant esté atteinte d'un coup de pistolet au dessous de la mamelle, dont elle mourust tost après, et le petit enfant d'un autre à la teste. Je venois de passer et estois à peine hors de la porte quand cela

J'eusse craint que, de le representer à vostre majesté par escrit, ma lettre eust esté trop longue et trop ennuyeuse, aussy que tel subject sera mieux en la bouche d'un homme qu'en la plume d'une femme. J'attendray la grace de vostre majesté, avec prieres continuelles à Dieu de donner à vostre majesté, monseigneur, tres-heureuse et tres-longue vie, et à moy l'honneur de vos bonnes graces, comme à vostre tres-humble et tres-obeissante servante, sœur et subjecte,

MARGUERITE.

[*Autogr.* — Coll. Dupuy, t. 217, fol. 129.]

### A MONSIEUR DE CHANVALON [1].

Plusieurs amoureux, non moins malheureux que passionnez, accusent l'amour de leurs peines, le taxant

avinst, aiiant compté cinq coups de pistolet qui furent tirés, acte de conséquence et de mauvais exemple dans une ville de Paris. »
« M. de Bouillon fist mettre en arrest par Defunctis le sieur de Balagni, qui estoit sur le barbier, proche de la porte, et porter chés lui le baron de Benac duquel il se chargea de répondre, et en escrivist aussitost au Roy, qui lui rescrivist de sa main qu'il vouloit que justice en fust faite ; dont toutefois on n'a oui depuis parler, et craint-on fort que les faveurs favorizans les assassins et assassinats l'emportent par dessus la raison et justice, défenses et édits de sa majesté. » (LESTOILE, *Journal de Henri IV*, octobre 1609.)

[1] Jacques de Harlay, seigneur de Chanvallon, grand-écuyer du duc d'Alençon, grand-maître de l'artillerie pendant la Ligue, créé par Henri IV chevalier du Saint-Esprit en 1602, mort en 1630. — Ce gentilhomme, aussi distingué par sa naissance que par sa beauté, et qu'on appelait le beau Chanvallon, fut un des favoris de Marguerite. C'est probablement vers l'an 1580 que commença cette intrigue, dont naquit, dit-on, un fils qui fut capucin sous le nom de père *Ange*. On ne saurait révoquer en doute les relations de la reine Marguerite avec Chanvallon, qui sont attestées par la plupart des historiens, et aux-

d'ingratitude contre leur fidelité; j'en eusse faict de même, plus fidele, plus constante et plus miserable que nulle autre, si, jugeant selon la grandeur de ma perte et la douleur de ma privation, je n'eusse voulu ouyr qu'une partye, fermant l'oreille aux raisons de ce Dieu, qui si souvent est accusé et si souvent se justifie. Luy donc, qui possede ma raison, m'en a faict comprendre son droict, changeant tellement mon opinion, que, comme je composois en moy mesme une plainte contre luy, je me suis soudain ravisée de changer ce subject à un tout different, luy rendant graces de celle qu'il m'a faicte de m'avoir sans merite, mais par sa bonté, choisie pour estre du nombre de ses bienheureux eleus, me ressouvenant que ceux que Dieu a voulu choisir pour tels, ces sainctes peres qui ne sont encore au ciel, il les a retirez à part en ung lieu solitaire et reculé des hommes, pour qu'estant hors de cette tourbe corrompue, ils peussent en perpetuelle contemplation attendre l'heure de leur parfaicte gloire. Ainsy suis-je reduite en ce desert, où j'envie l'heur de ces montagnes hautes qui de leur ciel ont si proche la teste. Je vis, sans divertissement, en la continuelle contemplation de mon souverain bien, ou attendant l'heure de ma beatitude. Lieu plus propre ne me pouvoit estre destiné. Si tant de perfections, mon beau cœur, ne me faisoyent tenir pour resolu que vous estes

quelles les lettres que nous publions ici ajoutent un nouveau degré de certitude. (Voyez Dupleix, *Henri IV*, p. 411; Busbecquii *Epist.* 25; Lestoile, *Journal de Henri III*, 1583; d'Aubigné, *Hist.*, 1077; Anselme, t. VIII, p. 804.)

divin estre à qui rien n'est inconnu, je vous dirois que les plus durs rochers, où en mille et mille lieux j'ay gravé votre nom, vos beautez et mes passions, vous pourroient tesmoigner si mon ame est de ces ames de cire, que le temps et l'absence changent et rechangent tous les jours en cent diverses formes. L'eco de ces caverneuses montagnes seroit importunée de ma voix et de mes soupirs, si elle avoit autre cause que son beau Narcisse, qui faict qu'elle me repond, mais avec telle rage desesperée de me voir posseder ce qui luy a tousjours esté cruel, qu'il n'y a tonnerre qui si long-temps garde son son, que l'on l'oyt bruire et gronder, melant ses cris à l'horrible bruit d'un torrent impetueux et effroyable qui passe au pié de sa demeure, que je crains faire bientost deborder par l'abondance de mes larmes. Le desespoir de cette miserable, à qui rien n'est resté que les plains, me sert de quelque consolation, moderant quelque peu mon ennuy; car si mes sens sont, comme les siens, privez du seul object qu'ils desirent, mon ame a cet avantage sur elle, que son Narcisse ne sera jamais sourd à sa voix, ni tardif à repondre à ses passionnées lamentations. Je me le persuade, mon beau cœur; mais, mon Dieu! n'ay-je pas raison, alors que je m'y tromperois? La mort ne me trompera pas; elle me sera secourable. Quand donc, par l'envie des Dieux, qui pour ne nous souffrir semblables à eux, voudroyent sur tant de perfections mettre une tache d'inconstance, vous viendriez à changer d'amour, ne pensez pas m'avoir laissée; je ne permettray jamais que puissiez avoir ce reproche et moi ce desplaisir. Dites : je l'ay aymée jusqu'à la mort, et croyez pour certain que l'heure de vostre changement sera celle de ma fin, qui n'aura terme que vostre volonté. Faites donc ou durer ou abbreger mon heur, mon amour et ma vie; car le fil n'en est aux mains d'Atropos; il est aux vostres belles que je baise un milion de fois.

> Ha de ser una de dos
> O l'edad, o sola vos.

Quand je vous dirois mes pensées estre continuellement de vous, je m'assure qu'avec telle opinion et connoissance de vostre merite et de ma fidelité, que sans autre temoignage que ma simple parole, vous le croiriez; mais, encore que vous en fussiez content, je ne me serois pas satisfait à moy-mesme, si je ne vous en rendois toutes les preuves que pouvez esperer de la personne du monde qui vous a plus d'affection. Je me souviens vous avoir veu desirer un mariage que vostre fille vous proposa pour estre chose que vous pensiez estre à vostre avantage et à l'avantage de nostre amour, pour la commodité de nous voir plus souvent; celle-là n'a que trente mille livres de rente, dont elle ne peut aucunement disposer, ayant donné son bien à ses enfans. Feu son mary a infiniment paty avec elle pour l'humeur jalouse et glorieuse de quoy elle est; il n'en tira jamais nulle commodité; car elle est femme qui depend plus qu'elle n'a. Or j'en ay trouvé une autre, de quoy ce voyage m'a apporté la connoissance, qui sera cause que je le benirai à jamais;

cette-ci a trente mille livres de rente et deux cens mille frans à la Banque, sur quoy son fils et sa fille (car elle n'a enfans que ces deux, non plus que l'autre) n'ont nulle part; car elle fut mariée durant la vie de son pere, qui lui donna cent mille frans, la moitié desquels furent affectez à ses enfans sans autre chose, et son mary les receut des lors; de sorte que, toute cette succession luy estant avenue depuis par la mort de son pere, ses enfans n'y auront que la part qu'elle voudra. Elle est plus belle que l'autre et d'une plus douce humeur, et est certes honneste femme et parle bien italien; je l'ay obligée tout expres en une chose où je luy puis plus servir que personne. Elle desire d'estre à moy et de me donner aussi sa fille, qui n'a que dix ans; vous pouvez penser si je l'en refuseray, et si j'auray soin de faire promtement reussir cette entreprise; car tout son bien est en France et autour des lieux où nous nous tenons. Je m'assure, si vous le trouvez bon et vous y voulez gouverner selon mon conseil, qu'aurez à jamais occasion de vous en estimer heureux. Je ne vous diray encore son nom, pource que je craindrois que ne vous pussiez empescher d'en parler; et, s'il en est le moindre vent du monde, vous m'otez tout moyen de vous y servir. N'en parlez à ce porteur; car je ne luy ay baillé cette lettre par fiance, mais par necessité. Dans trois semaines je vous en escriray plus certainement et particulierement; mais surtout qu'il ne soit decouvert.

[Bibl. de l'Arsenal. — Recueil de Conrard, t. V, p. 113.]

### A MONSIEUR DE CHANVALON.

Par la perfection de l'ouvrage l'on reconnoist non seulement la suffisance de l'ouvrier, mais combien attentivement il s'y est occupé; car il est bien certain que les œuvres plus difficiles veulent un esprit tout à eux, estant aysé de reconnoistre la difference de celles où legerement ou par acquit l'on s'employe, d'avec celles où se plaisant l'on s'adonne avec affection. Ainsi, mon beau cœur, peut-on bien juger par la subtile et vraye description que vous faites de la nature et sympathie de nostre amour, qu'à cette seule estude vostre ame seulement se plait, s'elevant, en dedaignant les objets terrestres et bas, aux plus hautes et belles connoissances, tesmoignant en cela son excellence de s'estre conservée si entiere, nonobstant l'obstacle du corps et les empeschements qu'il luy peut donner, qu'entre toutes ses fonctions celle de son intellect ayt esté par elle choisie pour en produire de si amirables effects qui me font jouissante, comme les bienheureux esprits retournez et reçeus au sein de l'esternité, tous les jours de quelque nouvelle amiration, qui m'entretient en un ravissement si agreable que, si les saints sont en semblable estat, m'accordant avec les huguenots, je ne croy pas qu'ils oyent nos prières; car en vain me seroyent offerts les vœux et les voix de tous autres. J'y suis sourde, aveugle et sans sentiment. Mon ame toute retirée en un si beau penser n'en sera jamais divertie; et s'il m'estoit permis d'obeir à mon inclination, incessamment songeant ou escrivant, je rendrois l'amour servy de moy plus desvotement et plus saintement que nul hermite qui se soit jamais retiré du monde pour se donner du tout à la desvotion. Que n'est-il en ma liberté, ma vie, quand je serois privée du jour de vostre divine presence, de pouvoir contenter mon ame en l'insatiable plaisir d'une si belle contemplation! Je ne souhaiterois plus grand heur; et m'accordant à vostre opinion et à la sentence de saint Paul, en moy seule je voudrois et penserois pouvoir jouir de cette felicité, puisqu'il est tant vray que l'amant se transforme en l'aymé, que je ne me puis plus que par vous posseder. Je ne vis plus qu'en vous, et d'autre que de vous mon ame n'est regie. Ainsi s'accorde ma pratique à cette ancienne theorique et d'une si agreable experience; je tire tout le bien de mes ans, desquels vostre belle main aura tousjours le terme et le fil en sa puissance.   M.

[Recueil de Conrard, t. V, p. 118.]

### A MONSIEUR DE CHANVALON.

Je hay ma vie pour sa misere; mais j'aimerois mon nom, si l'invoquant il vous pouvoit causer quelque bonheur. Je me sers, mon beau cœur, souvent en mes ennuis de pareille recette; mais il semble qu'au lieu d'en voir la fortune adoucie, qu'elle en augmente et sa jalouse envie et l'aigreur de mes maux, qui perdront l'effort de leurs effects et leur nom propre en moy, lorsqu'ils naistront d'une si belle cause; car rien ne me viendra jamais de vous que je ne le benisse. Trop de perfections ont donné estre à mon amour, et trop de fidelle constance sert d'huile à son feu pour estre subject à perir. Mon beau tout, je me rejouis et tire une extresme consolation de mon infortune, pour penser que, meritant dignement le nom de martyre d'amour, je me pourray estimer digne de posseder ce que, pour moindre peine, je n'eusse pensé bien acquis; croyant le ciel seul debvoir commander aux tresors qu'il a mis en vous, qui ne resterez, je m'asseure, peu estonné du triste discours de ma lettre, duquel vous saurez le subject par . . . . . . . , que vous verrez dans peu de jours. Cependant excusez une ame si comblée d'affliction qu'il ne luy reste nulle partie en elle libre, que celle avec laquelle elle vous admire et vous adorera eternellement. A Dieu, mon beau tout; à Dieu, seule et parfaite beauté qui pourra pour jamais regner dans mon cœur. Je baise un milion de fois ses beaux liens, beaux rayons d'Apollon.

Ne prenez point resolution ni de revenir ni de demeurer, que n'ayez vu . . . . . . . , qui sera bientost. M.

[Recueil de Conrard, t. V, p. 120.]

### A MONSIEUR DE CHANVALON.

Si la crainte et la peur otent les libres actions d'une ame, et si un esprit troublé est confus en toutes ses œuvres, vous devez, mon beau cœur, excuser ce discours, duquel prevoyant les erreurs, je n'attendray à la fin à vous en discourir la cause, craignant que la mauvaise impression qu'auriez prise de mon ignorance ne pust trouver excuse suffisante pour l'excuser. Si ceux qui en plusieurs choses ont mis leur affection en pléignent une, la perdant, s'en faschent et la regrettent, combien plus d'apprehension de desplaisir et de douleur devroyent posseder mon ame, si, ayant à une seule mes desirs et mes volontés arrestées, je la voy en hazard de m'estre ravie! Mon Dieu! ma vie, pourray-je vivre en l'apprehension de ce malheur, où, tous les jours, ma peine est par quelque nouveau bruit augmentée, encore par l'accident qui est arrivé à Atlas. J'aigris l'horreur de mes imaginations, me representant si, du temps qu'aveugle je luy voulois du bien, cette fortune luy fust avenue, quelle m'eust esté cette nouvelle; puis, comparant à ses imperfections vos merites, et à ces causes si differentes leurs effects differens en mes affections, je desespere, je meurs mille et mille fois; et un criminel n'attend sa sentence avec tant d'impatientes rages et de mortelles douleurs que j'attens la nouvelle de cette bataille, d'où despend l'heur ou la misere de ma vie en la conservation ou fin de la vostre, que le ciel veuille accompagner d'aussi heureuse et longue durée, que durable sera en la plus immortelle partye de moy nos belles et sainctes amours.

Excusez ce mauvais papier, je vous supplie : pour quelques considerations qui ne se peuvent escrire, j'ay esté contrainte d'y escrire. M.

[Recueil de Conrard, t. V, p. 121.]

### A MONSIEUR DE CHANVALON.

Qui connoistra la chaleur qu'eprouve la terre au solstice d'esté n'avoir d'elle son origine, mais prendre sa cause de la presence des rayons du soleil, ne s'etonnera point, le voyant s'esloigner pour adresser sa force à la region opposée, que, se perdant la cause, l'effect cesse aussi, convertissant son ardeur bruslante en une glacée froideur. Qui n'ignorera l'intention pourquoy fut establi le sacré feu des vestales, allumé pour le tesmoignage de la saincte observation de leur vœu, le voyant de luy-mesme esteint, n'en cherchera autre raison que la faute commise contre ce qu'elles avoyent juré. Le feu a besoin d'aliment, et le feu, absente la chaleur, bientost perd sa force. Mon ame en son amour a epreuvé cette naturelle raison, recevant pour tres-agreable passion sa flame née et nourrie de la vostre; mais jugeant, par le refroidissement de vos lettres et les actions que depuis trois mois vous continuez, l'eloignement de vostre volonté, et voyant incliner vos affections et prendre leurs cours d'où elles s'estoyent si glorieusement relevées, ne me pouvant opposer au destin, j'ay laissé jouir de la lumiere qui en a plus de besoin que moy, recevant patiente, par l'ordre de cette vicissitude, le froid ordinaire à telle privation, ce qui m'avoit non seulement glacé le cœur, mais tellement empierré la main, que, voulant souvent essayer de me moquer avec vous de vous mesme, et de l'avantage de vostre changement, prenant la plume, je ne m'en suis jamais peu servir à cet usage. Enfin l'importunité de cet honneste homme, trop plus amy de ses amis que de la verité, a fait ce miracle en moy, qui m'y suis plus aysement consentie, pour esperer de le rendre instrument de la seule vengeance que je veux prendre de vostre inconstance, qui est d'opposer ma peinture à l'erreur de vos yeux, pour d'un immortel repentir faire epreuver à vostre cœur le tourment du miserable Promethée; ce que j'accompagneray de l'echarpe que je vous ay promise, pour m'acquitter seulement de ma promesse, que j'affectionne trop plus que ne me passionne l'offense de vostre manquement, à quoy ma beauté trouvera toujours assez de remede; et, si vous en doutez, j'ay prié ce porteur de vous dire les preuves qu'il en a veues, que luy laisseray discourir.

M.

[Recueil de Conrard, t. V, p. 123.]

### A MONSIEUR DE CHANVALON.

N'accusez plus ma cruauté : ma mort et ma ruine, ce sont les alliances qu'il me faut desormais avoir avecq vous. La vostre seule se doibt admirer, de qui je ressens les effects plus inhumains que de celle de Tereus; et si je vous ay causé quelque ennuy, demeurez content et vengé de m'avoir peu reduire aux deux plus extresmes miseres qu'eussiez peu souhaitter à vostre plus grand ennemy. Ne trouvez point estrange que j'aye adjouté foy à mes soupçons : le regret immortel qui me restera d'en avoir esté negligente m'y fera bien encore à l'avenir avoir plus de creance. Où l'on connoist une si grande inimitié, il se peut bien soupçonner de l'infidelité. Que pleust à Dieu que ce fust le plus grand subject de mes plaintes! Si l'ardeur de ma sincere et trop fidele passion ne meritoit un reciproque amour, pour le moins ne devoit elle estre recompensée des effects d'une si cruelle hayne. A Dieu, la source de mes esternels malheurs! Que le peusse-je dire aussy prompt à ma vie qui, apres vous, est ce que j'ay le plus en horreur. M.

[ Recueil de Conrard, t. V, p. 125. ]

### A MONSIEUR DE CHANVALON.

Il n'y a donc plus de justice au ciel ni de fidelité en la terre! O Dieux! qu'est-ce qu'il faut que mon ame connoisse et que ma langue avoue? ma douleur, le sens et le trop de subject de me plaindre otent le moyen à ma plume d'exprimer mon trop juste ennuy. Que restera-t-il plus, o ciel cruel, pour m'accabler de tant de sortes de miseres? n'y ai-je espreuvé toutes sortes de maux pour qui, trop ingrat et cruel, les couronne d'une inconstance et de la plus grande vengeance que l'on pust prendre de son plus grand ennemy? Triomphez, triomphez de ma sincere et trop ardente amour. Vantez-vous de m'avoir trompée; riez-en, et vous en moquez avec celle de qui je reçoy cette seule consolation, que son peu de merite vous sera un juste remors de vostre tort. Je croitray le nombre de celles qui à la posterité tesmoigneront la perfidie de vostre sexe; les livres en sont trop pleins et les experiences trop communes, et ignorante que je suis, mais plus encore malheureuse; d'un precipice tant remarqué je n'ay peu empescher ma cheute. Que mon erreur est grande! que j'aurois de raisons pour la blasmer, si à l'amour il s'y estoit jamais treuvé de resistance! mais cette secousse ne suffit pas à ceux qui ont voulu rechercher et escrire ce que c'estoit de la libre et forcée volonté; car, sans contrainte exterieure, mais seulement apres l'avoir bien consulté en vous, vostre vouloir et vostre election s'arreste; l'effet qui en ressort n'en peut qu'à vous même estre attribué. Je suis donc seule la cause de mon mal, imprudente et infortunée! et faut pour m'en aigrir le sentiment que de moy seulement je me puisse douloir! C'est moy qui ay reçeu mon ennemy, qui l'ay mis en possession de l'empire de mon ame; j'ay pris plaisir à attiser son feu, j'ay soigneuse entretenu les neuds de ses liens cruels de qui seul le dedain me pouvoit delier, qui plus justement ne peut naistre qu'en reconnoissant l'imperfection des principales partyes où il est necessaire d'estimer le contraire pour priser et aymer un subject, qui est au cœur et au jugement. C'est manquer de jugement de descendre du ciel pour, en la terre, rechercher la conqueste de quelque indigne et commune nouveauté; et c'est avoir faute de jugement d'errer en ce que les sens mesmes jugent, mettant egalité où il n'y a point de comparaison. Par telle connoissance, le dedain s'engendrant en moy en a banny l'amour, que vous ne vous devez pas faire accroire y pouvoir jamais faire renaistre : n'ayant regret en cette resolution que de l'avoir trop tard conclue et de n'avoir à l'eau, que, par dedain et pour contenter la laideur qui possede maintenant vostre ame, vous me versates dessus moy, laissé faire son effect, esteignant les flames qui, trouvant un subject plus capable d'amour que leur cause, s'y sont, pour mon malheur, avec trop de vehemence esprises. Mon cœur, plein de rage, de repentir et de douleur, m'a forcée d'offrir encore à vos aveugles yeux ce vestige piteux de mes erreurs passées, desquelles, si je n'esperois, pour fin de ma langueur après une si longue penitence, la mort, seul desir de mon cœur, beaucoup plus impatiemment supporteroy-je tous mes maux ; mais je la tiens si assurée que je me console en cette esperance, n'y recevant qu'un deplaisir de penser que vous y aurez comme moy du contentement. Toutesfois, comment que ce soit qu'elle arrive, qu'elle hate ses pas : je la desire, je la souhaite, et supplie les Dieux m'avancer son trop lent secours.

Je vous supplie, en recevant cette-cy pour la derniere, me la renvoyer soudain avec celle que je vous escrivis hier; car je ne veux qu'à cette belle entreveue que vous ferez à ce soir, elles servent de subject au pere et à la fille de discourir à mes depens.   M.

[ Recueil de Conrard, t. V, p. 126. ]

### A MONSIEUR DE CHANVALON.

Laissez aux miserables, seul soleil de mon ame, la crainte de voir la leur errante et vagabonde, à ceux qui, nez pour butte des dedains, des rigueurs, des mepris, n'ont pour leur plus belle esperance que voir leur nom escrit entre les glorieux trophées de nos victoires. Petrarque a pensé honnorer tant de grans et excellens personnages, les decrivant esclaves de l'Amour servant à son Triomphe : ainsi, ce nombre infiny d'ames perdues et refusées accompagneront le vostre, chantant les cantiques de vostre gloire et les complaintes de leurs inutiles travaux ; c'est la seule et plus belle recompense de leurs peines. Ceux-là, voyant ravir leur ame par cet oyseau emplumé d'ailes de cire, (car pour eux il ne doit estre nommé dieu, et je ne saurois autrement me l'imaginer), doivent de la cheute d'Icare apprehender l'honorable malheur, mais plus encore la mort toute assurée de leur ame, qui doit attendre ce dont vous menacez la vostre, trop bien receue, trop honnorée et trop parfaitement unie à la mienne pour en craindre le bannissement ; car elle y commande et y commandera absolument, luy estant cet empire immortellement acquis, et un saint temple à elle dedié, où devotement elle sera esternellement adorée. Mais quelle si prompte colere vous a convié, mon beau tout, à me condamner d'hommicide, de sacrilege et de larcin ? Je ne desavoue pas de l'estre ; mais laissez se faire partie ceux qui en ont receu le mal, ceux de qui, ayant ravy l'ame, le corps, et ce qui depend d'eux, en pourroient justement demander la raison, mais non esperer de la recevoir ; car ayant ceddé la possession de mes affections et de mes volontez, ayant soumis ma liberté à vos beautez, mon ame, mon cœur et ma vie sont en vostre disposition. Je ne suis plus à moy : à vous il faut qu'ils se retirent ; vous serez leur juge et le mien ; mais il faudra que sur le vostre même vous leur restituiez ce qu'ils pretendront meriter, si vous le jugez raisonnable. Auriez-vous bien tant d'equité, si, produisant leur amour, leur constance, leur peine, leur martyre, si grand et si plein de merite, qu'il leur fust deu quelque peu d'amitié, de vous en oster pour les satisfaire ? grande seroit la vertu de vostre justice, mais non la charité qu'il est permis d'exercer premier en soy qu'en autruy, ou certes l'arrest me seroit de tres-difficile execution ; car j'ay une ame qui n'a de volonté seulement que pour vous aymer, et un cœur qui ne peut produire de desirs que pour vous desirer. Ne forcez donc leur naturelle constitution ; aymez selon l'ordinaire coutume ce qui est tout à vous, qui, par le temps, le sort ni la mort mesme, ne vous pourra jamais estre ravy.

Si la miliesme partye de mes ennuis vous estoit cognue, vous ne treuveriez point estrange que ma lettre comme mon esprit se treuvast embrouillée. Excusez donc ses erreurs et jugez si, au milieu de tant de mots, vraye martyre d'amour, je chante encore votre gloire, comme, estant hors du tourment et des genes, je m'en sauray dignement acquitter. A Dieu, ma vie, je baise un milion de fois ces beaux yeux et ces beaux cheveux, mes chers et doux liens.   M.

[Recueil de Conrard, t. V, p. 129.]

### A MONSIEUR DE CHANVALON.

C'est bien demandé, mon beau cœur, si le soleil a point changé son cours, me voyant manquer aux jours destinez aux saints sacrifices d'amour, où nos ames, ravies dans le ciel empirée, jouissent par nos propres yeux de la vision seule desirée et pleine d'un parfaict contentement; car plutost l'ordre destiné et establi en la nature par l'eternelle providence manquera que le soin que l'amour me donne de ne faillir aux temps propres à luy rendre un si agreable tribut. Je cherche comme vous la cause de ce facheux obstacle de vostre heur, et me souvenant que Venus a souvent par Junon en la pluspart de ses desseins esté contrariée, j'estime qu'icy bas quelque ame malicieuse formée à son image nous a tramé ce desplaisir. Mais c'est en vain qu'ils s'y opposent : Enée enfin arriva au port asseuré, guidé de Venus favorable; il pastit bien mais il ne perit pas; aussy notre amour souffrira en cette mer d'ennuis inconstante, inhumaine; mais l'honneur s'acquiert par la peine. Il restera à la fin victorieux et glorieux, jouissant du bien attendu. C'est qu'il ne faut chercher la consolation qu'en l'avenir, quand le present ne nous propose que misere. Mais quelles sont les nostres! Comme nostre bien passe toutes felicitez, aussy nos maux sont hors de toute regle. Ne vous estonnez, mon beau tout, de me veoir entrer en cette consideration; car certes mon ame, accablée de tant d'afflictions, succombe au faix insupportable de sa douleur, n'ayant pour object ordinaire que l'horreur de se veoir ravir le Paradis de vostre divine presence, pour estre plongée en l'Enfer de la tyrannie de ma bete cruelle et creée seulement pour mon fleau. c'est ce que trament icy tous ceux de qui je devrois attendre autant de bien que j'en reçoys de mal : races maudites et infernales, qui ternissent mes yeux par l'abondance de leurs larmes, otent le lustre à ma beauté, que je puis dire telle puisqu'elle vous a pleu, m'otent le sens et troublent si fort mon esprit, qu'un tel desordre ne se peut qu'à un cahos comparer. Je n'eusse jamais permis, mon seul bien, qu'une si horrible confusion eut en huy offensé voz beaux yeux, que bien qu'ils me soyent les gemeaux salutaires des mariniers, aiant plus de crainte de vous fascher que desir de soulager ma peine, j'ayme mieux estouffer ma vie, en contraignant ma plainte seulement de moy entendue, que doubler mon ennuy par le ressentiment du vostre. Ne regrettez donc de ne m'avoir veue; mais souhaitez et en priez le ciel continuellement que si l'amour n'est assez fort pour me deffendre, qu'au moins la mort ne me refuse son secours. Mon Dieu! que cette lettre vous apportera peu de plaisir! mon bel ange, excusez la rigueur de mon mal qui a surmonté mon dessein qui estoit bien de me contraindre; mais le prisonnier ne parle que de sa captivité, l'amoureux de sa passion et le miserable de son malheur; il vaut donc mieux que je finisse; car alonger ne seroit qu'augmenter vostre facherie; soyez en pour jamais exemt, mon ame, et si je ne puis ce que je voudrois, que sur mon chef soyent detournez tous vos malheurs. Je baise un milion de fois cette amoureuse et belle bouche.

[Recueil de Conrard, t. V, p. 132.]

### A MONSIEUR DE CHANVALON.

Nos passions et nos impatiences ont tant de sympathie, mon beau cœur, qu'il faut croire qu'une mesme ame agit en nos deux corps, qu'amour d'un mesme trait a entamé nos cœurs, et que la fortune, poussée en nous de pareille envie, se sert aussy de mesme moyen pour s'opposer à nostre gloire et rabattre de nostre contentement. C'est bien ce qui me fait plus patiente supporter mes malheurs; car, puisqu'entre les principales causes de l'amour, les philosophes ont mis la simpathie, le souffrir ne me peut estre que doux, puisque ce m'est une marque d'un fondement plus asseuré de la durée de nostre immortelle union. En moy toutes les oppositions et toutes contrarietez seront un peu d'eau sur ma flame. L'absence, les divers objets, l'incommodité, la contrainte donnent à mon amour autant d'accroissement qu'à une ame foible et à un cœur embrasé d'une flame vulgaire il y apporteroit de diminution. Je m'endormis hier avec le ballet, ma chambre pleine de tous les galans de la cour; tel divertissement, qui ebranleroit toute autre passion, faict en la mienne autant d'effect que les flots de la mer contre le rocher immuable. Je m'en suis seulement eveillée plus matin, pour admirer combien mon heur est grand, de posseder ce qui, pres de ceux estimés et prisés comme la fleur et l'honneur de la cour, a autant d'avantage que les Dieux sur les hommes. Voilà comme de tout ce que je voy, l'esprit bandé à ce seul but, j'en tire seulement ce qui est propre pour alimenter et nourir mon feu que je cheris et conserve comme la vraye vigueur et la propre vie de ma vie, qui, se donnant de nouveau à vous, mon beau tout, se voue pour l'avenir pour hotesse perpetuelle de l'amour et de la fidelité. A Dieu, mon beau soleil, à Dieu, mon bel ange, beau miracle de la nature; je baise un million de fois ce milion de perfections que les Dieux se sont pleus à faire et les hommes à admirer.

[ Recueil de Conrard, t. V, p. 135. ]

#### A MONSIEUR DE CHANVALON.

C'est diminuer de l'excellence de nostre amour et contredire à sa perfection tant honnorée par vos vers que me taxer d'en avoir moins que vous, ma vie; car si l'amour ne peut estre parfaict que par l'accord de deux ames unies par une mesme volonté, si mon affection manque, l'esgalité ny sera point, et par consequent la perfection, qui consiste en cette union de qui je pense avoir montré tenir la conservation plus chere que vous, mon beau cœur, puisque je me suis opposée lorsque vous avez voulu ruyner sa cause, que je croy avoir, comme Achille, son immortalité subjecte à la fatalité d'un certain accident, duquel je la sauray trop mieux garder qu'il ne seut armer son talon. S'il y avoit encore un Salomon, il jugeroit de nostre different comme de celuy des deux femmes qui disputoient un mesme enfant, l'adjugeant à celle qui ne pouvoit permettre de le veoir fendre en deux. Ainsy ne pouvant souffrir que plus cruellement encore vous tronquiez tous les jours de nostre amour ou une partie dé son corps ou de ses années, le voulant maintenir entier; il jugeroit ma passion la vraye, la parfaicte et celle qui meriteroit l'avantage, comme, je m'asseure, vous l'avouerez par la difference que je vous feray remarquer en nos amours, qui est telle que le vostre, estant né tout divin comme ayant tiré son origine du ciel et de ma beauté, a engendré le mien de pareille nature, qui s'est conservé tel, se logeant en mon ame qu'il a trouvée accoutumée et establie à faire son propre office, qui est de commander par sa raison au corps et en estre obeie. Mais le mien, arrivant en un sujet tout dissemblable, trouvant votre ame corompue des vulgaires amours qui jusques à huy l'avoyent regie, ayant à combattre non seulement les vicieux appetits de vostre corps, mais encore vostre ame subornée et gagnée par leurs alechemens, vaincue de tant de persuasions, a oublié la vertu compagne de toute divine essence, et se laissant emporter à eux perdroit sans doute son immortalité, si son frere second, Castor, ne luy faisoit part de la sienne, qui les rendra à la posterité astres luisans et beaux. Reconnoissez donc, mon tout, vostre injuste accusation et pensez, si je voulois user des privileges de la loy qui condamne celuy qui accuse à la mesme peine de l'accusé, quel supplice il vous faudroit souffrir. Mais je n'en veux poursuivre autre raison que vous prouver la mienne, n'estimant peu le bien de convertir un heretique qui me donne d'autant plus d'envie de le vaincre que je le connois opiniastre, et pouvant joindre la raison avec ma puissance, je ne doutteray de mon entreprise; et par allegresse d'une si sainte conversion, je baiseray mille et mille fois ces beaux yeux, seuls soleils de mon ame par eux tout feu, toute flame.

[Recueil de Conrard, t. V, p. 137.]

### A MONSIEUR DE CHANVALON.

Il est bien certain, mon beau cœur, que l'amour est sophiste et plein de persuasions, puisqu'il vous fournit de tant de raisons que presque il mettroit la verité en doute. Je ne suis toutefois resolue de me rendre, estimant plus de gloire de vaincre où il y a plus de resistance. Je say que vous direz ce que vous avez bien peu dire, l'ayant appris de moy, qu'il est aysé de braver l'ennemy absent, et certes je l'avoue, et que votre presence pourra tousjours en moy ce qui seroit à tout autre impossible. Mais ce qui m'asseure et me donne hardiesse, c'est que je say soutenir vostre mesme opinion; car la raison estant semblable en toutes personnes, elle y ordonne pareille loy, ou si elle n'est obeie, ce n'est en ceux qui vous ressemblent, qui bien reglez s'y conforment tousjours. Vostre ame veut ce que je veux, et luy complaisant c'est vous complaire; car l'ame est seule l'homme, qui estant liée avec le corps, ces deux sens luy suffisent, la veue et l'ouye, pour contenter son desir qui, tout different des appetis du corps, se sent son plaisir d'autant retranché, que l'on s'adhere aux autres qui ne peuvent estre causes d'amour, puisqu'ils ne sont desirs de beauté (car l'amour n'est autre chose), et la beauté ne peut estre desirée et aymée que par ce qui la connoist.

Il n'y en a que deux sortes : de l'ame et du corps. Celle de l'ame consiste en la correspondance de plusieurs vertus, et celle du corps en celle de plusieurs lignes et couleurs. La premiere ne se comprend que par l'ame aydée de l'ouye et la seconde par les yeux, n'y aiant autre partye en nous qui en puisse juger; et est l'object des autres appetis si eloigné de la beauté qu'il s'y peut dire du tout contraire; car troublant et mettant presque l'entendement hors de son propre lieu, il bannit par son intemperance toute correspondance et par consequent toute beauté. Jugez la difference de ces mouvemens, pour n'abuser plus par les termes de choses si dissemblables, et cognoissez que, soit que vous soyez ou philosophe ou amoureux, il faut que vous condescendiez à ma raison, qui trouve si parfaitement en vous le vray subject du vray amour qui m'astreint à parfaitement et éternellement vous aymer. Ainsy remplie de cette divine et non vulgaire passion, je rens en imagination mille baisers à vostre belle bouche, qui seule sera particippante au plaisir reservé à l'ame, le meritant pour estre l'instrument de tant de belles et dignes louanges où bientost me puissé-je ravir.

Le desir que vous avez eu de voir des œuvres d'un ignorant m'a apporté l'importunité de sa veue, que je ne luy ay peu refuser, pour ne l'avoir pour ennemy; et puisque vostre curiosité en est cause, il est bien raisonnable que vous ayiez vostre part de cette fascherie par cette seconde que je vous envoye, où il se persuade ce que je ne luy accorderay, si ce n'est penitence qui me soit par vous ordonnée. A Dieu, mon tout, ma vie et mon souverain bien. M.

[Recueil de Conrard, t. V, p. 140.]

### A MONSIEUR DE CHANVALON.

Bien que les corps celestes, portez par leurs cieux et guidez par leurs intelligences assistantes, n'apparoissent à nos yeux tousjours en mesme poinct où l'ordre de leur mouvement ordinaire les conduit, la faute ne s'en doit attribuer ni à l'intelligence qui, destinée à ce seul office, n'y peut jamais manquer, ni mesmes à eux, qui, par leur forme naturelle, ne peuvent faillir à leurs cours ordonné; nos yeux en perdent seulement la veue par l'interposition des nuages épais. Ainsi, mon beau cœur, si j'ay pour quelques jours cessé les apparentes actions que l'amour doit en l'absence produire, luy que je tiens pour l'ange destiné pour assister mon ame, ne le taxez de ne s'acquitter de sa charge, ni moins mon ame d'avoir nulle intermission en la poursuite de la fin pour laquelle je tiens qu'elle a esté creée; car, comme les cieux tournent et sont en perpetuel mouvement sur un point immobile, mes pensers, mes desirs, mes affections, conduittes de ce grand demon, tournent et se meuvent continuellement autour de vostre idée, principe et fin de tous mes desseins. Les corporelles actions se peuvent empescher; mais l'esprit ne peust estre ni detourné, ni diverty de ce où il s'affectionne. Il cherche ardemment la perfection; et qui, après vous avoir reconnu, la pourroit chercher en autruy?

Plus de divers objets se presentent à mes yeux, et plus ils leur augmentent le desir de vous voir; car, par la comparaison des choses se connoissent leurs differences. Ne craignez donc les compagnies ni ceux qui, plus vous voulant contrefaire, honnorent et vous et la nature, montrant qu'il est aussy mal aysé d'atteindre à l'excellence de l'un, que de pouvoir imiter l'autre. Je n'ay, par tels empeschemens, eu le moyen oté de vous escrire; d'autres fascheuses occasions m'ont derobbé le loisir de respondre à vos agreables courroux. Non, mon beau cœur, je ne croy pas que l'amour ne vous ayt choisy pour se montrer en vous en toutes ses plus belles formes; car s'il veut comme Dieu, faire sa puissance apparoir, surmontant ce qui plus luy voudroit resister, qui mieux que vostre divine presence le nous pourroit representer; qui, à l'instant, fait changer de courage et de resolution? Ha! non, qui vous verra reconnoistra soudain cette celeste majesté, que Mercure ne peut deguiser à l'envieuse Aglore; et s'il vouloit se montrer Venus et Amour tout ensemble, qui luy pourroit de tant d'attraits, de graces, de feux, de liens, de beautez fournir, s'il ne prenoit ceux que le ciel, choisissant de son plus parfait, a mis en vous pour bien-heurer le monde? Mais de cette enfance agreable, où on le peint comme en sa plus aymable figure, qui luy peut tant ressembler que vos enfantins courroux, qui me sont si plaisans que, comme les meres s'amusent à faire disputer leurs enfans pour avoir le plaisir de leur douce colere, ainsi reçois-je un contantement si grand, voyant l'amour en vous les contrefaire, que je m'amuserois volontiers pour jamais à un si agreable jeu? Soyez donc mon amour, puisqu'il n'y en a au monde; soyez mon seul plaisir, mon seul ange et ma seule vie. M.

[Recueil de Conrard, t. V, p. 142.]

### A MONSIEUR DE CHANVALON.

L'horreur de votre misere m'a oté le pouvoir de la consoler; car il est malaysé à celuy qui a besoin de secours d'en pouvoir donner à autruy. Cet accident ne m'estoit toutesfois nouveau, ayant reçeu du mariage tout le mal que j'ay jamais eu, et le tenant pour le seul fleau de ma vie[1]; mais il a cette fois tellement redoublé sa cruauté qu'il m'a rendue aussi troublée que si jamais je n'eusse eprouvé sa malice. Je ne m'etonne point si Jupiter en a hay sa sœur; mais je m'ebaïs bien que cet heureux, mais indigne Ixion n'a eu comme sa temerité, sa fortune semblable à Semele, qui, voulant voir Jupiter comme il voioyt Junon, perdit la vie. Heureuse et glorieuse mort, mais encore plus juste! Mourir en si belle entreprise est

---

[1] Henri IV en disait, de son côté, peu à près autant : « Nous venons de vous marier », Sire, lui répondait un jour Sully après la conclusion de son alliance avec Marie de Médicis. Henri se promena pendant un quart d'heure *resvant et se grattant la teste et curant les ongles sans rien respondre.* Un moment après il s'écriait : « Hé bien! de par Dieu! soit, il n'y a remède, puisque, pour le bien de mon royaume et de mes peuples, vous dites qu'il faut estre marié, il le faut donc estre; mais c'est une condition que j'appréhende bien fort, me souvenant tousjours de combien de mauvaises rencontres me fut cause le premier où j'entrai. » (*OEconomies royales*, I<sup>re</sup> partie, chap. 95.)

une fin tres-honorable; mais aussi moindre punition un si temeraire desir ne merite. Mon Dieu, ma vie, que je luy veux de mal! Ha! non; que l'on ne die jamais que les mariages se facent au ciel : les Dieux ne commirent une si grande injustice. Mais c'est un estrange cas, mon beau cœur, comme de ce qui desplait la nouvelle est plus reditte; car tout hier ma chambre ne resonna que de noces. Je ne say comme je la pourray repurger de la malediction qu'un si fascheux mot y aura laissée; elle en a esté pour certain pollue, et n'y oserois plus faire nul sacrifice à Apollon, qu'elle ne soit par vous redediée. Avisez donc de dissiper, mon beau soleil, les nuages de ces importuns obstacles qui separent nos corps, mais qui ne pourront jamais separer nos ames unies d'un eternel destin et liées d'un eternel lien.

Le sujet de cette lettre me brouille encore plus l'esprit qu'elle n'est brouillée; encore n'eut-elle esté telle, sans la fascheuse compagnie qui me tint tout hier sans avoir presque la pensée libre; et ce matin j'ay si grand hate de m'habiller pour ne faillir à cet heureux et desiré instant, que je ne la puis redoubler[1], m'assurant aussi que ma presence vous sera plus agreable que la veue d'une lettre bien peinte. M.

[Recueil de Conrard, t. V, p. 145.]

[1] *Redoubler*, c'est-à-dire en faire un double, la recopier.

#### A MONSIEUR DE CHANVALON.

Je ne croiray jamais, mon beau cœur, qu'une ame si fidelement eprise d'une digne beauté soit si peu fertile de belles pensées qu'il puisse naistre en elle aucune volonté de changer un si agreable exercice, que je n'estime diverty par l'estude des beaux livres, mais plustost leur plaisir en estre augmenté. Puisqu'ils servent donc à les entretenir en la contemplation des causes et des effects de leur passion, lorsque vous commencerez à vous en ennuyer et reconnoistre avoir besoin de quelque different passe-temps, je jugeray le defaut estre en vostre affection et non à l'exercice des sciences, qui apportent tousjours à une ame amoureuse quelque nouveau moyen de consoler sa peine, de nourrir son feu, et d'honnorer et parfaire son dessein; car les philosophes, comme les plus parfaicts et plus rares esprits de leur temps, plus touchez de cette divine passion que les autres, en ont tant escrit et de tant de façons, qu'il ne se peut que l'on n'y en trouve tousjours de semblable à celle que l'on ressent, qui apporte assez de contentement pour n'y plaindre le temps d'une absence, où, si j'estois en ma seule puissance, je me voudrois continuellement occuper, ne reconnoissant rien qui me puisse apporter plaisir privée de vostre belle presence, que ce qui me la ramentoit en me representant ces beaux discours parsionnez. J'ay veu que vous estiez de pareille opinion, et quand vous en changerez, si ce n'est que quelque particuliere beauté vous plaise aux compagnies où vous pourriez aller, la tourbe n'apporte ni plaisir, ni amandement, et n'en reste le plus souvent que confusion en nous mesme. Toutesfois, si le plaisir du changement a tant soit peu aiguillonné vostre ame, suivez, je vous supplie vostre desir; je ne crains qu'un mieux vous retienne, vivant tout asseurée que quand nous aurions changé tout le monde, nous reviendrions encore à nous. Il n'est besoin de me donner cette frayeur pour me rendre moins paresseuse. Si nostre mercure est retourné sans responce, *il ne m'a laissée sans regret de ne vous avoir peu donner par luy ce contentement auquel j'ai trop de part pour n'en estre soigneuse; mais, ma vie, vous le savez tant, qu'il n'est besoin que j'use des paroles pour vous en assurer, aussi que j'ay icy une compaignie qui me brouille l'esprit comme ce papier, que je vous supplie d'excuser, et me mander tout à cette heure si vous me verrez en huy. A Dieu, mon tout, que je rebaise un milion de fois. M.

[Recueil de Conrard, t. V, p. 147.]

### A MONSIEUR DE CHANVALON.

Si en flatant nostre malheur nous le pouvions adoucir ou eloigner, je serois d'avis, mon beau cœur, d'en user comme vous faites, ignorant toutes les apparences qui s'en offriroyent, et rejettant tous les avertissemens que nous en pourrions recevoir. Mais tant d'exemples nous apprennent le mal qu'apporte tel mespris, que je ne saurois consentir d'en voir augmenter le nombre par la ruyne de ce que je tiens de plus cher, n'estimant, apres la perte de nostre amour ou de vostre vie, devoir apprehender la privation de rien qui me put rester, estant ma vie, mon repos et mon heur attachez à ces deux. N'aymant donc et ne voulant conserver que ces seuls biens, ne trouvez point estrange l'extresme crainte que j'ay de les voir perir; et estimant que l'un est, par-dessus et les ans et le temps, immuable à toute inconstance et à tout autre accident, je remets tout mon soin en l'autre; de quoy je ne me saurois oster la frayeur qui me fait mille fois detester et maudire ma vie, la connoissant si miserable, qu'au lieu de servir à ce où elle est du tout dediée, elle y cause de l'incommodité et de la peine. Que pleut à Dieu que sur moy seule cet orage se pust descharger, vous jugeriez combien le mal me seroit plus supportable en moy, que de le voir en vous en mon occasion; que s'il n'y eust esté que de mon prejudice, à jamais cette cruelle sentence n'eust esté donnée de ma main, ayant tousjours tenu qu'une mort estoit peu pour chose si divine; mais vous mettre en danger! ha! non, ma vie, il n'y a gesne si cruelle à quoy je ne me soumette plustost. J'en rens une assez grande preuve, m'interdissant le plaisir de vostre belle vue, que je tiens m'estre aussi necessaire que le soleil aux printannieres fleurs, qui ne se fanent plus prontement par son absence que, par celle de vos beaux yeux, ma vie et ma beauté perdent et lustre et vigueur. Jugez donc, mon tout, quelle est la crainte que j'ay de vostre mal, et si sans regret et sans force je me contrains à perdre la belle commodité qui s'offroit, si de vostre costé les choses y eussent esté preparées comme du mien. Mais puisqu'il n'y va de ma faute, et que c'est par vous seul que tel bien nous est interdit, je le supporte, ne laissant pour cela de vous baiser les mains avec la même affection qui sera la derniere qui perira en moi.

Je vous supplie d'excuser cette lettre brouillée; je suis si affligée d'ennuys et de fascheux, qu'ils ne me permettent de la redoubler. M.

[Recueil de Conrard, t. V, p. 149.]

### A MONSIEUR DE CHANVALON.

C'est trop, mon beau cœur, de se voir privée tout d'un coup de la presence de son bien et du moyen de soulager sa passion par l'escriture; c'est estouffer une ame et luy oter le moyen non seulement de soupirer, mais de respirer, pressant son cœur de tant d'ennuyeuses contraintes. Ha! pleust à Dieu que vous vissiez ma vie, vous ne nommeriez mon enfer paradis, et ne m'accuseriez trop glorieuse de posseder ce qui est l'amiration des hommes et l'envie des Dieux, de vouloir braver entre creatures si indignes et si imparfaites, que, vous considerant, je reste presque estonnée comme un si grand ouvrier a peu creer choses si viles et miserables, qui ne peuvent engendrer en moy que mepris et pityé; mon esprit, elevé au ciel de vos perfections, ne pouvant en subject si bas et terrestre trouver ni gloire ni plaisir, et moins encore, sans proportion ni egalité, tirer par leur comparaison plus grande connoissance de vostre merite, qui vous doit faire croire l'augure de vostre tableau en moy tresveritable non seulement pour Baccus, mais pour tous ceux qui, nouveaux Phaetons, voudroyent pour quelque peu de ressemblance, prendre telle temerité de s'estimer capables de suivre les pas de l'unique Phebus, n'estant poinct si certain que le monde ne peust avoir qu'un soleil, qu'il est certain et veritable que de vostre seule beauté mon ame reçoit sa lumiere et sa vie. Vous le croyez ainsy, mon beau cœur; vous me l'avez par vostre derniere lettre avoué; mais soyez, je vous supplie, assuré que vous n'avez tant de plaisir à le croire que j'en reçoy en une si agreable confession, estimant ma perfection consister en celle de mon amour : non que je sois pour cela de l'opinion de Platon, qui tient l'amant, comme remply d'une divine fureur, plus excellent que l'aymé; car estant l'un et l'autre, je garderay tousjours à ces deux qualitez ce qui leur appartient, preferant toutesfois la cause à l'effect. Aussy l'enfant seroit ingrat qui ne voudroit reconnoistre et ceder à sa mere, et nos beautez ont engendré nos amours qui, en un cercle infiny, feront leurs cours immortel, comme immortelle est l'essence de leur cause. M.

[Recueil de Conrard, t. V, p. 151.]

**MONSIEUR DE CHANVALON A LA ROYNE.**

Je n'eusse osé vous importuner durant que vous estiez si plongée en vos devotions; mais aujourd'huy, ma Royne, que j'estime que vous pourrez commencer à envoyer, comme l'on dit, Dieu en Galilée, je ne craindray de reprendre mes erres, vous ressouvenant ce que je vous suis, n'estimant pas aussi pouvoir mieux pour le comble de ma felicité que le vous representer dans cette, afin que par la raison qui sera tousjours pour moy vous soyiez si vivement pressée que ce qui s'y pourroit opposer ne trouve aucun lieu en vos perfections. Il vous avoit pleu m'assurer et me promettre que j'aurois cet honneur de vous voir hier; je vous supplie tres-humblement, qu'au moins vous ayiez agreable que ce soit ce soir, et vous diray que j'ay à vous discourir d'une infinité de choses que j'ay apprises, qui n'importent pas de peu. Je crois que vous n'estes à savoir une broullerie qui s'est passée; j'en dois apprendre quelque chose davantage; mais permettez, mon cœur, que je reçoive cet heur de vous parler à ce soir et ne vous excusez sur vostre mal, lequel, je m'assure, ne vous empeschera qu'autant qu'il vous plaira, et puis ce tintamare fera que tout le monde se couchera de meilleure heure et sera plus assoupy de sommeil. A Dieu, ma belle maistresse, je baise tres-humblement vos belles mains.

[Recueil de Conrard, t. V, p. 153.]

### MONSIEUR DE CHANVALON A LA ROYNE.

Vous voulutes, ma Royne, m'accuser d'infidelité, encore que ne puissiez douter de ce que je vous suis, et qu'aussy peu que moy vous puissiez ignorer ce qu'avec trop de cruauté vos extresmes rigueurs me font ressentir, et que jugiez assez que me meprisant moy-mesme je ne saurois que dedaigner tout ce qui me pourroit empescher de vous tesmoigner mon amour infinie. Si donques tels subjects vous ont servy jusques à cette heure pour me gesner et me martyriser, et pour tirer la quinte essence de ce que j'ay dans le cœur et dans l'ame, maintenant qu'avecque tant de justes et si apparentes raisons vous reconnoissez que je suis tout à vous, faites s'il vous plaist, madame, que si vous ne voulez que je puisse ressentir rien de ce que le merite de ma foy et ma patience me devroyent avoir procuré, qu'au moins au lieu de recompense vous ayiez à cesser ces tourmens insupportables dont vous m'avez affligé depuis que vos perfections me rendirent leur esclave. Ressouvenez-vous, ma Royne, des vœux qu'hier si saintement je renouvellay dans vos belles mains, et vous avouerez que vous leutes en moi l'integrité de mon intention, bien que puissiez connoistre que tout ce que je vous disois n'eust pu representer la moindre partye de mon affection. Je say que trouverez estrange que j'ose vous supplier tres-humblement de me faire cet honneur que demain je vous puisse parler un quart-d'heure; mais j'ay appris aujourd'huy quelque chose qu'il faut que vous sachiez, qui importe, qui est un discours qui ne se peut escrire, comme vous le pourrez juger. Une de mes amyes m'a dit que vous montriez d'estre mal satisfaite de moy; vous savez, madame, si vous en avez occasion, puisque vous n'avez reconnu que les effects de mes violentes passions. Ayez donc pityé de moy, mon cœur, et souffrez pour chose qui vous ayme tant ce peu d'incommodité. Je baise tres-humblement vos belles mains.

[Recueil de Conrard, t. V, p. 155.]

# INDEX

## DES NOMS PROPRES.

### A.

*Agen*, page 249, 364.
*Aiguemeau* (île d'), sur l'Adour, 9.
*Aiguillon*, ville de l'Agenois, 369, 379.
Aire (M. d'), 427, 438.
*Alençon*, 156, 203.
Alençon (duc d'), frère de Marguerite, 7, 37, 38, 39, 41, 44, 188.
*Allemagne* (diète d'), 287.
*Amboise*, 393.
*Amiens* (prise d'), 329.
Anchise, 425.
*Angers*, 127, 152.
Angoulême (Diane, duchesse d'), sœur de Marguerite de Valois et veuve de François de Montmorency, pair et maréchal de France, 332, 409.
Anjou (duc d'), frère de Marguerite, 6, 10, 11, 13, 17, 41, 43.
Anjou (duc d'), fils de Henri IV, sa naissance, 436.
Annebault (Jean, seigneur d'), baron de Retz, 8.
*Anvers*, 126.
Aquaviva (Anne d'), dite d'Aragon, fille de Jean-François, duc d'Atri, 89.
Aremberg ( Marguerite de La Marck, veuve de Jean de Ligne, comtesse d'), 109.

Aremberg ( Charles de Ligne, comte d'), 110.
Aremberg (Anne de Croy, duchesse d'Anchot, femme de Charles de Ligne, comte d'), 110.
Armagnac, valet de chambre du roi de Navarre, 35.
Armagnac (cardinal d'), 276.
Arpajon (Jean d'), baron de Séverac, sénéchal de Rouergue, 325, 326.
Arques ( Anne d'), duc de Joyeuse, pair et amiral de France, l'un des mignons de Henri III, 263.
Arschot ( Philippe III, sire de Croy, duc d'), prince de Chimay, etc., 102, 103, 104, 115.
*Aubrac* (domerie d'), en Rouergue, 324.
Aumont (Jean d'), maréchal de France, 247.
Autriche (don Juan d'), 88, 91, 93, 94, 102, 103, 104, 105, 106, 108, 115, 119, 122, 123, 124.
Autriche (Elisabeth d'), femme de Charles IX, 110.
Avantigny, chambellan du duc d'Alençon, 69.
Ayelle ( Victoire d'), fille d'honneur de la *reine Catherine*, 158 à la note.

### B.

Bacon, 281.
*Bagnères*, 176.
Baire (madame de), 202.
Bajomont ou Bajaumont, favori de Marguerite, 435, et à la note.
Balagny (M. de), 171, 443, 444.

Balançon (Philibert de Rye, comte de Varaix, baron de), gouverneur du comté de Bourgogne, 103, 110, 111, 112.
Balançon (madame de), 111.
Balbani, 350.

BAR (Henri de Lorraine, duc de), 163.
BARLEMONT (maison de), 91.
BARLEMONT (M. de), 122, 123, 124,
Bazas, 287.
Bayonne (fêtes données à), pour l'entrevue de la reine d'Espagne, de Charles IX et de Catherine de Médicis leur mère, 8-10.
BEAUFORT (duchesse de), 337.
BEAUMONT (M. de), 342.
BEAUPREAU (Henri de Bourbon, marquis de), fils du prince de la Roche-sur-Yon, 5.
BEAUVAIS (M. de), 78, 187.
BELLEGARDE (Roger de Saint-Lary, seigneur de), maréchal de France, 131, 276.
BELLIÈVRE (M. de), 172, 227, 294 à la note, 295.
BENAC (baron de), 443, 444, et à la note.
BERTIER (M. de), archidiacre, 314, 340, 342, 344, 351.
BESME, 31.
BÉTHUNE (mademoiselle de), 293 à la note.
BIDÉ, 46,
BIRON (maréchal de), 159, 164, 165, 166, 167, 168, 169, 172, 173, 211, 212.
Blamont, bourg de Lorraine, 37.

Blois, 231 ; les États y sont convoqués, 81.
BOISY (M. de), 187.
Bonneval (abbaye de), 319.
BOUILLON (duc de), 391 à la note, 402, 405 à la note ; Lettre à lui adressée par Marguerite, 301.
Boulogne, près Paris ; Marguerite y avait une maison de campagne, 350, 390, 416.
BOURBON (cardinal de), 11, 24, 26, 86, 157 à la note.
BOURDEILLE (Jeanne de), 45.
BOURSE, 35.
BOUSQUET, 231.
BRANTOME, 308 à la note ; Lettre à lui adressée par Marguerite, 299.
BREZÉ (Artus de Maillé, seigneur de), chevalier de l'ordre du roi sous Henri IV, et capitaine de ses gardes du corps, 433, et à la note.
BRION (M. de), 186.
BRISSAC (Charles de Cossé, comte de), 131.
Brouage (siége de), 89, 116.
Bruxelles, 101.
Busen (château de), 387.
BUSSIÈRE (la), 112.
Bussy, 54, 55 ; on tente de l'assassiner, 56, 58, 59, 60, 63, 79, 116, 127, 131, 132, 141, 144, 145, 146, 147.

## C.

Cahors, 166 ; prise de cette ville, 211, 239.
CALVERAC, exécuté à Limoges, 395 à la note.
Cambray, 93, 170, 172, 173.
CAMBRAY (évêque de), 90, 102.
CAMBRONNE, 217, 238.
CAMILLE, 46, 49, 50.
CANGÉ, 136, 152, 153.
CANILLAC (Jean-Timoléon de Beaufort Montboissier, marquis de), 3, 298 à la note.
Carmagnole, en Piémont, 276.
CARRETTO FINALE (Alexandre del), abbé de Conques, 435, et à la note.
CASIMIR (le duc), 77.
CASTELAN (Honoré), médecin de Charles IX et de la reine, 20, 42.
Castelet (fort du), 90.
Castel Jaloux, 212.
CASTELNAU (M. de), 322, 325, 430.
Castelnaudary, 159.
CATHERINE DE MÉDICIS ; elle tombe malade de la peste à Metz, 42 ; Lettres à elle adressées par Marguerite, 293, 275.
CERISAY (Claude de Maillé, seigneur de), 434.
CHALIGNY (Henri de Lorraine, comte de), 90.
Châlons, 190.
CHANGY, 61.
CHANVALLON (Jacques de Harlay, seigneur de), grand-écuyer du

duc d'Alençon, grand-maître de l'artillerie pendant la Ligue, puis chevalier du Saint-Esprit, favori de Marguerite, 293 à la note, 394, 445; Lettres à lui adressées par Marguerite, 445, 450, 451, 452, 454, 455, 456, 458, 460, 463, 464, 466, 468, 470, 472, 473, 475, 477, 478.
*Chantilly*, 192.
CHAPELAIN (Jean), médecin de Charles IX et de la reine, 20.
CHARLES IX, frère de Marguerite, 4, 8, 10, 21, 26, 28, 29, 31, 34, 37, 38, 39, 40; sa mort, 41, 42, 83, 110.
CHASTELAS (M. de), 62, 68, 69, 70.
*Cateau-Cambresis*, 126.
CHARRY (amiral de), 29, 30.
*Châtelet*, petite ville des Pays-Bas, 127.
CHATILLON (amiral de), 28.
CHATEL (Jean), 312 à la note.
CHATELLERAUT (M. de), 290.
*Aigues chaudes*, source d'eau thermale dans le Béarn, 175.
*Chenonceau*, 283.
CHEVERNY (Philippe-Hurault, comte de), garde des sceaux, puis chancelier de France, 201.
*Choisy*, 397.

CHOISI (comte de), 421, 423.
CHOISNIN, 363.
*Clérac* (abbaye de), en Agenois, 275.
CLEREVAN (M. de), 286.
CLERMONT, 308.
COLIGNY (amiral), son assassinat, 31.
COMBAUD (Robert de), seigneur d'Arcis-sur-Aube, 143.
COCONAS (comte de), son exécution, 39, 40.
CONDÉ (prince de), 30, 36; sa mort, 43, 195.
CONDÉ (Marie de Clèves, marquise d'Iles, première femme de Henri de Bourbon, prince de), 24.
*Condom* (évêché de), 314.
*Condom* (l'évêque de), 275.
CORNE, 438, 439.
CORNUSSON (M. de), sénéchal de Toulouse, 168.
COSSÉ (maréchal de), prisonnier à Vincennes, 39.
COSTE (le P. Hilarion de), 308 à la note.
*Crains* (château de), 387.
CRILLON (Louis de Berton de), 72.
CROS (M. de), 186.
CURTON (madame de), gouvernante de Marguerite, 6, 46.

## D.

DAMPIERRE (Jeanne de Vivonne, veuve de Claude de Clermont, baron de), 7, 56.
DAYELLE, 158, 161.
DEFBESNE (M. de), 314, 319.
DELEUX, 418, 423.
*Dinan*, 120.
DODON (M.), 34.
DOROTHÉE, fille de François, duc de Lorraine, veuve d'Éric, duc de Brunswick, 113.
*Dreux* (bataille de), 8.
DU BELLAY (Joachim); cité par Marguerite, 2.
DU BOIS, agent de Henri III près de Don Juan d'Autriche, 122, 123, 124.

DU BOSQ, conseiller et maître ordinaire de l'hôtel de Marguerite, 196.
DU GUA (Louis de Béranger, seigneur), 17, 22, 44, 47, 51, 52, 53, 54, 56, 57, 59, 60, 61, 62, 63, 68, 75; sa mort, 79, 116, 189, 393.
DUJOU, 398.
DUPLESSIS-MORNAY, 287, 300; Lettres à lui adressées par Marguerite, 311, 339.
DURAS (M. de), 80.
DURAS (madame de), 293 à la note.
DUSAUT (M.), avocat-général à Bordeaux, 431.

## E.

Eause, département du Gers, 162, 243.
EGMONT (Lamoral, comte d'), prince de Gavre, 94, 97, 124.
ELISABETH, troisième femme de Philippe II, roi d'Espagne, sœur de Margùerite, 8, 61, 105.
EMBRUN (évêque d'), 82.
ERARD (M.), maître des requêtes de Marguerite, 300 à la note, 302, 305, 306, 312, 333, 338, 355, 357, 359.
ESCARS (Charles d'), évêque de Langres, 89.
ESCARS (Anne d'), évêque de Lisieux, cardinal de Givry, 117.
ESCARS (Jacques de Pérusse, seigneur d'), 117, 281.
ESTAING (M. d'), 438.

## F.

FAVAS (Jean de), seigneur de Castets, 211.
FERAILLES (M. de), 441.
FERRARE (le cardinal de), 222.
FERVAQUES (Guillaume de Hautemer, seigneur de), 463.
Figeac (abbaye de), en Quercy, 276.
Flandre (entreprise de), 195.
FLEURAC (M. de), 438.
Fleurines (château de), 125.
FLEURINES (M. de), 125, 126.
Foix (M. de), ambassadeur à Rome, 222.
Fontainebleau, 416, 426.
FORGET, 282, 308, 318.
FOSSEUSE (Françoise de Montmorency, fille de Pierre, marquis de Thury, baron de Fosseuse), maîtresse du roi de Navarre, 162, 164, 168, 174, 289.
FOURQUEVAUT (M. de), 405, 409, 412.
FRANCE (Claude de), sœur de Marguerite, mariée à Charles de Lorraine, 23, 32, 35, 42, 361 à la note.
FRANCE (Jeanne de), 360.
FREDEVILLE (M. de), 217, 238.
FREZIN (comte de), 91.
FRONTENAC, 296.

## G.

GAIAN, 439, 440.
GALEMAN, 425.
GAURIC (Luc), mathématicien et astrologue italien, 250 à la note.
GENEVOIS (M. de), 284.
GENISSAC, 82.
Gimont (abbaye de), en Armagnac, département du Gers, 276.
GONDY (Henri de), évêque de Paris, 341, à la note.
GONZAGUE (Ludovic de), surnommé le *Rodomont*, seigneur de Sabionetta, 103, 105.
GRAMMONT, l'un des mignons de Henri III, 131, 132.
Granges, 379.
GRATENS (Louis du Faur, seigneur de), conseiller au parlement de Paris et chancelier du roi de Navarre, 216, 223, 231.
GROESBEK (Gérard de), évêque de Liége, 108.
GUISE (duc de), 18, 21, 23, 26, 28, 29, 30, 31, 33, 48, 52, 284, 364, 367.
GUISE (madame de), 24.

## H.

HARDELAY (Jean de Bourdeille), frère de Brantôme, 55.
HAURECH (Charles-Philippe de Croy, marquis d'), fils de Philippe II, sire de Croy, duc d'Arschot, 103, 106, 108, 115.

Haubec (Diane de Dompmartin, marquise d'), 94, 102, 105, 106, 108, 115.
Hémerits, 158 à la note.
Henri II, père de Marguerite; sa mort, 4.
Henri III, frère de Marguerite, 98, 116, 117; Lettre à lui adressée par Marguerite, 296.
Hôpital (comte de l'), 419.
Horatio del Monte, archevêque d'Albe, 339 à la note.
Hornes (Philippe de Montmorency, comte de), 97.
Hubault, 262, 270.
Huy, petite ville du pays de Liége, 106, 107, 119.

## I.

Iboi (château d'), 387.
Inchy (Baudouin de Gavre, sieur d'), 91, 92, 102, 106, 129, 170.
Issoire, 89, 116; prise de cette ville, 98.
Ivoy, 298 à la note.

## J.

Jarnac (bataille de), 43.
Jeroboam, 135.
Joinville (le prince de), plus tard duc de Guise, 5.
Joyeuse (cardinal de), 339, à la note.
Junctini (Francesco), astrologue de Florence, 246 à la note.

## L.

La Chatre (Edme, marquis de), 133, 135, 142, 146, 191.
La Fère, 101, 118, 119, 127, 128; reddition de cette ville, 325.
La Ferté, 69.
Lafon (M. de), 404.
La Guesle (M. de), 339 à la note, 424, 427.
Lalain (Philippe, comte de), 93, 94, 95, 101, 121, 122, 125, 126, 128, 129, 170.
Lalain (Marguerite de Ligne, femme de Philippe, comte de), 95, 100, 102, 126.
La Marck (Mahaud de), femme de Louis-Henri, landgrave de Leuchtenberg, 110.
La Molle, son exécution, 39, 40.
Langlois (Martin), 305 à la note, 318, 339.
La Noue, 27, 28, 31.
Lansac (Louis de Saint-Gelais, seigneur de), 271.
Laqueville, 285.
Larchant (Nicolas de Grémonville), 141.
La Roche (M. de), 214.
La Rochefoucauld (M. de), 27, 31, 168.
La Rochelle, 186, 188, 189, 192.
La Rochepot (Antoine de Silly, comte de), gouverneur de l'Anjou, 214.
La Roche-sur-Yon (Philippe de Montespedon, veuve de Charles de Bourbon, prince de), 84, 85, 86, 87, 89, 90, 109, 115, 117, 119.
Lassegan (M. de), 275.
La Tour (château de), 437.
Lautrec (M. de), 289.
La Valette (Jean-Louis de), duc d'Epernon, 117.
Lavardin (Jean de Beaumanoir de), maréchal de France, 211.
La Vauguion (Jean d'Escars, prince de Carancy, comte de), conseiller d'état et du conseil privé du roi, 201, 207.
La Vergne ou La Vernay, fille d'honneur de la reine Catherine, 158 à la note, 193, 283.
Le Claux, 438.
Lenoncourt (Philippe de), évêque d'Auxerre, puis cardinal, 89, 104, 117, 118, 122, 199, 201.
Lépante (bataille de), 104 à la note.

Le Pin ou Dupin, 159, 160, 161.
Lescar, 115.
*Lezat* (abbaye de), de l'ordre de Saint-Benoît, près de Toulouse, 275.
Liancourt, 46, 49, 50.
*Liége*, 106, 107, 108, 109, 127.
Lignerac (M. de), 298 à la note.
*Limoges*, 395.
Livarhot, 117, 132.
Lodon (le seigneur de), gentilhomme de la maison de Marguerite, 293 à la note.
Lomenie (M. de), 355, 432; Lettres à lui adressées par Marguerite, 332, 400, 401, 403, 412, 429.

Longueville (madame de), 261, 264.
Lorraine (prince de), son baptême à Bar-le-Duc, 8.
Lorraine (cardinal de), 22.
Lorraine (Charles, duc de), marié à Claude de France, sœur de Marguerite. Correspond avec Marguerite, 361.
Losses (Jean de), 136, 137, 138, 154.
Loudun (Françoise de Rohan, duchesse de), 286.
Louise (la reine), 90.
*Lyon*, 108.

# M.

*Madallan*, 379.
Maniquet, maître d'hôtel de Marguerite, 180, 223, 267.
Mantour (le duc de), 103.
Marguerite de Valois. Son enfance, 5. — On parle de la marier avec Sébastien, roi de Portugal, 22. — Maximilien II la fait demander en mariage pour son fils aîné, le roi de Hongrie, 23 à la note. — Son voyage à Lyon, au devant de son frère le roi de Pologne, après la mort de Charles IX, 41. — Elle va à Avignon, 51. — Son voyage à Reims, 54. — Son voyage à Sens avec la reine-mère, 77. — Elle part pour les eaux de Spa, 89. — Elle va en Gascogne, auprès de son mari, accompagnée de la reine-mère, 157. — Elle est en Gascogne, 197. — Elle est à Nérac, 207. — Son retour de Gascogne à Paris, 215, 280. — Elle va de nouveau retrouver son mari en Gascogne, 293 à la note. — Elle est faite prisonnière par le marquis de Canillac, 298 à la note. — Elle envoie sa procuration pour le divorce, 305. — Quelques personnes s'opposent à la dissolution de son mariage, 311 à la note. — Son consentement tacite au divorce, dans une lettre qu'elle adresse à Sully, après la mort de Gabrielle, 335. — Henri IV lui écrit que les délégués du pape ont prononcé la nullité du mariage, 341. — Elle demande à conserver le titre de reine et de duchesse de Valois, 359. — Elle revient d'Usson à Paris, 395 à la note. — Sa maison de campagne à Boulogne près Paris, 350, 390, 416. — Elle gagne son procès pour le comté d'Auvergne, 421 à la note. — Elle se retire à Issy, à cause de la peste, 424.
Marillac (M. de), 428.
Marin (M. de), 395.
*Mas d'Agenois*, 177.
*Mas-Grenier* (abbaye du), 314.
Masparaulte ou Masparaut, 212, et à la note.
Matignon (Odet de), comte de Thorigny, maréchal de France, 150, 151, 153, 172, 181.
Maugiron (Louis de), fils de Laurent de Maugiron, baron d'Ampuis, lieutenant-général en Dauphiné, 117, 131, 133, 135.
Mauléon (Giraud de), seigneur de Gourdan, 117, 132.
Maurevert (Louvier de), assassin de Mouy, 27, 28, 30.
Mayenne (duc de), 89, 116, 284, 372, 373, 374, 376.
Médicis (Marie de), femme de

DES NOMS PROPRES.   487

Henri IV; Lettre à elle adressée par Marguerite, 351.
*Mercurol* (château de), 387, 424, 427.
Méru ( Charles de Montmorency, seigneur de), 23.
Metz (M. de), 414.
*Meuse* (la), 106, 108.
*Mézières*, 110, 275.
*Milan*, 105.
Miossans (Henri d'Albret, baron de), 35, 37.
Modène (évêque de), 339 à la note.
Moïse, concierge de Marguerite, 263.
Molé (Edouard), conseiller au parlement, 305 à la note, 339.
Monastère (madame du), 322, 326, 368.
Monceaux (Gabrielle d'Estrées, marquise de), 314; Lettre à elle adressée par Marguerite, 326.
*Moncontour* (bataille de), 17.
Mongez, biographe de Marguerite, 311 à la note.
Monluc (Charles de), 322.
Monrave (M. de), chef du conseil de Marguerite à Toulouse, 308, 314.
*Mons*, 94, 95, 101, 103, 126, 170.
*Monsalès*, département de l'Aveyron, 323.
*Montauban*, 162; assemblée qui s'y tient, 288.
Montdoucet, 84, 85, 86, 118.

Montegu, 193.
Montigny (Floris de Montmorency, baron de), 97.
Montigny (Emmanuel de Lalain, baron de), 93, 101, 128, 129, 288.
Montigny ( mademoiselle de ), nièce de madame d'Uzès, 45, 46, 49, 50.
Montluc (Blaise de Lasseran, seigneur de), maréchal de France, 131.
Montmorency (maréchal de), prisonnier à Vincennes, 39, 192, 282; lettre à lui adressée par Marguerite, 196.
Montespan (M. de), 440.
Montpensier (Louis de Bourbon, duc de), 157 à la note; Lettre à lui adressée par Marguerite, 213, 214.
Montpensier (madame de), 283.
*Montpesat*, 374, 379.
Morvillier ( Jean de ), évêque d'Orléans, abbé de Saint-Pierre de Melun, garde des sceaux de France, 281.
Mouy (Charles, marquis de), 90.
Mouy ( Catherine de Susannes, comtesse de Cerny, femme de Charles, marquis de), 89.
*Mur de Barrez*, en Rouergue, département de l'Aveyron, 287, 292.
*Muret*, ville du Languedoc, près Toulouse, 199.

# N.

*Namur*, 93, 101, 103, 108, 112, 113, 115, 122, 124.
*Namur* (le château de), 119.
Nancay (Gaspard de la Châtre, seigneur de), 34, 35.
*Nancy*, 190.
Navarre (reine de), mère de Henri IV; sa mort, 24.
Navarre (roi de); son mariage avec Marguerite, 25, 32, 83.
Navarre (Catherine de Bourbon, princesse de), 163.

Nemours (Anne d'Est, femme de Jacques de Savoie, duc de), 48, 199, 201, 211.
*Nérac*, 163, 167, 168, 169, 207, 243, 249; conférence qui s'y tient, 204.
Nerestan (M. de), 386 à la note.
Nevers (madame de), Henriette de Clèves, duchesse de Nivernois et de Réthelois, 24, 25, 44, 205, 210.
*Nivelles*, 126.

# O.

O ( François d' ), seigneur de Fresnes, 46, 48.

*Olmerac*, 379.
*Ollainville*, 157.

ORANGE (prince d'), 94, 115, 118.
ORLÉANS (duc d'), fils de Henri IV, sa naissance, 432.
ORLÉANS (M. d'), oncle de Marguerite, 54, 55.

## P.

PAQUIER, 417.
PARDAILLAN (Hector de), baron de Gondrin et de Montespan, 26, 29.
Pau, 159, 177, 243.
PEQUIGNY (madame de), dame d'honneur de Marguerite, 198, 199, 205, 207, 218.
PERQUI, 187.
PINART (M.), secrétaire d'état, 75.
PLASAC (M. de), 288.
Plessis-lez-Tours, 170.
Poissy (colloque de), 6, 7.
Poitiers, 80, 83, 89, 116.
POLTROT, assassin du duc de Guise, 28.
POLOGNE (roi de), frère de Marguerite, 26, 30, 36, 41, 44.
PORCAIRES, gentilhomme languedocien, chef de religionnaires, 281.
PORCIAN (Catherine de Clèves, comtesse d'Eu, veuve d'Antoine de Croy, prince de), et mariée en secondes noces à Henri de Lorraine, duc de Guise, 22, 23.
Port-Sainte-Marie, près Agen, 202, 206.
Poux (le colonel), 77.
PUJOLS (Armand du Faur, seigneur de), premier gentilhomme de la chambre du roi de Navarre, gouverneur de Montpellier sous Henri IV, et son ambassadeur en Angleterre, 231.
PYBRAC (Gui du Faur, sieur de), 157 à la note, 161, 202, 213; sa correspondance avec Marguerite, 216, 221, 222, 224.

## Q.

QUELIN (mademoiselle de), 426.
QUÉLUS, 46, 131, 132, 135, 145, 146, 276.

## R.

REBOURS, fille de Guillaume Rebours, président au parlement, une des maîtresses du roi de Navarre, 162, 176.
Reims, 190, 192.
RENDAN (madame de), 1.
Réole (la), 157.
RETZ (maréchal de), 29, 261.
RETZ (Claude-Catherine de Clermont, baronne de), dame de Dampierre, 7, 11, 44, 205, 210.
RIEUX (M. de), 346, 356, 363, 368, 382, 389, 421.
RIGAUT, 438.
RODELLE, 393, 398, 403, 406, 416, 425, 437.
ROQUELAURE (Antoine de), chevalier des ordres du roi, et maréchal de France, 326, 368, 369, 394, 430.
RUFFEC (Philippe de Volvire, marquis de), 46, 47, 50.

## S.

Saint-Barthélemy (massacre de la), 31, 78, 187, 191.
SAINT-GENIES (M. de), 282.
Saint-Germain, 140, 192.
Saint-Jean-d'Angely (siége de), 17.
SAINT-JULIEN, favori de Marguerite, son assassinat, 317, 404, 411, 412.
SAINT-LUC, mignon de Henri III, 132, 133, 135.
Saint-Maur, 134, 286.
Saint-Morin (abbaye de), 310.
SAINT-MAURICE (M. de), 310.
SAINT-MEGRIN, 132.
SAINT-PHALE (Georges de Vaudray, seigneur de), 57.

*Saint-Pierre* (abbaye de), 45.
SAINT-PONS ( M. de), 200.
SAINT-VENSA ( Jean de Morlhon, baron de), sénéchal de Rouergue, 325.
SAINTE-COLOMBE, 395.
*Sainte-Cornille* (abbaye de), 313.
*Sainte-Liverade*, 379.
*Sainte-Vaudrud* (église de), 100.
SALIGNAC (madame de), 406.
SALUSSE (marquisat de), 276.
*Salvanez* ou *Silvanez* ( abbaye de ), 407.
SALVIATI (François), premier écuyer de la reine de Navarre, et chambellan du duc d'Anjou, 118, 127.
SARLAN ( M. de), maître d'hôtel de Catherine de Médicis. Lettre à lui adressé par Marguerite, 297.
SAUVES (Charlotte de Beaune, femme en premières noces de Simon de Fizes, baron de), et en secondes noces de François de la Trimouille, marquis de Noirmoutier, 11, 41, 44, 51, 53, 54, 62, 67, 72, 137, 283.
SAVARON, 438.
SAVELLE (M. de), 283.
SAVOYE (madame de), tante de Marguerite, 54.
SCHOMBERG (Gaspard de ), gentilhomme allemand, colonel des Reitres, nommé par Charles IX gouverneur de la Haute et Basse-Marche, intendant des finances, etc., 261.
*Sedan* (prise de), 401 et à la note, et 405 à la note.
SEGUIER, secrétaire de Marguerite, 238.
SÉGUR (Jacques de), seigneur de Perdaillan, 286, 293.
SENEGAS (M. de), 286.
SENETAIRE (Jeanne de Laval, dame de), 133.
*Sens*, 156; (conférence de), 77.
SERVIN (Louis), avocat général au Parlement de Paris, 420.
SEURE (Michel de), 148.
SEYMER (Jean de), ou SIMIER, 64, 141, 146, 152.
*Soissons*, 191.
SOUVRÉ ( Gilles de ), marquis de Courtenvaux, 52.
*Spa* (eaux de), 84, 85, 86, 108, 109.
STORS (M. de), 267.
SULLY (M. de), 356, 358, 389, 390, 400, 401, 441; Lettres à lui adressées par Marguerite, 330, 335, 383.
SURGÈRES (Hélène de Fonsèque, fille du baron de), 45.

## T.

TALHOUET, 434.
TALON, 318 et à la note.
TEJAN (M. de), 34.
TELIGNY (Charles, seigneur de), 27, 28, 31.
TERMES (Paul de La Barthe, seigneur de), maréchal de France, 131, 445 à la note.
THORÉ ( Guillaume de Montmorency, seigneur de ), 188, 191, 192.
THORIGNY, fille d'honneur de Marguerite, 46, 61, 62, 68, 69, 70, 71, 74.
TINTEVILLE, 200.
TOUCHET (Marie), maîtresse de Charles IX, 347 à la note.
*Toulouse*, 308.
TOURNON ( Claudine de La Tour-Turenne, femme de Just II, seigneur de ), dame d'honneur de Marguerite, 89, 90, 110, 111, 117.
TOURNON ( Claude de), femme de M. de Balançon, 110.
TOURNON (Hélène de Tournon, fille de Just II, seigneur de), 89, 107, 110, 111, 114.
TOURNON (le cardinal de), 6.
TREMOUILLE (M. de la), 385, 406.
TURENNE ( Henri de La Tour, vicomte de), 158, 163, 188, 193.

## U.

*Usson* (le château d'), 299, 303, 308, 309 à la note, 384, 391.
Uzes (Françoise de Clermont, femme de Jacques de Crussol, duc d'), 45; Lettres à elle adressées par Marguerite, 198, 199, 200, 202, 203, 205, 206, 207, 208, 209, 210, 211, 212, 213, 214, 215.

## V.

*Valenciennes*, 93, 170.
Valois (Charles de), comte d'Auvergne, neveu de Marguerite; il est enfermé à la Bastille, 386 à la note, 410.
Varembon (Marc de Rye, marquis de), 103, 111, 112, 113.
Varenne (M. de la), 387, 391.
Vendosme (duc de), fils naturel de Henri IV et de la duchesse de Beaufort, 358, 394, 396.
Vermont (madame de), 316, 317, 318, 320, 321, 324, 407 à la note.
Vernand, 311.
Verneuil (marquise de), maîtresse de Henri IV, 430.
Vezins (M. de), 166.
Vilemain, 425, 427.
Villars (André de Brancas, marquis de), 159.
Villequier (M. de), 135, 146.
Villeroy (Nicolas de Neufville, seigneur de), conseiller et secrétaire d'état, sous les rois Charles IX, Henri III, Henri IV et Louis XIII, 226, 172, 188, 226, 277, 356.
*Villers-Cotteret*, 385, 389, 390, 406.
Villesavin, fille d'honneur de Marguerite, 176.
*Vincennes*, 193, 409.
*Vitry*, 189, 190, 192.

FIN.

www.ingramcontent.com/pod-product-compliance
Lightning Source LLC
Chambersburg PA
CBHW071606230426
43669CB00012B/1844